中国创意产业发展报告

Chinese Creative Industries Report

(2016)

主　编　张京成

副主编　蒋金洁　孙天垚

中国经济出版社

CHINA ECONOMIC PUBLISHING HOUSE

·北京·

图书在版编目（CIP）数据

中国创意产业发展报告.2016/张京成主编.

北京：中国经济出版社，2016.5

ISBN 978 - 7 - 5136 - 4201 - 9

Ⅰ.①中… Ⅱ.①张… Ⅲ.①文化产业—研究报告—中国—2016

Ⅳ.①G124

中国版本图书馆 CIP 数据核字（2016）第 060729 号

责任编辑　严　莉
责任审读　贺　静
责任印制　马小宾
封面设计　任燕飞设计室

出版发行　中国经济出版社
印 刷 者　北京柏力行彩印有限公司
经 销 者　各地新华书店
开　　本　710mm × 1000mm　1/16
印　　张　25.5
字　　数　416 千字
版　　次　2016 年 5 月第 1 版
印　　次　2016 年 5 月第 1 次
定　　价　88.00 元
广告经营许可证　京西工商广字第 8179 号

中国经济出版社 **网址** www.economyph.com **社址** 北京市西城区百万庄北街 3 号 **邮编** 100037

本版图书如存在印装质量问题，请与本社发行中心联系调换（联系电话：010 - 68330607）

编委会

主　编：张京成

副主编：蒋金洁　孙天垚

编　委：（以姓氏笔画排序）

丁　辉　马　达　马鸿斌　王伟杰　王晓云

石火培　田志强　包仁艳　朱明辉　刘轶梅

刘彦君　许颖杰　李　林　李　莹　李道今

吴晨生　沈晓平　张　啸　郁　菁　姜　颖

彭祝斌　曾凡颖　谢　威　谢思全

前 言

2015年是全面完成“十二五”规划的收官之年，是全面深化改革的关键之年。“十二五”期间，中国创意产业取得了卓越成效和巨大进步。党中央明确提出扎实推进社会主义文化强国建设的战略任务，出台实施了一系列文化改革与发展的政策措施，优化了创意产业发展环境，推动了重大产业项目的落地，加快了创意产业与其他产业融合发展的步伐，打造了一批文化精品，扩大了文化消费的领域，丰富了国内外文化交流的内容和形式，吸引了资本加速向创意产业聚合，创意产业对经济发展的贡献率进一步提高。目前，“十三五”的大幕已经开启，“十三五”时期是我国全面建成小康社会的决胜阶段，党中央继续将文化建设和产业发展放在突出重要的位置，将“文化产业成为国民经济支柱性产业”列入“十三五”时期经济社会发展的主要目标之一，创意产业正处于可以大有作为的重要战略机遇期。

站在两个五年计划的时空交替点，2015年我国创意产业肩负起促进经济结构转型升级的战略使命，以“融合创新”作为驱动力，借助互联网、新媒体、高科技等手段，实现从传统的单一文化产品到多元、现代、高科技的创意产业转型升级；融合科技、金融、设计、体育、旅游、制造业等产业，拓宽创意产业的覆盖面与内涵深度，增加产业附加值与竞争力，呈现出较强的产业关联效应。文化创新融合催生了文化产业新业态，凸显了创意产业发展的最新亮点和特色。基于此，《中国创意产业发展报告(2016)》以“创意产业融合创新”作为年度主题，组织国内具有代表性的14座城市参与撰稿，关注各城市创意产业发展过程中，如何将创意和创新转化为产业创造力和生产力，实现地区创意产业融合传统产业带动经济发展的引领作用。

《中国创意产业发展报告(2016)》延续以往体例模式，第一部分总报告“融合驱动中国创意产业创新发展”，立足全国，对2015年中国创意产业发展的环境、现状、亮点、趋势等进行全面总结；第二部分选取了14个创意城市，分别描述了其创意产业发展的表现，在融合创新的背景下如何实现创意产业转型升级；第三部分是评析，对所选城市的创意产业发展情况进行梳理与总结，使读者能从横向上对创意城市的创意产业发展情况和融合表现有宏观上的认识；最后，我们整理了 2006 年以来《中国创意产业发展报告》的内容简介以及中国创意产业研究中心《创意书系》出版书目作为附录，供读者参考。

《中国创意产业发展报告》连续 11 年跟踪观察中国创意产业的发展，较为完整地记录了创意产业在中国主要城市的发展历程和瞩目成就，不懈的坚持源于社会的需要和读者的信任，特别是各地合作者的支持是我们最大的动力，前路漫漫，任重道远，在读者的关注下，我们会将这份事业进行下去。同时，作为本书城市分册的《创意城市蓝皮书》系列（社会科学文献出版社）在各创意城市的参与下也已形成规模，在此，衷心欢迎各城市的相关政府部门、高校、科研机构和专家学者加入，共同推进创意产业在中国的可持续发展。

Foreword

2015 is the ending year of the 12th Five - Year Plan and the critical year of the comprehensively deepening reform. During the 12th Five - Year Plan, Chinese creative industries made great progress and achievement. CPC Central Committee clearly put forward the strategic task of promoting the construction of a socialist cultural power and issued a series of cultural reform and development policies and measures, optimized environment to development creative industries, promoted the operation of major industrial projects, accelerated the pace of integration of creative industries and other industries, created a number of cultural products, expanded the field of cultural consumption, enriched the content and form of cultural exchange at home and abroad, accelerated the convergence of capital and creative industries and further improved the contribution rate of creative industries to economic development. So far at the beginning of the 13th Five - year Plan which is the decisive stage of building the well - off society, CPC Central Committee will continue to put cultural construction and industrial development in an important position, the cultural industries as a pillar industry is listed as one of the main objectives of the 13th Five - Year Plan period of economic and social development. Therefore, creative industries is standing in the important period of strategic opportunities.

On the temporal and spatial alternation position of two Five - year Plans, Chinese creative industries will shoulder the strategic responsibility of promoting transformation and upgrading of economic structure by taking "integration and innovation" as the driving force with the help of internet, new media, high technology and other means and complete the transformation and upgrading from single cultural products to diverse, modern, high - tech creative industries; it will integrate with science & technology, finance, design, sports, tourism, manufacturing industry and so on to increase its value added and competitiveness by expanding the coverage and connotation depth. The integration of culture and innovation gave birth to the new format of the cultural industry and highlighted the latest development characteristics of creative industries. On this basis, *Chinese Creative Industries Report* 2016, taking "creative industry integration and innovation" as the theme of the year, organized representative14 cities as contributors by paying attention to how to transform creativity and innovation into industrial creativity and productivity in each cities as to realize the leading roles in promoting local economic development by the integration of creative industries with traditional industries.

Chinese Creative Industries Report 2016 continues the previous style as, the 1st part is General Report "Integration Driving China's Creative Industries Innovative Development"makes a comprehensives summary to the environment, situation, highlights, trends, etc. based on the whole country; the 2nd part chooses 14 creative cities and describes their creative industries transformation and upgrading under the background of integration and innovation; the 3rd part is comments on and analysis which sort out and summarize the development of the creative industries in the selected cities in order to enable readers to have a macro understanding of the development of creative industries and the integration of creative industries from the horizontal. At the end, we summarized the content abstract of *Chinese Creative Industries Report* since 2006 and provide the publication book - list of Creative Series by China creative Industries Research Center (CIRC) as appendix for readers' reference.

Chinese Creative Industries Report continues to track the development of Chinese creative industries for 11 years and completely record the development process and achievements in Chinese major cities. The unremitting persistence is due to the need of the society and the trust of the readers, especially contributors support of each cities is our greatest power. The road is a long way to go, we will carry on this business in the future. In the meantime, the series of *Blue Book of Creative Cities* (published by Social Science Academic Press) have become a scale by support of the creative cities and we warmly welcome more and more relative government departments, colleges and universities, research institutions and experts and scholars to be our partners to promote cultural and creative industries sustainable development in China.

目　录

2015 年是“十二五”的收官之年,中国全面部署文化体制改革,政策推动创意产业稳妥有序发展,创意产业在规模、质量、结构等方面得以不断提升和优化,并对相关产业产生了融合渗透、内涵挖掘、创新升级、资源共享等方面的附加影响,创意产业融合发展的层面愈加丰富,跨界融合越来越呈现出多元化、立体化的格局。

作为首都的核心功能性产业,文化创意产业在 2015 年度再上新台阶,同时,文化与科技、文化与金融,文化创意与旅游业、商业、体育、制造业、农业等领域融合发展步伐加快,“文化+”的发展特征更加鲜明,新业态、新模式、新产品层出不穷,文化创新驱动效应更加显著,文化创意产业成为支撑首都转型升级与强化战略定位的重要领域。

“十二五”期间,天津市文化创意产业呈现出健康快速发展的良好态势。展望“十三五”,天津市要着力建设文化产业强市和智慧文化城市;打造国内外文化市场和文化贸易服务高地;建设投融资服务完善的文化金融创新区;实施“互联网+”和“文化+”的“双+”工程;继续繁荣文化市场,优化文化产业发展环境。

2015 年,石家庄市紧紧围绕建设“文化强市”的战略目标,大力推进文化创意与相关产业融合发展,从顶层进行科学设计,着力开展集成创新,强化突出特色,努力做优做强项目,逐步形成了文化创意产业与服务、科技、金融等业态融

中融合，在破界中创新，在融合创新中发展，形成了多业态融合的文化创意产业体系。

贵阳市继续大力推动文化产业发展，坚持美丽乡村与智慧城市建设的稳步推进，坚持传统文化产业与新兴文化产业的同步发展，实现创意产业同大健康产业、大数据产业等的融合创新发展，使得贵阳市文化产业在“十二五”完美收官。文化产业融合创新的实践在“多彩贵州文化创意园”建设中得以体现。

文化产业打破了传统的演出、广播、电视、电影、出版、文化旅游等固有的概念及其领域和板块，进入“文化+”全链接的大文化产业视野，预示着文化产业进入经济发展的新阶段。在这样的时代背景下，西安文化产业主动融合融入市场、融入产业，积极探索新型发展模式，取得了以创意为核心、产业相关联动、产业整合价值提升的良性发展之路。

随着中国经济进入新常态，创意产业与诸多产业融合发展已成为必然。在政策融合导向和市场引导作用下，多地创意产业通过文化创意、先进技术等要素对传统产业不断融合渗透，优化了创意产品与服务的供给，推动传统产业的创新发展和转型升级，催生了新业态和新模式，创造了创意产业全方位、深层次、宽领域融合发展的新气象。

Contents

2015 is the ending year of the 12th Five－Year Plan and China began to overally develop cultural system reform by promoting creative industries develop steadily and orderly by policies. The creative industries, promoted and optimised in scale, quality, structure and so on, began to make influence on relevant industries by integration, content mining, innovation upgrading, resource sharing, etc. As more abundant levels of integration development, creative industries cross－border integration show a more diversified and three－dimensional pattern.

As core functional industries in the capital, creative industries steped onto a new stage in 2015. At the same time, the integration of culture and science & technology, finance, tourism, sports, manufacture industry, agriculture was accelerated. Characterics of "culture＋" were developed with more distinctive features and there were more and more new formats, new models, new products. Creative industries became an important field to support capital's upgrading and transformation and strenthening its strategic position as the more and more significant driving effect of cultural innovation.

During the 12th Five-Year Plan, Tianjin's cultural & creative industries developed with healthy and fast posture. Looking to the 13th Five-year Plan, Tianjin would make efforts to become a smart with strong cultural industries, including to build a domestic and international cultural market and cultural trade service heights, to construct a cultural and Financial Innovation Zone with perfect investment and financing services to, to operate on projects as "internet +" and "culture +", to continue to build a flourishing cultural market and optimize the development environment of cultural industries.

In 2015, aiming at "a strong cultural city", Shijiazhuang greatly promoted the integration of cultural & creative industries and relevant industries by scientific design and focusing on integrated innovation, enhanced highlights and perfect projects. And it gradually formed a new integrating, opens and multi dimensions pattern with the integration of cultural & creative industries and other industries such as service, science & technology, finiance and so on. All of those greatly promoted the city's industries' upgrading and transformation, green rise and leap development.

During the 12th Five-year Plan, according to Harbin 12th Five-Year Plan Cultural Industries Development Planning, Harbin made efforts to promote the integrating innovation of cultural industries by paying attention to the optimizating combination of cultural industry and urban function, the integration of culture and science & technology, the combination of culture and

promoted the integration of cultural & creative industries and related industries orderly by closely aiming at the goal of constructing a famous cultural city, a strong cultural city and the national cultural & creative center. By promoting the level of "cultural & creative industries industrialization and wisdom", Hangzhou made great efforts on economic transformation and upgrading and the construction of "a famous hinstorical city, an innovative and dynamic city and an eastern city of quality".

Adhering to the history, Qingdao's cultural & creative industries furtherly released the formed advantages and continuously improveed talent policies, built a public service system for integrated talents and constructed the industrial technology innovation strategic alliance leading by enterprises. By thoroughly implementing " a thousand sail plan", carrying on the "east Asian cultural city" project and "Entrepreneurs, Innovation, Entrepreneurship" actions, Qingdao promoted its industrial structural upgrading and optimization and made a stable and improved economic trend for itself.

From the reform of cultural system to the management of cultural industry and the development of innovation, from the probe to the planting culture with culture to the putting forward and implementing of the goal of "building a cultural city", Zibo has made great achievements. Nowadays, Zibo is realizing the leap - developing from a city with rich cultural resources to a famous cultural city according to general requirements of the municipal Party committee as "walking in the forefront as the target positioning, focusing on building Zibo into a strong industrial city, a famous cultural city and an ecological city".

Zhengzhou is in best opportunity period of developing cultural & creative industries. The approval of Zhengzhou aviation economy comprehensive experimentation area promoted Zhengzhou to the only economic strategic planning area of the country and provided a huge space for developing Zhengzhou's cultural & creative industries. In the mean time, as the landing of projects as Shenzhen Huaqiang cultural & creative industries area, Huayi Jianye film culture industry, Zhengzhou's cultural & creative industries improved the liquidity and continued to stimulate the vitality.

In 2015, surrounding "integration and innovation" as the subject, Wuhan municipal government of municipal Party committee grasped the opportunity of the times to promote the transforming and upgrading of cultural industries and newly emerging industries. Centering in improving quality and efficency, Wuhan actively integrating newly emerging industries with traditional industries by adjusting cultural & creative industries developing ideas and industrial layout, accelerating the optimization and upgrading of traditional industries and strenthening supplying side science and technology support.

In 2015, following the "culture + " trend, Changsha actively promoted the jointng integration and innovative development of cultural & creative industries. The integration of cultural & creative industries and high technology, tourism, finance, manufacturing, modern agriculture, sports industry, new urbanization construction, etc. became closer and closer and integrating characterics became more and more distinctive. The cross－border integration and breaking innovation created and integrated cultural & creative industrial system.

Guiyang continued to push cultural industries development by insisting on carrying on developing beautiful country and smart city's construction, simultanously developing traditional cultural industries and newly emerging cultural industries, realizing the integrating innovative development of creative industries and big health industry and big data industry, which made Guiyang cultural industries a perfect ending in the 12th Five－year Plan. The integration and innovation practice of cultural industries was realized in the construction of "Clolorful Guizhou Cultural & Creative Park".

Cultural industries broke the traditional concepts, field and plates of performance, radio, television, film, publishing, cultural tourism, etc. and showed in the vision of large cultural field, which predicts that cultural industries will step into a new economic stage. Under such background, Xi'an's cultural inustries actively took part in the integration with market, industries , probed new developing patterns and created an approach to the smooth development taking creativity as the core, industries related linkage adn the value adding of industry integration.

As the Chinese economy coming into the new normal, the integration of creative industries and many industries have become an inevitable trend. Guiding by policies and market, creative industries in many regions im-

第一章

总报告：融合驱动中国创意产业创新发展

在经济新常态的背景下，产业融合发展成为经济增长的主旋律，创新融合是2015年创意产业发展的关键词。我国创意产业在促进经济结构转型升级方面频频发力，2015年创造了令人印象深刻的亮点事件：电影票房突破400亿元、网络游戏市场收入超过1000亿元、电视剧年产制作量超过15000集、影视产业IP大热、动漫产业原创内容取得突破、创意产业并购继续升温、“大众创业万众创新”增强产业发展创造力、文化众筹拓宽融资渠道……与此同时，文化与科技、金融的融合，文化与旅游、体育、农业建筑等传统产业的不断融合，壮大了创意产业的规模，活跃的创新活动催生了新业态的成长，集聚的创意人才突破了产业发展的传统思维，文化元素越来越成为产业创新的源泉和转型升级的重要力量。2015年，我国文化产业规模持续扩大，实现增加值25829亿元，文化产业增加值占GDP的比重为3.82%。2015年又是“十二五”的收官之年，创意产业全面部署文化体制改革，稳妥有序实施创意产业推动政策，在文化艺术、新闻出版、广播影视等多个板块谋篇布局，创意产业作为经济增长极正在积蓄新的发展动能。

一、创意产业迈入转型升级黄金发展期

(一)十八届五中全会部署文化建设新要求

中国共产党第十八届中央委员会第五次全体会议通过的《中共中央关于制定国民经济和社会发展第十三个五年规划的建议》(简称《建议》)中提出将“文化产业成为国民经济支柱性产业”列入“十三五”时期经济社会发展的主要目标之一。这是继党的十七届六中全会通过的《中共中央关于深化文化体制改革推动社会主义文化大发展大繁荣若干重大问题的决定》后，中央全会文件再次提出推动文化产业成为国民经济支柱性产业，充分反映了以习近平同志为总书记

的党中央对文化建设的高度重视和对社会主义文化发展规律的深刻把握，反映了全面建成小康社会、保持经济持续健康发展对发展文化产业的迫切需求。“十三五”时期文化产业发展的重点还包括：

一是深化文化体制改革，完善文化发展体系建设。《建议》中明确提出：“深化文化体制改革，实施重大文化工程，完善公共文化服务体系、文化产业体系、文化市场体系。”体系的构建是一个长期性、系统性的工作，需要从顶层设计、宏观布局角度予以思考，更需要从市场主体、项目实施等微观环节密切筹划。文化发展体系建设需要政府、市场、社会主体等的共同参与，需要进一步明确文化建设的目标理念与发展方式。在公共文化服务体系建设方面，推动基本公共文化服务标准化、均等化发展，引导文化资源向城乡基层倾斜，创新公共文化服务方式，适度引入市场机制，促进公共文化服务提供主体和提供方式多元化，保障人民基本文化权益，逐步建成全方位覆盖的公共文化服务体系建设的格局。在现代文化产业市场体系建设方面，借助丰富的文化资源，建设统一开放、竞争有序的现代文化市场体系，提高文化开放水平，促进文化产品和资源在全国范围内有序流动。此外，还要注重公共文化服务与文化产业的融合发展。公共文化是我国公民文化权最基本的保障，文化产业是公共文化发展的最强劲支撑和推动力，两者之间互相支撑，特别是在公共文化内容的提升上文化产业更是可以大有作为，公共文化的社会化当中也需要文化产业有更多的更现代化的更人性化的服务和表现①。今后在全面提升文化产业发展能级的同时，也要深入构建公共文化服务的全新体系。

二是推动文化产业结构优化升级，培育新型文化业态。《建议》指出：“推动文化产业结构优化升级，发展骨干文化企业和创意文化产业，培育新型文化业态，扩大和引导文化消费。”当前，文化产业已经进入一个新的质态提升和跨越发展阶段，亟须抓住经济转型和文化产业升级的黄金发展期，进一步厘清理念思路，从深化改革、创新创意、拉动消费等方面谋求转型。在创新驱动下尽快培育新型业态，培育骨干文化企业，推动跨地区跨行业跨所有制兼并重组，促进文化资源、要素向优质企业、优势产业门类集聚。大力推进文化科技创新，改造提升传统文化产业，积极抢占文化与科技、文化与金融、文化与相关产业融合发展

① 陈苑：《专家解读：“十三五”规划建议中文化建设的6大要点》，人民网，http://culture.people.com.cn/n/2015/1105/c87423-27780700.html。

的制高点，实现文化产业业态创新、领先发展，把文化产业培育成国民经济支柱产业，提升文化软实力、打造文化强国。

三是繁荣文化精品创作生产，注重文化产业内涵式发展。《建议》指出：“扶持优秀文化产品创作生产，加强文化人才培养，繁荣发展文学艺术、新闻出版、广播影视事业。”我国目前的文化产业增加值持续上升增长，但是推动文化产业成为国民经济支柱性产业，不能只强调产业规模上的支柱性，还要强调以文化内容创作为生产传播核心的文化产业内涵式发展。文艺创作是社会主义文化建设的重要内容，是先进文化的重要载体，是文化繁荣发展的重要标志和支撑。当前我国优秀文化精品的数量较少，今后一段时期要积极营造鼓励创新、保护原创的文化产业发展环境，培育文化企业和社会团体开发原创资源的信心与能力，发掘和培养文化原创型人才及相关的技术创新人才，增强中国原创文化品牌，提升中国文化创意产品的国际影响力。

四是创新媒体传播方式，构建现代传播体系。《建议》指出：“推动传统媒体和新兴媒体融合发展，加快媒体数字化建设，打造一批新型主流媒体。优化媒体结构，规范传播秩序。加强国际传播能力建设，创新对外传播、文化交流、文化贸易方式，推动中华文化走出去。”当前，媒体融合发展是传媒领域一场重大而深刻的变革。网络和数字技术裂变式发展，带来媒体格局的深刻调整和舆论生态的重大变化，新兴媒体发展之快、覆盖之广超乎想象，给传统媒体带来很大冲击。坚持先进技术为支撑、内容建设为根本，充分运用网络技术手段改造传统媒体，变革传统生产方式，推动传统媒体和新兴媒体在内容、渠道、平台、经营、管理等方面深度融合[①]，加快构建技术先进、传输快捷、覆盖广泛的现代传播体系，加快建设面向国内国际发展的形态多样、手段先进、具有强大传播力和竞争力的新型主流媒体，努力达到世界一流水平。

(二)政策接连出台利好产业发展

2015 年，国家仍将文化发展作为重要战略统筹的一环，密集、系统地出台了一系列与文化发展相关的政策，如：《关于加快构建现代公共文化服务体系的意见》、《国务院关于大力推进大众创业万众创新若干政策措施的意见》、《关于积

① 刘奇葆：《加快推动传统媒体和新兴媒体融合发展》，人民网，http://politics.people.com.cn/n/2014/0423/c1001－24930310.html。

极推进"互联网+"行动的指导意见》等，内容涵盖公共文化服务、"互联网+"、创业创新、文化企业扶持、双效统一等多个方面，这些政策与党的会议精神一脉相承，均在很大程度上为我国文化产业的发展指引了新方向、带来了新机遇、指明了新思路。2015 年是战略部署转化为具体产业政策的一年，随着文化产业、公共文化建设的不断推进，我国文化政策体系将不断完善，政策红利也将不断得到释放，这极大地激活了文化生产的活力。

1.落实重大战略部署，引导创意产业健康发展

2015 年，政府根据我国调结构促升级的宏观经济发展实际情况，对文化发展战略进行重点部署。1 月，中办、国办联合印发了《关于加快构建现代公共文化服务体系的意见》，其中提到要丰富优秀公共文化产品供给。具体包括：进一步发挥国家级评奖和艺术、出版等基金的引导带动作用，创作生产更多传播当代中国价值观念、体现中华文化精神、反映中国人审美追求，思想性、艺术性、观赏性有机统一的优秀文化产品。建立优秀传统文化传承和发展体系，加强戏曲等优秀文化艺术的普及推广工作。开展优秀文化遗产、高雅艺术进校园、进社区，推进送戏、送书、送电影下乡等项目和优秀出版物推荐活动。提高网络文化产品和服务供给能力，促进优秀传统文化瑰宝和当代文化精品网络传播。3 月，国家发展改革委、外交部、商务部联合发布《推动共建丝绸之路经济带和 21 世纪海上丝绸之路的愿景与行动》，全面指导我国政治、经济、文化等领域的发展，从战略构想到具体落实，从中央到地方都在积极推进，这一政策奠定了经济发展新常态的基调下，文化产业成为创新创业大潮的新驱动引擎。4 月，中共中央政治局审议通过《京津冀协同发展规划纲要》(简称《纲要》)，推动京津冀协同发展已上升为国家重大战略，这一战略不仅为三地经济协同发展带来了历史性机遇，也为京津冀文化产业的协同发展带来了新契机。《纲要》提出要加快破除体制机制障碍，推动要素市场一体化，构建京津冀协同发展的体制机制，加快公共服务一体化改革等一系列政策措施为京津冀三地文化协同发展提供了有力的战略支撑。10 月，《中共中央关于繁荣发展社会主义文艺的意见》正式印发。其中提到，要牢固树立精品意识，推出更多思想精深、艺术精湛、制作精良，体现时代文化成就、代表国家文化形象的文艺精品。鼓励推出优秀网络原创作品，推动网络文学、网络音乐、网络剧、微电影、网络演出、网络动漫等新兴文艺类型繁荣有序发展，促进传统文艺与网络文艺创新性融合。中央和地方要设立文艺创作专项资金或基金，加大对创作生产的投入，加强对评论、宣传和推广的保障。

从整体上看，这些政策都是创意产业当前和未来的关键性指导政策，是从我国文化发展的实际情况出发对创意产业的深化部署，与已有的政策和国家发展战略是承接呼应、协同协调、互成体系的，而且这些文件的出台也是呼应宏观经济结构调整、支撑文化产业转型升级、适应经济发展新常态的需要，为创意产业在"十三五"期间的创新发展统筹布局。

2. 推行文化创新融合政策，刷新创新融合新业态

作为现代经济的重要组成部分，新业态、新产业对于推动转型升级、培育经济新增长点具有重要作用，需要进一步优化文化新业态发展环境，加快完善文化创新融合支持政策，推出了一系列旨在推动云计算、互联网以及扶持创意、创业的政策法规。1 月，国务院发布《关于促进云计算创新发展培育信息产业新业态的意见》，要求优化设施布局，促进云计算创新发展，培育信息产业新业态，使信息资源得到高效利用，为促进创业兴业、释放创新活力提供有力支持，为经济社会持续健康发展注入新的动力。3 月，国务院办公厅发布《关于发展众创空间推进大众创新创业的指导意见》，提出以营造良好创新创业生态环境为目标，以激发全社会创新创业活力为主线，以构建众创空间等创业服务平台为载体，有效整合资源，集成落实政策，完善服务模式，培育创新文化，加快形成大众创业、万众创新的生动局面。同月，国务院出台《关于深化体制机制改革加快实施创新驱动发展战略的若干意见》，提出加快实施创新驱动发展战略，使市场在资源配置中起决定性作用和更好发挥政府作用，破除一切制约创新的思想障碍和制度藩篱，激发全社会创新活力和创造潜能，增强科技进步对经济发展的贡献度，营造大众创业、万众创新的政策环境和制度环境。6 月，国务院常务会议通过了《关于积极推进"互联网＋"行动的指导意见》，明确了推进"互联网＋"，促进创业创新、协同制造、现代农业、智慧能源、普惠金融、公共服务、高效物流、电子商务、便捷交通、绿色生态、人工智能等能形成新产业模式的 11 个重点领域发展目标任务，还提出具体支持措施，清理阻碍发展的不合理制度政策，推动互联网与各行业深度融合，支持互联网企业上市。9 月，国务院办公厅印发《三网融合推广方案》(简称《方案》)，《方案》提出四大任务：一是在全国范围推动广电、电信业务双向进入；二是加快宽带网络建设改造和统筹规划；三是强化网络信息安全和文化安全监管；四是切实推动相关产业发展。《方案》的出台加快了在全国全面推进三网融合的进度，推动信息网络基础设施互联互通和资源共享。由此可见，这些政策都明确提出要大力强化创新所带来的内生经济增长活力，政

策导向将“文化＋”、“互联网＋”、“创业＋”、“创意＋”等因素更好地融合在一起，更注重在探索其相互结合过程中成功的经验、方式、方法，并形成更加合理、行之有效的市场化机制，以深入助推国民经济的转型升级，在此大背景下，互联网、文化、创意、创业等核心产业要素不断融合，已成为2015年创意产业及经济融合发展的一大亮点①。

3. 为小微企业清障搭台，释放经济发展新活力

据统计，目前中国小微文化企业的数量已占文化企业总数的80％以上，从业人员约占文化产业从业人员总数的77％，实现增加值约占文化产业增加值的60％②，小微企业目前已成为国民经济中最活跃的部分，在创造社会财富、推动科技创新、带动社会就业等方面都发挥着不可替代的重要作用。如何为小微文化企业主体创新创业清障搭台，使其充分释放活力，服务经济社会发展，成为当前阶段政策扶持着力突破的重点。2014年8月，文化部、工业和信息化部、财政部联合下发了《关于支持小微文化企业发展的实施意见》，首次从国家部委层面上对支持小微文化企业发展工作进行专门部署。2015年3月，在财政部、国家税务总局联合发布的《关于小型微利企业所得税优惠政策的通知》中，决定自2015年1月1日至2017年12月31日，对年应纳税所得额低于20万元（含20万元）的小型微利企业，其所得减按50％计入应纳税所得额，按20％的税率缴纳企业所得税，进一步扩大了享受减税待遇的小型微利企业的范围。同月，中国银监会发布《关于2015年小微企业金融服务工作的指导意见》（简称《指导意见》），将2015年银行业小微企业金融服务工作目标由以往单纯侧重贷款增速和增量的“两个不低于”调整为“三个不低于”，从增速、户数、申贷获得率3个维度全面考查小微企业贷款增长情况。即在有效提高贷款增量的基础上，努力实现小微企业贷款增速不低于各项贷款平均增速，小微企业贷款户数不低于上年同期户数，小微企业申贷获得率不低于上年同期水平。《指导意见》还从信贷计划、金融创新、规范收费、风险防控、监管激励约束、优化服务环境等方面提出具体要求，要求商业银行在用好、用足现有各项监管激励政策和相关扶持政策的基础上，进一步改进小微企业金融服务。5月，文化部办公厅又印发了《2015年

① 李婧：《回望2015：“文化＋”成为经济新引擎》，《中国文化报》，2015年12月26日。

② 李佩森：《2015文化金融政策凸显五大特色：国企混改引关注》，《中国文化报》，2015年12月26日。

扶持成长型小微文化企业工作方案》，重点扶持演艺业、娱乐业、动漫业、游戏业等文化领域的成长型小微文化企业。目前，国家从税收政策、金融政策等方面，大力推动小微文化企业的发展。在可预见的将来，国家对小微文化企业的金融、产业扶持力度还将进一步加强，小微企业从数量到质量，从服务到创新，都将成为中国文化产业发展一座座里程碑式的见证者与推动者[①]。

4. 扶持优势特色行业，促进产业化发展

2015 年，国家出台多项行业支持政策，覆盖旅游、出版、电影、戏曲、音乐等行业，应对行业融合创新、驱动升级、平台培育、法制保障等瓶颈问题，为推动文化创意产业持续稳定发展指明了方向、提出了任务、阐明了路径、提供了遵循。1 月，国家旅游局印发《关于促进智慧旅游发展的指导意见》(简称《意见》)提出，到 2016 年，建设一批智慧旅游景区、智慧旅游企业和智慧旅游城市，建成国家智慧旅游公共服务网络和平台。《意见》明确，智慧旅游建设的主要任务包括夯实智慧旅游发展信息化基础、建立完善旅游信息基础数据平台、建立游客信息服务体系、建立智慧旅游管理体系、构建智慧旅游营销体系、推动智慧旅游产业发展、加强示范标准建设、加快创新融合发展、建立景区门票预约制度、推进数据开放共享等。到 2020 年，我国智慧旅游服务能力明显提升，智慧管理能力持续增强，大数据挖掘和智慧营销能力明显提高，移动电子商务、旅游大数据系统分析、人工智能技术等在旅游业应用更加广泛，培育若干实力雄厚的以智慧旅游为主营业务的企业，形成系统化的智慧旅游价值链网络。3 月，国家新闻出版广电总局、财政部联合印发《关于推动传统出版和新兴出版融合发展的指导意见》。确定了创新内容生产和服务、加强重点平台建设、扩展内容传播渠道、拓展新技术新业态、完善经营管理机制、发挥市场机制作用六项重点任务，力争用 3～5 年的时间，研发和应用一批新技术、新产品、新业态，确立一批示范单位、示范项目、示范基地(园区)，打造一批形态多样、手段先进、市场竞争力强的新型出版机构，建设若干家具有强大实力和传播力、公信力、影响力的新型出版传媒集团。国务院总理李克强 9 月 1 日主持召开国务院常务会议，会议通过《中华人民共和国电影产业促进法(草案)》，以提升文化产业水平、促进电影产业健康发展。《电影产业促进法》是电影行业的基本法，立法的主要目的是为了进一步

① 李佩森：《2015 文化金融政策凸显五大特色：国企混改引关注》，《中国文化报》，2015 年 12 月 26 日。

转变政府管理方式，推动简政放权，在制度层面适度松绑，积极发挥市场在资源配置中的促进作用，激发电影市场活力。修改完善相关管理制度，培育、规范市场秩序，充分发挥政府的引导、激励作用，加大对电影产业的扶持力度，采取财政、税收、金融、用地、人才等多种扶持措施，促进电影产业全面发展，《电影产业促进法》的出台将为我国电影行业的持续繁荣发展提供完备的法制保障。12月，国务院办公厅印发了《关于支持戏曲传承发展的若干政策》，部署进一步加强政策支持，振兴我国戏曲艺术。强调加强戏曲保护与传承、支持戏曲剧本创作、支持戏曲演出、改善戏曲生产条件、支持戏曲艺术表演团体发展、完善戏曲人才培养和保障机制、加大戏曲普及和宣传等，力争在“十三五”期间，健全戏曲艺术保护传承工作体系、学校教育与戏曲艺术表演团体传习相结合的人才培养体系，完善戏曲艺术表演团体体制机制、戏曲工作者扎根基层潜心事业的保障激励机制，大幅提升戏曲艺术服务群众的综合能力和水平，培育有利于戏曲活起来、传下去、出精品、出名家的良好环境，形成全社会重视戏曲、关心支持戏曲艺术发展的生动局面。同月，国家新闻出版广电总局出台《关于大力推进我国音乐产业发展的若干意见》，进一步推进我国音乐产业综合体系建设，充分发挥国家音乐产业基地的示范和辐射作用，促进社会主义文化大发展大繁荣，制定了推进优秀国产原创音乐作品出版、激发音乐创作生产活力、培育大型音乐集团公司、加快音乐与科技融合发展、推进音乐行业标准化建设、搭建大型专业音乐平台、促进国际交流与合作、推动中国音乐“走出去”。实施音乐人才培养计划、推进国家音乐产业基地建设十项主要任务，力争在“十三五”期间，打通音乐创作、录制、出版、复制、发行、进出口、版权交易、演出、教育培训、音乐衍生产品等纵向产业链，连接音乐与广播、影视、动漫、游戏、网络、硬件播放设备、乐器生产等横向产业链，基本形成上下游相互呼应、各环节要素相互支撑的音乐产业综合体系。推出一批经典性音乐作品，催生一批创新型音乐企业，造就一批重量级音乐人才。到“十三五”期末，整个音乐产业实现产值3000亿元。其中，国家音乐产业基地实现产值1000亿元，成为在国内外具有较强影响力和竞争力的骨干音乐产业集群。

（三）多重资本介入加速产业整合

在国家文化产业发展扶持政策的支持下，我国文化创意产业正在进入稳步增长通道中，固定资产投资规模持续扩大，投资主体多元化趋势明显，资本市场作为经济转型与创新的重要支撑，为文化创意产业持续发展提供了巨量资金支持。一是固定资产投资规模不断扩大。2015年，我国文化产业固定资产投资额达28898亿元，比2012年增长84.7%；年平均增速达22.7%，比同期全社会固定资产投资年均增速高8.2个百分点。文化产业固定资产投资占全社会固定资产投资的比重达5.14%，高于2012年4.17%的水平。二是社会资本进入文化产业的步伐不断加快，文化创意产业利用资本市场有了超常的发展。2015年，文化产业资金流入规模达3241.8亿元，从资金流入渠道方面看，股权融资、债券、众筹、新三板挂牌后融资、上市后融资规模均较同期出现大幅增长，2015年规模分别达到1079.12亿元、998亿元、9.58亿元、146.76亿元和1046.06亿元。2015年，我国文化产业并购的市场活跃程度有较大提高，204起案例较2014年的153起增长了33.33%，在规模上，我国文化资本市场总计发起有1736.14亿元的文化产业并购，同比增长78.26%。三是文化企业借力资本市场谋求发展。2015年我国上市文化企业数量继续增长，达到189家；新增上市文化企业29家，较2014年增加2家。据《2015年中国文化产业资本报告》分析，2015年已上市文化企业的投融资规模保持稳定增长态势，投资规模与融资规模分别达到1903.01亿元和1046.06亿元。投资方面，上市文化企业的并购规模呈爆发式增长，达到1226.74亿元；融资方面，定向增发是上市文化企业主要的融资方式，融资规模为835.06亿元。文化资源和要素的资本化进程速度的加快，使得文化创意产业的发展已经置身于金融和资本市场的平台之上，努力利用资本市场的投融资和结构调整功能，推动文化创意产业向规模化、集约化发展。

(四)优质文化内容供给刺激文化消费需求

2015年下半年，多项重要会议中都提出要推进供给侧改革，通过创造新供给提高供给体系质量和效率。11月10日召开的中央财经领导小组第十一次会议上，习近平总书记指出，“要在适度扩大总需求的同时，着力加强供给侧结构性改革，着力提高供给体系质量和效率，增强经济持续增长动力，推动我国社会生产力水平实现整体跃升。”这是习近平总书记在中央会议中首次提到“供给侧改革”。11月11日，李克强总理在国务院常务会议上提出“以消费升级促进产业升级，培育形成新供给新动力扩大内需”。11月15日，习近平总书记在G20

安塔利亚峰会上强调要“重视供给端和需求端协同发力”。11 月 17 日，李克强在“十三五”规划纲要编制工作会议上强调“在供给端和需求端两端发力促进产业迈向中高端”。11 月 18 日，习近平主席在菲律宾出席 APEC 会议时再提供给侧改革，“要解决世界经济深层次问题，单纯靠货币刺激政策是不够的，必须下决心在推进经济结构性改革方面做更大努力，使供给体系更适应需求结构的变化。”9 天时间里，中央四次提及的“供给侧改革”，明确了我国推进产业结构性改革的方向，成为当前适应新常态经济发展的主题词。

对于文化创意产业来说，推进供给侧改革，关键是要以群众需求为导向加快文化内容生产，增加文化投入，拓宽民众文化获取渠道，提高文化内容供给质量，创造文化消费需求，拓展文化消费空间，真正从文化供给端发力来实现消费和产业的升级。2015 年，以优化文化内容供给为导向的新消费已经逐渐渗透到文化创意产业领域的各个方面。

1. 影视市场释放巨大潜力应对消费需求

近年来，不断刷新上限的电影票房以及电视收视率的轮番上涨让我们看到了国内影视市场的巨大潜力以及人们对于文化需求的不断增加。根据国家新闻出版广电总局公布的数据，2015 年全国电影总票房为 440.69 亿元，同比增长 48.7%。国产影片票房 271.36 亿元，占总票房的 61.58%。全年故事影片产量 686 部。公开上映的影片中，票房过亿的影片共 81 部，其中国产影片 47 部，全年有 4 部影片进入“10 亿元俱乐部”，单片票房纪录达到 24.39 亿元；国产影片海外销售收入 27.7 亿元，同比增长 48.13%。全国城市院线观影人次 12.6 亿，同比增长 51.08%。全年新增银幕 8035 块，平均每天增长 22 块，全国银幕总数已达 31627 块。

在票房收入创下新高的同时，国产影片类型也更加多元化。《西游记之大圣归来》、《捉妖记》、《港囧》、《煎饼侠》、《夏洛特烦恼》、《老炮儿》等不同类型的高质量国产影片具有超高的观众口碑和满意度，其中，《西游记之大圣归来》超越《功夫熊猫 2》，成为中国电影史上票房最高的动漫影片，特效电影《捉妖记》成为中国电影历史上票房最高的国产影片。观众对优秀国产电影质量的认可，体现在电影的内容在情怀意识和健康的价值观方面进行了积极传递，也体现了观众对影片类型多样化和新鲜感的渴望与期待。

在电视节目方面，电视剧和综艺节目是拉动收视率高涨的主力军。根据国家新闻广电总局《2015 年统计公报》显示，2015 年全年生产电视剧 395 部 16560

集，整体数量较往年有较大幅度增长，湖南卫视独播剧《武媚娘传奇》以3.062%的收视率问鼎2015年电视剧收视率第一名。2015年也是综艺节目大爆发的一年，季播节目数量再度刷新历史纪录，全年共有200余档综艺节目播出，从恒高传媒发布的2015年省级卫视平均收视榜单上看，浙江卫视、湖南卫视、江苏卫视、上海东方卫视四大综艺豪强囊括了榜单的大部分。收视率方面，全年共有35个综艺节目破1%，其中周播节目3个、季播节目32个，浙江卫视凭借两大现象级节目《中国好声音》和《奔跑吧兄弟》，频频刷新中国电视综艺收视纪录；《中国好声音》更是连续三年登顶电视综艺节目排行榜首，浙江卫视成为名副其实的电视综艺最强王者。

2.互联网内容生产革新文化消费方式

以互联网为媒介的网络大电影、网络自制剧、网络视频、网络游戏等全新的文化模式异军突起，逐渐成为当下最受年轻人青睐的文化消遣方式，民众文化需求的增加、网络大电影和自制剧的火爆、IP全产业链开发的持续升温让更多的人看到了网络文化消费蕴藏的巨大发展潜力。由优酷联合艺恩咨询发布的《2015大剧琅琊榜》显示，2015年大剧网络播放量屡创新高，《花千骨》以195.2亿次的播放量摘得2015年电视剧网络播放量冠军。播放量前十名的大剧播放量整体跨过50亿次大关，量级比2014年提升了30亿次，其中，IP改编剧数量占比达50%，IP攻陷了电视剧市场半壁江山。

网络自制剧近几年来发展迅速，以看点鲜明、受众精确、题材多元等特点，吸引大量资金、团队和演员纷纷加入其中，网络自制剧在影视行业渐获"话语权"。2015年网络自制剧成绩不俗，搜狐视频参与出品的《无心法师》播放量达10亿次以上；乐视视频制作的《太子妃升职记》播出一周内的播放量累计达到5500万次。由爱奇艺制作的《盗墓笔记》、《他来了请闭眼》、《蜀山战纪》等都获得了超高点击率。

网络自制剧的火爆源于号召力强大的原创IP（知识产权），IP成为2015年当之无愧的热词，围绕网络文学、传统出版物、动漫游戏三大类具有转化影视作品潜力的IP，从文化供给侧创新，开发IP的全产业链价值，培育开发优质IP内容，抢占、发掘更大的市场份额。2015年共有20多部IP电影先后上映，斩获近80亿元票房。《何以笙箫默》、《花千骨》、《芈月传》、《伪装者》、《琅琊榜》、《太子妃升职记》、《寻龙诀》等收视率较高的影视作品均为IP改编，收视率、网络播放量及口碑爆棚，带领了全民追剧热潮。在产业链布局中，除了转化为影视作品，对原创 IP 的开发还表现在不同的下游产品。改编自《花千骨》小说的游戏，半年总流水超 8.5 亿元人民币，改编自《灵域》小说的动漫，两季总点击量突破 3 亿次，同名手游也已经上线，手游和动漫的剧情联动是游戏的一大亮点。深度挖掘顶级文学 IP 的价值，打通 IP 的全产业链，充分将它的品牌价值发挥到最大，为消费者提供更多选择。

3. 文艺演出种类丰富引爆文化消费市场

近年来中央出台了一系列政策鼓励文化体制改革，为文化产业转型升级、提质增速指明方向，文化创意产业随之呈现出新趋势、新需求，进入了新的发展阶段。推动文化创意产业大发展，关键是要构建繁荣的现代文化市场体系，提高市场化程度和有效供给能力，通过创造供给源头提高供给质量，扩大消费需求。在政策催化下，文化投放渠道的拓展、文化场馆建设的加快、文化演艺演出的增加，都是在从文化生产的供给端发力构筑新消费模式，创造新消费增长点。从全国演出市场规模来看，根据文化部《2015 年文化发展统计公报》显示，全年全国艺术表演团体共演出 210.78 万场，比上年增长 21.2%；国内观众 9.58 亿人次，增长 5.3%；总收入 257.65 亿元，比上年增长 13.8%，其中演出收入 93.93亿元，增长 24.1%。从全国文化场馆建设来看，2015 年末全国共有艺术表演场馆 2143 个，观众座席数 178.67 万个。各级文化部门所属艺术表演场馆 1264 个，比上年增加 16 个，观众座席数 89.90 万个，比上年减少 2.08 万个；全年共举行艺术演出 5.45 万场次，比上年增长 7.3%；艺术演出观众人次2388.11 万人次，增长 11.3%。从文艺演出内容质量来看，2015 年，81 部大型舞台剧，100 部小型剧（节）目获得国家艺术基金年度舞台艺术创作资助项目，这些作品以主旋律的题材和较高的艺术水准获得观众的喜爱与认可。代表作品包括舞剧《沙湾往事》、交响合唱《木兰诗篇》、豫剧《苏武牧羊》等。其他音乐类、戏剧类、舞蹈类、曲艺、综艺类等市场表现也抢眼，创作出舞台剧《战马》、话剧《冬之旅》、芭蕾舞剧《长恨歌》等精品力作，取得了票房和口碑的双赢。今后，我国文化演出市场在追求票房和影响力的同时，更加关注原创的内在生命力，文化产品供给更加多元化和现代化，提升产品质量和品质，文化市场逐渐走向成熟，创意产业迸发新活力。

(五)对外文化贸易交流促进文化“走出去”

文化“走出去”,是近年来我国关于文化发展的重要主题之一,借助“一带一路”战略,2015 年对外文化交流活动空前活跃,交流的规模和范围不断扩大。目前中国已与 157 个国家签署了文化合作协定,建立了 25 个海外中国文化中心,初步形成了覆盖世界主要国家和地区的政府间文化交流与合作网络。中国文化凭借影视产品、图书出版、文艺演出、国际电影节、国际时装周等方式频频亮相传播文化内涵,受到国际社会的普遍关注。主流媒体国际传播能力逐渐增强,对外传播的内容和形势不断丰富,着力探索传统媒体与新媒体相结合的方式传播运营。对外文化贸易发展迅速,对外文化贸易基地建设步伐加快,积极推动文化产品和服务出口,丰富对外文化贸易服务内容。“欢乐春节”、“中国文化年(节)”等颇具规模的各种文化品牌活动遍及全球,扩大了中国文化在国际上的吸引力和影响力。

1. 文化外交助推构建国家友好关系

在“一带一路”战略的推进下,我国开展对外文化活动日渐深入。纵观 2015 年,中国文化“走出去”的姿态更加大气、稳健,在对外文化交流的过程中,重视系列化内容的品牌建设,将品牌意识贯穿到文化“走出去”的各个环节,运用中国元素进行国际表达,更好地向世界讲述中国故事,不断提高对外文化传播的内涵性和有效性。据文化部《2015 年文化发展统计公报》统计,2015 年,经文化系统审批的对外文化交流项目 1667 起,40781 人次参加;对港澳地区文化交流项目 230 项,5593 人次参加;对台湾地区文化交流项目 500 项,12593 人次参加。中外文化交流和谐相处,不仅带动了中国文化创意产业的发展,也促进着整个世界文化的进步与繁荣。

为了配合我国整体外交大局,积极开展与“一带一路”沿线国家的文化交流与合作,继承和弘扬开放交融的“丝路精神”,推动中国同沿线国家的全方位、多领域交流合作,围绕“一带一路”开展了丝绸之路国际艺术节、丝绸之路国际电影节、丝绸之路文化之旅、海上丝绸之路国际艺术节、“东亚文化之都”、中国—中东欧国家文化合作论坛等活动,提升了中华文化在沿线国家的影响力,夯实了我国与沿线国家长期友好、合作共赢的民意基础。同时,积极参与高级别人文交流机制以及政府间对话活动,通过举办中加、中英文化交流年、中美文化论坛、中俄文化大集、南非中国文化年、赫尔辛基艺术节中国主宾国、金砖国家文化部长会议等重要文化外交活动，丰富与深化对外文化工作内涵。通过举办“欢乐春节”、“文化中国·四海同春”和“五洲同春”等品牌活动彰显中国社会文化语境的独特魅力，打造展示中华文化魅力的重要平台。目前“欢乐春节”以“品牌化、本土化、市场化”为宗旨，在全球 119 个国家和地区开展 900 多项文化活动，为世界各地的华侨华人和外国友人奉上精美的文化盛宴。

2. 以文化中心为阵地推广中华文化

2015 年，驻外中国文化中心继续发挥在文化交流和文化外交的桥梁作用，在开展常态化文化交流工作的同时，不断统筹各方资源，向驻地国家民众推出了丰富多彩的文化活动。据统计，目前我国已在毛里求斯、埃及、法国、马耳他、韩国、德国、日本、俄罗斯、泰国、西班牙、墨西哥、尼日利亚、丹麦、斯里兰卡、澳大利亚、尼泊尔等 25 个国家投入运营海外中国文化中心，2015 年全年共举办语言、舞蹈、戏剧、书法、绘画、武术、太极等形式的培训班 221 次，培训 16035 人次；举办讲座 197 次，参加 16147 人次；组织各类文化活动 924 次，参加民众 280.14 万人次。驻外中国文化中心出色地发挥了中国文化“走出去”的阵地作用，为增进两国人民友谊、扩大人文交流搭建了良好的平台。

3. 主流媒体国际传播能力增强

国际传播能力是一个国家软实力的重要组成部分，以习近平同志为总书记的党中央高度重视加强对外宣传和文化交流、提高国际传播能力。十八届三中全会通过的《中共中央关于全面深化改革若干重大问题的决定》明确提出“加强国际传播能力和对外话语体系建设，推动中华文化走向世界”，《中共中央关于制定国民经济和社会发展第十三个五年规划的建议》中也提出“加强国际传播能力建设，创新对外传播、文化交流、文化贸易方式，推动中华文化走出去”。中华文化博大精深，主流媒体是传播宣传中国文化的重要平台，通过开设海外频道，举办展览展示、出口电视剧和电视节目将中华文化传播出去，打造文化品牌，提升世界对中国文化的认同感。

除传统媒体以外，我国主流媒体对外文化传播还注重结合使用新媒体方式运营，以海外社交平台为国际传播的首推平台，传播效果十分显著。央视网进一步增强海外新媒体传播能力，海外社交平台账号粉丝数增长 88.8 万，总粉丝数已突破 3000 万大关，位居国内主流媒体首位。其中，央视网以 CCTV 为核心的系列账号在全球最大实名制社交网站 Facebook 上的粉丝数超过 2876 万，累计互动总量超1.26亿，居全球主流媒体Facebook账号互动总量首位。目前，央视网在Facebook、YouTube、Twitter、Instagram、VK等海外主流社交平台建立并运营了CCTV系列、熊猫频道系列共计31个账号，形成涵盖中、英、阿、西、法、俄、韩等主要语种的基本架构，覆盖世界230多个国家和地区，实现了对重点区域主流人群的影响。同时，在北美、非洲、俄罗斯派驻人员实现本土运维，开展针对本土人群的定向传播①。

4.全国对外文化贸易发展基础日益牢固

自2014年出台《关于加快发展对外文化贸易的意见》将对外文化贸易上升为国家战略之后，我国对外文化贸易加快发展步伐，积极推动文化产品和服务出口，丰富对外文化贸易服务内容。通过支持文化企业拓展文化出口平台和渠道，加大文化领域对外投资力度，扩大境外优质文化资产规模。同时，以建设国家对外文化贸易基地为契机，重点围绕艺术品、会展、出版、影视、设计和信息服务等领域开展文化贸易服务，为文化企业、文化产品和重点项目的出口搭建“走出去”渠道，努力实现基地作为国际文化贸易展示推介的平台功能，中国对外文化贸易赢来重大发展机遇，逐渐步入发展“快车道”。主要做法有：

一是规范对外文化贸易统计标准。为落实国务院《关于加快发展对外文化贸易的意见》(国发〔2014〕13号)中关于加强对外文化贸易统计工作的要求，商务部、中宣部、文化部、新闻出版广电总局、海关总署联合发布了《对外文化贸易统计体系(2015)》。该统计体系修订了我国现行的文化产品和服务进出口统计目录，形成《我国文化产品进出口统计目录(2015)》和《我国文化服务进出口统计目录(2015)》，将文化及相关产业对外直接投资统计纳入《对外直接投资统计制度》(商合函〔2015〕6号)。新修订的《对外文化贸易统计体系(2015)》在分类上实现了与国家统计局《文化及相关产业分类(2012)》和海关总署《商品名称及编码协调制度(2015)》的有效衔接，涵盖了更广范围的文化产品和文化服务类别，增加了基于数字、网络技术发展产生的新业态，并在文化领域对外投资统计方面实现突破②。

二是加快实施对外文化贸易战略。对外文化贸易是推动中华文化对外传

① 央视网海外社交平台总粉丝量突破3000万，央视网，http://www.cctv.cn/2016/03/23/ARTIdpruK6b7VopTq7c6Rc0y160323.shtml。

② 徐晨：《解读对外文化贸易统计体系(2015)》，《中国文化报》，2015年8月8日。

播的有效路径，2015 年，我国对外文化贸易的整体竞争力显著提升，吸引集聚了一批业内知名的文化及贸易企业，创新了文化贸易方式，拓宽了文化企业的发展机遇、提高了贸易服务水平。2015 年，我国文化产品进出口总额达 1013.1 亿美元，比 2012 年增加 125.6 亿美元，增长 14.1%，年平均增长 4.5%；文化产品进出口总额占全国货物进出口总额的比重为 2.6%，比 2012 年提高 0.3 个百分点。进一步推动政策和实践落地，做大国际文化市场规模和产业能级，文化"走出去"步伐更加扎实有效。在政策层面，2015 年 12 月，《国务院关于加快实施自由贸易区战略的若干意见》正式下发，提出了我国加快实施自由贸易区战略的总体要求，提出要加快发展对外文化贸易，创新对外文化贸易方式，推出更多体现中华优秀文化、展示当代中国形象、面向国际市场的文化产品和服务。讲好中国故事、传播好中国声音、阐释好中国特色，更好地推动中华文化"走出去"。吸引外商投资于法律法规许可的文化产业领域，积极吸收借鉴国外优秀文化成果，切实维护国家文化安全。在实践层面，作为外向型文化产业聚集区，上海、北京、深圳三地国家对外文化贸易基地立足自身定位和职能，提供国际展销、国际采购、国际结算、进出口代理、保税展示、保税租赁、保税仓储、金融投资、版权交易、商贸咨询、政策研究、人才培养等服务，进一步打破我国对外文化贸易的壁垒，活跃创意产业的成果展示、推介和交流合作的氛围，构建开放型创意产业格局，力争将对外文化贸易基地打造成促进文化"走出去"、扩大和鼓励对外文化贸易发展的文化贸易公共服务平台。

三是培育一批具有国际竞争力的外向型文化企业。涌现出中国国际图书贸易集团有限公司、中国教育图书进出口有限公司、北京中视环亚卫星传输有限公司、北京华录百纳影视股份有限公司、华谊兄弟传媒股份有限公司、北京四达时代软件技术股份有限公司、蓝海（北京）集团有限公司、中国对外文化集团公司、天创国际演艺制作交流有限公司、北京掌上明珠科技股份有限公司、完美世界（北京）网络技术有限公司、灵然创智（天津）动画科技发展有限公司、沈阳杂技演艺集团有限公司、景德镇法蓝瓷实业有限公司等重点文化出口企业，覆盖影视、出版、信息技术、工艺品等领域。加强对外文化沟通，中国特色文化产品走出国门，中国文化的国际影响力不断提升。2015 年是"中英文化交流年"，通过"中英文学剧场连线"、"英国国家剧院现场"等合作项目，中英两国观众通过戏剧了解双方文化，如北京人艺的《茶馆》赴德国演出，国家话剧院的《理查三世》亮相匈牙利，中国儿艺的《三个和尚》登陆法国等。这些演出通过话剧民族化的多样表达，向国际传播着中国的戏剧美学和中国戏剧人对于当代剧场艺术的独特思考。在对外商演方面，中国杂技紧紧抓住与各国文化交流借鉴日益频繁的有利契机，大胆践行中华优秀传统文化"走出去"战略，演出足迹遍及世界各地。其中，济南杂技团的京剧意象杂技剧《粉墨》从2015年8月31日至12月20日，赴美国25个州的70多个城市、加拿大2个州的4个城市进行巡回演出，行程约4.5万公里，演出93场，观众9万余人次，在北美形成了中国杂技演艺产品的规模效益和良好品牌，成为2015年对外商演的一个典范。

二、跨界融合是创意产业创新发展的有效途径

产业融合会涉及跨产业之间的行为与关系，不仅会改变产业的市场结构与市场绩效，而且会产生新的产业形态或新的价值增值环节，从而改变一个国家的产业结构与经济增长方式，是提升传统产业、促进产业升级的有效途径。"融合本质上是结构性的，与融合相关的最显著变化是产业结构的变化"，"产业融合是一种新的经济现象，并已广泛影响产业的发展，甚至正在重塑产业的结构形态"。[①] 随着中国经济增长速度放缓，经济发展方式转向质量效率型集约增长，更加强调集成创新对经济发展的重要作用。创意产业作为高端、新型服务业对转变经济发展方式，拉动经济增长的作用十分明显，在规模、质量、结构等方面得以不断提升和优化，并对相关产业产生了融合渗透、挖掘内涵、创新升级、资源共享等方面的附加影响，培育了新的产业竞争优势和发展后劲。创意产业已成为支撑我国经济增长的新动能，而融合渗透成为创意产业发展方式转变的重要方式，创意产业融合发展的层面愈加丰富，跨界融合越来越呈现出多元化、立体化的格局。

在国务院《关于推进文化创意和设计服务与相关产业融合发展的若干意见》(国发〔2014〕10号)出台之后，各省市纷纷制定贯彻"10号文件"的实施意见、行动计划等，积极落实支持政策并开展组织实施，从推进融合创新行动、营造创新环境、加大人才培养力度、建立保障机制等方面支持创意产业融合发展。在产业实践方面，创意产业朝着更具文化内涵、更具创意价值的方向发展，呈现出较强的产业关联效应。而相关产业纷纷探索与创意、文化渗透融合的实践路

① 李美云：《国外产业融合研究新进展》，《外国经济与管理》，2005年第12期。

径，开发产品创意价值，创新升级产品和服务形式，从根本上推动业态创新和产业转型升级。创意产业融合、渗透、辐射价值得到凸显，主要表现在与相关产业、商业运营、城市发展、文化事业四个互动层面。

(一)创意产业与相关产业融合

随着全球化步伐的加快与科学技术的迅猛发展，创意产业与科技、金融、农业、制造业、旅游、体育、建筑等相关产业不断走向深度融合，将文化元素作为创新驱动挖掘产业新价值，催生了创意产业新业态，培养了共享经济新产业，凸显出创意产业发展的最新亮点和特色，构筑结构性改革和“双创”的新动力，在行业间形成“跨界、渗透、融合、升级”的发展态势。

1.创意产业与高新技术产业

在“互联网＋”时代，创意产业与高新科技的交织融合愈发紧密，这主要体现在艺术与技术的双向互动上。由于信息化进程具有产业融合的特征，而产业融合首先发生于创意产业与其他相邻产业的边界之处，进而融合形成新的产业。在产业融合中，创意产业的规模和边界进一步扩大。“从产业发展层面看，文化产业在新技术发展的支撑下，通过在产业边界上与其他产业融合形成新的文化生产行业来扩大整个产业的规模”。[①] 一方面，运用高新技术特别是信息技术改造提升创意产业，创新文化生产方式。创意产业融合互联网、大数据、虚拟现实、3D打印等新科技手段，催生了动漫游戏、数字出版印刷、新媒体等新兴产业，实现从传统的单一文化产品到多元、现代、高科技的创意产业转型升级，既拓宽了创意产业的覆盖面与内涵深度，又增加了产业附加值与竞争力。随着信息技术高速发展和移动互联网迅速普及，信息产业对文化创意和设计的需求、文化传播对数字化和网络化的依赖，要比任何时候更加迫切和强烈[②]。另一方面，现代科技的发展和应用，在不断衍化出科技消费产品和服务的同时，也无时不在塑造和影响着人类文化的内容与形态[③]。文化创意是科技创新的思想源泉，在无形或有形地推动或制约着科技的前进，一个时代的科技文明进步与成就同样会被刻上文化烙印。

① 荣跃明：《文化产业：形态演变、产业基础和时代特征》，《社会科学》，2005年第9期。

② 贾梦雨：《文化创意，如何走向跨界与融合》，《新华日报》，2015年5月14日。

③ 王志刚：《推进文化科技创新 加强文化与科技融合》，《求是》，2012年第2期。

2.创意产业与金融业

随着创意产业的快速发展，当前文化与金融之间的相互支持与渗透日益显现，通过文化与金融深度融合与对接，以市场化的方式推动金融资源在创意产业中优化配置，满足创意产业发展的融资、投资、交易、风险管理等需求。与此同时，文化产品对金融机构的吸引力在持续增强，金融资本不仅以银行、信托、基金为代表的资金介入创意产业领域，而且各种文化衍生品及基于文化的金融产品频频问世、层出不穷，已成为目前创意产业市场的一个显著特点。总结目前金融扶持创意产业的手段主要有以下几种：

第一，国家层面设立文化产业发展专项资金。自财政部2008年设立文化产业发展专项资金用于扶持我国文化产业发展以来，探索采取项目补助、贷款贴息、保费补贴、绩效奖励等方式支持文化产业重大项目运作，金融资本和文化资源对接更加紧密。截至2015年底累计安排资金242亿元，支持项目4100多个，在培育骨干文化企业、推动文化体制改革、构建现代文化产业体系、促进文化产业发展等方面起到了重要引导作用。

第二，金融机构推动多元化、多层次的信贷产品开发和创新。金融机构积极加强和改进对创意产业的金融服务，满足创意产业多元化、全方位发展的金融服务需求，为文化企业量身打造特色金融产品。以北京银行为例，作为国内最早涉足文化金融的银行，北京银行以切实举措促进金融资源与文化资源深度对接，创新推出“创意贷”、“普惠贷”等文化创意金融系列产品，涵盖知识产权、供应链融资、并购贷款、集合票据、外汇、理财、现金管理等一揽子的“文化金融”特色产品包，全面支持文化企业及文化创意集聚区建设。与此同时，针对文化企业多以无形资产为主的特点，北京银行在贷款模式创新中以最大限度挖掘企业核心文化资产价值，让无形知识拥有可衡量的价值，创新推出以版权质押作为核心质物，同时还接受传统担保、知识产权等无形资产担保、应收账款质押、法人无限连带责任、中小企业联保等组合担保方式，并结合影视企业特点设计了多个影视项目打包贷款模式[①]。2015年9月，北京银行与朝阳区人民政府签订了《关于国家文化产业创新实验区文化金融服务全面战略合作协议》，根据协议，未来五年内北京银行将向实验区提供不少于1000亿元人民币意向性授信，完善实验区文化金融公共服务体系，全面支持实验区范围内文化企业的升级发

① 舟子:《开辟文化金融创新之路 助推文化产业大发展大繁荣》,《华夏时报》,2015年1月30日。

展。目前，北京银行为首都 2000 多家文化创意企业提供 800 多亿元资金支持，业务涵盖文创 9 大领域及文创集聚区建设，成为国内推出产品最早、小微贷款最多、支持项目最全的文化金融“排头兵”。

第三，拓宽文化企业发展的多元化融资渠道。大力发展多层次资本市场，扩大文化企业的直接融资规模，推动符合条件的文化企业上市融资，支持文化企业通过债券市场融资，鼓励多元资金支持文化产业发展。据新元文智文化产业投融资数据平台统计数据显示，新三板挂牌的文化传媒类企业已有 63 家，融资额为 17 亿元。文化产业的债券市场也在迅速发展，截至 2015 年 4 月末，共有 128 家文化企业通过银行间债券市场发行了 524 支债券，累计融资 4703.4 亿元。此外，民间金融支持创意产业资金体系正逐步壮大，各类市场化金融机构吸引民间资本参与经营。以小额贷款公司为例，北京、江苏等地纷纷建立文化产业小贷公司，对文化产业进行支持。根据中国人民银行 2015 年 4 月发布的数据，全国小额贷款公司机构数量共计 8922 家，实收资本 8392.05 亿元，贷款余额达 9453.7 亿元[①]。若将小额贷款公司充分与创意产业进行对接，将会激活更多的民间资本投入，成为文化金融发展的生力军。

第四，“互联网+”升级文化金融创新模式。2015 年 7 月，中国人民银行、工业和信息化部、公安部、财政部、国家工商总局、国家互联网信息办公室等十部门联合发布了《关于促进互联网金融健康发展的指导意见》，提出了一系列鼓励创新、支持互联网金融稳步发展的政策措施，积极鼓励互联网金融平台、产品和服务创新，鼓励从业机构相互合作，拓宽从业机构融资渠道，互联网与金融融合升级为国家重点战略。互联网金融的产品模式大致包括第三方支付、P2P 小额信贷、众筹融资、新型电子货币以及其他网络金融服务平台等。以众筹模式来看，由于文化创意项目轻设计，并具有一定的情怀价值，容易得到支持者的共鸣和大众的认可，文化创意企业开展众筹是获得融资的一种更好的方式。2015 年电影众筹有不少项目取得了成功，包括《大圣归来》、《叶问 3》、新《寂静岭》等爆款影片都超额完成筹资目标，收益也十分可观，为不少投资者带来了新的曙光。这些影片的成功问世，不仅说明影片在资金的筹集上获得巨大成功之外，更是让很多普通的影迷或观众有了一种直接参与电影投资的机会。通过影视众筹人们距离影视剧的制作可以如此之近，而普通投资者的进入也让互联网金融市

① 段卓杉、崔斌：《2015 年文化金融创新助力文化企业发展》，《中国文化报》，2015 年 12 月 26 日。

场更加火爆。

3.创意产业与旅游业

随着我国改革和市场化进程的不断推进，旅游产业的战略性地位日益凸显。2015 年旅游业对中国 GDP 的直接贡献率为 4.9%，综合贡献率达 10.8%。在发展旅游业的同时嫁接文化元素，以文化充实旅游内涵，以文化推动旅游发展，以旅游弘扬地域文化，以旅游促进文化繁荣成为目前国内发展壮大旅游产业的普遍做法。文化旅游作为一种以富含文化内涵的目的地为客体的综合性旅游活动，它既是人们对目的地文化的一种阶段性感知和体验过程，也是人们对审美情趣和民族文化情感的一种诉求与表达，文化旅游不仅有助于保护和开发各民族各地方的特色文化，丰富和完善旅游产品的内涵及价值，还有助于促进地区经济结构的转型与发展[①]。

旅游业是融合一二三产业的综合性产业，其关联产业达 110 多个，对餐饮、住宿、民航、铁路客运业的贡献率都超过 80%。以旅游作为优势产业带动其他产业共同发展，同时满足旅游大众化、消费升级和多元化的需求，在强劲的旅游需求驱动下，2015 年，全国旅游投资规模不断扩大，投资结构逐步改善，投资热点加快形成。据国家旅游局发布的《2015 年全国旅游业投资报告》显示，2015 年全国旅游业完成投资 10072 亿元，同比增长 42%，比第三产业和全社会固定资产投资增速分别高 32 个百分点，较房地产投资增速高 41 个百分点。2016 年，全国旅游投资将继续保持稳定增长的态势，预计全年旅游直接投资将达到 1.25 万亿元。到 2020 年，实现旅游投资总额比 2015 年翻一番，达到 2 万亿元。

我国旅游产业进入大众化、产业化时代，政府对旅游工作和旅游发展高度重视，积极制定和出台一系列重要战略及意见措施，为文化旅游产业发展赢得了良好的政策环境。2015 年 8 月，国务院发布《关于进一步促进旅游投资和消费的若干意见》，着力改善旅游消费环境，实施旅游投资促进计划，新辟旅游消费市场。9 月，工业和信息化部、发展改革委、交通运输部、质检总局、旅游局、民航局等六部委联合发布了《关于促进旅游装备制造业发展的实施意见》，提出加快旅游产业与第二产业中装备制造业的融合，应以市场需求为导向，以重点装备为核心，立足自主发展并结合引进消化，进一步强化创新驱动，完善配套体系，健全标准规范和检验检测体系，不断提高装备的质量、品牌和服务，培育专

① 梁学成、廉月娟：《探索文化旅游产业融合发展的实现路径》，《中国旅游报》，2015 年 3 月 11 日。

业化、规模化的骨干企业，形成具有较强国际竞争力的产业体系，有力支撑我国旅游业改革和发展。

当前我国旅游业正步入大众旅游时代，旅游需求快速增长，旅游消费日趋多元，旅游供给侧改革日益深入。文化旅游业作为带动性强、综合优势突出的新兴产业，文化旅游已明显呈现出多领域、多产业和多区域融合式发展势头，逐步形成了遍地开花的新局面以及融合创新新模式。一是在我国一些文化旅游产业发展基地或园区，已形成多元集群式融合发展态势，如深圳的科技创新型主题文化园，西安、洛阳的历史文化古都型产业园，上海、苏州的古镇名城型产业园，以及横店、宋城的影视基地型产业园等[①]。二是涌现出一批盘活文化资产与资源的文化旅游业巨头，如中国港中旅集团公司、曲江文化产业集团、华侨城集团公司、长隆集团、哈尔滨文化旅游集团等，他们在挖掘旅游目的地文化旅游资源，丰富文化旅游产品，培育文化旅游品牌，做强文化旅游产业等方面做出突出表率。三是以技术创新为突破口发展文化旅游新载体，在当前“互联网＋”的热潮下，文化旅游业应用大数据、云计算以及各种终端等信息化、自动化、智能化、数字化技术和设备，将旅游信息进行及时、高效、便捷、准确的传输交流和开发利用，实现旅游消费、开发建设、经营服务、组织管理的网络化、数字化、自动化、智能化和科学化，打造在线旅游平台，使得旅游消费更理性科学、旅游产品和服务的性价比更高。四是实施“旅游＋”战略，开拓文化旅游新空间，如“旅游＋工业”、“旅游＋中医”、“旅游＋体育”、“旅游＋研学”、“旅游＋文化”等新兴旅游业态，打造休闲新方式。

4.创意产业与现代农业

“农业乃立国之本”，自古至今，中国无论从农业人口、农村土地还是从历史传统来看，都是一个农业大国，农业的发展和转型一直是农业改革关注的重点。与传统的农耕文化不同，现代农业不断融合其他产业，催生了许多新型业态。其中最受关注的是近年来，许多地方大力推进创意产业和农业融合发展，将文化创意、产品创意、景观创意和活动创意等与传统农业生产相结合，将农业与农村相关资源，譬如农业文化艺术活动、农业技术、农产品和农耕活动进行整合，打通产业链上下游并进行市场化运作，极大地提升了农业增加值，拉动了内需消费，培育了农业经济新增长点，与创意产业融合是现代农业发展的新方向，具

① 梁学成、廉月娟：《探索文化旅游产业融合发展的实现路径》，《中国旅游报》，2015年3月11日。

体可总结为三种融合方式。

一是现代农业与一、二、三产业的融合。一、二、三产业融合发展是以农业为基本依托，以产业化经营组织为引领，以利益联结机制为纽带，通过产业联动、要素集聚、技术渗透、体制创新，促进农业产前、产中、产后以及休闲服务各环节的有机结合，实现农业产业链的延伸、价值链的跃升、功能的拓展、多主体的共赢，让农民参与二、三产业、分享增值收益①。推进一、二、三产业融合发展，加速融合加工业、旅游、创意、地产、会展、博览、文化、商贸、娱乐等相关产业与支持产业，形成多功能、复合型、创新性的区域产业联合体。如一产与二产的融合，产生了农产品加工业；一产与旅游业的融合，产生了旅游农业（也叫观光农业、休闲农业等）；一产与出口创汇产业的融合，产生了创汇农业；一产与材料行业的融合，产生了设施农业等。随着产业融合的进一步发展，今后可能还会不断有新的农业产业形态出现。

二是现代农业与创意手段融合。当前，我国农村地区集聚了70%的旅游资源，创意农业发展潜力巨大，在开发农业资源时多以新颖性、趣味性、体验性为原则，采用农业生产、农业观光、农家乐、休闲农庄、农业示范园、农业观光园、民俗文化和农事节庆等休闲体验模式进行开发。同时，借助互联网、信息化等科技手段对创意农业进行升级，极大地提高了农业生产能力和农业资源利用率。

三是农业企业融合创意开发。一批发展潜力大、带动能力强、品牌优势明显的创意农业企业和家庭农场迅速壮大，显示出强大的生命力和巨大的发展潜力。他们在地方特色农业的基础上，发展加工业、手工业与零售业，形成一个闭环产业价值链条。同时，利用农业本身的特色与吸引力，附加文化活动、教育培训、餐饮、旅游休闲、养生康复等产业，使一个农场转变为一个拥有丰富产品与多种产业形态的“文化创意农业园”。田妈妈（北京）投资管理有限公司是一家主打亲子特色的现代休闲农业企业，只面向0～7岁学龄前儿童的家庭开放，田妈妈以满足学龄前儿童对于食品安全、认知教育、户外体验还有家庭休闲的需求，将创意融合到各类文化、旅游、农业项目中进行主题营造规划与设计。例如，以“蘑菇＋森林”作为农场主题的“蘑法森林”，集蘑菇文化体验、蘑菇美食品尝、森林角色体验、家庭趣味拓展、儿童手工创作、森林家庭派对等于一体进行

① 陈晓华：《推进龙头企业转型升级，促进农村一二三产业融合发展》，《农村经营管理》，2015年第12期。

打造,让农业成为亲子休闲的载体[①]。休闲农业作为田妈妈公司的一个抓手,进一步完善服务配套及景观,将教育、体验、艺术、运动、美食等功能无缝地衔接进来。

5.创意产业与体育业

在国家顶层设计推动下,我国体育产业热度急速上升,以足球、篮球、排球三大球为代表的中国体育产业进一步得到重视和发展,获得了多样的主题性投资机会,体育产业链条不断持续延伸。其中,多元融合作为体育产业发展的主题不断在政策层面和产业实践中被提及,如体育产业不断加深与文化创意、旅游、金融、互联网信息等产业的融合,创造了体育产业新业态,成为我国现阶段体育产业发展的典型特点,中国体育产业迎来“黄金时代”,有望成为国民经济下一个支柱产业。

自2014年以来,中央和地方政府高度重视体育产业的发展,2014年10月,国务院发布了《关于加快发展体育产业促进体育消费的若干意见》,明确提出到2025年,中国体育产业总规模超过5万亿元的发展目标,同时鼓励丰富体育产业内容,推动体育与养老服务、文化创意和设计服务、教育培训等融合,促进体育旅游、体育传媒、体育会展、体育广告、体育影视等相关业态的发展。2015年3月颁布《中国足球改革发展总体方案》,提出探索足球产业与相关产业的融合发展,构建全方位、全过程足球产业链;9月颁布新版的《国家体育产业统计分类》,正式将体育产业统计纳入国家统计分类体系中,其研制过程中强调了体育与文化、教育、旅游、健康、传媒、信息、金融等产业的融合性,使得体育作为新的经济增长点及对国民经济的拉动作用得以凸显。11月公布《关于加快发展生活性服务业促进消费结构升级的指导意见》,大力推动群众体育与竞技体育协同发展,推动体育旅游、体育传媒、体育会展等相关业态融合发展。2015年12月8日,国家体育总局副局长冯建中在国新办举行的发布会上介绍《关于加快发展体育产业促进体育消费的若干意见》贯彻落实情况,他指出,按照目前的发展形势,预计到2020年,体育产业总规模将超过3万亿,体育产业增加值在国内生产总值中的比重将达1.0%,全国31个省(区、市)在2025年体育产业规模的目标值合计超过7万亿元。

文化产业与体育产业的发展一直都是相互关联、良性互动的关系。创意产

① 田牧:《田妈妈农乐园——根植大地的爱心创意》,《农民日报》,2014年8月30日。

业是体育产业发展的重要载体，特别是传媒行业对体育行业的带动，才能让体育发挥出最大的影响力和感染力，才能通过体育旅游、体育传媒、体育会展、体育广告的融合发展形成体育产业品牌。反过来讲，体育产业是创意产业表现和创作的源泉，除了新闻媒体对体育赛事进行录制转播和带动赛事新闻报道的广告业的发展，电影电视节目制作、文艺、文学等的创作需要从体育中汲取营养，寻找创作灵感。体育产业的进步也吸引了众多文化企业、地产企业、互联网企业等的青睐，纷纷将资本、热钱加速冲入。

赛事运营和开发是体育产业最为核心的部分，也是让投资方最为追逐热捧的领域。不少文化企业和金融机构借体育产业雄起的东风看到了其中巨大的商机，积极面向体育产业展开布局。一方面，很多上市公司借力体育产业东风。例如，万达出资 4500 万欧元入股西甲球队马德里竞技，10.5 亿欧元收购瑞士盈方体育传媒集团；阿里巴巴向广州恒大足球俱乐部注资 12 亿元获得 50％的股权；莱茵置业拟投资 6500 万元增资体育互联网服务企业万航信息等。另一方面，金融机构也组团进军，打响体育产业优质标的争夺战。其中，以“赛事运营＋内容平台＋智能化＋互联网服务”全产业链体育生态为战略的乐视体育获得阿里、万达、云峰基金等资本追捧，于 2015 年 5 月 13 日以 8 亿元融资、28 亿估值完成首轮融资，并创下中国体育行业首轮融资额与估值的双重纪录。截至 2015 年末，乐视体育掌握全球超过 250 项赛事版权、全年超过 10000 场直播——乐体被公认为是目前拥有全球种类最全、数量最多的体育赛事版权资源的公司；海纳亚洲、软银中国在体育智能硬件公司咕咚投资 3000 万美元；IDG、华创资本、高榕资本等基金在智能自行车公司骑摆客投资 1500 万美元①。这些企业和金融机构不只是看上赛事对于品牌的影响，还有政策释放出的万亿级市场蛋糕，未来体育产业有望迎来蓬勃发展态势。

6.创意产业与制造业

我国是“世界工厂”和制造业大国，早在 2010 年，中国就超过了美国，成为全球制造业第一大国。目前，在世界 500 种主要工业品中，中国有 220 种产品产量位居全球第一位。但我国传统制造业总体上仍然没有摆脱“三高一低”（高投入、高消耗、高污染、低效益）的粗放型发展模式，传统制造业面临提速增效、提质转型的历史时期。而创意产业无污染、产品附加值高，对传统产业的跨界

① 阮伟、钟秉枢主编：《中国体育产业发展报告（2015）》，社会科学文献出版社，2015 年 12 月。

转型和升级有着极大的促进作用，创意产业与制造业结缘，能够开创中国制造业转型升级的新路径，提高制造业的文化附加值。

创意产业与制造业的关联融合，是指由于创意产品在生产过程中带动相关文化载体、文化用品、文化器材、文化产业道具、设备等文化制造业的发展与升级。在产品、产业组织形式融合的基础上，有望产生一种跨创意产业和制造业门类的“创意制造业”的新形态。即以创意设计引领制造业、文化元素贯穿制造业、制造业提速创意产业，着力以创意产业提升制造业的设计、管理体制、营销能力，同时借助制造业的集约高效等优势克服创意产业零散、同质、低效等缺陷①。

一方面文化产品的增值离不开加工制造业。在《文化及相关产业分类》中认为文化产业是为全社会提供各类文化产品及服务的相关活动，以及与这些活动相关联的围绕文化消费的活动集合，主要包括文化产品制作、文化产品销售活动、文化用品生产和销售活动等六大类。其中，文化产品制作和文化用品生产都属于制造业的范畴，如造纸及纸制品业、文教体育用品制造业、乐器制造、游艺器材及娱乐用品制造、照相机及器材制造、家用视听设备制造、印刷专用设备制造、广播电视设备制造、电影机械制造、复印和胶印设备制造、工艺品制造、舞台工美、服装道具制造等。文化产品和用品生产制造的设计理念、效率、质量与方式等影响着消费者的消费感受，制作工艺中还要吸收文化产品的文化元素与品牌价值，文化产品的制作能力是文化产品品牌的延伸，决定了创意产业的赢利能力。

另一方面，创意产业向制造业的研发、设计和营销推广环节渗透。创意产业与制造业的融合，主要表现在如外观设计、展示设计、制度设计、组织结构设计、盈利模式设计等工业设计、品牌策划以及品牌营销推广等领域的价值创新要素投入，将文化元素和创意思想融入制造业价值链研发和设计等环节。创意设计为传统制造业注入文化与时尚的元素，它所带来的改良性创新可以重塑市场和产业边界，不仅增加了制造业的文化附加值，使制造业结构更趋于柔性化，也将帮助企业实现产品的差异化。

因此，随着创意产业与制造业的深层融合，以工业设计开发、文化用品生产

① 郭际、张扎根、刘慧：《制造业与文化产业高质快速发展的可行路径》，《文化产业研究》，2015 年第 2 期。

等为代表的中间产业链条，一方面实现了创意产业的深度、高级化发展，另一方面也推动着中国制造业的转型与升级。随着技术创新与文化内容产业的发展，文化内容产业与信息技术、数字技术结合，以文化内容为驱动，技术手段为支撑，创意产业融入电子、数字终端制造业，从而带动便携式通信设备、计算机及其他电子设备等技术密集型制造业的发展与全面升级①。

（二）创意产业与商业融合

在商业经济发展的过程中，文化元素滋养了商业品牌的培育，催生了商业业态的创新，造就了特色商业文化。反过来讲，商业的兴盛又进一步带动文化艺术的发展，商业理念和商业投资促进了文化的传播，将创意思想转化为创意产品，提升了文化产品的层次。文化和商业是互动关系，两者紧密相连，互相推进，没有商业，文化的传播载体和传播方式会受到限制，文化的价值不能得到完善。没有文化，商业的品位和内涵会受到影响，商品辨识性会降低，影响经济方面的回报。

商业和文化的互动是一个良性循环的过程，在这个过程当中，文化作品在体现其商业价值时，需要保持其独立性和特殊性，不以商业价值最大化为终极目标，而是要审视文化作品内容本身对社会的影响。正如习近平总书记在文艺工作座谈会上的讲话中指出，“文艺不能当市场的奴隶，不要沾满了铜臭气。优秀的文艺作品，最好是既能在思想上、艺术上取得成功，又能在市场上受到欢迎。”创意产业也是如此，在做出对市场分析判断之后，还是要专注于自身的完善，尤其是文艺作品生产者，需要以内容质量为王、自我特色为胜。如果把工作重心转移到想方设法谄媚逢迎受众、失去自我一味迎合市场，那是文艺的悲哀，其实更是受众的悲哀。当受众屡屡被信息垃圾占据时间成本、拉低审美层次的时候，不会感激创作者对自己的曲意逢迎，只会失望于文艺市场的甚嚣尘上却满目荒凉②。当前文化和商业的融合主要体现在三个方面。

---

① 吴明来、李碧珍、张菊伟:《制造业和文化产业的融合:我国制造业升级的路径选择》,《福建农林大学学报》,2013 年第 16 期。

② 曹雅欣:《文以载道 文化健康 ——论习近平总书记主持召开文艺工作座谈会》,《光明日报》,2015 年 10 月 15 日。

1. 文化创意提升传统商业业态

受互联网、大数据等新一代信息技术的影响，传统商业运营模式受到冲击，传统企业借助文化元素转型升级，创新自身的商业模式，以提高抵御风险的能力。传统出版企业转型改革，寻求跨界融合路径。安徽出版集团通过全力打造媒体融合产业体系，将“媒体融合、行业服务、商务运营”进行全面嫁接，实现了传统出版与数字出版产业的融合发展。集团科技文化工程孵化平台建设进展顺利，已开发时代教育在线、时代书香网、时光流影、时代漫游幼儿教育等平台。“时代教育在线”平台已成功接入“安徽省基础教育资源应用平台”，并已经在合肥、芜湖、宣城等地的100余所学校应用。传统书店、电影院、娱乐场所等积极引入特色文化资源，打造商务服务与休闲文化高度融合的综合消费场所。诚品书店创办于中国台湾，以书店为品牌核心，目前营运范畴已扩展至画廊、出版、展演活动、艺文空间和课程、文创商品，以及地铁站、医院、学校等各类型特殊通路之经营，并延伸至商场开发经营和专业物流中心建置等专业。2015年11月，诚品集团在苏州工业园区开设了第46家诚品书店，这是诚品在中国内地开设的第一家旗舰店，也是第一家诚品自持物业的门店。总面积达5.6万平方米的综合体中，书店占据了1.5万平方米，剩余的面积由文具店、咖啡馆、餐饮、服装店、家居店、展览馆等组成。在这个商业综合体旁边，还有两栋塔楼共76套高级公寓出售，时至今日，诚品发展为以文化创意为核心的复合式经营模式，诚品书店里不只有书，还包括人文、创意、艺术、生活的精神。老字号企业传统文化内涵，开展以互联网营销为特色的拓展经营，增强老字号品牌的文化传承力和影响力。同仁堂的旗舰店已开进天猫、1号店等电商平台。2014年同仁堂网上销售额达到了4400万元，仅“双十一”一天，同仁堂线上销售额就达到150万元，健康类产品成为消费者抢购的对象。2015年3月，同仁堂更是以养生茶试水，在京东商城“玩”起了众筹预售，短短20天时间，已筹集3.9万元，是原计划的八倍左右①。另外，由百花蜂业、内联升、菜百等16家企业组成的北京老字号网上专区在京东商城正式上线并长期入驻，不仅拓宽了老字号的销售渠道，更进一步提升了老字号的品牌影响力。

① 陈雪柠：《老字号融入“互联网+” 上半年京城批发零售业网售增四成》，《北京日报》，2015年8月6日。

2.文化创意培育创意商务服务

2015年3月国务院办公厅下发《关于发展众创空间推进大众创新创业的指导意见》中指出，充分运用互联网和开源技术，构建开放创新创业平台，促进更多创业者加入和集聚。在“双创”热潮的带动下，作为有效满足互联网时代“双创”早期需求的新型创业服务平台，“创客空间”、“创新工场”等受到了各地政府的号召、扶持以及投资机构、开发商的追捧。据科技部火炬中心统计，至2015年，全国众创空间数量达到2300多家，众创空间投资者背景多样，其中主流为科技互联网企业如腾讯、百度，科研院校如清华大学、北京大学和投资机构如联想之星、创新工场等，此外，也不乏以当代置业和SoHo中国为首的房地产开发企业等不同背景的投资者。车库咖啡于2011年4月开始营业，是一家以创业和投资为主题的咖啡厅，创业者只需每人每天点一杯咖啡就可以在这里享用一天的免费开放式办公环境。可以说，车库咖啡不仅是创业者的低成本办公场所，也是投资人的项目库。车库咖啡的核心是资源整合和项目孵化，车库咖啡整合了无息贷款、免费服务器、办公设备等资源，并能够在项目初期发展时提供各项援助和支持，对高科技成果和创意产品进行孵化，使其更快更好进入市场。每年来车库咖啡的创业者有6万人次，1200多个创业团队，举办大型活动300多场，每天常驻团队13到15个，创业团队之间的联合近20家。从2011年成立至今，有将近130个团队得到了投资，其中魔漫相机、极飞科技、掌游科技等都是从车库咖啡走出的创业典型。

文化与商务服务的融合还体现在对传统消费模式的革新，真正以用户需求为导向提供个性化、细分化的文化产品和服务，在线票务就是其中的典型代表。在线票务是在信息化渗透传统行业、人们消费习惯发生改变以及网上支付业务配套完善的条件下产生的，它突破了传统票务的销售模式，借助技术、资金与资源优势谋求从信息的获取转型服务的连接。以电影在线票务平台为例，2015年，中国内地票房收入达到440亿元，根据国家电影专资办数据，2015年，在线购票占比首次超过了50%，达到54.8%。根据艾媒咨询发布《中国在线电影购票专题研究报告(2016)》显示，2016年中国在线电影平台售出票房收入约占总票房收入的69.7%，接近7成的票房来自电影在线购票。电影在线票务产生的巨大资金流同样吸引了BAT的注意。阿里将淘宝电影票资产注入阿里影业，打造包含娱乐宝、淘宝电影票等产品的娱乐产业生态链，打造全方位的娱乐公司，推动中国电影产业的升级；百度糯米拥有百度搜索、百度贴吧、手机百度、百度地图、爱奇艺等亿万级流量入口，在影院端的系列完整战略布局也有效助力了影片的排片及票房；微票儿背靠腾讯，在线上票务及影片宣发合作方面获得了微信、QQ平台的支持，成为一股强劲的力量，还于2015年11月获得了15亿元的融资，并与在线选座先行者格瓦拉合并。微票儿在做好电影在线售票业务的同时发力演出市场，不断壮大自己的实力，通过新的战略模式拓宽发展道路，极具发展潜力。

3. 文化创意创造商业产品价值

商品除具有使用、消费的特征外，如果能赋予更多文化内涵，增添更多中国元素，将大大提高商品的附加值，将商业产品附加文化属性已成为当前商品市场的普遍做法，商品设计来自于文化的创意，透过赋予商品本身所蕴含的文化因素，予以分析转化成设计要素，并运用设计为这文化因素寻求一个符合现代生活型态的新形式，并探求其使用后对精神层面的满足，这与文化文物单位发掘文化资源、开发文化创意产品的做法如出一辙。为了让更多的人了解故宫文化，故宫博物院深入了解和分析不同年龄段观众的差异化文化需求。在广泛进行社会公众需求调查的基础上，确定文化创意产品研发和营销策略，以弘扬中华文化为目的，开发出如“故宫娃娃、朝珠耳机、编钟调味罐”等十多个文化产品系列，深受群众喜爱。2015年底故宫文创产品达到8700多种，已上线的8款App平均下载量上百万，线下商店最高销售额每天超过10万元，总营业额超过10亿元，人气空前火爆[①]，文化创意产品的开发成为推动传统文化传播与发展的重要力量。

(三)创意产业与城市发展融合

在社会发展的历史进程中，城市表征着人类文明水平，城市建设从广义上来说，包括城市的硬件建设和软件建设，甚至还包括展览展示与旅游方面等相关内容，城市的发展是一项系统工程，这体现了一个城市在经济、政治、文化、社会和生态建设整体范围的全面协同发展程度。当前，中国城市在立足自身城市特色发展的过程中，着力寻求文化与城市建设的融合，从各城市的文化资源出发，确立自己独特的品牌和定位，加快建设文化城市、文化城镇。如北京的城市

① 卢扬、徐芝蕙：《故宫文创产品欲打开大众消费市场》，《北京商报》，2016年5月20日。

战略定位是，坚持和强化首都全国政治中心、文化中心、国际交往中心、科技创新中心的核心功能，深入实施人文北京、科技北京、绿色北京战略，努力把北京建设成为国际一流的和谐宜居之都。上海对照“国际文化大都市”和“具有全球影响力的科技创新中心”的建设要求，肩负新阶段的庄严使命，走可持续发展道路。深圳坚持“现代化国际化创新型城市”定位，将深圳打造成精神气质鲜明突出、文化创新引领潮流、文艺创作精品迭出、文化活动丰富多彩、文化设施功能完备、文化服务普惠优质、文化传播融合发展、文化产业充满活力、文化形象开放时尚、文化人才群英荟萃的国际文化创意先锋城市，与深圳“现代化国际化创新型城市”相匹配的文化强市。文化的发展关系到城市的未来，从城市发展来看，一个城市最终能走多远，最终有多少影响力和辐射力，都关乎城市文化的塑造能力，城市文化是城市核心竞争力的重要组成部分。

1.文化创意与城市生活的融合

城市是吸引人才和创意、产生创新和创造财富的中心，对经济和文化发挥着前所未有的重要作用，文化作为强大的社会经济资源，可以帮助城市改变民众的生活品质，文化建设是推动城市现代化发展的灵魂工程，有利于提升人民群众文化素质，培育和塑造城市精神。文化设施是营造城市文化环境必不可少的要素，如图书馆、艺术馆、影剧院、科技馆、体育馆、会展中心乃至环境绿化雕塑等，都体现了城市文化风韵，对城市文化环境的营造都具有很大的影响。举办特色文化活动，如美术展、摄影展、博览会、设计周、艺术节等，激发群众活力，提高市民参与文化活动的积极性，形成城市文化建设的凝聚力和影响力。建设融合商业零售、商务办公、酒店餐饮、公寓住宅、综合娱乐五大核心功能于一体的城市商业综合体，这是城市与文化、地产、商业等的结合体，在带动相关产业发展的同时，还可以辐射到社会的各个方面，在一定程度上满足人民日常生活、娱乐、消费需求。伴随着城市文化环境的改善，城市文化品位逐步提升，城市的整体文化氛围将更加浓郁。

2.文化创意与城市历史传统的融合

每个城市都有自己的历史和不同的文化积淀，在城市建设过程中，城市承担传承历史文化的使命，深入地挖掘优秀的文化历史遗产，分析文化遗产中可以转化为现实经济优势的要素资源，顺应城市的文脉，发展、革新、创造属于一个城市独特的新文化。注重文化资源的保护和开发，完善文物保护单位的保护设施建设和抢救性修缮工作。山西平遥古城曾经街道路面破烂，文物古迹、传统民居年久失修，城内供水系统老化。自发展文化旅游业后，平遥古城基础设施、环境秩序、管理水平、服务质量均得到明显提升，并成功打造了平遥国际摄影大展、平遥中国年、“又见平遥”大型室内情境体验剧等文化名片。城市历史建筑、古遗址、古文化不仅是城市极为珍贵的文化遗产，也是文化软实力的重要依托和支撑。

3.文化创意与城市形象的融合

城市形象是人类对于城市中居民素质、民俗习惯、文化气息、建筑风格等的感受所形成的城市总体印象，是城市文明建构的一个符号，良好的城市形象能产生巨大的吸引力和投资力，而展示形象更重要的是靠文化的魅力。张家口市每年7月和11月举办“草原音乐节”和“崇礼滑雪节”，就是具有独特性的文化创意。从2009年起至今，张北草原音乐节已成功举办六届，每年吸引数十万乐迷到场，其张北草原音乐节官方网站的点击率达3亿人次，创造了中国音乐节“五个之最”（场地规模最大、生态环境最环保、观众人数最多、摇滚品质最纯正、国际化程度最高），成为国内最大的户外音乐节，被媒体誉为“最具有标杆意义的高端户外音乐节品牌”。通过音乐节和滑雪节，招揽游客，旅游观光，收获利益，打造了张家口的城市形象，凸显了地方独特的自然优势。

城市建筑可以丰富城市建设的文化内涵，坚持城市特色风貌与建筑功能的统一，让城市建筑作为城市形象的名片，是塑造城市形象的新路径。提到鸟巢、水立方、故宫、天安门、三里屯Village、798就会联想到北京；提到中国迪斯尼、佘山深坑酒店、东方明珠、BFC外滩金融中心等就会联想到上海，一系列文化地标的崛起，让建筑和文化一同展现在世界面前。

城市文化品牌以其标志性、独特性、内涵性彰显了城市文化的魅力，城市文化品牌提升了城市形象的影响力、辐射力、吸引力和美誉度等，是开展城市公关活动和对外交往的名片。深圳被联合国教科文组织评为“全球全民阅读典范城市”和“设计之都”，培育了“文博会”、“创意十二月”、“读书月”、“市民文化大讲堂”、“百课下基层”等文化品牌，创造了特色文化品位和城市创新品格，国内外影响力逐渐提升。

(四)创意产业与公共文化事业融合

创意产业与公共文化事业都是社会主义文化建设的重要组成部分,两者相互促进,相互融合。创意产业是经济与文化融合的重要载体,文化的影响力带动了产业结构的优化和提升,是增强国家经济竞争力的重要组成部分。公共文化事业为创意产业提供文化积淀基础,公共文化事业的发展可以激发人民群众的创造性,提高人民群众的艺术素养,激励人民群众进行艺术创作,这些都将成为启发创意产业发展的源泉。当前,创意产业与公共文化事业的融合已经被广泛认同,并被提升为国家战略,通过出台《关于加快构建现代公共文化服务体系的意见》、《关于推进基层综合性文化服务中心建设的指导意见》、《"十三五"时期贫困地区公共文化服务体系建设规划纲要》和《关于做好政府向社会力量购买公共文化服务工作的意见》等文件,围绕创新公共文化服务内容和形式,促进文化与科技深度融合,引导社会力量参与公共文化服务体系建设,推动文化事业和文化产业协调发展等提出了有力措施,创意产业与公共文化事业融合的质量和效率得到保障。

1.创意设计焕发传统文化资源生机

我国传统文化资源非常丰富,保护和利用传统文化资源是传承我国传统文化的纽带和桥梁,随着文化和商业逐渐加深加快的融合,将传统文化与制造业、旅游、科技等产业融合,创造了以传统文化为主题的巨大商业利润,是传统文化资源丰富地区实现产业跨越式发展的有效途径和新方式的探索。借助专业创意设计的力量介入传统手工艺的创新发展,提升传统手工艺的现代创意价值。自设计了 APEC 国宴瓷之后,高淳陶瓷在中国数千年瓷器文化的基础上,通过精细化改良和现代化功能设计,将翠绿的底纹、金色的缠枝花纹、粉色的梅花、豆青色衣着的仕女等充满民国范的元素穿在了现代陶瓷的身上,打造出表现开放、自由、时尚、融合等特质的民国范瓷器,进一步丰富了中国陶瓷文化内涵。

2.数字化手段丰富文化场馆参观体验

随着各省市对公共服务文化体系建设的推进,利用互联网、新媒体等信息技术的发展,促进新技术的应用,提升公共文化场馆的参观体验,尤其在探索智慧文化场馆建设方面,已经开启了以群众文化需求为导向的数字化改造。如陕西数字博物馆是陕西省政府推出的一项重要的文化惠民工程,由陕西省文物局主办，依托全省馆藏文物数据库资料和陕西历史博物馆的相关平台建设，着力打造的一个文物数字化展示、保护与交流的专业平台，成为中国首座省级文物行政管理机构创建、依托全省馆藏文物数据库信息和集观赏性、知识性、互动性为一体的大型综合数字博物馆。目前已经形成了以虚拟现实馆、数字专题展、临展与交流展、精品文物鉴赏、讲坛与讲解等五大特色栏目。此外，还设立了“博物馆新闻”、“交流与论坛”、“数字文库”、“博物馆大全”等辅助栏目，截至2015年12月，该博物馆累计浏览量达70多万人次。信息技术使传统博物馆的整体面貌得到改变，提升了博物馆的整体品质，使博物馆成为社会大众的精神家园。

3. 多元参与促进公共文化服务社会化

文化是民族凝聚力和创造力的重要源泉，发展公益性文化事业，推进重点文化惠民工程，加强公共文化基础设施建设，促进基本公共文化服务均等化。加大文化投入，探索委托社会力量建设公共文化，引导社会化资本投入文化设施建设是实施文化惠民的重要基础，也是实现文化大发展大繁荣的重要条件。据不完全统计，自2015年以来，各地购买公共文化服务资金累计投入逾20亿元。为探索完善政府向社会力量购买公共文化服务投入机制，多地文化厅局还积极同省级财政部门加强沟通，争取设立政府向社会力量购买公共文化服务专项资金，取得显著成效。河南省2016年在整合原有资金基础上，由省财政设立1亿元的政府购买公共文化服务及扶持创作专项资金；吉林省文化厅2015年设立政府购买公共文化服务专项资金1800万元，专项用于送戏下乡文化惠民工程；山西省文化厅2014年起从省财政安排1000万元专项资金用于省级购买公共演出服务，并带动省内部分地市设立了专项资金；山东省文化厅2015年投入购买公共文化服务专项资金800万元，专项用于购买文化惠民演出项目①。积极探索公益项目与民营资本融合发展的模式，侧重于公益的同时又大胆吸取民营资本，调动社会资本的参与热情。2015年上海浦东文化艺术节政府灵活运用政府购买、项目激励、资本引导等方式搭起文化舞台，浦东政府投入资金500万元，而撬动的社会资金超过了7000万元，吸引众多社会文化机构和团体参与，鼓励专业的文化团队和市民担当文化活动的主角。

① 徐亚群：《各地推进政府向社会力量购买公共文化服务工作》，《中国文化报》，2016年5月23日。

三、创新融合推动创意产业发展方式转变

回顾刚刚过去的“十二五”，以习近平同志为总书记的党中央明确提出扎实推进社会主义文化强国建设的战略任务，出台实施了一系列推进文化改革与发展的政策措施，优化了创意产业发展环境，推动了重大产业项目的落实，加快了创意产业与其他产业融合发展的步伐，打造了一批文化精品，扩大了文化消费的领域，丰富了国内外文化交流的内容和形式，吸引了资本加速向创意产业聚合，创意产业对经济发展的贡献率进一步提高。当前和今后一个时期，我国将处于全面深化改革和经济转型升级的关键时期，随着中国经济发展进入新常态，创意产业在促进经济结构调整、加快转变经济发展方式方面的作用将更加凸显，文化与相关产业融合的深度和广度不断拓展，创意产业发展迎来更有利的内外部环境。

(一)政策红利释放创意产业迎布局良机

2015 年，国家层面出台的创意产业支持政策将近 20 项，涉及文化体制改革、业态创新、融合发展、扶持创新主体、鼓励创新创业、知识产权保护等诸多方面，尤其在“十三五”规划纲要中明确提出“文化产业成为国民经济支柱性产业”这一发展目标。这些政策的出台，从战略层面布局了中国创意产业未来发展定位，为创意产业的发展营造了政策环境，奠定了中国特色创意产业快速发展的基石，创意产业迎来了新的发展机遇。同时我们也要看到，政策红利的释放需要一个过程，目前我国创意产业发展还面临着诸如文化体制改革不到位，文化企业规模小、竞争力弱，文化精品不足，文化资源流动性差，领军人才缺失等瓶颈。今后，创意产业如何在日益激烈的国内外文化市场竞争中把握自身发展的机遇，实现战略突围，需要给予更大的支持与鼓励。

(二)创新业态模式融合发展走向深入

创意产业具有的跨界融合特质是它在经济社会发展过程中所呈现出来的应有之义，文化创意的创新成果应用于科技、金融、旅游、体育等各个社会领域，创意赋予文化及相关产业产品鲜明的文化个性、高端的文化品质和充实的文化

内涵等功能，新型产业业态和产业价值链不断得到塑造和延伸，以文化为内生驱动力向其他产业溢出融合的态势还将继续深化。从横向上看，融合化发展使文化创意的活力在产业间贯通流动，击破多个产业间的屏障，创造新型文化创意特色业态。如“文化＋科技＋金融”、“文化＋旅游＋体育”、“文化＋农业＋旅游”等等，成为经济新常态中的一大亮点。从纵向上看，融合发展有利于打牢文化产业发展基础，使产业发展根基更加牢固。今后一个时期，文化创意的先导作用将逐步强化，文化创意的资源挖掘、要素整合、产业耦合力度将会持续加大。

(三)供给侧发力扩大文化服务供给

衡量创意产业发展水平的一个重要标准是文化供给对文化需求的满足程度，这也是推进供给侧改革，促进产业转型和国民经济升级换代的重要意义。但是我国目前文化供给还存在供给乏力、优质文化内容缺少、文化消费供给质量不均衡等困境。如何从供给侧发力，向市场提供更多高品质、有创意的文化产品，迎合文化消费多层次、多样化的特点，深入发掘甚至创造出新的消费需求，释放市场活力，将是创意产业持续健康发展的关键所在。融合化发展使文化市场供给更加多元，有利于增加文化产品与文化服务供给，更好满足人民文化消费需求。如在我国移动互联网建设步伐加快、智能终端日益普及的条件下，互联网重塑了创意产业及其消费形态、消费渠道等各个层面，互联网与创意产业的结合催生了网络游戏、网络动漫、网络阅读等新兴文化产品，在国内形成了千亿级产业规模，互联网与创意产业的融合增强文化供给的有效性，遵循市场规律和文化需求特征，带动了创意产业和文化消费市场的扩展。

(四)“文化＋双创”培育创意产业新动能

2015 年，是“大众创业、万众创新”的元年，国家重视创新和创意对经济发展的重要驱动力作用，出台多项政策推进创新创业建设。创意产业本身带有创新创意特质，是“大众创业、万众创新”的主阵地和排头兵，推动“大众创业、万众创新”是培育创意产业新动能的战略选择，通过创新创业，创造大量就业岗位，带动人口就业。随着创意产业融合态势的不断深入，“文化＋”为大众创业、万众创新提供了最广阔的发展空间。就创业而言，创意产业及其融合业态扩大了双创的范畴和结构，特别是在互联网的助力下，搭建了以互联网为基础平台的创新要素新形态，带来创新组织模式发生重大变化，打开了创业新局面。就创新而言，双创表现出大众性、开放性的特征，人人都能够参与到创业创新活动中施展才华，再加上众创、众包、众筹等创新创业支撑平台功能的完善，使得大众获得创新的机会和空间，今后，“文化＋双创”将会催生新一代产业革命，使创意产业自身的比较优势和潜力得到充分发挥。

(五)区域经济一体化打造创新融合共同体

融合多个国家或地区的经济资源优势，根据自己的比较优势加强合作，打造区域经济贸易联合体，实施区域经济一体化战略，是目前国际经济关系建设中普遍使用的做法。对于中国来说，在国际外交层面实施“一带一路”战略，国内合作层面实施京津冀协同发展、长江经济带、泛珠江三角洲等战略，这几大战略虽面向不同的合作对象，但共同使命是加强区域经济合作，打造区域经济共同体，寻找中国经济新动力。对于创意产业来说，打造区域经济共同体，实现文化资源在区域间的有效流动和相互补充，设计具有区域特色的文化产品，形成产业融合的良好局面。并且在区域创新融合的过程中，进一步突破了地区文化体制的障碍，与其他产业融合并产生辅助带动作用，促进区域相关产业的发展，达到优势互补、互利共赢的目的。

(张京成、蒋金洁，中国创意产业研究中心)

第二章

北京："文化+"带动区域产业转型升级

一、北京文化创意产业再上新台阶

二、北京加快文化创新融合发展步伐

三、北京文化创新融合发展的实践探索

四、北京文化创新融合发展的趋势与展望

2015年，北京深入实施科技创新、文化创新双轮驱动战略，加快推进文化创意产业发展，积极推动文化与多领域融合发展。作为首都的核心功能性产业，文化创意产业在2015年度再上新台阶，同时，文化与科技、文化与金融，文化创意与旅游业、商业、体育、制造业、农业等领域融合发展步伐加快，“文化＋”的发展特征更加鲜明，新业态、新模式、新产品层出不穷，文化创新驱动效应更加显著，文化创意产业成为支撑首都转型升级与强化战略定位的重要领域。

一、北京文化创意产业再上新台阶

2015年是北京市改革发展的关键年。北京立足首都城市战略定位，积极推动京津冀协同发展，扎实推进稳增长、促改革、调结构、惠民生的各项举措，全市的综合经济实力、科技创新能力、国际影响力显著增强，国际一流的和谐宜居之都建设迈出坚实步伐。

文化创意产业作为首都核心功能性新产业，在2015年取得新的发展成效，也呈现出创新驱动、消费驱动的新特征，以及高端化、集约化、市场化的新动向，成为首都“高精尖”经济结构构建中的核心领域，进一步支撑了北京的转型升级与提质增效。

(一)产业规模再上新台阶

2015年北京市文化创意产业再上新台阶，全年实现增加值3072亿元，同比增长8.7%，占地区生产总值的13.4%，比上年提高0.2个百分点。截至2015年底，全市共有文化创意企业14万家，带动就业人数近200万人。2016年1—2月，全市规上文化创意企业实现收入1270.5亿元，同比增长14.5%，实现良好开局。

从“十二五”时期北京市文创产业总体发展情况看，北京文化创意产业的增加值年均增长了12.6%，文化创意产业在全市GDP中的比重仅次于金融业，连续十年稳定地保持着第二大支柱产业的地位。

(二)科技创新引领新发展

2015年，北京科技创新更加活跃，文化与科技创新资源嵌合互动，文化科技企业发展强劲，有效带动产业快速发展。1—11月，全市规模以上软件互联网企业实现收入4143.1亿元，同比增长10.1%，超过同期规上文化创意企业收入增幅的3.8个百分点，成为带动文创产业发展的核心支撑。

从科技创新较为活跃的细分行业发展看，在“互联网＋”模式带动下，新的市场需求不断涌现，1—11月，规模以上数字内容服务和其他互联网服务行业分别实现收入17.8亿元和6.3亿元，同比分别增长25.3%和53%；规模以上互联网信息服务行业实现收入856.5亿元，同比增长21.5%，全市重点互联网出版单位实现收入373.2亿元，同比增长5.9%。全市移动互联网呈现爆发式发展，移动互联网接入流量同比增长96%，用户达到3251.7万个，同比增长16.7%。

(三)文化服务消费形成新带动

2015年，北京市居民人均文化和娱乐消费支出达到2592元，同比增长11.1%，高于人均总消费支出增速2.4个百分点。其中，全市人均文化娱乐服务消费1795元，同比增长13%，占人均文化和娱乐消费支出的比重近七成。

从文化消费带动效应较强的细分行业发展看，影视、演出、旅游等文化市场持续升温。截至2015年底，北京地区共有23条院线182家影院，银幕1050块，座位数17.3万个，共放映电影198万场，观众7164.2万人次，同比增长38.2%，票房收入31.5亿元，同比增长38.1%。全市各类文艺演出共吸引观众1035.6万人次，增长2.3%，演出收入15.5亿元，增长3.5%；全市旅游接待总人数达2.73亿人次，增长4.3%；实现旅游总收入4607.1亿元，增长7.6%。

(四)文化贸易打造新亮点

2015年，北京建立健全服务贸易发展配套支持政策，大力支持文化贸易发展,1—11 月,全市实现服务贸易出口额 370.79 亿美元,同比增长 3.3%,其中,文化和娱乐服务出口增长 40.3%,增长显著。

从文化服务贸易的平台来看,北京发挥各类平台活动带动作用,服务对外文化贸易,包括承办 2015 北京—米兰文化创意设计高端推介会、京港创意设计交流会,推动创意设计等优势文创行业和品牌企业"走出去"。举办 2015 京台文创展,签约金额 2.3 亿元。支持文化企业开拓海外市场。北京国家对外文化贸易基地正式开园运营,与国内外 60 多家知名企业达成入驻意向。

(五)文创功能区成为新承载

2014 年北京市认定了 20 个文化创意产业功能区,经过一年的多培育与发展,文创功能区集约能力进一步提升,产业集约化发展特征更加鲜明。2015 年 1—11 月,全市 20 个文化创意产业功能区规上文创企业实现收入 7019.8 亿元,同比增长 7.5%,高于全市文化创意产业收入平均增速 1.2 个百分点,占全市文创收入的比重已达到 68.8%。

从文创产业功能区不同功能特色的集聚区域发展看,2015 年,文化科技融合示范功能区实现收入 3772.5 亿元,同比增长 7.8%,占功能区总收入的 53.7%,是全市文创产业功能区中收入占比最大的功能区;文化金融融合功能区实现收入 436.5 亿元,同比增长 10%,占功能区总收入的 6.2%,比重进一步提升。

CBD—定福庄国际传媒产业走廊功能区、新媒体产业功能区、影视产业功能区分别增长 8.9%、69.4%和 27.9%,文化传媒类产业功能区成为增速最快的功能区,三个功能区合计占功能区总收入的 17.1%。CBD—定福庄国际传媒产业走廊功能区 2015 年新增注册资本 5000 万元以上文化创意企业 130 家,注册资本 1 亿元以上企业 45 家,注册资本金合计 138 亿元。文化休闲板块中,北京老字号品牌文化推广功能区、主题公园功能区分别增长 18%和 1.5 倍,两个功能区合计占功能区总收入的 3%。

(六)非公经济成为新动力

2015 年,北京市文创非公单位增速高于公有经济,进一步激发了市场活力,全市规模以上文化创意产业非公及混合所有制经济法人单位实现收入 6748.7

亿元，同比增长8%，高于公有经济收入增速4.7个百分点，占文化创意产业收入的比重达到66.2%。

从文创产业各类主体的利润增长情况看，非公及混合所有制单位盈利良好，2015年全市非公及混合所有制经济法人单位实现利润总额489.2亿元，同比增长12.2%，占文化创意产业利润总额的比重达到69.1%。

二、北京加快文化创新融合发展步伐

随着北京大力推进疏解非首都功能及构建“高精尖”经济结构等战略的推进，文化创意与多领域的融合发展步伐加快，文化与科技、旅游、金融等产业深度融合而衍生的新产品、新业态、新模式比比皆是，文化创新驱动作用不断增强。

2015年，《北京市关于推进文化创意和设计服务与相关产业融合发展行动计划(2015－2020年)》发布，围绕首都经济转型升级要求、构建“高精尖”产业结构目标，提出了文化创意和设计服务与制造业、农业、体育、旅游等产业的融合发展行动，全市“文创+”的发展特征更加鲜明。

(一)“文化+科技”——蓬勃发展的新兴业态

经过多年的科技创新，北京大力推进从数字化、网络化传播的文化内容，到可搭载的文化科技终端设备的融合创新，形成以网络新媒体、数字内容、信息服务、应用服务、文化终端设备为关键特征，以新一代移动通信技术突破发展为支撑的文化创意产业发展体系，成为领先国内、影响国际的新兴文化业态创新发展高地。

软件信息业国内领先。2014年全市软件著作权登记量为近5万件，产业收入约占全国的1/5。产业发展的质量和效益进一步提升，2014年全行业人均营业收入86.9万元，同比增长5.5%，规上企业平均收入达到2.1亿元，同比增长16.7%。2014年，规划布局内重点软件企业、软件百强企业等均约占全国的1/3，拥有73家国家规划布局内重点软件企业，占全国28%，拥有32家中国软件业务收入前百家企业，占全国32%，拥有6家国家安全可靠计算机信息系统集成重点企业。滴滴出行、小米科技、美团网、今日头条、口袋购物等20家企业入榜“2015 年福布斯中国最快成长科技公司 50 强”，占入选企业总数的四成。

网络新媒体迅猛发展。北京依托先进的软硬件技术，云计算、物联网、移动互联网、电子商务、应用商店等业态形式正加快发展。北京集聚了以百度、奇虎360、人人网、暴风网际、乐视网、优酷网为代表的一批全国顶尖的网络新媒体，12 家网站进入全球 100 家知名网站，国内百强网站的 1/5 位于北京。以互联网广告形式为主，以国际领先的服务技术、覆盖广泛的服务运营网络为特征，百度、搜索等互联网门户以及水晶石、麦肯光明、航美传媒等一批国内外领先的广告会展服务商的聚集，北京新媒体广告会展服务业态也形成迅猛发展态势。

数字内容业态优势显著。北京引领全国数字内容业态发展，以动漫、网络游戏、数字音视频等业态形式为特征，在数字内容的制作、出版、传输等关键环节集聚了一批国内优势企业，处于国内领先地位。据统计，北京拥有近 1/4 的全国网络出版单位，国内半数以上的数字游戏开发商，国家广电总局批准的 10 多家动画节目制作单位。集聚了以完美时空、中文在线、搜狐畅游等为代表的一批国内领军的数字内容制作、运营服务企业。

网络社区业态快速发展。随着移动互联网技术的突破、网络技术的进一步应用开发，北京社交网络社区服务业态加快发展，聚集人人网、优视科技、网秦天下等一批处于国内行业领先地位的移动服务供应商，加快以新浪微博服务平台为核心，以基于微博平台的第三方应用为特征的网络社区业态发展。

数字影视业态态势良好。北京全力推动和支撑国内传统的电影电视业态的数字化升级，集中了光线传媒、华录百纳、中科大洋等一批拥有国际领先技术、处于国内行业领先地位的数字影视的内容提供商、数字音视频技术服务提供商、运营发行商。

文化终端业态快速崛起。北京终端设备制造在 PC、手机、平板电脑、数字电视等领域的国内市场占有率较高，具有举足轻重的地位。集中了联想、中兴、小米、乐视等设备厂商，其在国际新兴市场、发展中国家市场的占有率正加速扩张。北京集成电路产业国内领先，其产业收入占全国的 1/6，集聚了以大唐微电子、中星微、阿尔特为代表的国内领军的集成电路设计、工业设计方案供应商。

(二)“文创＋金融”——金融文化的相互助力

文创产业的发展依赖于内容、技术、渠道和资本等核心要素的支撑，其中，资本要素对文创产业发展的影响越来越大，因此，金融逐步成为助力文创产业发展的关键。随着北京文创产业的迅猛发展，金融越来越多地进入文创领域，不仅大大推动了文创产业的发展，同时，金融业自身也具有了更好的发展支撑。

互联网金融快速发展。北京市互联网金融企业发展迅速，市场份额占全国的40%以上。据“网贷之家”统计，截至2015年12月末，全市正常运营的P2P平台数达302家，占全国的比重达11.6%，贷款余额达1717.4亿元，领先全国。众筹筹资总额占全国总数的33.1%，居全国首位。大数据金融率先布局，中金数据、百分点、九次方、拓尔思等引领互联网金融发展。百度钱包与中信银行共同设立百信银行，已激活账户数量达4500万个，比2014年同期增长520%。京东公司打造京东金融生态圈，旗下白条、众筹、理财等业务通过一个账号体系实现一体化。

文化创新投资资本市场活跃。北京云集了IDG、红杉资本、联想投资等境外风险投资、境内创业投资机构吸引的境内外创业投资额占全国的1/3，成为受国际资本青睐、国内创业孵化发展的首选区域。以北京软件信息服务业投融资为例，2014年，北京软件和信息服务业投融资规模达到213亿美元，较2013年上涨139%，其中，投融资金额103亿美元，企业并购融资金额75亿美元，企业上市融资金额35亿美元。从投融资的领域来看，互联网教育、互联网游戏、文化数字创意、系统软件、云计算服务融资成为新的市场增长点。截至2015年11月末，北京地区120家文化创意企业获得股权投资基金支持，投资金额89.3亿元，占全国文化创意企业投资案例总数和投资总额的比重分别为47.9%和38.6%。

文化创新市场交易体系健全。北京推进了非上市股份公司报价转让试点，以及国际版权交易中心、中国技术交易所、北京文化产权交易中心等建设，逐步形成了全国性的场外、场内等多层次产权交易市场。北京支持推进了一批在共性技术、创意孵化、技术应用、技术测试、内容交易、数字内容嵌入、信息服务等公共平台建设。北京形成了从技术检测、技术攻关，到技术中介、技术经纪、技术代理，再到展示交流、技术交易的科技中介服务体系。

(三)“文创＋旅游”——旅游品质的不断提升

北京文化资源丰富，在旅游产业发展中业已形成资源庞大、市场响应度极高的文化旅游板块，在新的历史阶段，旅游产业和文创产业均作为彰显首都功能的核心功能性产业，北京市早在2013年就出台了《加快推进旅游与文化融合发展的意见》，文化和旅游产业正在进一步加快融合。

北京旅游产业总体发展良好。2015年，北京市接待旅游总人数2.73亿人次，比上年增长4.3%；实现旅游总收入4607.1亿元，增长7.6%。其中，接待国内游客2.69亿人次，增长4.4%；实现国内旅游总收入4320.3亿元，增长8.1%；接待入境游客420.0万人次，比上年下降1.8%，降幅比上年缩小3.2个百分点。实现旅游外汇收入46.0亿美元，同比下降0.1%。

文化推动旅游品质不断提升。2015年，北京文化旅游板块发展强劲，故宫、长城等一大批文化旅游景观在旅游旺季仍是人满为患，文博旅游成为市民在京游的主要场所。2015年北京国际电影节、平谷桃花音乐节、音乐节、长跑节等一大批文化活动成为带动旅游发展的重要引擎。以文化科技手段支撑的新型文化旅游项目运营，带来全新的旅游体验，文化元素的注入持续提升了北京旅游品质。

（四）"文创＋商业"——消费潜力的持续释放

受电子商务的冲击，传统商业在积极谋求转型，体验性商业在商业服务中的比重不断提升，文创与商业的融合创新更加紧密，推动商业模式的创新、服务的创新，商业消费的潜力由于文化创意元素的注入而获得释放。

新商业模式层出不穷。北京的传统商业不断迎合消费趋势，纷纷嫁接了电子商务服务，如王府井百货、菜百、金源新燕莎MALL等传统商企依托电子商务转型升级步伐加快，新发地等农批市场探索线上信息平台，北京工美集团打造"工艺品C2B定制服务"。与此同时，电商企业也在积极拓展线下交易、仓储、配送渠道，如京东商城推出名为"京东到家"的社区O2O项目，小米科技在当代商城开设首家商场体验店。

商业企业创新活跃。根据北京市经信委在2014年对有创新活动的2760家商业企业调查结果，开展组织管理创新或营销创新的企业为2603家，开展产品（服务）创新或工艺（流程）创新的企业有967家，限上批零企业中，申请了注册商标的企业有382个，所占比重为28.8%，开展申请发明专利以及申请实用新型或外观设计专利等活动的企业个数占比分别为17.8%和19%。总体而言，北京商业企业主要基于文化理念和手段的创新活跃，其经营服务能力普遍提升，并在一定程度上转化为消费动能。

（五）"文创＋体育"——文化消费的运动强音

从文创产业与体育产业的产业链条来看，这两大产业链条相互关联嵌合，融合发展的潜力巨大，而从北京的发展时间看，文创与体育融合的深度、广度其他城市难以比拟。随着冬奥会步伐的临近，作为国际体育城市的北京，体育产业发展态势良好，文创与体育融合发展还将更加持续和深入。

体育产业发展态势良好。2014 年，北京发布了《北京市人民政府关于加快发展体育产业促进体育消费的实施意见》，制定了《北京市体育新兴服务业发展规划 2015－2020 年》，进一步加快体育产业发展，进一步促进文化与体育的融合发展。2014 年，北京市体育产业实现增加值 178 亿元，同比增长 9.3％，实现收入 958.6 亿元，同比增长 11％。

竞赛表演市场活跃。2014 年，北京成功举办了一届精彩的田径世锦赛；全年共举办北京国际长跑节、世界田径挑战赛、中网公开赛、北京马拉松、北京世界单板滑雪赛、电动方程式锦标赛北京站、世界女子冰球锦标赛、世界花样滑冰大奖赛等国际体育赛事 25 项，国家体育总局体育赛事 23 项，市级竞技系列赛事 27 项，群体系列赛事 385 项。体育赛事是充分体现文化与体育融合的主要业态，成为首都文化消费的一大热点。

（六）"文创＋制造"——工业升级的有力引擎

北京作为全国文化中心和科技创新中心，在持续推进非首都功能进程中，通过推进文化创意与制造业融合，加大工业企业创新力度，加快发展高端环节，提升工业发展能级，打造具有国际竞争力的制造业势在必行。文化创意与制造业的融合发展，对制造业升级所发挥的作用不可小觑。

信息化与工业化深度融合发展。2014 年北京市信息化与工业化融合发展总指数达到 84.81，比"十一五"末提高 19 个百分点。全球的制造业正面临全球新技术革命和产业变革的挑战，包括通信技术、智能云技术取得了重要突破。借助新兴制造技术、新兴信息技术、智能科学技术及制造应用领域技术与数字化、网络化、智能化的深度融合，北京智能制造水平不断提升，智能制造的智能程度不断提高，同时工业企业商业模式再造也在向纵深发展。

工业企业创新活力全国居首。2014 年，北京市开展的全国企业创新调查结果显示，工业企业创新活力位居全国首位，高端制造业创新活力凸显，各类创新活动广泛开展。2014 年，全市工业企业技术创新经费支出 419.2 亿元，是 2007 年的 2.2 倍。2014 年，有技术创新活动的工业企业占全部工业企业的 56%，其中，实现产品创新、工艺创新的企业分别占全部工业企业的 44.5% 和 39.3%。设计与文化创意在工业企业创新活动中成为最明显的特征。

(七)"文创＋农业"——大田功能向生态休闲转变

北京农业产业 GDP 比重已不足 1%，囿于北京的城市功能，农业的发展已较早地和文化创意实现了融合。2015 年，北京市积极推进农业调结构、转方式、发展高效节水农业，传统农业规模进一步收缩，产量下降，但全市以农业技术为支撑的设施农业收入仍有大幅增长，以文化与融合特征较为鲜明的景观农业加快发展。

设施农业收入增长，初步统计显示，2015 年，全市实现农林牧渔业总产值 368.2 亿元，同比下降 12.3%。在传统农业增收乏力的前提下，设施农业收入不断增长，全市设施类型结构、种植结构不断调整。设施实际利用占地面积有所下降，但播种面积达到了 61.6 万亩，同比增长 7.8%，实际利用率大幅提高，实现收入 55.5 亿元，同比增长 8.2%，设施农业实现提质增效。

景观农业加快发展。2015 年，北京按大田景观、园区景观、沟域景观三大景观类型，分别设立美丽田园创建示范点，率先在延庆、顺义、房山、密云、大兴和海淀建 10 个景观农业示范点，使大田功能向生态休闲观光方向转变。

三、北京文化创新融合发展的实践探索

北京文化创新资源丰富，在深入推进文化创新融合发展进程中，涌现出一大批经典案例，不仅丰富了文化创新融合的实践经验，也为文化创新融合发展带来了新的气息，标示了新的融合发展动向。

(一)百度大脑——人工智能领域的新探索

2015 年,百度"凡尔纳计划"将人工智能作为首发研究课题,在"凡尔纳计划"的引领下,百度公司在研发支出方面投入了 100 多亿元,在人工智能的多领域开展实践。

在无人车领域,2015 年百度无人车已经在北京进行了上路试验,速度最高曾经达到每小时 100 公里,百度公司在 2018 年前有望推出一款可商用的无人车型,该无人车将通过百度大脑让这辆车能够思考、能够交流,并不断完成数据储备和学习。

在金融领域,百度公司通过庞大的互联网数据基础,精准反映用户人群画像、行为偏好,并预测未来征信状况,从而扩大授信范围,通过智能审批提高获取金融服务效率,加强账户安全保护,通过人工智能和大数据的结合,让普惠金融成为可能。

在医疗领域,百度公司通过人工智能在最前沿的基因破解领域也崭露头角。2015 年底,百度和北京协和医院达成合作,在食道癌方向帮助北京协和医院进行基因测序。通过大量的基因测序存储和计算,协和医院与百度的第一次合作,就可以完成 1500 个病例的测序,在全球都属于最大规模的疾病的基因测序。

(二)乐视电视——颠覆传统电视机行业的新产品

乐视作为一家互联网企业,其推出的互联网电视品牌充当着倒逼电视产业变革的角色,传统电视的供应链和渠道优势被削弱,电视产业的商业模式正在悄然发生转变。2015 年,互联网电视品牌乐视加速产品迭代,新推出三款生态电视,沿用乐视通过生态补贴硬件的模式,开始在电视领域全面发力大屏游戏市场,倒逼电视行业步入硬件负利时代。

从乐视电视的经营模式看,乐视通过与众多内容厂商合作,通过海量的内容资源吸引、扩大用户规模。以此为基础,乐视电视通过低价的硬件、会员捆绑,以文化内容等电视生态的联动消费,增加消费者的黏性,这种模式极大地冲击了传统电视产业。

从乐视电视的市场占有情况看,55 寸在目前国内彩电市场增速最为迅猛,而乐视目前在55寸市场占比达20%,成为近年来电视行业中增速较快的品牌。乐视在2015年发布的三款新品电视中,推出的超4×55配置在一定程度上高于同类产品,包括模组、主芯片、存储、软件及专利等在内的BOM成本仅3901.58元,远低于同类产品的成本价格。

与此同时,乐视宣布将重点开掘游戏潜力,并围绕游戏版块设计推出衍生产品。目前,中国大屏游戏市场发展较为缓慢,但其市场潜力巨大,乐视已与中国95%的大屏游戏厂商合作,乐视游戏中心有望成为中国第一大屏游戏平台和第一大屏体感游戏平台。另外,乐视互娱是乐视2015年新升级的一个业务品牌,依托打通超级电视、超级手机、VR等多终端跨平台的应用商店及游戏中心,并将布局游戏发行等业务。2016年,乐视互娱还将布局游戏发行等业务,结合乐视自身生态优势,在影游联动等方面着重发力。

(三)猫眼电影——兑现互联网与电影结合的新机遇

2015年,中国电影市场票房440亿元,以目前平均年复合增长率37.17%的增速计算,三年内将超过1000亿元。在这个巨大而火热的市场中,互联网巨头的身影不断闪现,在线电影票务产业已经成为互联网热门行业。在此背景下,猫眼电影应运而生,其前身是美团网旗下的电影业务,2015年7月,猫眼电影成为美团旗下全资子公司,主要从事在线电影票务业务。

从猫眼电影的市场拓展情况看,2015年,猫眼电影的在线电影售票市场份额超过30%,位列行业第一,成为该行业中名副其实的领军企业。据艺恩《2016年中国电影在线票务市场研究报告》显示,2015年中国57.5%的电影票在线上完成购买,其中每周至少使用一次在线购票平台的用户占在线购票用户的76.8%。在线票务支付方便、价格便宜,第三方电商平台在很多影院的售票占比超过70%,有效地拓展了合作影院的观影用户。

从猫眼电影的发展态势看,由于其在在线电影票务的龙头地位,2016年,光线传媒以23.83亿元现金+1.76亿股的光线传媒股票,收购了"猫眼电影"57.4%股权,虽然猫眼电影在2015年全年净利润仅为2.38万元,但其公司已被估值为83.33亿元,成为业内的又一个资本神话。光线传媒将利用猫眼的平台,抢占了在线票务平台这一重要资源,卡位最重要的互联网渠道。

(四)单向空间——书店盘活商业的新热点

当前,传统购物中心受到了电商及同质化竞争的压力,不断调整商业业态,不断降低传统购物消费比重,注重引进体验型业态,书店这种承租力较低的文化业态开始受到购物中心的青睐。在此背景下,"单向空间"书店因原来所在的蓝色港湾涨租被迫搬迁,北京大悦城朝北店主动邀请其进驻。

从"单向空间"的经营内容看,该书店不仅出售图书、文创品,还设有餐饮、咖啡等消费,依托书籍的基因,已变成公共社交场所,有培训、沙龙、新书发布会等各种活动,打造出一种新的业态品种,成为跨界的文化主题店,让消费者有全方位的体验式消费空间,书店的经营模式由单一的图书零售转变为复合式业态,契合了购物中心有关体验式营销的升级需求。

从"单向空间"对购物中心的支撑作用看,朝阳大悦城的主客群定位是 25~35 岁的新兴中产及高知阶层,"单向空间"传达的人文思想、独立精神等与之相符,其消费客群与大悦城的客群相关,书店的特色增加了购物中心的差异化和协调性。2015 年大悦城举办"不朽的梵高"艺术展时,"单向空间"邀请艺术家赵半狄等做了一场匹配的文化沙龙;位于五层的"悦界"生活方式主题空间周年庆时,"单向空间"也组织、参与了环境戏剧、创意集市等活动。相较于大悦城商场 7 万的日客流量而言,虽然"单向空间"书店每天接待人次基数不大,但 "单向空间"俨然已成为朝阳大悦城的品牌名片,形成对大悦城的辐射性效应。

(五)北京礼物——创意设计为旅游商品注入新魅力

"北京礼物"是北京市政府在北京奥运会后,为进一步规范旅游商品消费市场,促进旅游商品市场消费,通过政府注册北京礼物商标,以特许经营的模式,并以展示北京优秀历史文化及代表北京城市文化形象为核心,聚集优秀的产品,实现多企业合作和多产业联盟。

2011 年 11 月 25 日,北京市旅游委通过公开竞标的方式,选定了北京礼物的特许运营商。到 2015 年,北京礼物专营店已在八达岭、圆明园、颐和园、世界公园、前门大街、北京海洋馆、水立方、中央电视塔、王府井步行街、T3 航站楼、天坛、北京火车站等多处著名景区、商业街区、机场、交通枢纽等地落户,销售具有统一认证标识的"北京礼物"特色旅游商品。

为打造“北京礼物”品牌，北京市旅游委举办了十二届旅游纪念品创意大赛，并从中评选出优秀的作品，其中既有家喻户晓的北京老字号，如红星二锅头、全聚德烤鸭、王麻子剪刀等，也有体现北京元素、北京文化特点的现代工艺品，如以鸟巢、水立方等奥运场馆为造型设计的文房四宝，以北京园林为主题的精美瓷器等。这些旅游商品文化内涵丰富，创意设计匠心独具，成为北京旅游购物中的标志产品。

2015 第十二届“北京礼物”旅游商品大赛自 2 月份启动，依照“品牌化、市场化”的活动宗旨，更加突出参赛作品的市场转化能力和业绩，继续挖掘老字号产品、科技产品、都市工业产品等北京优势资源，继续突出景区特色特点，提升旅游商品的包装设计创意。经过作品征集、企业申报、网络投票及专家评审等环节，最终评选出金奖 2 个，最佳转化奖 3 个，优秀转化奖 11 个，银奖 10 个，铜奖 20 个，优秀奖 107 个。

（六）文投控股——文化资本市场布局的新尝试

自 2016 年 4 月 7 日起，“松辽汽车股份有限公司”正式变更为“文投控股股份有限公司”，公司证券简称由“松辽汽车”变更为“文投控股”，松辽汽车自登陆 A 股市场以来，曾经有过多次重组经历，而以往的 6 次重组最终均以失败告终。期间，还经历过 5 次易主，主营业务也因此逐渐偏离汽车业务。而这家公司得以“脱胎换骨”，源于它的控股股东是北京文资办旗下的北京文资控股有限公司。早在 2014 年，该公司通过非公开募股方式，将公司的控股股东更换为北京文资控股有限公司。

伴随着北京市文化产业的快速发展，市文资办提出要积极发展和有效利用资本市场，加快文化企业上市步伐，推动文化产业和金融资本的有效融合。2015 年 8 月，该公司实施非公开发行股票，收购了江苏耀莱影城管理有限公司 100％股权以及上海都玩网络科技有限公司 100％股权。两家公司成为公司的主要利润来源，2015 年公司实现营业收入 7.67 亿元，同比增长 7123.45％；实现净利润 1.38 亿元，同比实现扭亏，每股收益 0.32 元。文投控股的发展，是北京文化产业在资本市场谋求布局的新尝试，虽小试牛刀，但效益显著，不仅为原有国企不良资产解了套，更是为北京文创企业建立了可整合、并购、打包上市的通道。

耀莱影城于2010年6月22日成立。其主要业务是影城运营、影视投资制作及发行、文化娱乐经纪等。2015年，全年营业收入为13.33亿元，净利润为2.43亿元。截至2015年12月31日，耀莱影城总资产为15.82亿元，净资产为7.18亿元。

而另一家被收购的公司都玩网络，2015年全年实现营业收入2.47亿元，同比增长44.62%，实现净利润1.4亿元，同比增长26.66%。2015年研发的移动端游戏包括手游《屠龙杀》、《烈火之刃》、《大明龙权》等。

(七)长安街新貌——文化元素融入公共设施的新风尚

2016年3月，北京市市政市容委公布了长安街及其延长线公共服务设施设计图集。为打造"庄严、沉稳、厚重、大气"的长安街气质，图集设计方案提取了故宫装饰文化中的如意、祥云、莲花等中国传统文化元素符号，运用到长安街沿线的整体设计风格中。预计到2017年底，55公里长的长安街及延长线的城市家具、标识系统、市政设施、城市照明、道路及附属设施、绿化景观等，将全部实现"中国风"设计风格，力求实现长安街"物物皆景观、处处是精品"的效果。

以人行道护栏为例，东起通州区宋梁路、西至门头沟区三石路的人行道护栏将全部更换为古铜色不锈钢材质，细节上运用了莲花柱头、如意装饰、莲花腰花和莲花基座，并将使用氟碳喷漆，使用寿命可长达10年。绿地护栏除了在颜色材质上大致相同外，还增加了祥云装饰。此外，沿途的照明灯杆、电话亭、公共设施等均将运用传统图案进行点缀。城市公共设施融入城市文化元素，这种融合是城市建设中的新理念，不仅提升城市文化品质，展示城市文化，更是提高了城市设施的文化魅力，使居民及外来游客更好地领略城市的文化风情。

四、北京文化创新融合发展的趋势与展望

(一)提升文化创新能力，夯实融合发展基础

提升文化创意和设计服务水平是推动文化与科技、文化与金融，文化创意与旅游业、商业、制造业、农业等领域融合发展的基础。未来北京将通过进一步集聚文化创新的人才、技术、资本等要素，持续提升文化创意能力与水平，夯实

文化创新融合发展的根基。

一方面，深入推进传统文化产业优化升级。加强舞美设计创意和舞台技术装备创新，促进工艺美术品与现代科技、时尚元素融合，提升附加值。大力发展广告设计，提升广告业与影视、动漫、会展等产业融合发展水平。促进图书策划、内容创作和出版服务分工协作，实现业态升级。完善文化设施布局和功能，拓展文化消费新空间，大力促进文化消费。规范互联网文化消费新业态，培育新的文化消费增长点。

另一方面，大力发展新兴业态。通过文化创意与信息服务的不断互动支撑，加快培育双向深度融合的新型业态。发挥北京的基础优势，把握国内文化消费需求"井喷"趋势，抓住移动互联网时代文化市场的需求创新与挖掘，立足新兴文化产业生态圈的发展，探索移动娱乐时代"内容＋终端＋通路＋服务"的发展模式，在现有新兴文化业态形式发展基础上，在数字内容、智能终端、新兴传媒、应用服务等领域大力培育和集聚形成新兴文化业态产业集群发展。

(二)推进文化与科技深度融合，以创新引领发展前沿

把握文化与科技融合发展的全球化趋势进程，立足发展基础与优势，以推进文化科技融合的"技术创新"、"应用提升"、"商务强化"为核心，推动文化与科技的深度融合，推进文化产业的信息化、数字化、网络化进程，构建北京在全球文化创新与科技创新发展的引领地位，提升文化与科技的影响力与竞争力。

一方面，增强文化科技融合的技术创新。发挥文化技术创新的发展优势，紧紧抓住文化科技娱乐化、移动化的发展趋势，以新型文化业态发展为动力，在底层技术架构、基础技术研发、应用技术开发、技术系统集成等方面推动文化科技的创新发展，提升文化与科技融合发展的支撑能力。

另一方面，提升文化科技融合应用水平。发挥新兴文化业态的蓬勃发展、科技创新基础循环累积的优势，面向全国乃至全球输出现代科技创新成果，推动传统的文化业态向信息化、数字化、网络化转型升级发展；积极引导和支持现代信息技术向文化领域转化应用，推动基于移动互联网时代的新兴文化业态扩张发展，不断提升北京在文化与科技融合进程中文化吸纳现代技术发展的应用能力。

再有，健全文化科技融合商务体系。在现有的市场要素体系建设完善基础

上，积极引导和支持商务服务机构主体集聚发展，形成完善的促进和加速文化与科技融合发展的商务服务体系，重点推动科技服务、文化商务的发展创新，加强文化与科技融合发展创生生态圈，提升融合创新发展的研发挖掘能力、集成应用能力、成果转化能力、示范引领能力。

（三）深化文化与金融创新，以资本助力文创发展

金融是当前文创产业发展中潜力与短板交集，深入推进文化与金融的融合创新，构建金融市场和社会资本与文化产业的对接通道，实现文化产业与金融市场的有效对接，既是金融资本助力文创产业的重要举措，也是文创产业成为金融投资新兴领域的现实选择，对于促进文创与金融两个领域的发展意义重大。

一方面，健全文化资产交易市场。深入推进科技金融改革试点建设，用好北京新三板、四板市场融资平台，支持文创企业上市融资，培育北京文化板块。谋划筹建全国性场外交易市场，完善版权交易、产权交易、技术交易等各类交易市场，建立多层次、市场化的科技创新、文化创新、融合创新的退出机制。

另一方面，优化文化投资融资机制。谋划建设企业债券市场试点，允许一定规模的企业针对具体业务发行一定规模的企业债，拓展科技创新企业、文化创新企业、文化科技企业的直接融资渠道，扩大企业融资规模，强化企业在技术专利收购、全球市场拓展、新兴产业战略布局、自主创新品牌打造等经营活动中的资本保障。

更为关键的是，要不断创新文化金融服务产品。鼓励金融机构建立文化金融专营机构，推动金融机构不断完善服务体系，创新金融服务手段，开展信用担保、融资租赁、无形资产质押等多种融资业务。鼓励金融机构开展文化资产证券化试点，支持与引导互联网融资平台投资文创领域。引导金融机构健全文化企业融资信用评级制度，完善贷款利率定价机制和业务风险管理机制。

（四）强化文化与旅游融合，以文创提升旅游品质

文化与旅游的关联紧密，进一步强化文化与旅游的融合，为旅游注入更多文化内涵，以文化提升旅游品质，促进文化与旅游资源整合及业态融合，以旅游实现文化价值。

一方面,不断丰富文化旅游业态。加强对文物及非物质文化遗产的保护利用,深入挖掘北京文化内涵与价值,推进其衍生产品和旅游项目综合开发,将文化元素充分注入吃、住、行、游、购、娱、商、养、学、闲、情、奇等各旅游要素,推出更多京味文化特色鲜明的主题旅游产品和服务。提升文化会展品牌活动影响力,发挥文博旅游优势,办好精品体育赛事,丰富文化旅游的业态。支持开发康体、养生、运动、娱乐、体验等多样化、综合性旅游休闲产品,建设一批休闲街区、特色村镇、旅游度假区,打造便捷、舒适、健康的休闲空间,提升旅游产品开发和旅游服务设计的人性化、科学化水平,满足广大群众个性化旅游需求。发展校园观光、科技观光、科教文化体验、工业旅游等旅游服务。扶持旅游演出,繁荣夜间旅游市场,促进旅游消费。

另一方面,提升文化旅游景区吸引力。深度挖掘北京皇城文化、老北京民俗文化等传统文化旅游资源,发展具有北京地域特色的戏剧、文学、绘画、音乐以及传统民俗、传统商业、传统娱乐等京味文化主题旅游项目。加快修缮和保护皇家建筑,重点保护传统地域文化景观,对四合院等民居文化进行整体性和有机性保护。在保护文物等有形文化遗产的基础上,推动历史内涵、民间艺术、民俗风情等非物质文化遗产与科技融合,加快推进以传统文化资源为依托的文化旅游景区开发建设,开辟文化旅游新空间。支持旅游景区针对市场需求,不断增加体验性、互动性、娱乐性的特色文化增值服务,不断探索信息化、数字化、移动化的旅游体验服务,提升旅游休闲消费水平。

(五)加强文化与体育融合,以文创丰富体育产品供给

一方面,创新体育服务和产品供给。提升全市现有体育场馆综合利用水平,不断推出新服务、新产品,满足市民日益增长的文化体育消费需求。大力发展户外、极限、康体、电子竞技、体育演艺等新型体育休闲娱乐产品,促进体育场馆经营、体育赛事和文化体育产品开发与旅游相结合,丰富体育产品供给。加快制定完善相关政策措施,支持国有企业参与体育赞助和市场开发,鼓励民间和境外资本投资体育产业。积极培育体育中介服务组织。

另一方面,支持各类体育赛事举办。健全政府监管、社会承办、市场运作的办赛模式,引导社会力量参与申办和举办高水平国际体育赛事,逐步实现赛事主体多元化,提高赛事运营市场化水平。

(六)促进文化与商业融合,以文化带动商业繁荣

未来体验性商业比重将进一步增加,购物性商业比重将进一步降低,借势商业产业的变革趋势,充分发挥文创产业的体验性功能,不断丰富商业服务种类和业态,并以商务繁荣进一步带动文化创意成果的转化,积极促进大众消费。

一方面,以文化创意提升传统商业业态。注重增强特色商业街区的文化底蕴,推进文化产业特色商业街区的建设,打造商务服务与休闲文化高度融合的综合消费场所。充分挖掘北京传统文化商业价值,增强“老字号”品牌的文化传承力和影响力。加快培育首都现代文化商贸服务体系,鼓励商贸企业利用现代流通方式,发展无实体店铺销售、定制服务等新业态。

另一方面,鼓励发展“创客空间”等新型孵化服务业态,加快推进商贸领域的文化创意、科技研发工作,强化商品和服务的文化内涵,推进文化与商务深度融合,协调发展,用文化进一步提升商品增值空间。

(七)推进文创与制造融合,以创新引领工业转型

一方面,提升制造业文化内涵。加快将文化元素融入制造业研发、设计等价值链高端环节,支持基于新技术、新工艺、新装备、新材料、新需求的设计应用研究,把握“互联网+”发展新趋势,推动移动互联网、云计算、大数据、物联网等与现代制造业相结合,促进工业设计向高端综合设计服务转变,推动工业设计服务领域延伸和服务模式升级。

另一方面,强化“北京创造”品牌塑造。推动制造业企业优化业务布局,调整疏解低端业态,强化研发、设计等功能,发展研发设计等高端环节,鼓励文化企业与制造企业深度合作,通过形象授权、限量复制、加盟制造、委托代理等形式开发文化衍生产品。综合利用工业设计、品牌策划、营销推广等文化创意手段,提升制造业的文化附加值,加快高端装备制造业产品的外观、结构和功能设计,实现“北京制造”向“北京创造”转变。

(八)引导文创与农业融合,以文化促进农业升级

一方面,大力发展创意农业。加强都市休闲农业与乡村旅游经营场所的创意设计,支持建设集农耕体验、田园观光、教育展示、文化创意于一体的休闲农

业创意园。充分挖掘文化内涵，提高农业领域的创意和设计水平，推进农业与文化、科技、旅游的融合，推动创意农业的发展。

另一方面，加强美丽乡村建设。加强农村“一村一品”规划建设，大力发展景观农业，建设一批专业文化村、技能村，建设美丽乡村。加快促进一、二、三产业融合发展，鼓励举办农业嘉年华等活动，塑造农业知名品牌，打造特色鲜明、兼具休闲娱乐和教育普及功能的农业主题公园。

（九）推进文化与城市建设融合，以文化塑造和谐宜居环境

结合中央城市工作会议精神，深入推进文化创意与城市建设的融合，坚持以人为本，注重传承创新，在城市规划建设中融入浓厚的文化元素，不断提升城市文化品位，营造和谐宜居环境。

一方面，加强城市规划设计创意引导。在城市相关规划建设中，强调文化内涵、环境保护内容，不断提高建设规划、景观风貌规划和建筑设计水平，深入挖掘北京文化内涵，注重在城市建筑设计及公共设施建设中体现协调、特色的文化元素。加强对新建公共建筑及公共设施的技术审查，引导规划设计适用、经济、绿色、美观建筑。

另一方面，积极拓展公共文化空间。科学布局博物馆、图书馆、文化馆等公共文化设施，加大文化设施投入，提升公共文化服务设施的覆盖水平和服务能力。提升城市园林绿化水平，促进发展创意园艺，加快建设一批绿色生态示范区，营造和谐宜居的城乡生态环境。

（李道今，投资北京投资顾问有限公司）

第三章

天津：迈向文化创意产业发展的快车道

一、天津文化创意产业的快速发展

二、天津文化创意产业的融合发展

三、天津文化创意产业融合发展的案例

四、天津文化创意产业融合发展的前景展望

党的十八大报告明确要求，到2020年，我国将实现“文化软实力显著增强，社会主义核心价值体系深入人心，文化产业成为国民经济支柱型产业，社会主义文化强国建设基础更加坚实”。

文化是现代化城市的重要构成部分，文化产业的发展水平代表和体现着一个城市整体的发展水平。天津是我国北方最大的沿海开放城市，也是环渤海区域的重要经济中心。天津具有深厚的文化底蕴、丰富的文化资源，发展文化创意产业的潜力大、空间大。“十二五”期间，天津市把文化创意产业作为发展现代服务业的一个重要内容，大力实施文化大发展、大繁荣攻坚战，积极扶持引导传统优势文化产业，大力发展新兴文化产业，使天津市的文化创意产业呈现出健康快速发展的良好态势。

在第十二个五年计划完美收官之际，天津市紧紧抓住文化改革发展的重大机遇，转机制、增活力，抓服务、惠民生，推项目、促发展，在经济下行压力持续增大、增速放缓的大背景下，文化产业继续保持20%左右的增速，高于同期经济增速，形成了文化创意、广播影视、出版发行、演艺娱乐、文化旅游、数字内容和动漫、文化会展和广告、艺术品交易等八大门类为主体的文化产业体系和山、海、城、乡“四带多点”的空间布局。

一、天津文化创意产业的快速发展

(一)总量规模持续增长

根据天津市第三次经济普查的数据，天津市文化企业现在已达到22670家，占全市企业总数的9.7%，保持了快速发展态势。从业人员超过40万人，截至2015年底，天津市文化产业增加值超过800亿元，占全市国内生产总值达到

5%,成为支柱产业。见图 3－1 至图 3－2。

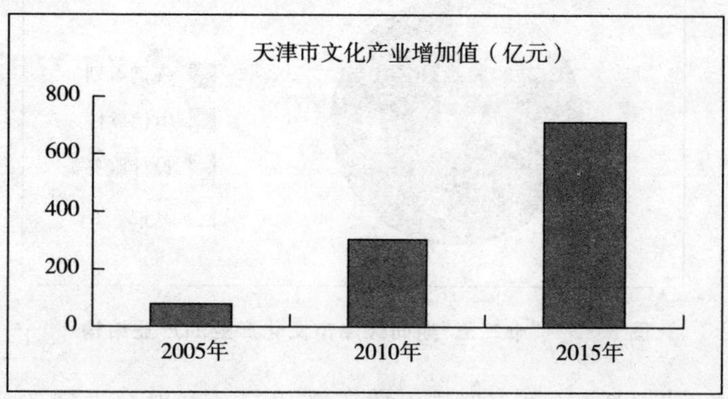

图 3－1　“十五”至“十二五”天津市文化创意产业增加值

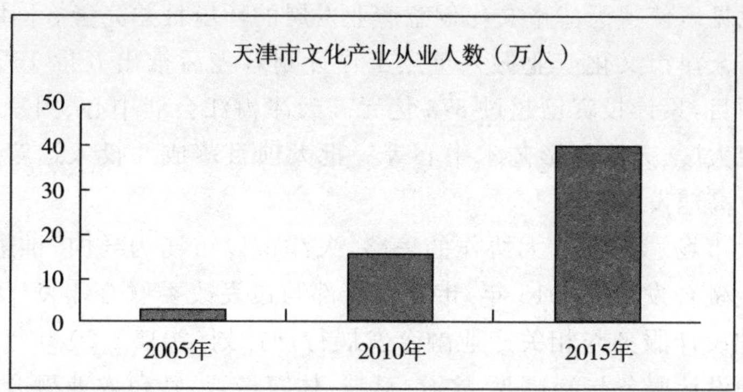

图 3－2　“十五”至“十二五”天津市文化创意产业从业人数

从产业结构看,咨询策划、电信软件、设计服务类三大门类增加值占天津市创意产业的比重,分别达到 33%、30%和 21%,合计达到 84%,成为支撑产业发展的主导力量。

(二)政策环境日臻完善

“十二五”期间,天津市委、市政府先后出台和制定了一揽子政策和规划,如:《关于文化体制改革中进一步支持文化发展的实施意见》、《关于支持文化体制改革和文化产业发展的意见》、《天津市文化产业振兴规划》、《天津市文化产

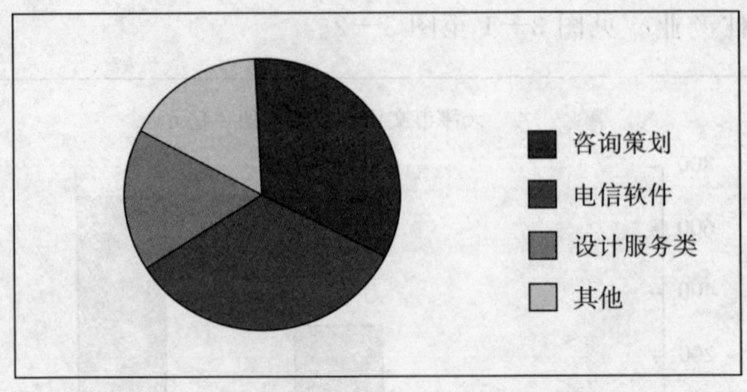

图 3－3 “十二五”期间天津市文化产业的产业结构

业发展“十二五”规划》、《关于促进天津市文化与金融融合发展的实施意见》、《天津市促进文化和科技融合发展的实施意见》、《关于促进天津市文化贸易发展的实施意见》，使得天津市文化创意产业发展的环境日益完善。同时，2010 年以来，通过《天津市文化产业振兴重点工作计划》，先后推出五批 160 余项重大文化产业项目，累计投资已超过 873 亿元。天津梅江会展中心、国家动漫园、天津数字电视大厦、天津电影艺术中心等一批大项目落成并投入运营，带动了文化传媒产业高速发展。

按照大市场、大产业、大协作的思路，天津市以市场为导向，推进文化产业与相关产业融合发展。2015 年，市委宣传部与市发改委联合印发《天津市推进文化创意和设计服务与相关产业融合发展行动计划（2015－2020 年）》，在推进文化创意和设计服务与制造业、旅游、科技、体育产业、特色农业融合发展，提升文化产业整体实力，改善人居环境质量等方面明确了 12 项重点任务；提出了健全体制机制、加大财税支持、加强金融服务、引导集约发展、强化智力支撑、优化发展环境等保障措施。

（三）重点产业蓬勃发展

根据《天津市创意产业发展“十二五”规划》和天津市发展的实际情况，天津市文化创意产业的发展已经涵盖各个领域，包括广电、出版、报业、动漫、电影、设计、咨询策划、文化旅游和体育休闲在内的重点产业均呈现蓬勃发展的态势。

1.广电传媒产业

(1)宣传引导能力进一步提升

圆满完成抗战胜利70周年重大主题宣传活动。推动天津市各区县广播电视台深入开展弘扬中国梦、社会主义核心价值观宣传报道活动和“三项学习教育活动”。征集优秀公益广告电视作品69件、广播作品15件,推荐12件作品参加全国优秀公益广告评选,2件作品分获国家二类、三类奖项。天津广播电视台荣获优秀播出机构,获扶持资金32万元。

(2)广播影视精品佳作不断涌现

强化精品创作意识,健全服务管理机制,津产影视作品实现历史性突破。《战狼》、《兔侠之青黎传说》等6部津产影片顺利公映,实现票房收入共计35亿元。《兔侠之青黎传说》先后荣获第11届中美电影节“金天使”奖、第68届戛纳电影节明日之星奖;电视剧《寻路》荣获全国第30届“飞天奖”重大革命历史题材类“优秀电视剧奖”。

(3)城市电影市场增长显著

推动“一卡通”票务平台覆盖全市近80%影院,有效提升全市观影文化消费氛围。截至2015年底,全市影院达68家,银幕增至462块,实现城市票房6.8亿元,同比增长48.9%;观影2108万人次,同比增长45%;放映场次73万场,同比增长11%。人均观影人次上升至1.5次。票房同比增长、人均观影次数超过国家同比增长和人均观影次数。

(4)创新管理促进广电稳步发展

全面履行广播影视管理职责,进一步规范广播电视传播秩序,优化节目结构。继续推动广播电视监管中心建设,尽快建立覆盖全市广播电视节目、互联网视听节目、广告节目、IP电视和手机电视节目监听监看和广播电视技术质量监测、安全播出调度指挥等功能于一体的综合监管平台,实现从结果管理向过程管理转变,为依法履行管理职责提供有力的技术支撑。

2.动漫产业

“十二五”期间,在天津市委、市政府的正确领导下,在文化部等国家部委的大力支持下,天津动漫产业实现了快速发展,一系列支持动漫产业发展的政策措施陆续出台,多家优秀动漫企业落户天津,一批动漫大项目、好项目效应凸显,数个有特色的动漫产业示范区和聚集区相继落成,动漫产业总产量显著增加。

在鼓励原创的政策拉动下，天津动漫作品生产创作十分活跃。截至2015年底，全市共注册动漫企业及相关业务企业超过300家，核心动漫企业超过100家。其中，共有20家企业通过了国家认定。神界漫画、福丰达影视、画国人、仁永动画、蓝猫卡通、天津北方动漫集团、华漫兄弟（天津）、星达兴、卡通先生、青青树等一批具有代表性的骨干企业呈现蒸蒸日上的发展态势，已逐步成为领跑天津动漫产业的第一集团军，在行业引领、技术创新、市场开拓、品牌塑造、产业升级等方面发挥着重要的引领带动作用。

近几年，天津进一步加强了与文化部、国家广电总局等国家有关部委的战略合作，集中优势力量，建设动漫产业园区和基地，形成了较为明显的产业集聚优势。国家动漫产业综合示范园聚集效应明显，发展态势强劲。截至2015年底，生态城共有动漫影视类公司231家，涉及电视剧、电影、电视节目、动画片、动画电影的投资、策划、制作、发行等领域，注册资金总计27.80亿元人民币。

2015年，生态城的动漫产业链逐渐丰富，有以动画、漫画为表现形式的好传动漫、A4漫业；运营版权和动漫营销的杰外动漫；动画、游戏相关的弹幕视频分享网站哔哩哔哩；中国第一个最大的独立原创漫画网络平台“有妖气”。

2015年突破亿元票房的国产电影之中，有三部是和动漫产业相关的影片，其中国产动画电影的新标杆《大圣归来》出品方“十月文化”、《熊出没之雪岭熊风》出品方华强集团、《十万个冷笑话》出品方“有妖气”均是来自注册在生态城的公司。

3.设计服务产业

“十二五”期间，天津在城市规划、区域规划、园区规划、各类工程设计、建筑设计、环境设计、内部设计的需求量正随着经济社会的发展大幅增加。在“十二五”发展的初期，天津市就拥有设计服务类单位640家，从业人员5万多人，设计服务类增加值在天津文化创意产业排行第三，正在成为支持天津创意产业发展的主导力量之一，其未来发展大有可为。

2015年天津国际设计周期间，开启了设计竞赛作品征集活动，设计竞赛以“记忆与梦想”为主题，邀请世界著名建筑与工业设计师黑川雅之担任设计竞赛评委会主席。竞赛共征集了建筑设计、工业设计（服装设计除外）参赛作品近500幅，参赛者均为40周岁以下的个人或团体。最后，天津大学林小莉、吕晨阳、赵梦婕三人合作创作的建筑设计作品《Market＋Cinema》力拔头筹，获得大赛一等奖。

由天津开发区政府支持的，开发区“1984”文化创意产业园主办的2015年“走向国际”文化创意设计策略讲座暨“泰达杯”青年创意设计进阶赛于2015年4月7日在泰达启动。经由“台湾国际学生创意设计大赛”创办人林磐耸先生授权，泰达杯“进阶赛”成为“台湾国际学生创意设计大赛”的一个分赛事，近5000名学生参加了赛事。

经过高校宣讲、大师讲堂、学生辅导和精英培训等多个环节，“泰达杯”青年创意设计进阶赛最终由国际设计专家选出120件获奖作品，其中金奖3件，银奖6件，铜奖9件。选送的作品同时还斩获了“澳门设计双年展”、“台湾金点概念设计奖”和“台湾国际学生创意设计大赛”的近30个奖项，可谓成绩斐然。

4.电影产业

自2009年12月天津北方电影集团组建以来，以拍摄精品力作为主导，通过对内转换运营机制、搞活外部人才聘用机制、强化资源整合、拓宽多主体合作等方式，由天影主导、合作拍摄完成《辛亥革命》、《浮出水面的影子》等15部电影，拍摄完成《新水浒传》等14部538集电视连续剧。在数量上实现突破的同时，作品质量亦有大幅提升。几年来，天津市共获得国际国内奖项41个。其中，《浮出水面的影子》先后在第44届美国休斯敦电影节、第2届英国伦敦万象电影节等四个国际电影节上获得9项大奖；《康定情歌》在2010年第2届澳门电影节和2010中美电影节上获得26个奖项；《都市童话》获科隆国际电影节最佳故事片奖。

在产业化发展的探索中，天影制定了“特色化、产业化、国际化”和3D优先发展战略。特色化：通过3D优先战略，从事3D电影的制作与研发，走外向型国际化道路，避免本土竞争，目前已投资制作《兔侠传奇》、《梦幻飞琴》等3D动画电影。产业化：投资建设了天津电影艺术中心，建设中新生态城天影影视大厦，为产业化发展搭建平台；引进专业技术专家，组建数字制作团队并迅速形成生产力；兴建数字化多厅影城；增强融资能力，开展多元经营，同海外开展商业合作，获取优势资源，有效增强核心竞争力。国际化：集团制定了在竞争中学习、竞争中成长的发展路径，先后与国外多家电影公司发展合作伙伴关系开展商业合作，积极参与国际电影的合作、竞争。

5.咨询策划产业

“十二五”期间，天津咨询策划类单位共有771家，从业人员46243人，收入合计951.92亿元，经营利润71.11亿元，增加值比重占创意产业类的29.34.%[①]。在天津文化创意产业各门类中位居榜首，为天津的工业和其他优势产业发展提供了有力支撑。作为环渤海经济圈的核心城市，天津发展咨询策划业具有良好的基础和市场环境。

目前，天津创意产业协会咨询策划专业委员会已经发展会员企业50家，涵盖广告与文化传播、金融咨询与服务、法律咨询与服务、商业策划、品牌建设与推广、就业孵化、人力资源咨询与服务等现代服务业。

6.文化旅游产业

“十二五”期间，天津市旅游业呈现出持续、快速、健康发展的良好态势，在旅游产业规模、产品打造、品牌营销、新业态创新、旅游目的地体系、管理体制和区域合作方面取得了重大成就。

产业规模不断扩大，总量达到预定目标。通过天津欢乐谷、航母主题公园、方特欢乐世界等重大项目的建设，滨海、蓟县、西青等旅游重点区域引擎的拉动，酒店、景区、旅行社等产业要素的完善，带动了天津市旅游产业蓬勃发展。截至2015年底，天津市A级旅游景区达112家(其中5A级2家，4A级33家，3A级51家)，比2010年末增加55家；天津市星级饭店97家(其中五星级饭店15家，四星级饭店36家，三星级饭店37家，二星级饭店9家)；天津市旅行社总数427家(其中A级旅行社43家)，比2010年增加146家。

2015年天津市接待中外游客1.74亿人次，年均增长13.1%；旅游业总收入2794.25亿元，年均增长17.4%。其中，接待入境游客326.01万人次，年均增长14.4%；外汇收入32.98亿美元，年均增长18.3%，基本完成天津市旅游业“十二五”规划预期目标。

中国旅游产业博览会在天津已成功举办了七届，行业影响力越来越强；“天天乐道，津津有味”被评为中国十佳旅游口号之一，已经形成城市品牌宣传效应。同时，为推广天津旅游品牌，开展了系列活动：推出“乘高铁、游天津”活动；与北京、河北等多个省区在互换旅游团队、互换宣传版面、互通旅游信息等方面取得了新进展；改版了天津旅游政务网和天津旅游资讯网，丰富了旅游交通、住宿、游览、餐饮、购物等信息。通过开通微博及制作《天津旅游精品线导览》、《天津旅游指南》等宣传品方式推动旅游宣传，扩大城市知名度。

① 数据来源：2013年《天津市创意产业协会年鉴》。

7. 体育休闲产业

“十二五”期间，天津市体育各项事业都取得了长足发展，体育休闲产业也得到了空前的发展。目前天津全市体育设施总面积达到3118.7万多平方米，人均达到2.12平方米，高于全国平均水平；拥有各类体育场馆8000多个，具备比赛和训练条件的场馆110多；此外还有15个标准高尔夫球场、8个高尔夫练习场和马球场等时尚体育休闲场所。坚持体育场馆设施建设与综合开发利用一体化，全市公共体育设施具有开放条件的已全部向市民开放。

“十二五”期间，天津市更新、配建了1500个健身园，建设了30个体育公园，制定下发了《天津市中国体育彩票全民健身工程管理办法》。截至2015年底，天津已建成5323个健身园、92个体育公园、63个全新的乡镇文体中心，遍布城乡、免费使用的健身设施已初具规模。

体育休闲活动推动产业发展。2012年成功举办天津市第三届“体彩杯”全民健身运动会及其系列活动，参加决赛的人数达到4万人次，参加基层系列活动的人数超过450万人次，参赛运动员年龄最小的6岁，最大的80岁，已成为天津海河两岸一道靓丽的风景线。举办了新年步步高登天塔比赛、“健身大拜年”系列活动启动仪式、中国·海河龙舟节、第四届青年体育节暨首届外来青年建设者欢乐汇活动及趣味运动会、天津市“三八杯”妇女健身展示大会等大型示范性群体活动。

体育服务业迅速发展。目前，天津市经营性体育活动场所400多家，以经营体育健身为主的服务场所1100多家；体育传媒200多家，体育经纪人400多名。社会体育指导员培训不断加强，组织编印了《运动健身指南》，培训一级社会体育指导员1000名。据统计，全市先后建立起群众体育社团200多个，正式备案的体育类民非企业51家，职工体育健身示范基地300个，培养了社会体育指导员29000多名。每万人拥有一个健身场所，体育市场基本形成。体育彩票在2012年销售额突破30亿元，较上年增长16.8%。

（四）海峡两岸交流密切

天津与台湾地区的文化创意交流开始于2011年。经由南开大学经济学院培养出的第一届台湾籍博士生，台湾“中华”经贸文化创新发展协会会长谢东凯先生引荐，台北市前副市长、文化局长，现任台湾文化创意产业联盟协会会长李永萍女士多次率团到津，参加“天津滨海国际文化创意展交会”，并与天津市委市政府、天津市创意产业协会、天津市文化产业协会等机构，就津—台两地文化创意产业的合作进行了洽谈与签约。

从 2015 年开始，为充分发挥海峡两岸在创意设计领域的互补优势，提高两岸青年创意人才的综合能力，天津泰达经济技术开发区联合台湾文化创意产业联盟协会，共同发起了两岸青年参与国际设计竞赛的助推（天津）项目。该项目系教育部、科技部、文化部等部委共同支持的“海峡两岸设计人才养成计划”中的一个子项目。其主旨在于探索中国设计人才的开放性培养道路，解决行业高端人才的需求。

泰达国际学生创意设计进阶赛（简称“进阶赛”）得到“台湾国际学生创意设计大赛”创办人、台湾文化创意产业联盟协会荣誉理事长、被称为“台湾设计之父”的林磐耸先生授权，将“进阶赛”办成“台湾国际学生创意设计大赛”的一个子赛事。借助台湾已经举办七年国际设计大赛的成熟平台，泰达赛区将广泛吸引两岸四地的青年设计人才参与，并通过进阶赛走向国际舞台；为本地设计人才专业水平的提升，以及泰达经济开发区的转型升级提供人才和成果的积累。

目前，天津开发区已经把发展文化创意产业列入区域发展规划中，通过举办泰达青年创意设计大赛，天津开发区将搭建起国际化的企业与高校、文创机构交流平台，提升本地设计人才水平，让优秀的设计青年通过进阶赛走向国际舞台，为区域转型升级提供人才和成果积累。

（五）优秀成果不断涌现

1. 多项成果获得大奖

中国文化艺术政府奖动漫奖是经中央批准由文化部在中国文化艺术政府奖中增设的国家级奖项，与文华奖、群星奖并列，也是我国动漫产业的政府奖、最高奖，每 3 年评选一次，每次设立 30 个奖项。2011 年 12 月 27 日，首届动漫奖颁奖典礼系列活动在天津隆重举行。首届动漫奖共收到来自 23 个省、自治区、直辖市的千余份申报材料。在国家相关部门的指导下，各界专家在监察部门的监督下，按照公开、公平、公正原则，经过材料审查、初评、终评、公示，评选出《兔侠传奇》、《三国演义》等一批优秀动漫作品和团队，共 12 类 30 个，入围 102 个，涵盖了动漫产业链的各个环节，全面总结了中国动漫十七大以来主要发展成果,代表了中国动漫最高发展水平。

天津在首届政府奖中 12 类中的 6 类斩获大奖。分别是:《兔侠传奇》获最佳动画电影奖;中国原创新漫画《四大名著》系列获最佳漫画作品奖;《偷星九月天(1—20 册)》获最佳动漫出版物奖;《三国演义之关云长》获最佳新媒体动漫作品奖;动画电影《兔侠传奇》主角兔侠获最佳动漫形象奖;天津神界漫画有限公司获最佳动漫创作者或团队奖。

2014 年 9 月,中国文化艺术政府奖第二届动漫奖申报和评选工作启动。天津动漫堂艺术发展有限公司荣获最佳动漫创作者或团队奖,《三国演义有声可动漫画》获得最佳新媒体动漫作品奖。此外,动画电影《兔侠传奇》和天津神界漫画有限公司分别获最佳动画电影和最佳动漫创作者或团队入围奖。

"十二五"期间,天津还有多项动漫及游戏产品入围国家级奖项。其中包括:《糖果的魔力》等 6 部动漫作品获得文化部、广电总局、新闻出版总署"国家动漫精品工程"动漫产品奖、动漫创意奖;漫画《棒槌日记》、手机动漫《寻找自我的世界》、动画《草莓乐园》、动画(电影)《我爱灰太狼》先后入选文化部重点动漫产品;《济公传奇》、《大财神》荣获 2012 年国家动漫品牌建设和保护计划动漫品牌奖、动漫创意奖;《三国演义》、《毛病》和《魁拔》被列入"2013 年国家动漫品牌建设和保护计划";天津猛犸科技有限公司、天津神界漫画有限公司、天津福丰达动漫游戏制作有限公司、兆讯传媒广告股份有限公司四家企业获得国家文化产业示范基地称号;北方电影集团、福丰达、神界漫画、灵然创智被评为2012—2013年度国家文化重点出口企业;天津颐博数码科技有限公司《三国论剑》获得由国家新闻出版广电总局颁发的"中国民族网络游戏工程"奖项;天津雅讯天地科技发展有限公司入选第七届中国手机游戏企业 TOP 评选 50 强企业。动漫作品《神奇阿呦》入选国家新闻出版广电总局 2013 年第 4 季度推荐优秀动画片。

2.举办国家动漫展会

2011 年 12 月 27 日,由国家扶持动漫产业发展部际联席会议办公室和天津市人民政府共同主办的"'十一五'以来中国动漫产业发展成果展"在天津中新天津生态城国家动漫产业综合示范园举办。作为中国文化艺术政府奖首届动漫奖颁奖系列活动之一,本次展览从政策导向、地方成绩、动画、漫画、新媒体动漫、动漫教育、动漫社会应用等多方面展示了"十一五"以来中国动漫产业发展的巨大成就,同时对"中国文化艺术政府奖首届动漫奖"获奖作品、机构和人才进行了集中展示。

3.影视作品走出国门

“十二五”期间，天津市有多部电影走出国门，参加各种国际影展赛事，并获得多项奖项。影片《浮出水面的影子》荣获第44届休斯敦国际电影节故事片类最高奖——评审团雷米金像奖最佳外语片大奖，同时也获得了英国、加拿大、美国等国电影节多项大奖；北方电影集团出品的3D动画电影《梦幻飞琴》于2012年10月获得好莱坞第八届中美电影节“金天使奖”优秀影片；天津滨海广播电视台推出的百集动画电视连续剧《三娃传奇》在法国安纳西国际动漫节上亮相；艾美光影出品的故事片《麦积山的呼唤》入围第17届洛杉矶国际家庭电影节最佳外国语影片奖；滨海国际影业出品的电影《都市童话》获2012年科隆国际电影节最佳故事片奖，青青树动漫科技有限公司原创动画电影《魁拔2》在2014年葡萄牙里斯本动漫电影节上获得最佳故事片奖。

二、天津文化创意产业融合发展

(一)新老业态的嫁接融合

2015年11月，习近平主席在中央财经领导小组第十一次会议上提出了要加强供给侧的结构性改革，提高供给体系质量和效率，增强经济持续增长动力，推动我国社会生产力水平实现整体跃升。目前，中国的居民收入增速是全世界最高的，但储蓄率也是世界最高。原因之一在于生产者不能生产出有效刺激消费者需求的产品，因此才出现中国游客到日本抢购的现象。只有加快经济结构的转型升级，不断创造新的供给，才能够释放新需求，实现发展动力的转换。“十二五”期间，天津的文化创意产业出现了许多新老业态融合发展的情形，创造了新的供给，刺激并激发了新的需求。

(二)先进理念的植入融合

每个城市都有自己的文化标志，它是一个城市的文化象征。天津是中国北方最大的沿海开放城市，600多年以前因漕运而开埠。19世纪中叶被辟为通商口岸，逐步发展成为当时中国北方最大的金融商贸中心，也是新中国成立以来最大的工业城市。作为一座历史悠久的城市，天津市五大道的万国建筑遗存，大量的近代工业厂房遗址，以相声、曲艺为代表的市民文化，"狗不理"、"泥人张"等传统食品和手艺，都曾经是天津城市特有的传统文化标志。

然而，半个世纪以来，曲艺演出依然占据着天津演艺市场的半壁江山，相声、快板等艺术形态已经成为天津城市根深蒂固的文化符号。"在此之前，提到天津就说天津大麻花、狗不理包子、相声，但是说到天津的主流文化，所有人都摇头叹息。"①

这一现象，正在被天津籍的高雅艺术运营商钱程和他"有歌剧的城市"所改变。2016 年 3 月 31 日的人民日报，以"剧院，如何走出困境和误区"，刊登了陈原的文章。"正在天津大剧院举行的第三届曹禺戏剧节吸引了全国戏迷的目光，4 个月内，8 部国外知名大戏、7 部国内热门大戏、10 部精彩的小剧场话剧再加各类艺术讲座相继举行，连北京、河北和其他地方的观众都纷纷赶往天津看戏。"在很多剧院利用率普遍偏低的状态下，天津大剧院为什么具有如此的吸引力？

"而如今，去天津看戏已经成为周边地区包括北京在内的一种文化时尚，世界各地的名团、名家纷纷登上天津大剧院的舞台，一部部世界优秀的话剧、交响乐、歌剧，有的还是难得上演的佳作，每天晚上都能展现在观众面前。"②

"艺术，改变城市性格"。钱程道：我们都有相同的经验，无论你走到哪座城市、哪个国家，想全面感知他的最有效方式就是去博物馆了解他的历史，去剧院触摸他精神的脉搏，文化艺术成为没有国界的语言。而今天，透过"天津曹禺国际戏剧节"和"首届天津国际歌剧节"，"To see and to be seen"，"我们在天津看世界，世界也在看天津"。钱程正在带领他的团队，"一点一点地"将"有歌剧的城市"融入。

（三）传统时尚的混搭融合

天津市是一个扎根于传统的现代大都市。天津市的文化是发端于传统、民族和民俗，而又融合了现代、国际和大都市风格的特有的文化体系。"津派文化"具有传承性、开放性、多元性、包容性、创新性等五大特点。同时又可简化地描述为一种"多元并存"和"开放融合"的城市文化体系。以上述特点为基础，天

---

① 张正道：《钱程的优雅野心：让天津变成有歌剧的城市》，中国新闻网，2014 年 3 月 11 日。

② 陈原：《剧院，如何走出困境和误区》，《人民日报》，2016 年 3 月 31 日。

津的文化创意产业发展逐步形成了三种路径。

第一种是文化遗存与文化创意产业融合。天津历史文化悠久，在发展过程中留下了丰富历史文化遗存。这些文化遗存与新兴的文化创意产业项目相结合，无疑会增加文化创意产业发展的潜能，提升文化创意产业创新的层次。例如，和平区的五大道万国建筑展示区、解放路近代金融一条街、民园西里和先农大院等休闲街区；红桥区利用明清遗存建设的水西庄创意产业园区；西青区围绕石家大院建设的明清一条街；等等，都是充分挖掘了天津的文化遗存，并与文化创意产业结合而生的典范。

第二种是工业遗存与文化创意产业融合。天津近代制造业发达，具有深厚的历史文化积淀。“十二五”期间，天津市利用旧有的厂房、仓库加以改造，形成了一部分创意产业园，作为发展文化创意产业的依托。一些很典型的园区有：利用原英国渣打银行仓库所建 6 号院文化创意产业园，依托外贸地毯厂遗址建设的意库文化创意园区，由棉三老厂房改造的创意产业园区等。由旧厂房仓库改建而成的文化创意产业园，在建设之初就有鲜明的主题和对创意业态的侧重，从而提高了文化创意产业发展的速度，加速了传统产业与现代文化的融合。

第三种是民俗文化与文化创意产业融合。民俗文化是天津历史文化的重要组成部分，天津的民俗文化有着深厚丰富的内涵和突出的特色，表现在生产、文化、饮食、民间艺术与游艺竞技等各个方面，民俗文化与文化创意产业相结合，成为发展文化创意产业的新亮点。天津的鼓楼—古文化街地区民俗文化旅游商圈、老城厢地区的民俗文化创意坊和创意体验区、杨柳青民俗文化产业园等，都是利用了天津的民俗文化，加上新的创意元素发展起来的。这不仅创作了民俗特色作品，提高了服务业发展的经济价值，而且也成为发展文化创意产业的源泉。

三、天津文化创意产业融合发展的案例

（一）文创产业的领军者

新时期以来，在富有传统特色的天津城，一群文化创意产业的开拓者们正在崛起，他（她）们潜心涤虑地深耕着天津的城市文化沃土，他们要把创新的理

念融进这个曾经以传统著称于世的城市文化之中。陈维东和刘征，就是其中的代表。

陈维东，中国著名漫画编剧、漫画理论家、漫画社会活动家。中国著名漫画公司“天津神界漫画公司”的创始人。从事漫画理论研究、漫画创作及产业经营14年，编写、绘制漫画作品300余册，是中国年轻一代漫画家中的领军人物，是中国新漫画的一个开拓者。2006年他荣获年度“华人动漫杰出贡献奖”和“2006年度中国十大创意产业领军人物”称号。

陈维东最初动议做漫画，是试图采用一种通俗的或者广受青少年喜欢的文化表现形式，对中国传统的文化内容进行传播。从2002年开始，陈维东启动了漫画《四大名著》的改编创作工程。这一改编创作工程有数万页稿子，出版了80本书，总用了十年的时间。到2013年，陈维东的漫画《四大名著》总发行量达到了600万册，以十几种语言的版本在全世界发行出版。

陈维东认为，传统的动漫产业过于狭窄，仅仅服务于一些动漫爱好者。未来动漫产业跟相关产业高度融合，因此要有一个大动漫的产业观。传统动漫多是为了娱乐服务，属于娱乐动漫。而现在动漫能为学习服务，可以大量运用于教育，还可以服务于思想和道德教育的宣传，这样动漫的外延就更加宽阔。动漫产业窄小的这种局面就会从根本上改变。

意库创意产业园于2007年9月28日正式开园，是天津首家基于“工业遗产保护与再利用”的全新理念改造而成的文化创意产业集聚区，其原址为始建于1953年天津外贸地毯厂。天津意库创意产业园成立，刘征出任意库创意企业管理服务有限公司董事长之职，从此他便以“天将降大任于斯人”的使命感，开始了他“激活工业遗存”，“盘活城市空间”的事业。

在总结意库园区建设经验的基础上，刘征又于2011年在河北区原纺织机械厂遗址开发了绿领产业园。该园区仍以原老工业厂房为主，在业态选择上偏重于低碳产业。2014年，刘征又接受了作为天津市重点工程的棉三创意街区的运营和管理。

刘征认为，老棉三的开发，体现了天津这样的老工业城市在运营上的新理念和新价值观。首先是城市更新理念。老棉三的建设改造充分尊重了老厂房所具有的不可复制的文化价值和历史价值，通过科学规划、合理设计、修旧如旧，使老厂房继续以“城市雕塑”的形式，向现在和未来的人们展示着天津的产业文脉和城市文明，使大家更加了解天津、欣赏天津、热爱天津。

其次是产业提升的理念。城市是产业的母体，产业是城市的脉络，企业是产业的核心；城市在演变，产业亦在变迁；盘活城市空间，还产业载体以活力，而这正是一个城市产业运营商的责任与使命。

(二)新型业态新型供给

天津大悦城“骑鹅公社”文化街区，总建筑面积2000平方米，是由天津大悦城和著名创意平台“疯果”联手打造的全国首个环境景观化、业态主题化的购物街区。从建筑形态、氛围营造、品牌组合、运营理念全面打造集原创的、颠覆的、艺术的、唯一的、不可复制的文艺街区。

街区内的名字都极具童话色彩，例如“幸福里”、“单眼皮巷”、“左耳花园”、“45分钟广场”等等。街道标识、墙壁外沿、楼梯指引牌，每一个角落都会有惊喜的发现。“骑鹅公社”是一条文艺的街区，更是创意的聚集地。品牌、艺术展、建筑、景观……设计师透过一景一物进行天马行空的创作，传达无拘无束的创意理念。消费者来到“骑鹅公社”可以变身游客，走走逛逛、放松思考。不经意间就可让体验者体验到文化和设计所带来的愉悦和满足。

“骑鹅公社”这个有特点的名字源自1909年获得诺贝尔文学奖的瑞典儿童文学作品《尼尔斯骑鹅旅行记》，以奇幻、冒险、旅行和自我成长为主题，是全世界儿童的必读书目。以此为名带着几分少年的调皮与童真，映衬出文艺青年们所向往的质朴却又张扬的个性。“骑鹅公社”的定位首先紧抓大悦城品牌核心理念，即以时尚为内核，并通过环境营造和服务提升向目标客群传达时尚感受。同时借鉴成功案例，规避同质化；进一步明确了街区的定位方向，即以创意设计为灵魂，带有浓郁文艺特征、休闲互动和情景体验式街区。

(三)一家国粹艺术博物馆

在素有“万国建筑博览会”美誉的天津“五大道”文化旅游区内，有一家名为“书房”的小店。乍听其名似乎是与授书有关，实际上它是一家以弘扬国粹艺术为主要内容的休闲场所。

书房的主人乔瑞民，学习美术出身，有着深厚的油画功底。他希望通过他的“书房”，让更多的人了解中国传统文化，感受到传统文化的美在哪里。谈到对文化的感知，乔瑞民感到中国的传统文化存在断档，“我们需要去寻根，而找到自己的根是为了更好的创新和发展”。他和朋友们会不断去收集一些老的文房、老的家具,去体会古人在当时对美的感受。他认为这也是为了更好地做好当代的艺术。书房会定期举办画展,进行专业的艺术交流。每周也会固定开办一些古琴、书法类的课程,让喜欢传统文化的人有一个共同的交流媒介。把书房做成博物馆是乔瑞民的理想,他希望有一天能够把书房的物品进行展出,让所有喜欢的人都进入书房,看到天津有一个这样别致的博物馆。对乔瑞民而言,白天饮茶会友,晚上一个人在书房静静地制香,也是一种清雅的享受。

四、天津文化创意产业融合发展的前景展望

(一)天津文化创意产业融合发展行动计划

“十二五”期间,天津市委市政府相继出台了文化与科技、金融、商贸、旅游等产业融合发展的系列文件。在此基础上,2015 年,天津市委宣传部与市发改委又联合印发了《天津市推进文化创意和设计服务与相关产业融合发展行动计划(2015—2020 年)》,从推进文化创意和设计服务与制造业、科技、旅游、特色农业、体育产业融合发展,提升文化产业整体实力,改善人居环境质量等方面明确了 12 项重点任务;提出了健全体制机制、加大财税支持、加强金融服务、引导集约发展、强化智力支撑、优化发展环境等保障措施。通过建设一批特色鲜明、布局合理、配套完善的文化创意产业园区,培育和引进一批具有自主知识产权、创新能力突出的文化创意龙头企业,举办若干个在国内外有影响力的大型文化创意主题活动,建成优秀文化创意成果的转化应用中心、优质文化创意资源的汇聚中心、独具特色的文化强市、北方创意之都。其中包括以下重点任务。

1. 加强与制造业融合发展

工程设计。重点发展轨道交通、港口航运、市政工程、石油化工、水利水电等工程设计行业。围绕国际港口城市建设,积极壮大港口与航运工程设计业规模,打造北方港口与航运工程设计中心。

工业设计。围绕天津制造业优势领域,加强基于新技术、新工艺、新装备、新材料、新需求的设计应用研究。重点发展面向汽车、航空航天、日用品等产品

的外观设计、模具设计、结构设计、包装设计和平面广告设计等。

2.加强与科技融合发展

软件开发。把握移动互联网、三网融合等信息化发展新机遇，壮大嵌入式软件、软件服务外包、数据计算及存储等优势领域。搭建和完善计算、评测、数据存储、IC设计服务平台和动漫游戏服务等软件公共技术平台。

数字娱乐。加快发展移动多媒体广播电视、网络电视、手机电视、数字电视宽带上网等融合类业务应用。加快建设中新生态城国家动漫产业园，打造国家动漫产业基地。

3.加强与旅游融合发展

继续深化完善“近代中国看天津”文化旅游核心品牌和载体内容，进一步提升天津文化旅游品牌影响力和美誉度。推动重点旅游项目建设和旅游景区改造提升，积极培育具有天津文化特色和旅游吸引力的节庆活动，举办好中国旅游产业博览会、中华(天津)民间艺术精品博览会等品牌活动。

4.加强与特色农业融合发展

大力发展创意农业，加快建设集生产、销售、展示、传播、服务于一体的高端化农业产业区。加强对自然生态资源和农业生态资源的保护和开发利用，建设一批各具特色的观光农园、休闲园区。提升农业品牌化水平，重点扶持培育一批精品蔬菜、苗木花卉、观赏鱼等优质特色品牌农产品。推进一村一品和知名品牌建设，打造名特优新产品生产基地。

5.加强与体育产业融合发展

推动体育产业与文化、旅游、电子信息等相关产业的复合经营，促进体育旅游、体育传媒、体育会展等相关业态的发展。打造有影响、有特色的品牌赛事。加快体育市场开发，提升运营水平，抓好体育设施综合开发利用。积极搭建对外体育服务贸易平台，鼓励天津优势项目和民族特色项目积极参与国际竞争，培育一批实力雄厚、专业性强的体育服务贸易企业，打造天津体育服务贸易品牌。

6.提升文化产业整体实力

出版发行。推进报纸、期刊与电子出版、网络出版相融合，加快推进传统媒体数字化转型。继续实施精品战略，着力培养一批国际知名图书、报刊、音像等出版物品牌和知名出版企业，增强品牌核心竞争力。建设天津国家数字出版基地，大力发展数字出版、高新技术印刷等新兴行业，创建具有出版、印刷、发行、配送及信息交流共享等功能的数字化公共服务平台。

广播影视。加快建设天津数字广播大厦等数字化、网络化平台基地，提升广播影视及音像节目制作、储存、交易和衍生产品开发经营能力。全面推进"三网融合"，加快三网融合相关设备和服务的开发应用。推进内容创新、技术创新和服务模式创新，延伸拓展从节目创作、制作、播出到传输、分配的完整产业链。积极开拓国际国内市场。

文化展演。弘扬京剧、相声、曲艺、杂技、武术等传统文化演出。推动各艺术门类的剧目创作，丰富交响乐、歌剧、话剧等舞台艺术表演，鼓励流行音乐、现代歌舞、综艺表演等时尚演出。利用现代数字技术和传媒手段，发展音乐产品制造、分销与零售、表演制作、现场表演、经纪代理等音乐文化服务行业。

7.改善人居环境质量

以提升人居环境质量为目标，进一步提高城乡规划、建筑设计、装饰设计水平。深入挖掘天津历史文化积淀，突出地方特色，加强对历史风貌建筑和历史街区的传承和保护，建立保护性建筑名录和保护性建筑地理信息系统。围绕加快建设国际化、现代化生态宜居城市，大力发展园林景观、城市景观、旅游景观等特色规划设计。鼓励和支持天津企业参与国内外重大建筑设计、规划设计工程项目，参加建筑规划设计奖项评选，树立知名自主设计品牌。

(二)天津文化创意产业融合发展展望

1.发展目标

(1)建设文化产业强市

2020年，全市文化产业增加值超过1600亿元，占全市生产总值比重达到6.5%，建设一批重大文化产业项目，形成一批特色鲜明、功能完善的文化产业功能区，培育一批技术先进、实力雄厚的文化企业集团，推出一批有影响的文化产品和品牌活动，造就一批思想先进、业务过硬的文化产业人才。

(2)建设智慧文化城市

实施"互联网+"、"文化+"战略，利用现代网络通讯、大数据、云计算等新技术，催生文化新业态、新产品和新服务，构建文化产业新格局；加快文化与各行各业、各个领域融合发展步伐，使文化成为"大众创业、万众创新"的基础动力，努力把天津建设成为广泛运用最新技术成果、充满文化韵味和创造活力的智慧文化城市。

(3)打造国内外文化市场和文化贸易服务高地

以京津冀、环渤海地区为依托，发挥天津海、陆、空港齐备的功能优势，建设文化贸易、文化要素流动、文化消费集散市场。发挥丝绸之路经济带和21世纪海上丝绸之路交汇的区位优势，建设国际文化贸易海空枢纽港和国家对外文化贸易基地，形成全球性文化贸易重要节点。

(4)打造投融资服务完善的文化金融创新区

发挥自贸区金融创新的政策优势，推动文化与金融深度融合，建设多层次、多元化的文化投融资服务体系，打造服务全国的文化金融合作试验区。设立文化产业支行，构建文化金融服务平台，创新金融、保险产品，发挥投融资服务企业和机构的主体作用，借力资本市场，促进文化企业做优、做大、做强。

2.重点任务

(1)提升文化产业综合实力

——优化产业结构。全面提升核心层文化产业，扎实推进广播影视等传统产业，大力扶持文化创意设计、新媒体等高知识性、高附加值的文化产业，加快发展与移动互联网等紧密结合的新型文化产业。优先发展原创型文化产业，通过加强文化产权和版权保护、文化扶持基金引导、完善创新创意产品进入市场机制等措施，鼓励企业发展原创型文化产品和服务。

——做强市场主体。突出抓好龙头企业，扶持壮大中小企业，大力帮扶民营企业。实施“十百千工程”，形成10个左右资产超过50亿在全国具有行业优势和影响力的国有或国有控股文化产业集团；重点扶持100家左右“专、精、特、新”中小文化企业做大做强；重点支持1000家左右前景好、后劲足的小微型民营文化企业。支持文化企业跨地区、跨行业、跨所有制联合重组，提高产业规模化、集约化、专业化水平。

——推进媒体融合。以全市主要媒体为龙头，以重点项目为抓手，推动传统媒体和新兴媒体融合发展，形成适应媒体融合发展的体制机制，形成构建链条完整、业态丰富、产品齐全的传媒产业格局和立体多样、融合发展的现代传播体系。

(2)实施“双+”工程

——运用“互联网+”推动文化产业全面升级。发挥互联网优势，开创文化产业新思维、新模式、新服务。推动互联网在文化生产、文化消费等领域拓展，提高生产水平，丰富服务内容，创新消费方式，加速提升产业发展水平；通过传统产业内容与现代技术、模式结合，实现转型创新发展。

——实施“文化+”工程。推进文化与工业设计制造深度融合，增加工业设计和产品特别是消费品的文化内涵和附加值；加强文化对信息产业的提升作用，推动文化产品和服务的数字化、网络化；推动文化创意与农村和农业文化资源开发利用深度融合，提升观光休闲旅游农业项目的文化品位和内涵；推动文化与体育产业深度融合，促进体育衍生品的创意和设计开发，因地制宜建设体育与健康文化产业园。加强自然景观、文化遗产地和非物质文化遗产的保护利用，推进文化资源向旅游产品转化。推动文化创意与其他相关行业领域深度融合发展，丰富其文化内涵，提升文化品位，催生文化融合发展新思路、新模式、新业态。到 2020 年，基本建立文化与制造业、商务贸易业、数字内容产业、人居环境建设、旅游休闲业、特色农业以及体育产业等七大类产业全方位、深层次、宽领域融合发展格局。

——建设文化众创空间。加快发展文化众创空间等新型创业服务平台，综合运用购买服务、资金补助、无偿资助、业务奖励等方式，支持各类机构和企业单位设立文化众创空间。

(3)繁荣文化市场

——增加优秀文化产品和服务供给。树立精品意识，鼓励原创和现实题材创作，生产更多、传播当代中国价值观念、体现中华文化精神、弘扬优秀传统文化、反映人民奋斗追求的优秀文化产品。

——扩大文化消费市场。推进京津冀、环渤海文化消费大市场体系建设。实现京津冀旅游、演出等多种文化消费一卡通、一体化。改革完善文化产品评价、奖励机制，促进企业创造生产更多、更好的文化精品进入市场。培育一批服务京津冀、辐射北方地区的现代文化流通企业和文化产品物流基地。

——加强对外文化贸易。结合天津自由贸易试验区建设，制定支持文化企业发展的配套政策，建设天津文化服务贸易基地，打造辐射环渤海地区的对外文化贸易市场。

(4)大力发展文化金融

——建设国家文化金融合作试验区。发挥天津自贸区和“双创特区”政策优势，引导和促进各类资本参与文化金融创新，在滨海新区中心商务区建设国家文化金融合作试验区，设立文化金融服务中心，为文化企业和银行、保险、担保、信托等金融机构对接搭建平台。

——推动金融机构提升专业服务水平。选择实力雄厚、在文化信贷领域具有较好基础、服务文化企业方面具有丰富经验的银行业金融机构，挂牌认定为“文化产业支行”，积极开发适应不同行业、不同发展阶段文化企业的信贷产品，优先满足文化企业资金需求。

——发挥国有文化投融资服务主体作用。以天津文化产权交易所和文化产业担保公司等为载体，对接银行等金融机构和准金融机构，打造适合于文化创意产业的金融服务主体。发挥天津文化产权交易所功能，为全市文化企业和个人的产权交易活动提供“一站式”服务。

——鼓励文化企业借力资本市场快速发展。鼓励文化企业利用债务融资工具优化融资结构，支持文化企业通过资本市场上市融资、再融资和并购重组，引导私募股权投资基金、创业投资基金等各类投资机构投资文化产业。

(5)优化文化产业发展环境

——深化文化体制改革。继续简化行政审批环节，完善文化产业准入和退出机制，提高行政效率。

——推进文化产业法制化建设。制定出台天津市文化产业促进条例。继续完善文化园区建设、文化产业用地、文化人才流动等鼓励扶持政策。探索建立文化项目、文化产品安全评估机制，提升监管水平。完善文化知识产权保护，提高文化市场检查执法水平。

——完善文化企业服务。完善行业学会、协会等组织建设，加强行业自律和自我服务。依托相关行业、文化产业园区等，组织金融、财会、管理、法律、营销等方面专家和文化企业家、投资人等为文化企业和文化领域创业者提供政策解读、企业诊断、管理提升等方面的咨询和辅导服务。完善专业化、网络化服务体系，增强创业创新信息透明度。

（谢思全、荆克迪、鹿媛媛，南开大学经济研究所）

第四章
石家庄：形成文化创意与相关产业融合发展新常态

近几年来，石家庄市紧紧围绕建设“文化强市”的战略目标，大力推进文化创意与相关产业融合发展，从顶层进行科学设计，着力开展集成创新，强化突出特色，努力做优做强项目，逐步形成了文化创意产业与服务、科技、金融等业态融合发展的一体化、开放式、多维度的崭新格局，有力促进了全市产业转型升级、绿色崛起和跨越发展。

一、石家庄文化创意产业发展状况

（一）文化创意产业规模和实力不断提升

石家庄市以建设文化强市为目标，深化文化体制改革、优化产业结构、加大资金投入多措并举，强力推进文化创意产业发展，取得了显著的工作成效。2015 年全年全市生产总值完成 5440.6 亿元，按可比价格计算，比上年增长 7.5%。其中，第一产业增加值完成 494.4 亿元，增长 2.3%；第二产业增加值完成 2452.9 亿元，增长 5.8%；第三产业增加值完成 2493.3 亿元，增长 10.6%。第一产业增加值占生产总值的比重为 9.1%，第二产业增加值比重为 45.1%，第三产业增加值比重为 45.8%。全市规模以上高新技术企业达到 413 家，增加值达到 329 亿元，年均增长 18.5%。年末全市共有艺术表演团体 21 个，艺术表演场馆 15 个，文化馆 24 个，公共图书馆 25 个。全市有线广播电视用户 113.16 万户，其中数字电视用户 108.88 万户。广播节目综合人口覆盖率 99.4%，电视节目综合人口覆盖率 99.38%，有线广播电视入户率 38.52%[①]。电子商务、商

① 石家庄统计局：《石家庄市 2015 年国民经济和社会发展统计公报》，2016 年 4 月 11 日，http://www.sjz.gov.cn/col。

贸物流、金融服务、文化旅游等现代服务业发展迅速,2015年服务业增加值完成2440亿元,年均增长10.5%。石家庄市全年文化产业创造增加值为252亿元,年均增长25%以上,占全市GDP比重超过5%,增加值继续保持全省首位。全市有文化法人企业7448家,从业人员12.2万人,其中规模以上(年营业收入2000万元以上)文化企业246家,年增加值超亿元的文化企业27家,国家级文化产业示范基地1家,省级12家,文化部认定的动漫企业11家,荣获省"三个十"的单位数量在全省领先①,文化企业综合实力和竞争力进一步增强,有一批文化企业进入全国第一方阵。建成了一批规模大、效益好的文化创意产业园,谋划和实施了一批大型文化创意产业项目,文化创意产业在省会经济中的支柱地位将初步确立,成为拉动石家庄经济发展的新引擎。

(二)文化创意产业政策不断完善,创意产业发展环境进一步优化

近年来,石家庄市把文化创意产业作为新的经济增长点,政府高度重视文化创意产业发展,在资金、政策、环境等各方面给予大力支持,先后制定、出台了《石家庄市文化产业规划》、《关于支持文化体制改革和转制企业发展的若干规定》、《石家庄市文化产业贷款贴息管理办法》、《关于进一步加强省会文化建设的意见》、《关于深入推动省会文化大发展大繁荣的实施意见》、《石家庄市推进文化创意和设计服务与相关产业融合发展行动计划(2014—2020年)》等多个指导性政策文件。这些文件包括了财政资金、工商税收、人才政策、市场拓展和知识产权保护五大类共计18项具体扶持措施。同时,举办石家庄文化创意产业培训班以及文化企业金融培训会、发行石家庄文化惠民卡等。石家庄市政府每年提供资金5000万元作为文化创意产业发展引导资金(2000万元为动漫产业发展专项资金),建立了全市文化产业项目信息管理系统,对文化创意产业尤其是动漫产业进行重点扶持和发展,举办石家庄第九届动博会,取得了良好的成效。

大力提升品牌建设,优化产业结构,使"政策有聚焦、管理有创新、产业有发展、园区有特色"的文化创意产业新格局日益绽放异彩。石家庄市在文化创意产业发展之初,就着力采取了健全机构人员设置、产业扶持资金等一系列举措,把产业增加值占GDP比重等指标纳入党政领导和班子绩效考核体系,用硬指

① 《高天同志在全市文化产业发展工作经验交流会上的讲话》,石家庄宣传网,2015年11月1日,http://www.sjzxc.gov.cn。

标强化了各地各有关部门推进文化创意产业发展的力度和刚性。经过多年努力，市级和大部分县(区、市)设立了文化创意产业发展专项资金，并视财政状况增加资金额度，将支持文化创意产业发展落到实处。同时帮助本地文化企业积极争取国家和省扶持资金，加强文化企业税费减免的落实工作，促进文化企业“轻装上阵”加快发展。另外，还加大土地支持力度。积极为文化项目和文化企业争取用地指标，为文化用地落实价格优惠，从关键点上为企业提供大力支持和帮助。明确县(区)两级常委宣传部长和分管副县(市)区长每人牵头分包一个辖区内大项目、好项目，协调解决项目建设发展中遇到的各种困难和问题，提供“点对点”、“一对一”和“保姆式”的服务，让项目单位少走弯路，确保项目落地实施。

(三)文化创意产业逐步走向集群化

为了加速文化创意产业发展，石家庄市在河北省率先建成了河北出版集团数字印刷产业园、石家庄动漫创意产业园、河北美术学院东方文化创意产业基地、石家庄信息工程学院国家动漫产业发展基地创业孵化园、石家庄职业技术学院动漫制作中心等九个特色各异的国家级和省级文化创意产业示范园区。动漫业、包装与印刷业、出版业、雕塑工艺品制造业已成为石家庄市的优势产业。全市专业动漫公司 77 家，相关公司 2000 余家，取得了良好的经济和社会效益。石家庄文化创意产业园中石家庄动漫大厦暨中国动漫衍生产品集散交易中心、中国动漫实训与考级中心已建成开业。中国书画院、卧牛城影视基地、中国北方民俗文化产业园、白庄——中国水彩画家村等一批文化创意产业园区项目相继建成。新乐市石雕产业聚集区，共有雕刻类企业 84 家，产品历经创新发展形成了园林设计施工、铜雕、不锈钢雕塑、建筑装饰板材、机制工艺品五大系列 1000 多个品种，远销欧美、东南亚及中国香港、台湾等十几个国家和地区。石雕产业年产值达 3.2 亿元，出口交货值 4200 万元，实现利税 3000 多万元，成为远近闻名的“雕刻之乡”[①]。晋州的紫铜浮雕产业，不断创新研发的浮雕、圆雕、金属蚀刻画、镀金画、金雕画、铜箔彩印画、佛事用品等八大系列 600 多个品种，在国内外拥有 1000 多家经销商、代理商。

---

① 《“文化+”战略助推石家庄文化产业集成创新加快发展》，石家庄宣传网，2015 年 10 月 8 日，http://www.sjzxc.gov.cn。

(四)特色文化创意产业不断壮大,内涵品质不断提升

石家庄拥有丰厚的“红、绿、古、新、特”等文化资源,特别是常山战鼓、拉花、宫灯、紫铜浮雕、剪纸、石雕、崖柏根雕、青铜器、黑陶、皮贴画、农民画、土布织品、工艺玻璃等民俗文化产业,资源禀赋良好,产业基础雄厚,实现传统手工艺品与现代科技和时代元素的完美融合。石家庄市注重发挥民间智慧,宣传和引导民营文化企业主、文化创意者、文化管理者,共同将资源、创意、设计、技艺、体验、互动等要素融合创新,赋予产品新的更高水平的文化内涵。

石家庄市不断打造特色民俗文化产业的升级版。藁城宫灯不断探索内容创新和提档升级,开发研制的剪纸工艺纸雕宫灯先后成为北京奥运会、上海世博会、南京青奥会、北京 APEC 会议特许商品。2015 年,又开发出“中国梦”系列产品,深受市场欢迎。与此同时,大力开发文化旅游产业链,专门建设了宫灯博物馆,筹建了宫灯文化产业园,形成了面积近 1000 亩,拥有 1100 余家宫灯生产企业和加工户,从业人员 5 万多人的宫灯产业集群,宫灯年产量达到 3000 万对、年产值 10 亿元,占全国宫灯总产量的 80%以上,每年吸引参观宫灯、体验式消费游客 20 万人以上。实施了文化产业“倍增”计划,着力打造主城区、正定新区两个文化核心区,重点发展现代传媒、印刷出版、动漫游戏、民俗文化、文化市场、演艺娱乐等产业板块,带动全市文化产业发展。

大力培育新兴网络文化业态,努力创作和推广富有中国元素、体现民族特色、具有地方文化特点的网络游戏、网络歌曲、网络小说、电子出版物等优秀网络文化产品。坚持保护传承和创新发展相结合,积极培育演艺娱乐业,重点打造以“三大战役”为主题的大型实景演出、《元曲盛典》大型实景演出、现代戏剧《星光依然灿烂》、《少年赵云》等演艺品牌。完善博物院、美术馆、图书馆等公共文化设施功能,着力抓好霞光大剧院、石家庄丝弦大戏院等项目建设,提高公共文化服务水平[①]。

① 石家庄市人民政府:《关于印发〈石家庄市推进文化创意和设计服务与相关产业融合发展行动计划(2014 — 2020 年)〉的通知》,2014 年 6 月 27 日,http://www.sjz.gov.cn/col/1388741884757/1403833070389.html。

(五)战略支撑点已逐渐形成,做强做优文化创意园区项目目标可期

全市投资24亿元占地1000多亩的东方文化创意产业基地已经开园;投资50亿元的“河北长城影视动漫旅游创意园”已初具形态;投资40亿元的中国石家庄(正定)城市文化乐园项目已列入省重点项目,投资60多亿元的目前亚洲规模最大的室内文化娱乐综合体“祥云国际——梦幻乐园”主体已经完工,投资超100亿元的“正定新区文化产业园”已完成概念规划。新谋划了西柏坡国际文化产业园、刘秀文化旅游创意产业园、河北省广告文化产业融合发展试验园区等100多个新项目,规划总投资500多亿元。一批规模大、效益好、聚集性和示范性强的大型文化创意产业园区的建设和投用,推动了全市文化产业规模化、集约化、专业化发展。

经过几年的发展,石家庄市建成了数字化产业项目信息管理系统,实施科学化、规范化、动态化、精细化管理,形成了“谋划一批、实施一批、储备一批、推介一批”的良好态势。在产业发展升级过程中,坚持“走出去、引进来”招商战略。一方面,利用石家庄动漫博览会、深圳文博会、北京文博会、杭州国际动漫节等国际化平台,宣传推介好项目,促进文化企业和产品走出去、闯市场、打品牌;另一方面,面向国内外文化产业发展先进地区、文化园区基地、高校科研机构和大型文化企业,每年开展以文企联姻、银企文对接、金融服务文化产业培训等为主要形式的重点招商推介工作,把急需的人才、资金、技术和创意等文化要素引进来,促进文化产业发展。在省会主城区,围绕城市建设,依托北国、勒泰、万达等大型商业综合体,同步建成了红太阳演艺、空中花园、数字影城等众多文化项目,推动影视演艺、休闲娱乐等文化产业快步发展。各县(市、区)也进一步整合特色文化资源,改进传统民间工艺,开发建设民俗项目。藁城宫灯产业园区、新乐石雕产业园和东方美术创意基地、晋州紫铜浮雕产业聚集区、无极野风皮艺研发基地、矿区崖柏根雕聚集区等等,一县一品、遍地开花。

(六)借助京津冀协同发展契机,文化产业聚集度、辐射力和影响力得到提升

在“京津冀一体化”的大背景下,石家庄市抢抓中央实施“京津冀协同发展”战略,依托商贸物流发达、交通区位优越、文化市场培育基础好的优势,统

筹加快发展文化市场。采用现代化电子商务等科技手段扩大怀特古文化茶城、怀特珠宝城、古韵文化市场、中江古玩艺术城、太和文化礼品城、东方文化市场、福建茶城、友谊图书批发市场等10多家现有文化市场销售规模,夯实基础、提档升级、做大做强。利用承接京津文化市场要素产业转移的重要契机,加快融入区域文化市场一体化进程,培育起一些更多更强的新兴文化市场,努力把石家庄打造成我国北方重要的区域文化中心、魅力省会、幸福之城。

二、石家庄文化创意与相关产业的融合情况

按照统筹协调、重点突破,市场主导、创新驱动,文化传承、科技支撑的原则,充分发挥市场和政府的作用,全力抓好政策落实,在切实提升文化创意产业的创意水平和整体实力的基础上,更加积极主动地发挥文化创意对相关产业发展的支持作用,以文化提升相关产业产品和服务的附加值,以融合发展拓展文化创意产业发展空间,实现文化创意产业与相关产业相互促进、共同发展。

(一)文化创意实现媒体间融合互通

2016年1月,石家庄市全媒体运营指挥中心启动仪式在石家庄广电中心举行。该项目的实施进一步推进“石家庄发布”微博、微信,“无线石家庄”APP客户端,“燕赵名城网”,“石家庄文明网”等新媒体提档升级,努力打造成为区域门户、全国知名新媒体品牌。石家庄市全媒体运营指挥中心的建立,是贯彻中央、省、市委推进传统媒体与新兴媒体融合发展重大决策部署,着眼于巩固宣传思想文化阵地,壮大主流思想舆论做出的一项创新性工作,是主动适应当前快速发展的网络化、移动化形势要求,遵循新闻传播规律和新媒体发展规律,推进传统媒体和新兴媒体优势互补、一体发展的大胆尝试①。

① 《石家庄全媒体运营指挥中心启动媒体间实现融合互通》,中国新闻网,2016年1月11日,http://www.heb.chinanews.com。

(二)文化创意与信息产业深度融合

深入实施文化科技创新工程,培育扶持一批文化领域高新技术企业,支持利用数字技术、互联网、软件等高新技术支撑文化内容、装备、材料、工艺、系统的开发和利用,着力抓好三维渲染、虚拟现实、移动互联网、智能交互、数字出版、数字印刷、数字旅游等技术攻关,开发具有自主知识产权的关键装备及软件产品。深入实施了三网融合工程,以建设"智慧石家庄"为契机,依托联通、电信、移动、广电等企业建立三网融合信息消费体验展示与体验中心,面向消费者提供各类新型信息服务和信息产品的感性体验服务;建设统一智慧社区的云服务平台实验点,为居民提供智能安防、三网融合服务、应用终端以及运营服务配套体系;实施主城区广播电视网络双向改造,为用户提供云点播、IPTV、飞视、视频电话、宽带在内的面向三网融合的综合业务。深入实施传统媒体和新兴媒体融合工程,推动日报社、广电台等新媒体采编发一体化,提升先进文化互联网传播吸引力。深入实施动漫游戏产业优化升级工程,着力抓好河北长城国际影视动漫旅游创意园、正定新区文化产业园等重点项目,增强"中国石家庄国际动漫博览交易会"品牌影响力,推动动漫游戏与虚拟仿真技术在设计、制造等产业领域中的集成应用。

(三)文化创意与城市建设设计相融合

坚持以人为本、安全集约、生态环保、传承创新的理念,进一步提高城乡规划、建筑设计、园林设计和装饰设计水平,完善优化功能,提升文化品位。加快推进正定古城、东垣古城遗址、赵县赵州桥、新乐伏羲台、灵寿傅氏古迹等文化遗产保护工程,增强城市文化底蕴。一是以中心城区改造和正定新区建设为重点,加强城市建设设计和景观风貌规划,将先进的文化创意和设计融合到城市建设中去,提高园林绿化、城市公共艺术的设计质量,突出城市文化特色。二是以石家庄新市镇建设为契机,提升村镇市政基础设施功能,培育村镇建筑设计市场,融合村镇人文历史、地域文化、自然景观、民俗习惯、生产方式,打造特色文化村镇。按照市政府《关于加快推进全市绿色建筑发展的实施意见》,贯彻节能、节地、节水、节材的建筑设计理念,凡新建政府投资或国有资金占主导地位的公共建筑、保障性住房、社会投资单体建筑面积超过 2 万平方米的大型公共建筑及正定新区的建筑项目全部按绿色建筑标准设计建造，打造城市绿色建筑。完善建筑、园林、城市设计、城乡规划等设计方案竞选制度，将文化元素、文化内涵作为审查的重点内容，凸显城市文化创意。

（四）文化创意与旅游产业融合发展

2015 年，石家庄市狠抓旅游重点项目建设和景区提档升级，全力推进旅游精准营销，着力优化旅游市场环境，拓宽旅游业发展空间，加快旅游与文化的融合，积极构建“文化旅游”格局，进一步提升旅游业发展的质量和效益。全年接待国际游客 18.6 万人次，比上年增长 6.4%，旅游创汇收入 9362.9 万美元，比上年增长 35.5%。接待国内游客 6763.4 万人次，比上年增长 17.0%，旅游收入 584.7 亿元，比上年增长 35.3%。全年旅游总收入 590.5 亿元，比上年增长 35.3%[①]。坚持健康、文明、安全、环保的旅游理念，以文化提升旅游的质量，以旅游扩大文化传播。支持开发康体、养生、运动、娱乐、体验等多样化旅游产品，着力推进白鹿温泉、国御温泉等一批重点项目，引导建设正定古城、西柏坡、赵州桥等一批休闲街区、特色村镇、旅游度假区，满足广大群众个性化旅游需求。加强石家庄市评剧、新乐伏羲祭奠、井陉晋剧、无极剪纸等非物质文化遗产的保护利用。石家庄将着力推进“平山旅游大环线”和“西柏坡环湖旅游廊道”建设，发展西柏坡红色旅游，驼梁—五岳寨—天桂山、嶂石岩等绿色旅游和正定古城、赵州桥、秦皇古驿道等古迹文化旅游，推进文化资源向旅游产品转化，建设文化旅游精品。加快智慧旅游发展，促进文化创意产业与旅游、互联网等现代传媒的融合，支持开发白鹿缘泉、藁城宫灯等具有地域特色和民族风情的旅游演艺精品和旅游商品，鼓励发展积极健康的特色旅游餐饮和主题酒店。在文化创意产业多样化发展的基础上，石家庄市顺势而上，加快建设集农耕体验、田园观光、民俗风情、教育展示、文化传承于一体的文化休闲农业园，让农民在家门口就能发家致富。未来，石家庄将加快推进西部太行山地区旅游业发展，努力将其打造成国内知名的休闲度假旅游目的地，积极构建“一城崛起、两带串联、三区联片、多点发力”的全域旅游发展新格局。日前，石家庄市人民政府办公厅下发了《关于加快石家庄市太行山地区旅游业发展的实施意见》。

① 石家庄统计局：《石家庄市 2015 年国民经济和社会发展统计公报》，2016 年 4 月 11 日，http://www.sjz.gov.cn/col。

(五)文化创意与制造业融合发展

充分发挥文化创意对制造业的促进作用。以石家庄飞机工业有限责任公司、南车石家庄车辆有限公司、石家庄安瑞科气体机械有限公司等企业为依托,重点提升飞机、轨道交通、汽车等装备产品的外观、结构、功能等设计水平,提高产品附加值。以华莹玻璃工艺品和藁城宫灯为重点,推动民族文化元素与现代设计有机结合,增加消费品的文化内涵和附加值,开发一批具有民族风格和特点的自主设计产品。鼓励际华三五一四制革制鞋有限公司、河北农哈哈机械集团有限公司、河北中农博远农业装备有限公司等企业加大研发投入,健全工业设计研究试验条件和基础设施,完善工业设计中心组织体系,强化工业设计软硬件建设,新增100家省级以上企业技术中心、工程技术研究中心等创新平台,争创10家省级以上工业设计中心。开展工业设计园区建设试点工作,突出抓好科瀛高新技术服务业园区、日中天科研孵化中试基地对工业设计企业的引领、聚集和孵化作用,努力建成省内一流的工业设计创意产业园区。

(六)文化创意与特色农业融合发展

2014年石家庄市就出台了《关于推进休闲农业与乡村旅游发展的指导意见》,指导各县(市)区加快推进乡村旅游示范点和农家乐建设提升,实施标准化规范化管理,并取得显著成效。强化休闲农业与乡村旅游经营场所的创意和设计,提高产品创意、包装创意、活动创意和景观创意设计水平,实现休闲农业内在质量的提升。建设集农耕体验、田园观光、民俗风情、教育展示、文化传承于一体的休闲农业园,以农民为经营主体,以城市居民为目标市场,为旅游者提供融观光、休闲、度假、体验、娱乐和购物为一体的新型产业业态和新型消费业态。发展楼宇农业、阳台农艺等,进一步拓展休闲农业发展空间,丰富城乡人民文化生活水平。鼓励引导农业企业、农民合作社申报无公害农产品、绿色食品、有机食品和农产品地理标志,培育休闲农业知名品牌,建设特色农产品展览展示馆(园),推进特色农产品文化宣传交流。

建立健全"三品一标"农产品的技术标准体系、质量保证体系与检测体系,加强农产品商标的注册和保护,严厉打击假冒行为。每到收获季节,赵县梨园、栾城草莓、鹿泉葡萄、行唐大枣、赞皇大枣、樱桃等吸引了众多游客前往,吃住、采摘、购物、观光、旅游一条龙。2015 年在主城区周边区域谋划建设 4 个示范片区,每个片区建成 1～2 个 1000 亩以上、功能比较完善、设施配套、管理和服务水平较高的精品农业园。通过三至五年努力,把省会主城区周边区域打造成功能全、有品位,出行便利,深受城乡居民欢迎的农业休闲游乐区,实现都市现代农业的新突破。围绕赵州雪梨、晋州鸭梨、行唐大枣、赞皇大枣、平山核桃、藁城宫面等特色农产品,加大投入力度,扩大生产规模,提升质量水平,打造名牌产品,进一步提高农产品的知名度。该市依托于家石头村、大小梁江、天长古镇、藁城耿村故事村等古村名镇,启动了省会"慢城慢镇"旅游项目,丰富和提升了文化旅游产品的内涵。目前,全市具有一定规模的文化休闲农业园区达 26 个,总资产达 9.8 亿元,经营面积 2.1 万亩,带动农户 4.1 万户,年营业收入 2.4 亿元。其中特色文化产品和农副产品收入 1.6 亿元,门票收入 1000 多万元,年接待游客 150 多万次。以休闲农业为代表的三产促进一产直接链接三产带动二产。石家庄市已建成休闲观光农业园 54 个,总投资 15.5 亿元,园区功能由采摘、观光向休闲、体验、垂钓、农家乐等多功能逐步丰富。

(七)文化创意拓展体育产业发展空间

积极培育休闲文化健身市场,引导大众体育消费。充分利用裕彤国际体育中心、河北省体育馆、汉河水上运动中心及即将建成的正定新区奥体中心,组织策划打造亚洲篮球赛、全国青年排球比赛、全国田径锦标赛、中超中甲足球联赛、国家拳王争霸赛等参与度高的精品赛事,推动体育竞赛表演业全面发展。依托西部独特的自然山水、生态旅游资源,分批开发建设商务运动自然休闲文化,开展徒步游山水、极限户外运动、水上漂流、马术运动等休闲文化健身项目。依托苍岩山、天桂山丰富的生态和自然资源,筹建地质公园,开发长跑、自行车、攀岩等特色山地户外休闲体育项目,打造户外体育运动集聚区。依托鹿泉、平山等地水库和山势,开发钓鱼、攀岩等山地户外运动,建立特色运动休闲文化基地。依托元氏山水资源优势,开发建设无极山冰雪体育运动中心、蟠龙湖水上休闲活动中心、国家体育用品质量监督培训中心等。依托国家乒乓球训练基地优势,建设国内乒乓球赛事集聚区。依托天山海世界、中体倍力健身俱乐部、平安健康家园、秦皇古道滑雪场、清凉山滑雪场等骨干企业和较大规模健身娱乐场所，丰富产品文化内容，拓展体育健身休闲文化产业发展空间[①]。

(八)文化创意项目带动产业融合

以项目为引领，通过重点行业带动，推动文化创意产业结构优化升级，使文化创意产业对国民经济的贡献度不断提高。不断壮大演艺娱乐、出版印装、动漫游戏、广电传媒、文化旅游、民间工艺品等传统文化创意产业。促进文化与科技、体育、金融、旅游等相关产业融合，实施文化创意产业拳头项目带动战略，加大园区建设力度，培育石家庄新长城国际影视城、正定新区文化产业园、正定城市文化乐园、河北新东印刷一批骨干文化企业和文化产业聚集区。按照“一县一品”思路，加快推进无极剪纸、晋州紫铜浮雕等县域特色产业集群发展，新乐市、藁城市、井陉县、正定县入选河北省文化产业“十强县”。坚持走出去、引进来，组织文化企业参加北京文博会、深圳文博会，组织和参与举办省特色商品博览会、印装机械博览会和动漫文化节，为文化创意与其他业态融合牵线搭桥。

三、石家庄文化创意产业融合典型案例

作为具有悠久历史、灿烂文化和丰厚历史文化底蕴的正定，在发展创意产业方面具有得天独厚的条件。近 2000 年的发展历史，深厚的历史文化底蕴和资源为正定创意产业发展提供了丰富的素材。与此同时，正定发展创意产业还具有很多优势，如各级政府对文化产业的重视；古城的历史文化底蕴可以作为创意产业发展的力量源泉；快速发展的创意产业为后来的发展奠定了雄厚基础。悠久的历史、灿烂的文化为创意产业提供了丰富素材。正定为历史文化名城，有“千年古郡”、“北方三雄镇”、“北方佛国”之美誉。正定在传统文化元素与文化创意产业融合方面，有着许多的优势。具体表现在：一是各级政府高度重视古城保护和文化创意产业的发展；二是正定古城的历史文化底蕴是传统文化与文化产业传承发展的创意源泉；三是正定文化创意产业发展已初具规模。多年来，正定深入挖掘历史文化，积极打造正定特色文化产业，使历史文化名城的

① 石家庄市人民政府：《关于印发〈石家庄市推进文化创意和设计服务与相关产业融合发展行动计划（2014－2020 年）〉的通知》，2014 年 6 月 27 日，http://www.sjz.gov.cn/col/1388741884757/1403833070389.html。

金字招牌越来越亮，成为经济发展的新引擎。在秉持正确理念，强力推进古城保护的基础上，深入挖掘历史文化内涵。形成了以赵云为代表的名人文化，以元曲为代表的戏剧文化，以正定国家乒乓球训练基地为代表的体育文化，以常山战鼓、正定高照、竹马、剪纸等为代表的非遗文化，在全国乃至国外叫响"三国子龙故里、佛教临济祖庭、京外名刹之首、世界冠军摇篮、元曲创生中心、红楼文化经典"六大文化品牌。尤其是荣国府影视拍摄基地，在国内的影响越来越大。戏剧演出市场方面推出了《常山少年·赵云》、《王牌》、《阳和楼》等一批精品力作，在全省乃至全国产生广泛影响，其中《审女婿》夺得全国新创剧目大奖文华奖，并在全国各地进行巡回演出。在文化创意产业园区方面融合古城深厚的历史文化底蕴，在铁西工业区规划了总投资 5.3 亿元、占地 281.7 亩的正定县文化科技创意产业园，该项目包含艺术家园区、培训园区、手工艺坊园区、"剧"园区、影视园区、书画园区、戏曲园区、展示园区等八个特色园区，通过改造旧有厂房等设施，新建一批文化创意设施，努力打造人性化、人文化、艺术化的文化产业园区①。

正定新区是石家庄重点发展区域，依托正定古城丰富而深厚的历史文化资源，实现正定新区建设和古城文化开发与传承的全方位对接与融合，是提升城市品位、改善发展环境的关键。然而，正定新区设计与建设融入时代元素多、古城文化元素少；古城文化开发和传承考虑老城多、思考新区少；新区和古城的文化教育层次偏低和缺少高等层次教育，是制约正定新区建设和古城文化对接与融合的主要问题。还需要发展教育，依靠群众，大力开发古城文化资源，在新区建设中融入古城文化元素。

正定古城文化资源的开发与传承是提升城市形象和文化品位的基础，正定新区建设和发展已成为石家庄和正定双方实现共赢的一种必然选择。在整体战略布局上，要正确处理好新区建设与老区改造的关系。在新区建设中融入古城历史文化元素，依托古城文化资源提升新区品位，在古城文化资源开发上，以古城保护为契机，寻找传统文化与文化创意产业完美契合点，立足城市文脉，整体规划，全面展开。大力发展文化创意产业，只有科学认识传统文化的精髓，创新经营方式和模式，传统文化才能更好地与文化创意产业结合并促进文化产业

① 尹浩：《正定古城文化创意产业发展的路径探索》，《河北省社会主义学院学报》，2015 年第 4 期，第 70—74 页。

发展，才能为古城保护提供强有力的资金、技术、人才支持，从而形成保护—利用—再保护的良性循环。努力创造具有正定特色的文化品牌，促进正定文化创意产业的发展。进一步开发古城文化旅游资源，吸引投资，为正定的全面发展奠定基础。

总之，正定将在与石家庄市的融合中迎来新的历史发展机遇，而新区的建设将会提升正定的地位，促进正定的发展，古城悠久的历史文化将提升正定新区乃至整个石家庄的文化品位。古城正定迎来前所未有的发展新机，石家庄也解决了缺乏历史底蕴的硬伤。大力发掘与保护古城文化资源，依靠古城人民群众，加强教育和宣传，将古城文化渗透到正定新区建设和人民生活的方方面面，逐步实现正定新区建设和古城文化的对接与融合[①]。

四、石家庄文化创意与相关产业融合发展存在的问题

在发展定位上，对于融合、延伸发展向什么方向努力，向什么目标前进，不太明确。很多人简单地认为，融合发展仅仅是文化创意与其他业态结合的问题等等。因此在肯定成绩的同时，我们也清醒地认识到，石家庄市文化创意与其他产业融合发展中还存在一些突出矛盾和问题，主要表现在以下几个方面。

（一）宏观管理不到位、微观管理错位

文化产业是一个新兴产业，也是一个门类多、跨度大的产业，文化产业并不是能独立出来的产业，而是包含了很多传统行业，涉及属于工业的印刷业、属于服务业的广告业、属于制造业的广播电视电影设备制造、属于轻工业的玩具文具制造等。如此复杂的产业结构对管理部门提出新的挑战，因此，成立类似领导小组的协调机构，如石家庄的文化体制改革与文化产业发展领导小组及办公室，由领导小组和办公室负责石家庄市文化产业的规划、发展、管理等职能。领导小组及办公室相对于某一部门来说，存在着协调联动匮乏、目标不统一、运行不规范、弱化各单位工作职责、多头管理等弊端，造成难以从宏观上、整体上规划、推动产业发展。

① 王永颜等:《古城文化与新区建设的对接与融合研究》,《河北工业大学学报》(社会科学版)，2014年第6期，第86—92页。

文化产业的高度复杂性，也需要从事相关管理工作的人员为高度复合型，对综合素质、知识背景、管理能力和水平要求很高，能胜任管理岗位的公务人员极度匮乏。微观管理越位表现在政府有关部门存在着管办不分、政企不分的问题，对企业干预过度，影响其自主发展。另外，政府有关部门身兼直接供给和扶持管理两种职能，如一些文化事业单位和转制后的企业单位，造成政府有关部门既扮演裁判员又扮演运动员，难免在经济性政策工具的实施过程中偏向效率低下的“直系部队”，损害了公平竞争的市场原则，打击了市场主体的积极性。

(二)融合深度有待加强

政策红利释放空间有限，财税、金融优惠政策及扶持力度不够；长期以来政府出钱承包文化活动的模式，导致人民群众文化消费观念滞后，文化消费有效需求明显不足，主要以政府购买为主；文化创意及设计服务企业量小质弱，专业化、集约化程度不高，不能满足市场需求；扶持政策不够健全完善。创新能力有待提高。中高端文化创意人才短缺；企业创新创意意识薄弱，大多数企业停留在模仿阶段；企业创新型研发能力有限，普遍缺乏自我造血功能。资金投入有待增加，资金短缺已成为制约石家庄文化创意和设计服务产业发展的重要因素。

(三)融合发展的质量和效益还不高

经济增长动力仍处在转换之中，战略性新兴产业尚未形成有效支撑；创新驱动主动力不足，科技成果转化率较低；生态环境压力依然较大，资源环境约束加剧；省会辐射带动作用不强，在京津冀协同发展中的地位有待提升；县域经济整体实力不强，新型城镇化进程缓慢；民生改善任务繁重，基本公共服务保障能力和社会管理水平还需提高；干部队伍作风建设还需进一步加强，行政管理体制改革任务仍然艰巨，发展环境仍需进一步优化。

(四)融合发展法律保障制度不完善

法律法规既是强制性政策工具的具体方式，也是必要保证。石家庄现有的文化产业规划、政策、意见等效力层次低、作用机制单一、适时性和实效性不足。市场经济是法治经济，文化产业和其他产业一样，要有法治来保证其高速发展，总结世界各国的经验可知，文化产业的发展很依赖法律制度发挥双重作用，一是促进作用，二是保障作用。石家庄属于较大的省会城市，按照宪法规定，较大城市的人大及其常委会有权制定地方性法规，但石家庄至今没有制定文化产业发展条例或类似的地方性法规。虽然目前全国尚没有制定全国统一的文化产业促进法，但地方立法先行是一个可行的现实选择，我国的太原等地已经有相应的地方性法规，石家庄可以效仿。

(五)融合发展的科学规划难以实施

规划相对于一个产业的重要性，就相当于一张蓝图对一个建筑物的重要性，有了规划，才能合理布局产业分区，调整产业结构，依次有序推进、有计划地推进产业发展。但由于规划制定无序，互相冲突，规划层次较低，执行力差，规划往往一旦完成，就好像是向领导“交了差”，后期的发展或我行我素，或按领导意志变更，规划成了一纸空文，不能做到“一张蓝图绘到底”，难以按照制定的规划实施下去。这一问题，导致强制性政策工具常常带有主观性，稳定性不足。

(六)公众对融合发展的认知度较低

公众对融合发展的认知度较低，直接后果是对创意产业缺乏认识，文化消费水平较低，间接后果是文化人才培养乏力，发展文化产业的氛围不浓厚。具体来看：一是缺乏共识。从文化产业的规律和特点来看，品牌、创意、版权等这些无形资产是文化企业无形的财富，也是文化企业的立身之本，但由于缺乏社会共识和评估机制，文化企业在向银行等金融机构贷款时，这些无形资产难以进行质押，就难以像工业企业一样获得资本，难以实现快速发展。二是文化消费水平低。按照国外的统计，欧美国家的文化消费通常占整个家庭收入的30%，而我国不足10%，石家庄的居民消费总量和消费人均消费支出都较低。对于大部分人群来说，其他必要支出压缩了文化消费的空间，个人资金必须更多地投入到生活安全保障的领域，例如教育、就业、医疗、养老等。三是文化人才培养乏力。缺乏全社会对文化产业的认识，形不成发展文化产业的良好氛围，就不会有人才向文化产业领域集聚，缺失完整的人才培养链条和模式，而人才又是文化企业不可或缺的重要资源和基石，进而造成恶性循环。

五、石家庄文化创意与相关产业融合发展的对策和建议

针对石家庄文化创意与相关产业融合发展的一些问题，我们提出以下对策和建议。

（一）加快转变政府职能，进一步理顺各文化管理机构间的关系

首先，推动文化产业领域职能整合，按照大文化方向，整合归并同质行业的管理职能，探索出宽范围的"大文化产业"管理策略，甚至可以考虑将文化改革发展领导小组的职能固定，新形成一个规格高、职能全的实体部门，如"石家庄市文化改革发展委员会"，类似于韩国的文化振兴院，由市领导兼任委员会主任，提升文化产业管理部门的地位和权威，避免出现条块分割、政出多门、多头管理的现象，以便于在宏观上全面把握整个产业的发展。其次，在管理上，微观管理要往回收，由微观管理向宏观管理转变，正确厘清政府在市场中的定位和功能，做到裁判员和运动员各司其职，理顺主管部门与文化企事业单位的关系，做到政事分开、政资分开和管办分离，按照现代企业制度的要求，加快国有文化企业的公司制改造，增强其活力和竞争力。面对文化产业发展的任务，要结合正在开展的解放思想大讨论活动，坚持解放思想、创新方法和理念，抓住京津冀协同发展等重大战略机遇，着力抓好项目（园区）建设和文化融合发展，奋发作为，大力推进文化产业发展。

（二）搞好顶层设计，统一思想明确目标

应坚持以生态为底色，以文化为点缀，以产业为支撑，以文化创意为黏合剂，积极发展供给侧为主导的创意产业。要在全社会广泛倡导并支持创造、创新、创意的理念和实践，并体现到产业发展、社会发展的每一个环节中。首先要制定发展规划。按照"因地制宜、合力布局、突出特色"的原则，聘请专业的规划设计单位，搞好整体设计。要选好示范点，挑选一批有融合基础、有创意引爆点的企业、园区、村庄和历史景点等，作为先行先试的重点来打造，形成各具特色的精品示范点。要选准突破口，坚持文化旅游与工业旅游相结合、休闲农业与

乡村旅游相结合，发展现代文化旅游业，以此为引爆点，带动各个产业把产品、品牌和服务打出去。要在示范点建设的基础上，做好串点连线成片的工作，打造出几条精品旅游线路，尽快形成规模和影响力。其次要建立协调机制。明确由专门的领导和部门牵头，统一协调工业、农业、商业、文化、科技、环保、旅游以及相关科研院所、规划设计单位之间的合作和衔接，联手推动创意产业发展。适时召开推进、落实联席会议，对遇到的困难和问题，及时研究解决。最后要完善相关政策。一是财政和金融政策。财政可以安排发展专项资金，扶持文化创意融合产业发展，重点支持产业关联度大、带动能力强、有较强市场竞争力的文化创意融合项目。税务部门对文化创意融合产业项目，可以实施优息或低息贷款；银行信贷有选择地支持融合项目。二是人才与教育政策。加强文化创意融合产业人才队伍建设，研究组建专家团队，制定文化创意融合产业人才的评判标准和评定程序，对应聘人员进行甄别筛选。进一步鼓励机关、企事业单位培养、引进和聘请创意经营、技术创新等方面的高级人才①。

（三）营造浓厚融合氛围，齐抓共管形成合力

一是明确宣传阵地，加大宣传力度。领导重视是关键，在媒体、网站、微信、微博等打造宣传阵地，多层次、多形式进行。运用多种宣传手段，扩大宣传范围。让石家庄进入更多人的视野，增加知名度。征集石家庄有书画、诗歌、写作特长的人围绕文化与农业产业发展创作文艺作品，在人民广场等突出位置建设专门的展示长廊等。二是纳入总体规划。各级各部门要从全局出发认识文化产业发展的重要意义，要把文化产业发展纳入经济社会发展全局同考虑、同规划、同部署、同实施、同考核。“十三五”规划的编制工作已经开始，除了编制文化产业发展专项规划外，各地也要把文化产业发展规划纳入整体经济社会发展规划，要体现时代特征，充分发挥文化引领作用；要把文化设施的规划纳入城市建设总体规划中，整体提升城市的文化功能与文化品位；要把文化产业项目用地纳入当地土地利用总体规划和年度计划中，保障文化用地，对文化产业重点建设项目在土地供应方面予以优先支持；把文化产业发展纳入评价区域发展水平、发展质量和领导干部绩效评估考评体系的重要内容。三是齐抓共管形成合

① 《加强和延伸文化与农业产业的融合发展》，石家庄宣传网，2015 年 8 月 17 日，http://www.sjzxc.gov.cn。

力。中央和省委要求的文化产业领导体制和工作机制是“党委统一领导、党政齐抓共管、宣传部门组织协调、有关部门分工负责、社会力量积极参与”。希望石家庄市各级党委、政府主要领导要亲自牵头、亲自研究制定发展思路、亲自带头招商引资、亲自督导落实。各县(市、区)常委宣传部长和分管副县(市、区)长要每人牵头分包一个投资超千万元的文化产业项目(园区)。市委宣传部做好组织协调工作,市文广新局作为市直主管文化的行政职能部门,要进一步强化责任意识和使命担当,以“主人翁”的姿态把文化改革发展任务牢牢抓在手中。市社科院要积极作为,为全市文化产业发展提供智力支持。市文联要组织指导好文艺创作、精品生产,为全市文化产业发展助力。市直文化体制改革和发展领导小组各成员单位,发改、财政、人社、国土、商务、税务、工商、金融等,要进一步加大关注和支持力度,按照职责分工,发挥部门优势,把各自的任务切实落实好,形成共同推进文化产业发展的强大合力。

(四)充分挖掘本地资源,打造优秀文化品牌

石家庄22个县(市、区),具有深厚的历史文化积淀,各县(市、区)都有自己独特的历史文化资源,要把这些文化资源转化为发展优势,才能有持续不断的生命力。品牌是产品走向市场的标志、是市场竞争力,文化品牌就是地方的软实力,各地都要集中力量,突出重点,打造品牌、做大品牌、做强品牌。文化品牌不仅要有书籍、影视剧、纪录片,还要有形态,要与城市建设、美丽乡村建设、新型城镇化建设统筹进行,利用旧址改造、新建园区、博物馆、展览馆、公园等凸显文化品牌。希望每个县(市、区)都要立足已有历史文化资源,打造一个响亮的文化品牌,为全市经济社会发展做出贡献。从市民文化消费数据上看,市民文化消费金额处于逐年上升的趋势,各类文化活动的参与人数也越来越多,说明文化产业发展氛围越来越好。

对一些历史文化资源进行挖掘,如古树、古庙的故事等,让景点有故事、有看点。苏园树立“三苏”、司马光的雕像,展示关公刀拍照,展示农具的演变,坐牛马车,看老式打铁技术,滚铁环、跷跷板、荡秋千、架拐等怀旧游戏,让成年人也能找到童年的回忆。有历史名人的村庄,可以把名人事迹写到牌坊上,增加文化气息。要与服务结合,体现文化品位。各园区品种互相搭配互补,避免同质化竞争。住农家客栈、走田间小径、吃特色农产品。打造住、行、吃、购、玩一

条龙服务体系，解决好留不住人的问题，让今天的新文化成为明天的“乡愁”。相关部门也应多组织园区外出参观、交流，一方面能及时了解政策，一方面互相取经。加大农业中对文化创意的投入力度，在发展现代农业的同时，有目的地集中向农业文化产业倾斜，整合农业生产、生态和生活资源，把农业生产与文化创意结合起来。创新思维，设计出具有特色的创意农业产品、农业文化、农业节庆和农业景观，用创意元素将现有农业提升为高品位的综合性产业。加强农产品品牌塑造，加快产品开发，培育一批国家级、省级创意品牌。在进行商标注册和品牌培育的过程中，可以将民俗、历史、非物质文化遗产和农耕文化进行整合，将传奇故事等文化元素融入，打造成独一无二的品牌价值，提升农产品附加值和市场竞争力。

（五）狠抓重点项目，吸引创意聚集

要发现、培育、建设一批重点项目，加大文化产业招商力度，面向国内外引进战略投资者，或引导本地有实力的企业跨界转型，投资文化产业领域。已经签约的要加快落地，已经落地的要加快开工，已经开工的要加快建设，以项目为载体，打造文化创意的聚集区。一些工业遗存、工业旅游园区、文化古村落、文化街区都要把特色做足，把产业做大。当前农村正在进行美丽乡村建设，一些乡镇已经把文化、历史、名人结合到建设中来，农村面貌焕然一新，这是乡村游最能体现的乡愁，它是基础性的、公益性的，是服务、环境的一部分。我们在建设中要多层次、多色彩，富有立体感，重要节点的内容要更加丰富。不一定都“高大上”，要结合实际，因地制宜，形成特色，绝不雷同，可选择几条街道来重点做，也能给人良好的文化视觉。每个县（市、区）都应该建设一个聚集区，可以与美丽乡村结合，与新技术结合，与非遗结合，加快创意聚集，形成文化产业聚集区，争创全省文化产业发展十强县。

（六）用好“互联网＋”，提升产业融合规模水平

互联网使我们的生活发生了巨大的变化，我们的思维也要与时俱进，要用互联网的思维去推动文化创意与其他产业的融合发展。可以说，互联网拉近了各产业间的距离，为产业融合提供了条件。百年巧匠手工艺品公司建立了互联网跨境电子商务平台，把产品推向海内外。互联网不仅能够提升产品销量，还

能推动产品形象的传播、品牌的传播、产品的创新改造提升。张北草原音乐节就是一个成功的例子，专业团队的策划、不断创新和改进、互联网的广泛传播，使其名声、收入和影响力日益增大。各文化企业都要敢于"触网"，让互联网为文化产业以及与其他产业的融合发展插上腾飞的翅膀。演艺集团要深化改革、完善机制、增强实力、提升效益。日报传媒集团、广电传媒集团要加快传统媒体与新媒体的融合发展，构建集新闻传媒、数字娱乐、智慧服务和文化产业投资等于一体的大传媒产业格局。利用互联网撬动供给侧改革的闸门，助力中国经济的发展①。

总之，推动文化创意与其他业态的融合发展，就是要解放和发展文化生产力，把文化资源、文化底蕴转化为文化生产力、文化竞争力和文化影响力，通过对特色文化资源、文化艺术活动、人文环境等的有机结合，形成多层次的全景产业链，把文化创意与其他业态融合发展的链条不断延伸，全力以赴，齐心协力做好融合发展这篇大文章。

（王晓云、闫红梅，河北经贸大学经济管理学院；刘道一，北京海开房地产集团有限责任公司）

① 《高天同志在全市文化产业发展工作经验交流会上的讲话》，石家庄宣传网，2015 年 11 月 1 日，http://www.sjzxc.gov.cn。

第五章
哈尔滨：融合创新拓展文化产业发展空间

“十二五”期间，哈尔滨文化产业把握难得的历史发展机遇，促进文化产业成为推动经济发展转型升级的重要力量，推动文化产业成为支柱性产业，文化产业呈现出快速增长发展态势。哈尔滨市全面贯彻落实十八届三中、四中、五中全会精神，按照《哈尔滨市“十二五”文化产业发展规划》的战略部署，着力推动哈尔滨市文化产业融合创新发展，注重文化产业与城市功能优化结合，文化与科技融合，文化与旅游、体育相关产业结合，落实促进文化产业发展的规划、人才、资金、财税等各项政策。截至 2014 年底，哈尔滨市文化产业增加值占 GDP 比重超过 6%，提前一年完成“十二五”文化发展规划目标，文化产业已经成为哈尔滨国民经济新的增长点和支柱产业。

一、哈尔滨市文化产业发展情况

(一)哈尔滨市文化产业发展现状

1.文化产业规模不断扩大

“十二五”时期，2011－2014 年，哈尔滨市文化产业增加值由 171.54 亿元增加到 321.67 亿元。根据全市经济走势和文化产业发展情况综合预判，哈尔滨市 2015 年文化产业增加值预计达 370 亿元，同比增长 15%，“十二五”时期文化产业增加值年平均增速达到 19.3%，高于同期哈尔滨市 GDP 现价平均9.4%的增长速度。文化产业在哈尔滨全市 GDP 中的比重也在不断上升，由 2011 年的 4.04%上升到 2015 年的 6.43%。2014 年文化产业统计数据显示，哈尔滨市文化产业增加值在十五个副省级城市中位列第 12 位，但占 GDP 的比重位列第七位，说明哈尔滨市文化产业对城市 GDP 的拉动作用越来越凸显。从文化企业规模来看，2014 年，全市从事文化产业活动的经营单位共有 2.19 万家，比 2011

年的1.915万家增加0.275万家。文化产业发展带动了第三产业的发展和城市居民就业提升,从业人员由2011年的17.4万人增加到2014年的21.35万人,占全市就业人员的比重为4.02%。2014年,哈尔滨市文化产业对全市地区生产总值增长的贡献率为10.6%,拉动GDP增长0.7个百分点。[①]

2. 文化服务业占主导地位

在文化产业的十大行业中,从总量规模上看,行业增加值居前三位的分别是文化用品的生产、文化创意和设计服务及新闻出版发行服务,2014年分别实现增加值58.91亿元、50.66亿元和50.38亿元,共计159.95亿元,占全市文化产业增加值的比重为49.7%;从增长速度上看,增速最快的三个行业分别是文化创意和设计服务业、文化休闲娱乐服务业和文化专用设备的生产,比上年分别增长20.1%、17.1%和14.3%,分别高于全市文化产业增加值平均增速8.1、5.1和2.3个百分点。从文化产业生产、销售和服务三大领域来看,2014年哈尔滨市文化制造业、批发零售业和服务业分别实现增加值56.13亿元、68.13亿元和197.41亿元,分别较2013年增长9.9%、8.8%和13.7%。[②] 可见,哈尔滨文化服务业总量最大、增速最快,支撑作用显著。

表5—1 2014年哈尔滨市文化产业分行业增加值情况

行业分类	2014年文化产业增加值(万元)	增速(%)	占全市文化产业增加值比重(%)
总计	3216717	11.98	100
第一部分 文化产品的生产	2127590	13.13	66.14
一、新闻出版发行服务	503812	5.82	15.66
二、广播、电视、电影服务	194878	12.85	6.06
三、文化艺术服务	208116	13.84	6.47
四、文化信息传输服务	326550	11.76	10.15
五、文化创意和设计服务	506558	20.09	15.75
六、文化休闲娱乐服务	274449	17.08	8.53
七、工艺美术品的生产	113227	12.6	3.52

① 《哈尔滨文化产业统计概览》(2015)。

② 《哈尔滨文化产业统计概览》(2015)。

续表

行业分类	2014 年文化产业增加值(万元)	增速(%)	占全市文化产业增加值比重(%)
第二部分　文化相关产品的生产	1089126	9.78	33.86
八、文化产品生产的辅助生产	442854	12.44	13.77
九、文化产品的生产	589097	7.46	18.31
十、文化专用设备的生产	57175	14.31	1.78

3.市辖区(县)发展梯度明显

2014 年,哈尔滨市 8 个主城区文化产业实现增加值 276.01 亿元,比上年增长 11.7%,占全市文化产业增加值的比重为 85.8%。十县(市)实现增加值 45.66亿元,增长 13.5%,高于城区 1.8 个百分点,占全市文化产业增加值的比重为 14.2%。文化产业发展的另一表征就是区域梯度明显,2014 年哈尔滨市文化产业在各区、县均得到不同程度发展,南岗区、道里区、香坊区和道外区四个中心区的文化产业增加值占全市文化产业增加值的 75.3%,其他 14 个区县实现增加值共占全市文化产业增加值的 24.7%。从增长速度看,居前三位的分别是松北区、宾县和平房区,分别增长 22.5%、20.9%和 20.6%;从文化产业增加值占 GDP 的比重看,南岗区(10.50%)、道里区(10.18%)、松北区(9.26%)、道外区(8.82%)、香坊区(7.43%)和平房区(7.13%)6 个区高于全市平均水平(6.03%)。①

4.文化消费水平有所提升

哈尔滨市城乡居民文化娱乐和消费支出稳步增长,城乡居民文化消费在数量、质量以及层次上都发生了很大的变化。国家统计局哈尔滨调查队发布的住户收支与生活状况调查资料显示:2014 年,哈尔滨市城镇居民人均生活消费支出 21638.5 元,同比增长 6.4%。其中,家庭人均文化娱乐用品及服务支出 1352.3 元,增长 10.3%,占城镇居民家庭人均消费性指出的比重为 6.25%;城镇居民教育文化娱乐支出稳步增长,人均支出 2432.6 元,同比增长7.8%,占城镇居民家庭人均消费性指出的比重为 11.24%。农村居民家庭人均文化娱乐用品及服务支出 754.7 元,增长 21.4%,占农村居民人均生活消费支出的比重为

① 《哈尔滨文化产业统计概览》(2015)。

9.12%。从以上数据可以看出，随着哈尔滨市城镇居民收入的增加，用于满足自身精神娱乐和文化需求的文化消费也随之增长，人均娱乐支出由2011年的886元增长到2014年1352.3元；农村居民人均娱乐支出由2011年的421.6元增长到2014年754.7元。[①] 国家统计局的抽样调查显示，我国城乡居民人均文化消费支出占人均消费支出的比重偏低，2014年人均文化和娱乐消费支出为671元，仅占总消费支出的4.6%，低于10%～12%的发达国家一般水平。哈尔滨市虽然高于我国平均水平，但仍低于发达国家一般水平。

表5－2　2011－2012年哈尔滨市居民文化消费支出表　（单位：元）

指　标	2011年	2012年	2013年	2014年
城市居民人均文化娱乐支出	886.0	1050.3	1226.3	1352.3
文化娱乐用品支出	284.6	389.7	369.0	389.6
文化娱乐服务支出	601.4	660.6	843.3	962.7
农村居民人均文教娱乐用品及服务支出	421.6	517.3	621.7	754.7

（二）促进哈尔滨市文化产业发展的保障措施

1.优化政策体系，助推文化产业快速发展

文化产业政策体系是文化产业发展的助推器。“十二五”期间，哈尔滨充分发挥政府的宏观调控作用，按照文化产业各门类的不同性质，在遵循市场经济规律的前提下，强化文化产业的政策引导、市场监管、社会管理和公共服务，充分发挥市场配置资源的基础性作用，培育文化市场主体，加快文化产业发展。近年来，哈尔滨相继制定了《关于支持文化体制改革和文化产业发展的若干政策》、《关于鼓励和扶持动漫产业发展的意见（试行）》、《关于扶持非公有制文化企业发展的实施意见》、《关于金融支持文化产业发展的若干意见》、《哈尔滨文化产业引导资金管理暂行办法》等一系列扶持文化产业发展的政策办法。特别针对中小文化企业融资难的问题，哈尔滨市完善政策、创新机制、拓宽渠道，积极探索符合实际的文化投融资模式，充分发挥金融资源配置的先导作用，成立

① 《哈尔滨文化产业统计概览（2012、2013、2014、2015）》。

东北三省首支由政府主导的文化产业引导资金，相继为40家文化企业进行了贷款授信，授信总额度达到16745万元，16家文化企业办理贷款，实际贷款总额度5520万元。① 截至2015年底，海润国际文化传播股份有限公司成功挂牌“新三板”，成为黑龙江省文化产业首家登陆资本市场的上市公司；哈尔滨鑫时空科技股份有限公司正式挂牌“新三板”，成为东北三省首家、全国第三家“新三板”挂牌的动漫企业。

2.抓好重点产业项目，提升文化产业整体实力

“十二五”期间，哈尔滨结合城市发展的定位及资源禀赋优势，着力打造了一批重点行业与重点园区，通过实施大项目带动战略，优化文化产业的资源配置，提升文化产业规模化、集约化、专业化水平，为市场主体注入了持续发展的活力。截至2015年底，哈尔滨市建成国家级示范基地5个、省级示范园区基地19个，完成省“十二五”重点文化产业项目23个。哈尔滨市先后投资约200亿元，推进一批具有重大示范效应和产业拉动作用的重大文化产业项目落地生根：建成冰雪大世界、平房动漫游戏基地、松雷原创音乐剧基地、太阳岛景区、同源文化发展有限公司等5个国家级示范基地，哈尔滨新媒体动漫产业园区、哈尔滨伏尔加庄园、黑龙江现代文化艺术产业园区等19个省级示范园区基地。其中，群力文化产业示范区荣获联合国教科文组织评选的全球文化产业特色园区“创新引领奖”，同源文化发展有限公司获得国内首个“儿童创意国家级文化产业示范基地”称号。2014年以来，万达文化旅游城、波塞冬海洋公园、印刷出版文化科技产业园、同源“小笨熊”阅读视听互动平台等29个文化产业项目在建复建，黑龙江省现代文化艺术产业园、红博西城红场、哈尔滨会展四季公园相继落成。

3.加快文化市场主体培育，激发市场主体活力

近年来，哈尔滨市不断加快文化市场主体培育，引导社会资本投资兴办文化产业，非公有制文化产业不断壮大，为文化产业注入了持续发展的活力。哈尔滨市非公有制文化产业活动单位在单位数量和实现增加值等方面均超过国有文化产业活动单位，成为文化产业发展的主力军。积极推动非公有制文化企业进入演艺、影视制作、动漫、网络游戏、广告会展等文化产业领域，涌现出哈尔

① 阴祖峰：《“十二五”期间哈尔滨文化产业发展系列报道·成就篇》，《哈尔滨日报》，2015年12月3日。

滨万达国际电影城有限公司、哈尔滨圣亚极地公园有限公司、伏尔加庄园文化旅游有限公司等有较大影响力的非公有制文化企业，极大地丰富了人民群众的精神文化生活，满足了多样化、多层次的精神文化需求。催生出松雷、红博、哈尔滨出版社、同源文化、新洋科技、雪娃文化、盛源文化等一大批知名文化企业，打造了大量具有创意特色的文化品牌。2012 年以来，太阳岛风景区、冰雪大世界、中国云谷、雪娃、音乐剧《蝶》、小笨熊等 6 个品牌均入选全省文化产业十大品牌。

4. 完善文化基础设施建设，提升城市文化品位

“十二五”期间，哈尔滨积极推进公共文化基础设施建设，组织开展丰富多彩的文化活动，极大地完善了城市公共服务功能，改善了群众文化生活，提升了城市文化品位。哈尔滨市启动基层综合性文化服务中心建设试点工作，精心打造 10 个示范性“1＋”综合公共文化服务中心，加速推进南岗区、道里区创建国家公共文化服务体系示范区；重点推进博物馆等公益性文化设施向社会免费开放。截至 2015 年底，全市已建成示范社区文化中心 151 个、大型文化休闲广场 20 个、农家书屋 1882 个、博物馆 95 个、公共图书馆（含社区分馆）68 个。[①] 同时，建设一批技术先进、设施完备的演出场馆，成为哈尔滨市新的地标性建筑。2013 年，哈尔滨犹太老会堂被改造为以弦乐演奏为主的室内音乐厅；2014 年，哈尔滨音乐厅建成；2015 年，哈尔滨市规模最大、水准最高、功能最完善的文化设施——哈尔滨大剧院建成。哈尔滨市相继开展“迷人的哈尔滨之夏”、“演艺面对面”、“消夏文化惠民大集”、“高雅艺术进校园”等文化活动。近几年，卞祖善、汤沐海、殷承宗、阿列克谢·波格拉特等国内外著名指挥家、演奏家来哈演出。据不完全统计，哈尔滨年均举行近千场文艺演出，这些艺术精品显著提升市民文化欣赏水平。

二、文化产业融合创新在哈尔滨市文化产业发展中的具体实践

促进文化产业融合创新发展，体现了中央在新形势下对文化产业战略地位和重大作用的准确把握，标志着文化产业与相关产业融合发展已经成为国家战略。哈尔滨市全面贯彻落实《国务院关于推进文化创意和设计服务与相关产业

① 阴祖峰：《“十二五”期间哈尔滨文化产业发展系列报道·成就篇》，《哈尔滨日报》，2015 年 12 月 3 日。

融合发展的若干意见》和文化部《实施意见》。2014 年以来重点推进文化产业创新融合发展,取得明显成效。

(一)注重文化建设与人居环境相协调

强化文化传承创新,加强历史文化街区和历史文化风貌区的保护与开发,提升中央大街、博物馆地区、道外传统商市(中华巴洛克)、花园街、文庙、极乐寺、太阳岛、萧红故居、道外滨江道署历史文化公园等 18 个历史文化街区和红军街、侵华日军 731 部队罪证遗址、哈尔滨医科大学、圣·索菲亚教堂、哈尔滨工程大学、铁路局等 6 个历史风貌区的文化特色。2014 年以来重点实施"一线、三片、七点"保护建设项目。"一线"即东西大直街特色历史文化(文物)建筑展示线;"三片"即花园街历史文化保护区、鞍山街教堂广场保护与商业休闲区和犹太老会堂文物保护与文化风情区;"七点"即捷克驻哈尔滨原领事馆等 7 栋文物建筑保护与利用。传承历史文脉、彰显城市特色,巩固哈尔滨的历史文化名城地位。

(二)促进文化科技融合

近年来,文化创意产业发展迅猛,动漫游戏、数字出版、移动多媒体广播电视、物联网、云计算、文化博览、多媒体技术等新文化业态取得新进展。2014 年哈尔滨市积极推进文化创意和设计服务与相关产业融合发展,一方面,以广告服务、文化软件服务、建筑设计服务和专业设计服务等为主的文化创意和设计服务业发展较快,实现增加值 50.66 亿元,比上年增长 20.1%,高于全市文化产业增加值增幅 8.1 个百分点。另一方面,哈尔滨市积极抓住国家大力发展新兴文化产业和现代服务产业的良好机遇,结合"中国云谷"、黑龙江省老工业城市转型发展试点地区和哈尔滨国家现代服务业新媒体产业化基地建设,打造云计算等现代高端服务产业。

(三)促进文化旅游融合发展

促进发展特色文化旅游,以文化提升旅游的内涵质量,以旅游扩大文化的传播消费。对哈尔滨市文化资源进行梳理,关于自然环境的特色文化,如冰雪文化和生态文化;关于城市历史的特色文化,如金源文化、京旗文化、异域文化;

关于城市风貌的特色文化，如中西合璧的建筑文化；关于城市物质和精神方面的特色文化，如音乐文化、服饰文化、饮食文化等；关于城市的社会行为、观念及社会活动的特色文化，如会展文化、节庆文化等。支持开发康体、养生、运动、娱乐、体验等多样化、综合性旅游休闲产品，建设群力综合休闲街区、中华巴洛克特色街区、伏尔加庄园旅游度假区等一批文化旅游场所，打造便捷、舒适、健康的休闲空间，提升旅游产品开发和旅游服务设计的人性化、科学化水平，满足广大群众个性化旅游需求。加强自然、文化遗产地和非物质文化遗产的保护利用，大力发展红色旅游和特色文化旅游，推进文化资源向旅游产品转化，建设"七三一"文化遗址公园，最大程度延展"七三一"遗址的历史教育意义。

(四)推动文化产业与特色农业有机结合

加强休闲农业与乡村旅游经营场所的创意设计，支持建设集农耕体验、田园观光、教育展示、文化创意于一体的休闲农业创意园。促进农业文化遗产的保护。提高农业领域的创意和设计水平，推进农业与文化、科技、生态、旅游的融合。强化休闲农业与乡村旅游经营场所的创意和设计，建设集农耕体验、田园观光、教育展示、文化传承于一体的休闲农业园。以哈尔滨市道外区为例，哈尔滨市道外区重点建设民主镇大庄园现代农牧业旅游观光基地、现代农业科技示范园、滨江湿地旅游风景区、民主镇胜利村都市村庄等，哈尔滨市主城区近郊特色农业观光旅游带正逐渐形成。根据哈尔滨大城市大农村特点，积极推进十县(市)的特色农业发展，推进各县(市)根据自身发展实际，培育特色农业品牌。

(五)促进文化产业与体育产业融合发展

积极培育体育健身市场，引导大众体育消费。丰富传统节庆活动内容，根据哈尔滨冰雪自然人文资源特色举办冰雪体育活动，策划打造影响力大、参与度高的精品赛事，推动体育竞赛表演业全面发展。截至2014年底，哈尔滨市拥有各类体育产业、经营企业、体育俱乐部达到9237家，涉及体育用品生产、健身娱乐、竞赛表演、零售、培训、中介、保健等7个行业、20多个门类。据不完全统计，2014年全市体育及相关产业收入182.2亿元，占全市GDP的0.8%，GDP贡献率高于全省平均水平。带动相关产业发展490亿元，利税32.8亿元，就业人口15万。哈尔滨市体育产业增加值的70%来自冰雪体育产业，"十二五"期间哈尔滨市冰雪体育产值为 128 亿元，带动相关行业产值 344 亿元，居全国领先水平。哈尔滨市冰雪体育产业异军突起，在雪场数量、规模、设备设施、接待能力、滑雪收入等方面与其他省市相比具有明显优势。“十二五”期间哈尔滨市共有滑雪场 50 个、雪道 77 条、雪道总长度 60442 米，从业人员近 5000 人，年接待滑雪人数超过 200 万，总收入 20 亿元。[①] 基于休闲体育产业在转变经济增长方式、调整产业结构、扩大社会就业和改善民生等方面的显著作用，加速休闲体育产业的转型升级已成为哈尔滨市走新型工业化、城市化道路的必然选择。

三、哈尔滨市创意产业融合创新发展的典型事件、案例介绍及深度分析

（一）文化和科技融合示范基地：哈尔滨市新媒体集团

哈尔滨新媒体产业基地成立于 2006 年 10 月，规划建设“三园、五区、五中心”。“三园”即新媒体数字内容产业园、新媒体文化创意产业园、新媒体软件服务外包产业园；“五区”即新媒体生产加工区、新媒体配套服务区、新媒体教育培训区、新媒体动漫影视体验区、新媒体创新研发区；“五中心”即新媒体创业服务中心、新媒体国际贸易中心、新媒体制作中心、新媒体信息中心、新媒体物流中心。经过几年的培育和开发建设，现已拥有投资、管理咨询、人才培养、生产力促进中心、综合与专业孵化器、知识产权服务中心、产权交易中心及新媒体动漫公共技术服务平等各类服务机构 8 个。哈尔滨新媒体产业集群因其功能完备、特色鲜明、产业规模较大，得到了国家和省市大力支持，基地建设发展顺利。在国家文化产业示范基地的建设基础上，先后被命名为国家火炬计划哈尔滨新媒体特色产业基地、国家动漫出版产业基地、国家影视动漫实验园、国家现代服务业产业化基地及国家级文化和科技融合示范基地。截至 2014 年底，基地入驻企业 395 家，创作生产面积达 220000 平方米，销售收入达到 70 亿元。哈尔滨新媒体产业集群主要涵盖了网络、无线通讯、电视广播、增值服务、广告创意、影视动画、网络游戏、出版发行、技术研发、教育培训、服务外包等多个行业领域，

① 《哈尔滨市冰雪产业发展报告》，哈尔滨市专顾委 2015 年重点课题。

从业人员1.5万人。[①]

1.创意引领科技融合，打造哈尔滨新媒体产业的独特发展模式

哈尔滨新媒体产业在其发展进程中，始终贯穿着创意引先，产品与地域文化相融合，打造独特品牌这样一条主线。数字内容制作及出版方面，基地企业已生产原创动漫作品62部，共7449集，11部在央视播出，22部作品获得国内外奖项31个，同时基地研发制作网络、网页、手机等各类原创游戏44款，其中23款上线运营，6部动画片及11款游戏成功出口到40多个国家和地区。文化品牌塑造方面，基地通过文化部动漫企业认定12家，其中重点动漫企业2家，2部作品被认定为国家重点动漫产品。[②] 2012年10月《云奇飞行日记》获得法国戛纳秋季电视节最佳动画片奖，这是中国动漫作品首次获此殊荣。在技术创新方面，园区企业共承担50余个科技支撑、火炬计划、创新基金等国家级项目。例如哈尔滨工业大学软件工程公司与中国科学院计算技术研究所合作研发出的AVS流媒体编码技术，能够提供网络、数字电视等媒介的高清动漫视频数据传输服务，拓宽视频传输渠道，满足多形式、多领域传输的要求，是具有自主知识产权的流媒体传输技术，在传输过程中速度快，数据准确、稳定，性能达到国际标准同等水平。

2.完善服务平台，优化服务环境

基地为打造哈尔滨文化和科技融合产业核心，实施大量相关配套措施，多方面地保证新媒体产业基地健康发展。已建成的文化部支持建设的黑龙江国家新媒体动漫公共技术服务平台，是国内首个以4D影视制作为特色的国家级动漫新媒体公共技术服务平台。平台以动漫影视等文化产品服务为方向，为入驻企业提供了强大的新媒体动漫技术支持。截至目前，平台已累计服务企业32户共计120多个项目，完成新媒体文化作品制作100集，立体动漫短片7部，各子平台累计制作新媒体作品时长超过10000分钟，其中动漫音乐作品3000分钟。降低企业40%的新媒体文化内容制作及信息处理成本，提高企业制作效率20%以上。[③] 同时基地还有建有工信部支持建设的软件与信息服务外包公共支撑平台，科技部支持建设的基于云计算的新媒体产业集群服务平台正在筹划建设

① 《哈尔滨市动漫基地情况汇报》(2015)。

② 《哈尔滨市动漫基地情况汇报》(2015)。

③ 《哈尔滨市动漫基地情况汇报》(2015)。

中。此外，为方便企业进行文化产权交易，引进了黑龙江北方文化产权交易所；打破非公经济企业与行政管理单位的界限，开创先河式地组建党总支；针对目前中小企业融资难的问题，引入北京鑫华资本、黑龙江省文投集团有限公司等投资公司，同时与上海股权托管交易中心结成战略合作伙伴关系；为借助文化和科技融合示范基地的东风，基地文化和科技融合项目突破重围，共获批1200多万元；与黑龙江省科技厅科技信息中心联合建立黑龙江省首个提升科技水平、服务产业集群的共建服务机构——黑龙江省科技创新创业共享服务平台动漫基地工作站等。

3.文化大项目牵动，引领产业发展

基地借助哈南地区云计算产业发展基础，依托黑龙江新媒体产业发展的优势，开辟产业新渠道，积极向"媒体云"靠拢，引进苏宁生活广场、黑龙江新媒体基地项目、光明云媒项目、CNTV国际网络文化产业基地项目、卓越亚马逊现代电子商务配送运营中心项目等一批大项目，随着这些重点产业项目的开工建设，对于基地的产业发展将起到有力的推动作用，使其产业发展领域更全面，聚集效应更明显。

(二)文化产业与城市区域发展相结合：哈尔滨市道里区群力文化产业示范区

1.完善优化功能，提升群体新区文化品位

道里区群力文化产业示范区是黑龙江省重点打造的十大文化产业园区之一，整体占地面积近一百万平方米，由文史景观游览带、文博艺术展览带、文化休闲体验区三部分组成。群力东部建成以"两带一区"(文博艺术展览带、文史景观游览带和文化休闲体验区)为格局的群力新区文化产业示范区，群力西部初步形成以四方台和金源文化遗址公园为核心的两个文化旅游景点。推进黑龙江省文化产业示范区建设。不断完善示范区的黑龙江省地域文化艺术精品展销功能、图书阅览、销售功能、文化休闲娱乐功能、少年生活体验教育功能、文化服务会展功能、中外著名艺术家展览集聚功能和文化项目配套服务功能，把文化产业示范区建设成为国内影响较大、地方特色鲜明、市场生命力强的品牌文化产业示范区。

2.突出城市文化特色，着力彰显城市文化

着力营造并重点突出新区的金源文化、欧陆文化、冰雪文化、旅游文化四大主题。冰雪文化主题:巩固业已形成的“中国寒地水乡”的品牌效应,依托新区规划建设的三条内河、六个湖泊、十二个公园的水系,做好“水”文章,策划并组织以水、冰雪为主题的系列活动,营造中国寒地水乡特色文化氛围。欧陆文化主题:浓郁的欧陆风情是哈尔滨城市有别于国内其他城市最明显的特色之一。群力新区作为哈尔滨最具现代性的城市新区,将充分依托这份独特而宝贵的资源,在新区公交首末站建设、建筑外立面、景观小品设计中反映、渗透和张扬欧陆风情文化。金源文化主题:充分依托和利用新区区域内的历史资源,挖掘金源文化内涵,以金源文化主题公园为中心,在新区的街道、桥饰、公园小品、景点设计中融入金源文化因素,实现民族文化与世界性的完美结合。旅游文化主题:利用文化产业示范区的产业优势和群力新区生态、人文、文化资源,开发欧陆风情、金源文化旅游线路,策划并举办大型文化旅游项目,建设国家4A级旅游景区,丰富文化产业示范区文化内涵,提升群力新区品牌效应,发展人文旅游、休闲旅游和艺术体验旅游。

3.优化文化空间布局,提升城区整体文化影响力

一是文博艺术展览带:中国木雕艺术馆、于志学美术馆、观复博物馆哈尔滨馆。中国木雕艺术馆是全国首家专门展出木雕作品的艺术馆,目前,中国木雕艺术馆已经引入18位国家级大师的代表作品60余件,省级大师作品百余件已被中国木雕艺术馆收藏。于志学美术馆除展示冰雪画创始人于志学老先生创作的400余幅精美藏品及手稿外,还将展示其他冰雪画派画家作品。观复博物馆哈尔滨馆使用面积2000余平方米,是全国首家“半游牧文化”博物馆,也是观复博物馆最大的地方馆,该馆主要立足于白山黑水,展示辽、金、元、清时期的瓷器、木器、金银器、玉器等文物。松花江文明展览馆为大型覆土式建筑,由群力规划展览馆和省博物馆群力分馆两部分组成,群力规划展览馆充分展现了群力新区建设的成果和形象。松花江文明展览馆暨省博物馆群力分馆分为先民足迹、大金帝国、凤凰涅槃三个部分,是目前我国唯一一个以金源文化为主体的专题陈列馆。二是文史景观游览带:音乐主题公园、音乐谷、哈尔滨音乐厅、金河公园。三是文化休闲体验区:北方展艺中心、关东古巷、山水书城、泰姆凯迪快乐梦想城、华谊兄弟影院、皇朝家私旗舰店、滨才国际培训中心等。北方展艺中心占地面积约1.7万平方米,建筑面积2.3万平方米,共分为三层,主要展销高端艺术品、工艺礼品、旅游纪念品、家居创意饰品等,是东北三省最大最集中的工艺品展销中心。山水书城建筑规模2.4万平方米,主打“体验牌”,将为市民

营造个性化、互动式、多功能的私家书房。在这里，不仅可以购书、读书，而且可以进行文化休闲，让购书成为一种生活享受。此外，山水书城将不定期举行新书签售会和书友会，邀请国内一线作家与冰城读者面对面，以书会友。关东古巷是以闯关东历史文化为主题的仿古式内街，整体占地面积 5500 平方米，建筑面积 9200 平方米，是以关东情、关东艺和关东味作为主题，该项目深入挖掘黑龙江特色文化资源，促进非物质文化遗产的保护和传承。关东古巷内建筑将老关东式的民居院落与中华巴洛克式的建筑风格巧妙结合，通过乡野、城市、山林三大地域特色风貌的主题展现，将原汁原味的关东风情再现于大家眼前。在关东艺术品街上，龙江八大非物质文化遗产传承人将汇聚于此。

(三)文化与时尚融合发展典范:哈尔滨市国际时装周

哈尔滨时装周前身为哈尔滨冬装节，创办于 2003 年。2011 年正式更名为哈尔滨时装周，已经连续举办了五届。哈尔滨国际时装周创办之初就将着眼点放在新锐力量与新锐时尚产业上，力争为中国乃至全世界的新锐设计师、新锐时尚服装产业打造一个新平台，一个多方位、多角度、全方位的展示平台。在这里，将发出当下最时尚的声音、最潮流的声音，在国际服装新锐时尚潮流中，拥有中国话语权；呈现中国新锐力量的时尚元素；呈现国际化最前沿的创意；呈现中国极具号召力的新锐设计师和新锐品牌；呈现哈尔滨独特的欧陆风情和时尚元素。哈尔滨国际时装周媒体影响力显著增强，受到新华社、中新社、TIME OUT、中国服饰报、纺织服装周刊、中国服饰、服装时报、慧聪网、中国经济网、中国网、中国日报网、凤凰网、北青网、国际在线、YOKA 时尚、嘉人网、瑞丽网、法国时尚电视台、优酷土豆、乐视网、CNTV 等超过 50 家重磅媒体全程聚焦，其中国家级传统专业媒体悉数聚齐，新浪、搜狐、腾讯、网易等主流网络媒体开通全程直播，实现全媒体覆盖。

1. 中国服装新锐时尚发布基地

哈尔滨国际时装周对新锐力量的强力支持，得到了中国设计师协会和中国服装协会的高度肯定。2011 年 12 月 16 日，中国设计师协会和中国服装协会前所未有地把“中国服装新锐时尚发布基地”选在哈尔滨，落户在红博西城红场，期望借此将红博西城红场打造成覆盖远东经济区的一个中国时尚产业基地。在实现新锐设计力量崛起的同时，紧紧锁定服装产业链中创意、研发、设计等高附加值的重要环节,大力发展哈尔滨的服装产业,助推哈尔滨区域经济的健康快速发展。

2.时装周主题丰富时尚内涵

每年的哈尔滨国际时装周有不同的主题,2011 年首届哈尔滨国际时装周以“发·现”为主题,带来 10 场时装经典秀;2012 年第二届哈尔滨国际时装周再现“锐”变之美,本届时装周进行了“造梦”创意作品联演,进行了 10 场跨界发布会;2013 第三届哈尔滨国际时装周以“新锐梦想”为主题,本届时装周共有 10 场时装发布秀;2014 年第四届哈尔滨国际时装周主题确定为“穿在哈尔滨”,本届时装周 11 场国际大秀;2015 年第五届哈尔滨国际时装周主题沿用“穿在哈尔滨”,但其国际化、市场化、艺术化特色更加明显。33 场发布首秀再创新高,其参演的众多国际顶级设计师规模在国内外时装周中也是首屈一指。通过新锐原创先锋品牌级时装设计大师的时装发布,凝聚最具发展潜力和市场活跃性的创意品牌,展现前沿创意作品、阐发时尚创意概念,为创意品牌的商业推广和文化表达提供平台。

3.哈尔滨国际时装周的新锐品牌效应

“哈尔滨国际时装周新锐设计大奖”由中国服装协会、中国服装设计师协会共同评选,极具权威性、公平性、专业性。由中国服装界学院派深圳大学艺术设计学院、北京服装学院服装艺术与工程学院、苏州大学艺术学院、东华大学等以导师身份参与对新锐设计师的评选。全新引入的“考核”流程——“新锐竞话”模式,将在最大程度上激发新锐设计师的创造力。帮助设计师及品牌打开更广阔的商业通路和市场空间,成为新锐设计师和品牌的全方位、综合性推动平台。

4.成立国际化时装联盟

第五届哈尔滨国际时装周期间,俄罗斯莫斯科、俄圣彼得堡,以及白俄罗斯、美国、斯洛伐克时装周及时尚机构的代表与哈尔滨国际时装周的代表发起成立了“北纬 45°时装周联盟”。该联盟的成立,共同为国际国内的设计师们搭建更广泛的交流互动平台。通过这个联盟,国外的设计师可以走进中国,中国的设计师可以走向国际。也将会有更多国家的时装周和时尚机构加入这个联盟。顶级设计大师全球首秀,“北纬 45°时装周联盟”规模初具,国际化特色更加明显。第五届哈尔滨国际时装周的最大亮点,是邀请了韩国时装设计协会会长李相奉和俄罗斯顶级设计师安娜斯塔西亚·什维琴科与中国著名设计师张志峰一起参加开幕式首秀，开宗明义，体现哈尔滨国际时装周的国际化亮点。

5.时尚产业化实现实质推进

一是时尚设计与产业对接。2015年第五届哈尔滨国际时装周宣布哈尔滨西城红场设计师中心盛大启幕，作为国际设计师的工作站，中心对接尚志市和巴彦县服装产业园区，吸引国内外设计师到哈尔滨进行创意、创作、互动、对接，搭建产、学、研为一体的国际性服务平台。同时，通过举办跨界艺术展、艺术交流论坛等形式，实现时尚与艺术互动，形成国内外设计师设计有灵感、落地有实体、销售有买手、生产有基地的完整时尚产业生态圈。二是定位发展秋冬季服饰产业。2015年第五届哈尔滨国际时装周举办中国秋冬服装产业推动联盟论坛、沙龙，目标化更加明晰。继2014年哈尔滨国际时装周成立中国秋冬服装产业推动联盟后，一年来秋冬联盟在行业引领、市场推动上发挥了积极的作用。本届时装周，将继续发挥哈尔滨地处北纬45°的地域优势，邀请北纬45°国际著名时装周代表、国内十大协会会长、最具实力本埠买手进行智慧交锋，凝心聚力，共同推进哈尔滨秋冬服装产业的发展，继而带动哈尔滨时尚产业上下游产业链，推动地域经济发展。三是“互联网＋时装周”助推形成产业链。线上多渠道推广，买手、生产厂商与设计师市场化无缝对接，渠道化更加多样。通过互联网生活平台，搭建设计师、消费者、艺术家的交流沟通平台，让线下粉丝与知名设计师、艺术家形成交流互动，展现生活平台交流的便利性、专业性、话题性。实现设计师服装、艺术品等在线交易，以众筹、高级定制、版权交易等形式，实现产品的互联网交易。设立时装周板块，实现服装与文化艺术产品之间的交互融合，创造更多体验价值。推动设计师与服装厂家、买手对接，为设计师创意成果转化搭建平台。三是引入专业运营理念。引入专业Showroom，Showroom是时尚行业一种全新的商业运作模式。是设计师与买手之间最重要的平台；是嫁接起品牌和商业终端的展示桥梁，是时装周最重要的有机组成部分。启用红场艺术港艺展中心，搭建专业showroom，通过设计师原创服装作品展售，打通原创品牌与市场终端的交易通路，为设计师创意成果转换提供平台和机会。

四、哈尔滨市文化产业融合创新发展未来展望

全面贯彻落实中共十八届三中、四中、五中全会精神，牢固树立并切实贯彻创新、协调、绿色、开放、共享的发展理念，加快全面建成小康社会进程。哈尔滨

市文化产业在《国家文化产业振兴规划》、《“十二五”时期文化产业倍增计划》及《国务院关于推进文化创意和设计服务与相关产业融合发展的若干意见》的指导下,保持快速增长,取得一定成效。“十三五”时期,哈尔滨市紧紧抓住国家级哈尔滨新区建设机遇,抓住“中蒙俄经济走廊”黑龙江陆海丝绸之路经济带建设机遇,与哈尔滨市作为国家新型城镇化综合试点地区的城镇化重点任务相结合,与哈尔滨市作为国家首批“小微企业创业创新基地示范城市”(简称“两创示范”)的相关政策相匹配,哈尔滨市文化产业按照《哈尔滨市“十三五”国民经济与社会发展纲要》总体发展战略布局,推进哈尔滨文化产业向高端化、数字化和品牌化方向发展,着力实现文化产业保持高速增长,在成为国民经济支柱性产业基础上,提高对国民经济增长的贡献率。

(一)哈尔滨市文化产业发展思路

1.促进文化产业与城市发展相结合

哈尔滨市资源禀赋和区位条件的优势不足,在促进城市发展时,必须发挥文化产业作用,把文化作为城市发展的动力源泉,突出城市特色。既要保护历史文化,又要创造新文化,做到历史文化与现代文明的融合与创新。在城市现代化建设中经营和深化城市文脉,延续和继承历史,在新的城市建设中注入历史的遗存,从而提高城市文化的内涵。努力实现城市历史文化的创造性转化、创新性发展,切实做到在保护城市历史文化中发展、在发展中保护好城市历史文化。

2.促进文化产业与城市功能优化结合

在城市建设中融入文化和创意要素,找到文化产业与城市功能优化的内在联系和结合点,使文化产业切实成为哈尔滨市建设文化名城的助推器。发挥文化产业作用要符合国家和地方的经济社会发展的总体要求,符合城市总体发展战略。根据哈尔滨市自身的特点和优势,注重文化传承的特色化,突出强化城市形象与品位。以国内外成功文化城市为榜样,深化城市转型和产业结构调整,走文化城市发展的新路径。根据哈尔滨自身的特点和优势,注重文化产业发展的特色化、差异化,突出强化城市形象与品位。特别是,文化产业也要注重挖掘县域文化产业资源,突出县域文化特色,与发展县域经济相结合,在规划哈尔滨市中心城区文化产业发展的基础上,要统筹规划县域文化产业发展。

3.促进文化产业的融合创新发展

一是文化与科技融合是文化产业发展的趋势。以科技做支撑的文化产业更有利于占领文化产业制高点,提高文化产业核心竞争力。明确两个任务一是发展高新技术,另一个是传统文化产业的升级。通过数字化建设,可以形成以动漫和网络游戏为代表的新业态,可以形成以移动广播电视为代表的传播新渠道。加快发展以数字化生产、网络化传播为特征的数字内容产业和网络文化产业。二是文化产业要与相关产业相结合。文化产业业态不断更新,行业界限将越来越模糊,所以越来越需要倡导多个领域、多个专业充满创新内涵的跨界合作。通过发展文化产业,赋予相关产业更多的文化含量。加强文化创意和设计服务与装备制造业、消费品工业对接,促进文化旅游融合发展,推动文化与特色农业有机结合,促进文化与体育产业融合发展。

(二)哈尔滨市文化产业创新融合发展的对策建议

1.注重文化产业内容创意

加强对哈尔滨市文化资源的梳理,注重文化与创意、文化与科技、文化与旅游、文化与金融、文化与贸易的结合,促进文化资源优势向文化产业优势转化,提升文化产业整体实力和竞争力。将哈尔滨建设成为全国文化产业发展先进城市、全国文化强市和国家重要的文化与科技融合的文化创意产业集聚区;将哈尔滨建设成为辐射全省及东北地区的文化产业核心区、全省文化发展的先进城市和引领城市、黑龙江省文化产业发展的重要增长极。在新闻出版业、影视传媒业、演艺娱乐业、文化旅游业等传统文化产业保持稳定增长的同时,重点发展文化与科技融合催生的文化产业新型业态。利用哈尔滨市作为全国“三网融合”试点城市的有利契机,以哈尔滨市国家级文化与科技融合示范基地为支撑平台,加快发展数字媒体、数字出版、数字印刷和动漫游戏产业。重点发展工业和建筑设计、文化科技、时尚设计、咨询策划、艺术创作等文化创意产业,扩大文化创意产业在全社会的影响力和带动力。

2.做好文化产业空间布局

文化产业空间与城市功能优化结合,与哈尔滨市城市发展空间拓展衔接,找到文化产业空间与城市功能优化的内在联系和结合点,发挥文化消费的集聚效应，推动文化产业的发展。道里、道外、南岗、香坊 4 个主城区依托现已形成的文化消费聚集区，重点打造中央大街文化街区、南岗区果戈里大街文化街区、道外区中华巴洛克文化街区、香坊动力广场文化街区，重点发展文化旅游业、休闲娱乐业、老字号餐饮业、演艺业、民间民俗艺术业等。平房、松北、阿城、呼兰 4 个非主城区依托文化产业园区(基地)，重点打造平房特色文化产业区域、松北和呼兰特色文化产业区域、阿城特色文化产业区域。以平房“黑龙江动漫产业基地”、太阳岛文化产业园区、国家级文化产业示范基地“冰雪大世界”为基础，重点发展数字出版和动漫产业、工业旅游业、文化旅游业、文化创意产业、娱乐休闲业、工艺美术业。加快哈尔滨所属 10 (市)县文化创意产业园区建设和发展，突出县域文化特色，在规划哈尔滨市城区文化产业发展的基础上，统筹规划县域文化产业发展。

3. 实施文化产业集群化发展策略

通过文化产业园区(基地)的建设，加强对文化产业公共技术、服务、信息平台建设的投入，集成各方有效资源，加强集群内部的有机联系，发挥产业聚集效应和企业创新能力，实现集约化发展。加快推进哈尔滨南部、北部、中部现有产业园区(基地)和哈尔滨所属 10 (市)县文化创意产业园区建设和发展，坚持文态、业态、形态、生态有机结合，以文化与科技相融合、文化与旅游、文化与创意、文化与贸易相结合为导向，提升现有园区、基地的产业承载能力，培育产业集群，提高文化产业规模化、集约化、专业化水平。统筹文化产业园区、基地的规划建设，遵循集约发展、突出特色、合理布局的原则，加强规划在产业集聚发展中的引导作用，提升产业集聚的综合效益；加快基础设施的建设和完善，充分发挥区域优势，为文化产业创造良好的载体条件；优化产业发展环境，搭建投融资、技术研发、产业交流和产品展示交易等公共服务平台，提高产业集群化发展水平。

4. 健全文化产业发展平台

着力打造文化产业发展的五大支撑平台，即投融资平台、交流与交易平台、研发与孵化平台、人才培养与信息服务平台、知识产权保护平台。逐步形成体系完善、运作高效、能够支持文化产业可持续发展的产业综合支撑平台。健全文化产权交易平台；鼓励金融机构积极参与推动文化产业发展，创新适合文化企业和文化项目的金融产品和服务，建立文化产业信用担保和文化类无形资产评估、质押和交易制度，适应产业发展需要，提高资本运营质量和效益。建立哈尔滨文化产业投资基金，引导社会资本投资参与产业发展，健全文化产业投融资平台。依托“中国·哈尔滨国际冰雪节”、“哈尔滨之夏音乐会”、“哈尔滨啤酒节”、“哈尔滨民间民俗艺术博览会”，培育城市文化节会品牌，促进哈尔滨与国内外的文化交流，提升节会平台的国际化水平。依托本土高校、职业培训机构等多层次教育资源，鼓励开展校企合作，建设文化产业人才实训基地，搭建满足企业需要的人才供给平台；依托文化产业园区基地，搭建文化产业孵化器，完善中小企业孵化服务。

5.扩大文化对外贸易

利用国际国内市场资源，依托哈尔滨市区域特色与优势，立足黑龙江省，对接东北亚、影响东北地区，服务全国。利用哈沈长大都市圈加速形成的机遇，加强与东北地区以及国内其他城市和东北亚区域的文化产业合作，构筑文化产业发展大平台。加快推进文化市场开放，推介哈尔滨市文化资源，实现资源与市场的有效对接，并积极引进外资，扩大文化产业对外开放领域。一是重点扶持具有哈尔滨市地域特色的冰雪文化、艺术展览、动画片、网络游戏、出版物、交响乐、儿童剧等产品出口服务。二是重点开展与东北亚区域的合作，鼓励文化企业通过独资、合资、控股、参股等多种形式，在东北亚区域兴办文化实体，建立文化产品营销网点，实现落地经营。三是利用“哈洽会”、“冰洽会”、“文博会”等展会活动载体，进一步扩大文化产品和文化服务出口。

6.实施人才推动战略

制定文化创意产业人才认定标准，实施领军人才引进、青年英才培养等重点人才发展计划。建立完善人才流动、引进、培养、使用、分配和服务机制。采取聘任制、签约制、项目合作制、专家顾问制等多种形式，引进高层次领军人才。坚持人才引进与培养并重。加强与高校等人才培养机构的合作，着力建设文化产业人才培养基地。不断优化人才服务环境，把培养和引进高层次人才作为战略性任务，引进和培养高素质、创新型创业人才。以文学家、艺术家、设计师、企业家为重点，形成一支具有较高知名度和影响力、代表行业领先水平的高层次文化人才队伍。

（刘轶梅、王惠燕，哈尔滨市社会科学院社会学所）

第六章

常州:以"文化+"战略驱动融合创新

2015年，在“互联网＋”和“文化＋”的双重风口中，供给侧结构性改革风起云涌，“双创”、“中国制造2025”、“互联网＋”行动计划和“文化＋”计划都是供给侧改革长期视野中的政策选择，国务院《关于推进文化创意和设计服务与相关产业融合发展的若干意见》及文化部《关于贯彻落实〈国务院关于推进文化创意和设计服务与相关产业融合发展的若干意见〉的实施意见》深入落实，标志着文化创意和设计服务与相关产业融合发展已经成为国家战略。从国家战略层面对新兴业态和传统业态的“融合创新”进行全新定位，从而形成了互联网经济与文化产业跨界融合、文化创意产业与实体经济深度融合的新趋势，不仅有助于解决自身创新力不足、文化精品缺乏等问题，也为相关产业注入文化含量和附加值，并在供给侧和需求侧两端发力促进相关产业向中高端迈进，成为常州区域经济发展的新引擎。

一、2015年常州市文化创意产业发展概况及其分析

(一)文化创意产业总体规模持续扩大

2015年，常州市文化产业法人单位已超过10000家，其中规模以上企业达887家，比上年增加104家，涌现出龙城旅游控股集团、卡龙动画、吟飞科技等一批重点文化企业；动漫游戏、创意设计、文化旅游、影视制作、文化装备制造等特色产业迅速发展，拥有1家国家级、8家省级、39家市级文化产业基地。天目湖旅游度假区成功创建为首批国家级旅游度假区，跻身国内旅游度假产品的最高序列。运河五号街区被授予“两岸文创产业合作实验示范基地”称号，成为常州市第一个国家级两岸文创产业合作平台。2014年常州市文化产业实现增加值276.17亿元，比上年增长19.5%，占GDP比重5.63%，比上年提高0.33个百分点，增长速率也达到了近20%，文化产业增加值占GDP比重在江苏省与苏州

并列第二位。2015 第三届文化创意项目(常州)对接会暨首届长三角互联网+产业对接会吸引长三角地区近 200 家企事业单位参展,涵盖“互联网+文化”、“互联网+硬件”、“互联网+服务”等多个领域及其上下游产业链;第二届常州文化创意和设计大赛共收到参赛作品 705 件,21 个文化创意设计作品入围获奖作品。第 12 届中国常州国际动漫艺术周以“动漫创意·融合发展”为全新主题,围绕品牌赛事、展览展示、交易对接、论坛峰会 4 大板块,重点开展“金恐龙”国际原创动漫作品大奖赛、江苏省影视动漫协会年会、动漫内容创意与产业化发展高峰论坛、2015 嘉壹度 SYB 创新训练营等 12 项主体活动,吸引了近 40 个国家和地区 182 家企业、机构、展团参展参会,尤其是以色列、爱沙尼亚、土耳其、波兰等 10 个“一带一路”沿线国家的动漫企业组团参展,成为本届动漫艺术周的一大亮点。

(二)文化精品生产植根本土文化

坚持以人民为中心的创作导向,文化精品生产紧跟时代步伐,植根传统文化和本土文化。常州拥有省级历史文化街区 3 处,历史地段 4 处,世界级非物质文化遗产项目 1 个(金坛刻纸)、国家级 13 个、省级 38 个、市级 128 个;拥有国家级非物质文化遗产代表性传承人 6 位、省级 43 位、市级 191 位。2015 年,国务院正式批复常州市为国家历史文化名城,深厚的文化积淀和传承,为文化精品生产提供了充足的养分,全市获得全国“五个一工程”总数达 12 部,位列全国地级市第一名。电视纪录片《青果巷记忆》等在央视纪录频道播出,现代锡剧《夕照青果巷》获得江苏省文华优秀剧目奖,大型儿童剧《田梦儿》成为江苏省委宣传部指定在全省巡演的唯一儿童剧,原创舞剧《格桑花·茉莉花》、群文舞蹈《香脆萝卜干》、中篇弹词《江南第一燕》连续三年收获国家级大奖,“常州智造”作为“中国智造”唯一代表,亮相国务院新闻办公室监制的中国形象宣传片《乐享中国》和大型纪录片《对望——丝路新旅程》。2015 年全市各文艺家协会及会员作品在省级以上获奖、入展 300 余件,其中 1 人获第五届书法兰亭奖佳作奖、5 人作品入展全国第 11 届书法篆刻展、两件摄影作品获第 25 届全国摄影艺术展优秀奖。[①]

① http://www.czwhcy.gov.cn/a/zongheyaowen/bendizixun/20160222/8287.html。

（三）借力金融杠杆形成造血动力

通过深化落实《关于深入推进文化金融合作的意见》文件精神，创新文化金融体制机制和创新符合文化产业发展需求特点的金融产品与服务，文化与金融之间的相互支持与渗透日益显现。常州市通过一系列举措，借助金融杠杆，建立政府性信贷风险补偿体系，为文化创意产业提供输血和造血机制，2010 年率先在全省设立了文化产业发展专项资金、2012 年率先在全省设立了政策性贷款——文创贷为中小文化企业融资提供解决方案、2013 年为众多文化企业搭建本地项目对接平台——文化创意项目（常州）对接会，2015 年常州恐龙园股份有限公司、常州新华书店有限责任公司、金坛市锡剧团等 8 个项目获得 2960 万元中央文化产业发展资金扶持，常州广播电视台、常州金刚文化科技集团有限公司等 12 个项目获得 1250 万元江苏省级文化产业引导资金扶持，2015 年常州市委宣传部、市财政局已与江南农村商业银行合作设立“常州市文化产业引导资金支持媒体融合专项贷款”重点支持报业、广电传媒产业开展的包括内容集成、平台建设、技术研发、业态创新等媒体融合项目，这一系列实实在在的改革举措让众多的常州文化企业有了实实在在的获得感。在支持创客创业发展方面，常州市武进区出台了资金合伙人“融资行动”、项目合伙人“立项行动”、平台合伙人“支撑行动”、运营合伙人“领航行动”、电商合伙人“拓展行动”、营销合伙人“推广行动”等 6 大政策。以资金合伙人“融资行动”为例，该项计划将通过对接银行、证券等金融机构，为青年创业家提供融资服务。

（四）文化惠民全覆盖百姓生活

积极探索公共文化服务的距离、时间、内容和方式，增强公共文化服务的可及性，让供给侧与需求侧有效对接，让公共文化服务越来越满足文化民生的需求。2015 年常州启动江苏省公共文化服务体系示范区创建工作，文化惠民力度不断加大，每年为市民们提供文化惠民“四个演”1500 场以上，扶持群众文艺特色团队 100 支以上，每年送书超 40000 册、送戏超 1000 场、送电影超 10000 场。2015 文明“社区天天乐”活动遍布 6 个辖市区、101 个示范社区，55 支文艺演出团队共演出 8793 场，惠及群众 230 万人次；2015 年 8 月底至 11 月，第二届“文化 100”大型惠民行动推出十大系列、256 项高品质文化惠民活动和服务，以“可感知、可触摸、可体验”的全新形式和多种途径，不仅让常州市民走近文化，还吸引了上海、南京、广州、无锡等地艺术爱好者，参与市民超过百万人次；2015 年 12 月到 2016 年 3 月底，“文化点亮生活”大型惠民行动闪亮登场，围绕元旦、春节、元宵等传统节日，通过具有民族风格、传统风尚、地方风味的 180 项活动，在严寒中为市民带来节日气氛和文化享受。

(五)众创空间成为融合创新的亮点

发展众创空间、推进创新创业，是促进经济稳定增长的新动力、推动产业转型升级的新途径、实施创新驱动战略的新要求。常州通过实施“六大行动”：众创空间建设行动、创业主体培育行动、创业企业孵育行动、创业投融资促进行动、创业服务提升行动、创业文化营造行动，引导社会力量，参与构建一批低成本、便利化、全要素、开放式的众创空间，鼓励民营资本对现有孵化载体、闲置厂房等进行改造，建设创业公寓，聚集相关产业联盟、创业服务机构，为创业者提供集公共办公区、会议室、活动区和住宿区为一体的价廉宜居的创业空间，涌现出一批示范性的众创空间，如嘉壹度青年创意工坊、N 立方创意工坊、ASK 众创部落、龙城创意天乾创客空间、运河五号创客邦、青武・创客空间、恒创空间、新动力・创业梦工场等。

(六)文化人才培养“常州模式”初具雏形

常州根据文化创意产业的内在需求，推出文化人才培养“五大计划”，即“拔尖人才引凤计划”、“名家大师引领计划”、“骨干人才圆梦计划”、“青年人才发现计划”和“老艺术家暖心计划”，文化系统评出“十大文化英才”、“十大青年文化专业人才”、“十大青年文化管理人才”，引进博士、硕士、高级职称等各类高层次文化人才 50 多名，十多位青年骨干举办了个人专场，一批老艺术家得到了专项资助；常州文化代表团先后赴荷兰、土耳其、韩国、日本、英国、老挝、俄罗斯、芬兰、美国及中国台湾地区开展文化交流，充分展示了江南文化的独特魅力。

国内外成功经验表明，在文化产业庞大体系中，文化创意和设计服务与其他产业的联系最为紧密，文化创意和设计服务处于产业链的高端，属于典型的生产性服务业，具有高知识性、高增值性和低消耗、低能耗、低污染的特性，且与装备制造业、消费品工业、建筑业、信息业、旅游业、农业和体育产业关联密切，它对于促进与实体经济深度融合，培育国民经济新的增长点、提升国家文化软实力和产业竞争力都具有重要意义。国务院《关于推进文化创意和设计服务与相关产业融合发展的若干意见》和文化部《关于贯彻落实〈国务院关于推进文化创意和设计服务与相关产业融合发展的若干意见〉的实施意见》标志着文化创意和设计服务与相关产业融合发展已经成为国家战略，将对推动国民经济转型升级和促进文化产业科学发展具有重要指导意义。“两个意见”不是单纯要发展文化创意产业和设计服务业本身，要促进设计服务与制造业等相关产业融合发展，在推动其他产业品牌创新、产品创新和服务创新上发挥着重要的作用，也将有力推动我国制造业由“中国制造”向“中国创造”转型。近几年，常州文化创意和设计服务发展迅速，但总体水平仍亟待提高，主要表现在以下几个方面：

(1)发展意识有待提高。由于文化创意和设计服务产业一般是提供产品生产的技术或创意支撑环节，并不生产终端消费产品，因此文化创意和设计服务产业在企业内部重视程度不够。随着国内经济进入中高速增长阶段的“新常态”后，如房地产业、制造业部分行业产能过剩问题逐步凸显，与这些行业密切相关的广告服务、专业设计服务等面临着需求增长减缓甚至萎缩的影响和制约，更进一步恶化了文化创意和设计服务产业发展的环境。

(2)体制机制有待建立。由于文化创意和设计服务内容庞杂且牵涉部门较多，没有相对统一的标准和管理机构，造成相关政策政出多头，管理和协调的难度较大。宣传、发改委、经信、建设、文广新、工商等多个部门涉及文化创意和设计服务产业的四个子类行业的指导和管理，整个文化创意和设计服务业缺乏有效的规划、整合，导致现行的政策较为分散，配套性、统筹性及相互之间的融合性、关联度不够，全面、系统、操作性强的政策扶持体系尚未完全建立，在一定程度上影响了政策的执行力和综合效益。加之，各地党委和政府对文化创意和设计服务产业发展的重要性认识不足，各地发展意识薄弱，文化创意和设计服务产业尚未形成有效的工作推进体制和机制。

(3)总体规模有待扩大。常州文化创意和设计服务产业总体上仍处于探索、培育的初级阶段，缺乏行业龙头和领军型企业，并且在文化产业总量逐年增加的过程中，文化创意和设计服务产业相关指标不增反降，如 2014 年文化创意和设计服务产业“三上”从业人员占全部“三上”文化产业从业人员 19.9%，较 2013 年下降 4 个百分点；文化创意和设计服务产业“三上”主营业务收入 142.90 亿元，占全部“三上”文化产业主营收入 12.5%，较 2013 年下降 2.21 个百分点。由此可见，文化创意和设计服务产业总体数量和企业经营规模还难以发挥其文化产业的核心支撑作用和对经济增长的驱动作用。

(4)融合发展有待拓展。常州的文化创意和设计服务产业缺乏产业链条的延伸，没有抓住本地资源和优势产业，如主题公园产业、智能装备产业、花木种植业、建筑设计服务业进行跨界融合，常州文化创意和设计服务产业与相关产业的融合广度和深度有待进一步提升。

(5)人才引育有待加强。目前，常州文化创意和设计产业缺乏原创产品和创新思维，缺乏极具特色、极富风格的文化创意和设计产品。“缺乏人才或人才流失”已经成为企业开展文化创意和设计活动的严重障碍，同时，常州出台的一些人才扶持政策针对文化创意设计类的相对较少，例如常州市重点产业紧缺人才政策也没有把文化创意和设计类人才列入其中。

(6)扶持政策有待完善。对文化创意和设计服务等产业发展的扶持力度还不够，在文化创意和设计服务等产业发展涉及的土地使用、税收优惠、财政支持、融资渠道、基建设施等方面缺乏实质性的政策优惠和支持。企业希望政府出台针对文化创意和设计服务产业的专门政策，从人才、资金、融资等方面以及对外学习交流、商标注册、工商注册、环境营造等方面加大工作力度，为文化创意和设计服务产业更好地发展创造条件。

二、常州推动“文化＋”全要素融合创新的经验总结

(一)“文化 IP”是“文化＋”嵌入其他产业的内生动力

文化产业是内容产业，离开了内容，一切形式只是徒有其表，技术或营销表现手段可以制造“网红”，但支撑其持久的必定是深厚的内容。由常州市委宣传部、常州广播电视台、江苏亚细亚影视制作有限公司与常州晋陵投资集团联合投拍，江苏亚细亚影视制作有限公司承制的 34 集电视剧《青果巷》，2014 年 3 月在央视首播就赢得了好评，当年斩获全国“五个一工程奖”和中美电影节优秀中国电视剧“金天使奖”，并在 2015 年底成为第三十届电视剧“飞天奖”48 部入围提名荣誉作品之一。撇开电视艺术的表现形式不谈，单就内容而言，一条近千米的古巷——青果巷，其背后的文化底蕴就足够吸引众多眼球。从地理价值来

看，它因运河而兴，南侧毗邻中国大运河中最早的一段南市河，南市河开凿于公元前495年，比公元前486年开凿的邗沟早9年，是中国大运河的真正“鼻祖”；从人文价值来看，当年王安石、苏东坡、文天祥、唐荆川、徐达、康熙、乾隆、盛宣怀均乘舟渡航于此河段，同时它也堪称“江南名士第一巷”，这里走出了上百名进士以及众多近现代名人，在政治、哲学、科学、文学、艺术等多个领域都是领风气之先，集学界大成，如唐荆川、钱一本、洪亮吉、恽寿平、盛宣怀、赵元任、刘国钧、周有光、李伯元、瞿秋白、张太雷、恽代英、史良、刘海粟等。“天下名士有部落，东南无与常匹俦”，清代学者龚自珍这一名句对常州名人辈出作了精要的概括和褒誉，而这条古巷则是集中地体现了其内涵。“讲好故事”首先要有“好故事”，“好故事”不能凭空想象，电视剧《青果巷》深入挖掘这一具有深厚文化底蕴的“IP”，将其放在城市经济发展与文化遗存保护的背景下，凸现传统与现代的艺术张力，让观众与有着500多年历史的古巷一起“浸润在江南诗性文化”之中。

(二)借力“科技＋”激发融合创新的活力

创意产业有两个翅膀，一是文化，二是科技。2015年，国产动漫《大圣归来》改写了内地动画电影历史，上映62天劲收9.56亿元票房，这其中除了《西游记》这个“经典IP”影响外，更有它带来的中国魔幻风视觉盛宴。整部动画画风写实，场景设定梦幻玄妙，画面美感十足，3D景深效果、画面构图、色彩调配、场景设计等动画制作技术方面已让人眼前一亮。而《大圣归来》的全部渲染就是由位于常州创意产业基地的常州赞奇科技发展有限公司完成的，从大圣迎风飘扬的红斗篷到仙草异木丛生的仙境，大场面气象万千，细微处纤毫毕现，高超的后期渲染技术让影片实现了东方美学与西方魔幻主义的结合。另外，像《捉妖记》、《熊出没之雪岭熊风》、《潜艇总动员5》等许多热映影片，都有常州“科技＋”的血缘。用高科技手段展现传统文化之优美，用拥有知识产权的成熟技术让天马行空的创意“变现”，已成为常州“文化智造”的方向。全球第一座“虚实互动型”国际动漫游戏体验博览园“环球动漫嬉戏谷”，依托无线网络技术，以动漫技术的互动娱乐体验系统为核心，运用互动娱乐科技手段，成功研发线上线下互动娱乐平台系统，从而引领了中国主题公园发展趋势。全国电子乐器的龙头企业——常州吟飞科技有限公司，致力于传播“中国好声音”，研发的电子琴、数码钢琴和电子鼓等电子乐器产品在国内打破了外国品牌的垄断，远销欧美30多个国家。其开发的一张集成电路芯片，只有掌心大小，却是赋予了电子乐器生命的"灵魂"，以数据形式记录着各种发音模式。选择"琵琶"、"二胡"等民族乐器按键，再选择"贝司"、"吉他"等现代乐器按键，你面前的双排键电子琴俨然成了"一个人的乐队"。科技是推动互联网的根本，大数据和云计算的前端是互联网，背后是科学技术的进步和升级。互联网的出现缩短了更新换代的周期，科技加速了互联网的发展和业态融合创新，围绕科技创新和人类需求将展现重大的投资机会，如医疗、养老、环境、通讯、文化等领域。

(三)"产城融合"战略提供巨大的政策动力

常州是江苏省唯一的产城融合综合改革试点城市，正在努力探索一条"以产兴城、以城促产、宜居宜业、融合发展"的发展新路。从世界先进经验来看，单一的产业园区无法实现人才的集聚，只有城市功能与产业发展兼顾，才能带来产业新城的可持续发展。常州深入推进产城融合综合改革试点，旨在积极探索新型工业化与城镇化互动的产城融合发展新路径。"产"，是指就业吸纳能力强、附加值水平高、具有较高资源配置能力和较强国际竞争力的现代产业体系，也就是"常州智造"和"常州服务"。"城"，是宜居宜业之城。宜居宜业，既是新型城镇化的内在要求，又是产城融合的必然选择。常州的老城区改造突出产业"退二进三"，发展文化创意和设计产业等。其中，以青果巷改造和运河五号街区建设最具代表性。青果巷是常州历史文化遗存的精华所在。常州在对青果巷的保护与改造中，坚持保护与继承、演绎与发展并举。首先，恢复茶楼、说书场，以运河人家为卖点、以古典休闲为特色、以运河复兴为使命，提升街区形象。接着，逐步修缮街区中的保留民居，改善市政基础设施。最后，对居民生活及产业发展进行统筹规划，将青果巷打造成为极具古典文化特色的旅游商业区，将历史文化底蕴展现得淋漓尽致。运河五号街区是常州市构建"运河历史文化产业带"的重要节点，串联原有的老厂、老街、老巷，提炼"创意、记忆、工艺"内涵，围绕"运河文化、工业遗存、创意产业"的三大主题，倾力打造一个类似北京798的艺术街区，吸引各类设计创意人才、企业来落户创业。如今，一个集旅游、文化、休闲、居住于一体的体验式城市综合体悄然问世，纷至沓来的旅游者在这里流连忘返。这一独具特色的文化创意业态，见证了运河边的这片厂房70多年的兴衰变迁，也迎来了它今天的华丽转身。此外，以“古运河畔老工厂、常州文化新码头”为标识，致力打造中国首座以“纺织文化”为主题的常州中华纺织博览园也正在加速蝶变中。将文化创意和设计服务与适宜的人居环境建设相结合，一方面是我国城镇化以人为本和破除千城一面、突出地域特色的重要体现；另一方面，把城镇打造成兼顾功能提升与人文特色的文化生活空间，以形成良好的文化消费习惯和完善的文化消费渠道，将大大提升城镇文化消费需求空间。

三、“文化＋”在常州文化创意产业发展中的创新融合案例分析

（一）移动互联网大会：秉承“乌镇精神”，建设“智慧城市”

2016 年 1 月 9 日上午，第二届常州移动互联网大会在常州现代传媒中心隆重举行。本届常州移动互联网大会以“创新融合 分享合作”为主题，围绕“互联网＋”、移动互联网、云计算、大数据、新媒体、社群经济、创客空间等话题进行探讨交流。近 500 名互联网创业者、传统企业家、网络广告商、手机应用开发商、服务提供商以及来自北京、上海等地互联网领域的专家汇集一堂，烹制了一场互联网主题的常州盛宴。常州市委书记阎立出席大会，并作了“分享移动互联网带来的机遇，共同塑造网络时代美好未来”的主旨演讲。阎立指出，移动互联网、大数据和云计算的能量正在释放，Wi－Fi、4G 快速普及，手机、平板等智能终端和各种穿戴式智能设备让我们能随时随地保持与互联网不间断联系。互联网日益成为创新驱动发展的先导力量，深刻改变着人们的生产生活方式，有力地推动着经济和社会的发展。在此之前，在常州市信息化工作领导小组办公室指导下，常州市电子商务协会主办了“2015 年度常州市互联网风云企业和人物”评选活动。通过推荐及自荐的方式，经专家初评、网上投票、最终评审等环节，产生了 10 家“2015 年度常州市互联网风云企业”、15 家“2015 年度常州市互联网最具潜力企业”及 12 位“2015 年度常州互联网风云人物”。此次常州移动互联网大会对以上企业及人物进行了颁奖表彰。

“乌镇精神”需要习而行之，付诸实践。2015 年 12 月 16 日至 18 日，第二届世界互联网大会在浙江乌镇举行，大会的主题是“互联互通・共享共治——共

建网络空间命运共同体”。国家主席习近平出席开幕式并发表主旨演讲，强调互联网是人类的共同家园，各国应该共同构建网络空间命运共同体，推动网络空间互联互通、共享共治，为开创人类发展更加美好的未来助力。虽然常州移动互联网大会在参会人数、规格和影响力等方面不能和第二届世界互联网大会相比，但同样秉承了《乌镇倡议》的精神要义，以“创新融合 分享合作”的主题与“互联互通·共享共治”一脉相承，让“乌镇精神”引领互联网未来。中国在互联网世界已经占据了举足轻重的地位，“互联网＋”的经济发展新模式也已经上升到国家发展战略的高度。业界嘉宾共聚常州，围绕“互联网＋”、移动互联网、云计算、大数据、新媒体、社群经济、创客空间等话题进行探讨交流，并就《移动互联网下的智慧城市》、《传统企业的互联网进化之路》、《寒冬里的春天》、《拥抱社群经济》、《众创空间和共享经济》、《用新媒体打造产品型社群》做专题分享，常州作为国家“智慧城市”试点市、国家电子商务示范城市，正在加快建立开放、规范、诚信、安全的互联网发展环境，进一步激发互联网创新动力、创造潜力、创业活力；加快常州创意产业基地等一批核心载体建设，促进传统产业转型升级，培育新兴产业发展壮大，提高科技支撑创新能力，为苏南国家自主创新示范区建设增添活力和动力。参加会议的互联网创业者和企业家表示将创新、协调、绿色、开放、共享的发展理念贯穿于互联网发展全过程，实现更高质量、更有效率、更加公平、更可持续的发展，促进互联网和经济社会融合发展，让互联网发展成果更好地造福市民。常州移动互联网大会总策划王云华说，“互联网装饰了我们的生活，我们装饰了互联梦。”大会后连续举办了三场后续活动：大咖分享交流会、嘉壹度分享会、“互联网＋工业品”电商峰会，分别接到济南、宿迁、南通、溧阳、金坛等地合办互联网大会的邀请，复制常州经验。

（二）《常州杂志》：碎片化时代的逆袭与融合

《常州杂志》是常州日报社继《常州日报》、《常州晚报》、《武进日报》、中国常州网、常州手机报之后，推出的第6个子媒体，也是常州历史上首本综合性新闻期刊。2015年8月，《常州杂志》试刊面世，目前已经推出4期。《常州杂志》采编队伍以报社自身力量为主，吸收社会有生力量参与。主要栏目有：聚焦重大主题的“大特写”；深度解读政经政策的“要闻解读”；经济数据分析的“常州经济深一度”；记述民营企业领军人物商战故事及人生启示录的“民企大咖”；关注大众创新、万众创业时代大潮的"创业英才榜";关注乡村发展的"陌上花开";记述乡村历史的"记住乡愁";保存城市遗韵的"遗存档案";展示精彩摄影作品的"金牌摄友";言说常州人自己故事的"常州茶馆";荟萃众多写作高手的个人专栏"私人订制"等。

以创新思维在"互联网+"中做"文化+"。手机刷屏时代,碎片化的阅读方式导致人们对信息的获取浅尝辄止、过眼云烟,同一个事件所有的媒体都在复述同样的话语,鲜见深度、持久的解读,以至于人们往往有"这是一个最好的时代,这也是一个最坏的时代"的无奈。在整体融合的浪潮中,传统媒体纷纷推APP、刷公众号,以恶补的方式追赶"互联网+"的快车,但结果未必尽如人意。与此同时,"纸媒已死"也不是空穴来风,甚至出现了停刊潮,至少2016年读者不可能再看到《瑞丽时尚先锋》、《外滩画报》、《上海壹周》、《环球企业家》、《当代歌坛》、《程序员》、《杂文报》、《今日早报》、《生活新报》、《长株潭报》、《上海商报》等报刊的纸质版。《常州杂志》的诞生恰恰是逆"互联网+"的产物,某种意义上它是在质疑声中回归纸质阅读,不过这次回归突出了"本土化"、"深度化"的融合。《常州杂志》办刊定位是"大型综合类新闻性门户期刊,常州深度新闻第一刊"。要成为"常州的中国新闻周刊"或者"常州的三联生活周刊",《常州杂志》以"深度报道"作为基点,致力于在苏南现代化示范区国家战略规划全力推进、常州积极构建区域中心城市的时代背景下,与《常州日报》、《常州晚报》等互为补充,共同组成常州日报社具有舆论影响力和市场竞争力的重要平台。从已经出版的几期专题来看,无论是"一带一路"与常州、还是"互联网+"在常州以及"为非常之州、探非常之道"都紧紧围绕这个定位展开。如试刊号关注的是"一带一路"国家战略,从全国、常州、企业多个层面,从政府、经济、文化、民生等角度,组织政商学专家,共同进行了深度分析,全方位、系统化、图文并茂为读者进行了解读。记者还专程前往浙江采访"一带一路"国际高峰论坛,带回大量国际化信息;并且奔赴非洲采访了为"一带一路"探路的坦桑尼亚坦中友谊纺织厂,对该厂进行了详实的样本解剖。这组大特写报道,为常州政府和企业更好地融入"一带一路"国家战略提供了全面而有价值的资讯。又如试刊第2期全程跟踪在常州西太湖举行的全国电商大会,图文并茂地展示政商就互联网论道的精粹,并透过贝尔地板、小牛电动车、钱璟云康复、天安数码城、移动果库等本土"触网先行者"的发展路径,展望"互联网+"之于常州未来的种种可能。这些深度报道,恰恰是常州日报社的优势所在,秉持"对现实的深度描述,对历史的庄重记载”的使命意识，以原创性和独创性的内容把传统媒体往纵深做，以“深度阅读”吸引读者。

以融合意识以“纸媒”为入口做“融媒体”。打造“融媒体”，就是摆正新老媒体关系，分析新老媒体的利弊，以优势互补、扬优去劣，达到“1＋1＞2”的效果。在向下深耕纸媒的同时，必须向上关注互联网的前沿。毕竟，今日纸媒已经不是当年的纸媒，它必须适应浏览型阅读将向互动型阅读转变的趋势，媒体的本质永远不会变，形式上的更新换代是为了适应社会发展的节奏。《常州杂志》运营团体推出了“RAYS 融媒体建设项目”，即“将终端用户纳入你的系统中”，以纸媒为入口进行流量接入，把移动端、PC 端、微博、数字出版 ERP 以及后台内容、终端用户、销售、大数据分析为一体，打造一个全新的媒体产业链，成为“云 · 组团 · 多终端”新型传播体系的重要组成部分，力求借助新媒体提升传统媒体的在线影响力，整合传统媒体资源助力新媒体，既破除“信息茧房”，优化内容生产能力，提升新媒体的内容品质，又重塑商业模式，满足重度用户的需求，也兼顾轻度用户的兴趣，“对于重度用户而言，专题的整合让他们能够全面完整地了解新闻真相，而对于轻度用户而言，在碎片化时间中，他们能够得到相对全面的阅读体验”。

(三)灵通展览:以绿色理念引领行业创新

灵通展览系统股份有限公司成立于 1986 年，是中国最早从事展览器材开发、研制和生产的专业化公司。灵通是中国 2010 年上海世博会设备租赁类推荐服务供应商及援助项目指定服务供应商，2013 年第八届中国花卉博览会展具类指定供应商，中国展览馆协会副理事长单位，中国展览工程专业委员会主任委员单位，中国会展经济研究会副会长单位，IFES 中国区主席。灵通被授予“常州国家广告产业园区灵通基地”，专门负责扶持和引导常州广告会展器材产业的发展。灵通品牌获得“江苏省著名商标”称号，灵通产品获得“江苏省名牌产品”称号以及“江苏省质量管理奖”，公司获得“江苏省高新技术企业”、“江苏省知识产权(专利)战略重点示范单位”、“‘AAAA’级江苏省标准化良好行为企业”等多项荣誉称号。公司通过 ISO9001 质量管理体系和 ISO14001 环境管理体系认证，率先在展览广告界提出“卓越绩效评价准则”的管理模式并积极倡导“绿色展览”的全新理念。2015 年 11 月 16 日，在全国中小企业股份转让系统

(简称新三板)挂牌上市(证券简称为灵通展览,证券代码为 834059),成为全国展览器材行业首家上市企业。

长期以来,展览器材的浪费与污染是令人震惊的:会展业持续高速发展与会展业的粗放式发展模式,已经让这个行业逐步演变为能耗大户与污染源头。首先是展装搭建的浪费,造成资源浪费的一次性木质结构占据了市场多数份额,展览垃圾数量惊人。其次电力能耗、水资源消耗、噪音污染都非常巨大,一方面是能耗污染日益严重,另一方面是节能降耗规范缺失。正是在此背景下,灵通以"生产专业化、产品系列化、标准国际化"为企业方针,秉承"认认真真做事、真心真意待人"的企业精神,提出"让环保展具进入每一个展示空间"的企业愿景和"要么没有、要么最好"的质量理念,引进国际先进加工设备,采用国际技术标准,开发、研制和生产各种展览器材、展览家具、展览电器、展具配件等 3000 多种系列产品,这些产品用途已经跨出狭义的展览行业,进入家庭装饰、办公场所装修领域。目前,灵通拥有 135 项自主知识产权专利技术,其中国际专利 8 项,发明专利 18 项,并制订经国家技术监督局批准备案的产品技术标准。为满足客户的个性化需求,灵通又创造性地提出"标准展位特装化,特装展位标准化"的产品设计理念和"通过成就客户才能成就自己"的服务理念,使灵通能满足客户更高的需求及提供更周全的服务。2015 年 3 月,由商务部流通中心牵头与灵通展览系统股份有限公司等业内龙头企业共同起草的《国内贸易行业标准会展业节能降耗工作规范》正式实施,这一规范填补了我国会展行业标准,特别是在环保方面的空白。同时灵通参与的另外四项标准《展览器材术语型材展台》、《展台分类及技术规范》、《环保展位评定标准》、《展览用拆装桌》也正在标准评定的程序过程中。灵通通过与广交会合作,从第 115 届广交会开始,全面实施《广交会绿色发展计划》,广交会绿色发展工作取得了阶段性成果,从第 115 届到 118 届广交会绿色展位普及率分别达到 50.9%、66.09%、73.6%、85.6%。灵通在注重"创新 品质 服务"的同时,更注重承担企业的社会责任。在行业内每年定期举办"构件式展具应用培训班",大力推广绿色环保展具的使用,传播"绿色展览"的理念,帮助客户提高对灵通绿色环保构件式展具的理解能力、设计能力、应用能力及盈利能力,得到了业界的一致好评。同时,灵通还为多个慈善机构捐款捐物,并在西部贫困地区出资筹建了灵通初级中学,为构建和谐社会尽自己一份绵薄之力。以 Green Exhibition(绿色展览)为旗帜,灵通致力于成为"全球最具影响力的展示系统制造商和服务商"。

(四)N 立方创意工坊:从物理空间到生态社群

N 立方(N3)创意工坊是常州首家以工业设计为特色的众创空间,由武进工业设计园创办。武进工业设计园位于江苏省常州市武进高新区西湖路 8 号津通工业园区 16 号楼 V 区,是武进区政府和武进高新区管委会两级政府为加快武进区乃至整个常州市的经济转型而建设,旨在促进产品和服务创新、催生新兴业态,推进文化创意和设计服务相关产业融合发展。园区采取政府扶持、企业主导、市场化运营的模式建设,以设计人才培训、搭建科技服务平台和设计企业孵化为功能,提供包括产品设计、视觉设计、环境设计、研发设计等服务。园区获得"江苏省工业设计示范园"、"江苏省文化科技示范园"、"江苏省重点培育小企业创业基地"、"江苏省'省区共建'工业设计园"、"江苏省工业强省六大行动重点项目单位"、"江苏省现代服务业'十百千'行动计划项目"、"常州市武进工业设计园孵化器"等荣誉。N 立方创意工坊运用"互联网+"和"文化+"融合思维,依托武进工业设计园的资源优势和孵化平台,打造一个集聚文化创意、艺术设计、科技创新、手工制作、孵化投资及创意教育等多业态于一体的 N.0 版众创空间和创客社群。主要为处于苗圃期、初创期的青年创新创业项目提供"开放式"办公环境、"管家式"配套服务、"众筹式"融资平台、"导师式"创业培训等一站式服务。

突出"青创元素"。自 2015 年"创客"首次被写入政府工作报告,"大众创业、万众创新"也成为经济发展新常态。早在 2015 年 1 月 28 日,李克强主持召开国务院常务会议,研究确定支持发展众创空间推进大众创新创业的政策措施,中央文件第一次提到"众创空间"。2 月,科技部发文,指出以构建"众创空间"为载体,有效整合资源,集成落实政策,打造新常态下经济发展新引擎。3 月,两会的政府工作报告将其提升到中国经济转型和保增长的"双引擎"之一的高度,3 月 11 日,国务院办公厅印发"众创空间"纲领性文件——《关于发展众创空间推进大众创新创业的指导意见》,提出到 2020 年,形成一批有效满足大众创新创业需求、具有较强专业化服务能力,同时又具备低成本、便利化、开放式等特点的众创空间等新型创业服务平台,此举为国家层面首次部署"众创空间"平台,支持大众创新创业。"众创空间"从诞生起就带有青春的烙印,是充满创造力的"创客"的集合体。常州市一直积极构建青年创业的"大生态+小生态"双圈融合模式,打造"苗圃区-孵化区-加速区"梯级连锁青年创业平台。创意工坊作为武进工业设计园与武进团区委共建项目，N立方(N3)寓意众创空间是一个充满活力与创意的创客集合体，也寓意创客的高活力值、创意设计的无极限和几何式的加速成长，N作为数字符号，含有无限的内涵，“立方”为三维构造，寓意“梦想制造”的众创空间，以青春为长度、以创意为宽度、以梦想为高度，引导在校大学生和青年创客群体通过N种梦想、N倍创意，实现N次成功。

重在“生态融合”。除了“连锁大生态”，常州市注重推动众创空间构建“空间小生态”，完善众创空间的功能。一方面，众创空间包括那些比传统意义上的孵化器门槛更低、更方便为草根创业者提供成长和服务的平台，包括创业咖啡、创新工场、创客、创业博客、创业社区、天使投资联盟、创业实验室，以创客为代表的创新2.0模式，基于从个人通讯到个人计算，再到个人制造的社会技术发展脉络，试图构建以用户为中心的、面向应用的，融合从创意、设计到制造的用户创新、开放创新、大众创新、协同创新环境，推动了创新2.0时代众创空间的形成；另一方面，众创空间不但是创业者理想的工作空间、网络空间、社交空间和资源共享空间，还是一个能够为他们提供创业培训、投融资对接、商业模式构建、团队融合、政策申请、工商注册、法律财务、媒体资讯等全方位创业服务的生态体系。众创空间的核心价值不在于办公场地的提供，而是在于其提供的辅助创业创新的服务。各种形式的众创空间都在通过各自的方式，向创业者提供各种类别、不同程度的基础服务，这些基础服务包括但不限于培训辅导、融资对接、活动沙龙、财务法务顾问等等。[①] N立方创意工坊恰恰就是以“创意立方”为核心理念，全流程提供苗立方(孵化区域)、脑立方(分享区域)、助立方(增值区域)、咖立方(休闲区域)、厨立方(生活区域)等一站式服务，通过沙龙、训练营、培训、大赛等活动促进创业者之间的交流和圈子的建立，共同的办公环境能够促进创业者之间的互帮互助、相互启发、资源共享，达到协同进步的目的，通过“聚合”产生“聚变”的效应，形成创新与创业、线上与线下、孵化与投资为一体的青年创业社群。

(五)乐衣司服饰：重新定义场景时代的时尚文化

乐衣司(常州)服装设计有限公司是一家集设计、生产、研发、营销于一体的

① http://www.weixinyidu.com/n_1110514。

专业化服装公司。公司主打原创女装设计品牌“JUMP. D”，并提供“高级私人定制”和“团体服装定制”服务，服务客户包括常州中华恐龙园、春秋淹城乐园、常州中华孝道园、春秋国旅等大型企业。自创办以来，公司不断创新设计理念、完善品控体系、强化产业整合、加大设备投入，凭借专业的研发设计团队，多次在省、市创意设计大赛中获奖，作品“城市之羽”荣获2014首届江苏文化创意设计大赛入围奖和2014首届常州文化创意和设计大赛“银奖”，作品“庄子遇上香奈儿”获2015第二届常州文化创意和设计大赛“铜奖”，作品“花千骨”获2015第二届常州文化创意和设计大赛“优秀奖”，先后受邀参展中国工业博览会、江苏创意文化产业交易会、2015第三届文化创意项目（常州）对接会暨首届长三角互联网＋产业对接会、常州文化人才引进暨文化产业项目（武汉）推介会”。乐衣司服饰生活体验馆是以众筹方式打造的一个集购物、休闲、社交于一体的时尚美学空间，融时尚生活于工业风之中，是消费终端，也是体验空间，同时掌握高端定制客户的流量入口，集聚潜在或现实客户群。

捕捉供需两侧变化抓住细分市场。消费诉求从普及型、大众化向精致型、个性化方向发展，各种以价格取胜的淘品牌已经无法满足升级的消费需求，供不应求和供过于求同时存在，而对于性价比高的优质服装产品的需求则永远处在供小于求的蓝海状态。《“十三五”规划纲要》提出“在供给侧和需求侧两端发力促进产业向中高端迈进”，即生产都会按照消费需求进行，未来的每一件产品，在生产之前都知道它的消费者是谁，并且知道这件产品的标准是怎么样的。而生产商之间比拼的不再是价格，而是谁能最先对接到消费者的需求，并且完成消费者需求的精准程度，行业更进一步细分化，新的供应关系正在形成。对服装业而言，就是提升产品价值和质量，用专业态度做产品，有追求极致的工匠精神。服装设计行业是一个用户需求和体验密切结合的行业，没有标准化生产，每一款产品都是“因人而异”的需求，通过倒逼必然会诞生出C2F模式。越来越多的客户在提出着装需求时，要求产品设计的原创性、定制化、体验化，这给服装设计公司与设计师提供了更好的市场契机。

场景时代消除服饰购物“痛点”。服饰需求是刚需，但服饰购物过程是一个“个人秀”的过程。从现实来看，体验差是所有网购服装的通病，而虚拟的移动场景也不尽如人意，“场景化”线下体验店的出现更有它的创新意义，因为它关注了消费者的“痛点”，“场景”将重构人与产品的连接，场景是让我们忘掉商业，忘掉生意，去思考我们和拥护者的关系，产品的重点在于突出它和用户情感共鸣的结合点。很多时候，人们喜欢的不是产品本身，而是产品所处的场景，以及场景中自己浸润的情感。[①] 乐衣司服饰生活体验馆不追求购物的唯一性，集合了社交、派对、咖啡、美食、音乐、文化、服饰、文创品等多种时尚行业于一体，可以休闲、可以阅读、可以社交，新场景的创造，伴随着新的体验；新的洞察，伴随着新的时尚；新的生活方式，也伴随着场景的流行方式以更加生活的状态呈现。

“众筹即体验”搭建了沟通和反馈的分享平台。

无论是基于互联网模式的定制、众筹，还是与互联网企业进行跨界合作，或店铺合伙这种新的激励机制，都是服装业尝试用新思维挖掘新增长点的缩影。众筹是一种商业模式，可以为创业者迅速便捷地提供资金和用户，但对于一个服饰生活体验馆的众筹行为来说，其意义远不在于此，“让消费者买得起的高端定制服装品牌”才是核心理念，“众筹即参与”，“众筹即体验”，通过线上整合有共同爱好的人，线下探寻有柔性生产力的工厂，构建C2B的服装众筹商业模式，以解决想买的衣服买不到，买得到又太昂贵的问题。参与众筹的消费者，首先有“类股东”的参与感，同时也有消费者的归属感，也有助于设计师的设计初步验证客户需求，及时获得市场反馈信息。

四、常州推动“文化+”战略的未来展望

文化与创意，不仅是文化创意产业的固有属性，也是其他产业不可或缺的内在属性之一。文化产业的核心和源头就是创意，文化创意和设计服务产业是文化产业的增量部分，也是最活跃的部分。以创意激发创造，以增量激活存量，让“文化+”尤其是文化创意和设计服务进入更多行业与领域，通过文化创意和设计服务产业与工业化、城市化以及智慧城市的建设有机结合，让文化创意和设计服务先导作用进一步强化，与相关产业融合发展进一步加深，各相关产业文化内涵进一步丰富，使之更好地服务经济结构调整和产业转型升级，满足人民群众日益增长的文化需求。

① 吴声：《场景革命》，机械工业出版社，2015年第1版。

(一)"文化+"战略的内在驱动机制

1.文化创意和设计服务产业对工业系统的驱动

由于工业化仍旧是常州今后相当一段时期的主题,存量的资本如物质资本、人力资本多与工业尤其是重工业关联较大。在此背景下,如何结合工业化更好地发挥常州文化产业的促进作用,应该由产业现实关联与潜在关联之间的差距作为调整文化产业介入的力度参照。关联度较强的产业比如建筑业、服装制造业、汽车制造业、电子产品制造业。文化产业往往对工业系统中最终消费品需求拉动较大,所以短期内文化产业对工业的影响主要是价值增值方式与运营方式的示范与引导。借此,可以影响其剩余资本的新的投资方向,进行存量资本的转移。

2.文化创意和设计服务产业对第三产业的驱动

从产业关联度来看,文化创意和设计服务产业与第三产业之间关联度最强。文化产业的核心价值和基本目标是满足广大群众的消费需要,而其中的文化服务业是最基本的需要。人们在收入上升之后一般的规律是先增加对住房、汽车等耐用消费品的使用,而后过渡到对文化产品的需求,当消费对文化因素有了更大要求,必然体现在不同文化含量产品或服务之间价格的差异。同时,常州作为先进制造业基地,生产性服务业同样大有可为,发达国家生产性服务业占到服务业总量的70%以上,常州目前仅有31.8%。

3.文化创意和设计服务产业对农业的驱动

很多历史文化资源存在于民间尤其是乡村,如常州的剪纸、威风锣鼓、传统民俗、古建筑等,为农村文化产业的发展提供了丰富的素材。新兴的文化产业比如农业游、农村庙会、农村手工艺品制作等,应按照市场需求变动规律进行适当的规模生产与经营。农村乡镇企业模式是起步于常州的,在过去常州经济社会发展中发挥了重要作用,近几年面临企业利润下滑的趋势,如果能吸收文化创意、设计技术的改造,必定能够实现其潜在价值。

(二)实施"文化+"战略,驱动产业融合创新

1.文化创意产业+互联网

"互联网+"代表一种新的经济形态,本质内涵就是以互联网为标志的信息

通讯技术可以无所不在，可以改造所有的产业和行业，颠覆创新的范式。随着互联网的发展，互联网与传统产业融合更加深化，而“互联网＋”时代移动互联网前所未有的传播速度，云计算超强的存储和计算能力，大数据强大的挖掘能力，联袂在向文化创意和设计产业深度渗透，成为支撑我国经济转型升级的新引擎。当下，“文化＋”与“互联网＋”相互借力，文化创意产业要主动连接互联网，更加注重基于网络的新产品的创意研发。网络有效打通了产业壁垒，使创意、创新、创业变得更加触手可及，给文化创意和设计服务产业发展带来了无限的可能。网络的跨地域、无边界、分布式特征，使其成为文化创意形成、传播的最好载体和工具。要加快推动文化创意产品和设计服务的生产、传播、消费的数字化、网络化进程，打造内容集成和数字传输综合平台，加快双向深度融合，培育发展新型业态。

2.文化创意产业＋资本市场

产业发展需要金融机构助推、资本市场支持。推动文化创意产业与资本对接，是解决文化创意企业融资问题的内在要求，是有效配置资源、增强发展活力和竞争力的必然选择，是实现规模发展、可持续发展的重要途径。资本的特性是逐利性，文化产业的快速发展吸引金融资本、社会资本广泛关注，文化领域已经成为金融机构拓展业务、社会资本积极投入的重要方向。要鼓励和引导金融机构建立专门服务文化产业的机构，支持发展文化类的小额贷款公司，积极推广“文创贷”这一成熟的文化金融产品，探索建立文化金融合作试验区。要鼓励企业通过新近成立的省文投集团以及“江苏省紫金基金”等多种渠道进行直接融资，推动有条件的文化创意设计企业上市融资，积极引导私募股权投资基金、创业投资基金及各类投资机构投资创意设计领域，探索建立社会资本投资创意设计风险补偿机制，充分发挥文化产权交易所的功能作用，创新文化保险服务，鼓励各类担保再担保机构提供融资担保和再担保服务，加快出口信用保险和海外投资保险服务创新，发展创意设计企业海外投融资业务，为加快发展文化创意产业提供有力支撑。

3.文化创意产业＋科技创新

文化创意与科技创新如车之两轮、鸟之两翼，科技创新为文化创意提供载体和手段，文化创意为科技创新提供舞台和空间。加快发展文化创意和设计服务产业，要加强高新技术研发应用，推进产学研合作，建立完善技术服务平台，鼓励企业加强数字技术、网络技术等共性技术研发，加快关键技术设备改造更新，引导和支持企业组建各类产业联盟和技术联盟，促进高新技术成果在创意设计领域的运用，提升产品的艺术创造力、感染力和传播力。要推动创意设计与科技融合，在创意设计领域实施小微企业孵化示范行动，支持企业引进对原创性研究具有重要支撑作用、符合国家进口目录的国际先进技术和关键设备，推进创意设计与现代科技在产品创作、生产、传播等领域的集成应用，支持创意设计企业围绕产品的综合开发，促进创意元素与科技的融合发展。进一步加大对重点文化科技企业、重点文化科技产业园的扶持力度，进一步引导推动文化科技创新发展。

4. 文化创意产业＋文化消费

文化创意产业从“粉丝经济”向“创意者经济”过渡，既要从供应给侧发力，也要从需求侧发力。当前，在外需乏力的情况下，拉动内需、激活消费成为我国稳增长的迫切课题。文化消费作为新增消费，是培育消费增长点的重要一环。要增加文化消费供给，加大政府采购、消费补贴等政策支持力度，引导和支持创意设计企业打造更多原创精品，提供更多优质产品和服务，发展适应消费者购买能力的业务，不断以创新性产品引领消费需求、拓展市场空间。要着力培育文化消费理念，加强全民文化艺术教育，积极举办艺术普及、欣赏、体验、阅读等多种形式的活动，引导消费者养成健康的文化消费理念。要丰富文化消费业态，深入推动文化消费与信息消费融合，积极拓展新媒体文化消费，鼓励文化企业拓展电子商务营销模式，打造一批主题鲜明的文化消费活动品牌，丰富人民群众节假日文化消费选择。要引导文化消费行为，着力建设覆盖广泛的文化消费信息资源共享服务平台，积极利用移动新媒体向消费者及时提供最新文化消费信息，通过举办文化消费季、发放文化消费卡等形式有效引导文化消费意愿，激发文化消费行为。

5. 文化创意产业＋文化贸易

在全球化大背景下，不仅经济要走出去，文化也要走出去。当前，世界经济仍处于深度调整期，我国出口的低成本比较优势发生转化，传统出口优势产业面临一定困难，但文化创意和设计服务等新兴产业出口方兴未艾。常州的文化贸易与常州外向型城市的地位很不匹配，文化产品出口较为落后。要鼓励支持文化企业从事对外文化贸易服务，根据国家产业政策，结合常州文化企业实际，定期编制《文化产品和服务出口指导目录》,加大对企业的引导和服务要着力培育重点文化出口企业和项目,扩大文化创意和设计服务类企业、项目所占的比重,推动常州更多创意设计企业和项目进入国家目录。要鼓励有条件的文化企业通过收购、合作等方式,开展境外文化领域投资合作,迅速发展壮大境外业务,培养本土化人才,提高海外市场竞争力,使之成为常州海外文化贸易的重要平台和渠道。要推动有利于中小文化企业开展对外贸易的载体建设,支持文化企业参加境内外国际性文化展会,鼓励文化企业通过互联网拓展国际业务,不断开拓文化企业走出去的新空间。

(朱明辉,中共常州市委宣传部;石小东,常州市文化广电新闻出版局;游镇坚,常州市委宣传部文改办;田海明,常州市文化广电新闻出版局产业处;杨黎明,常州创意产业协会;苏刚,晋陵投资建设有限公司、青果巷历史文化研究院;秦蓓蕾,常州市委办)

第七章

扬州:古城文化产业迈上新台阶

一、扬州市文化产业发展面临的新背景

二、扬州市文化产业发展概况

三、扬州市文化产业发展存在的问题

四、扬州市文化产业融合创新发展的主要路径

五、扬州市文化产业融合创新典型案例

六、扬州市文化产业未来发展展望

文化是扬州城市的根和魂，也是扬州的核心竞争力所在。公元前 486 年，吴王夫差筑邗城（扬州城发端于此），开通邗沟，扬州是全国唯一与运河同龄的城市。2015 年 9 月，扬州举行了 2500 周年城庆活动。2015 年 11 月，国务院发展研究中心东方文化与城市发展研究所等单位发布了中国文化发展指数，扬州排名中国文化城市百强榜第 24 位。近年来，扬州彰显文化资源优势，把文化产业作为支柱产业、基本产业做大做强，做成城市的品牌产业，文化产业不断迈上新台阶。

一、扬州市文化产业发展面临的新背景

（一）文化市场需求快速扩张

根据国际经验，人均 GDP 在 1000 美元以下，居民消费主要以物质消费为主；人均 GDP 在 3000 美元左右，进入物质消费和精神文化消费并重时期；人均 GDP 超过 5000 美元，居民的消费结构转向精神文化消费为主的时期。2009 年扬州的人均 GDP 已经超过了 6000 美元，2015 年，扬州实现 GDP 总量 4016.84 亿元，增长 10.3%，高于全国增幅 3.4 个百分点，增速位居长三角 16 市第一位，总量位居第十位。2015 年，扬州全体居民人均可支配收入 26253 元，同比增加 2096 元，增长8.7%。其中：城镇居民人均可支配收入 32946 元，同比增加 2624 元，增长 8.7%；农村居民人均可支配收入 16619 元，同比增加 1335 元，增长 8.7%。扬州居民逐步步入富裕阶段，消费追求逐步向高层次迈进，这将给文化产业的发展带来契机。扬州居民文化消费需求将进入快速扩张阶段，为文化产业发展迈上新台阶奠定了坚实的市场基础。

（二）政策环境日益优化

2009 年 9 月，国务院通过了《文化产业振兴规划》。扬州市委、市政府出台

图 7—1　扬州历年 GDP 总量增长

了《扬州市文化发展规划纲要(2009—2014)》。2010 年 4 月,市委市政府召开全市文化产业工作现场会,印发了《扬州市 2010 年文化产业发展行动方案》。2011 年出台了《关于扶持文化产业发展的若干意见》。2012 年《扬州文化建设工程实施办法》正式出台,明确了至 2015 年全市文化改革发展主要目标,其中强调推进新兴特色文化产业集群,以 1 个千亿级、5 个百亿级产业体和四大国家级基地为依托,引导相关企业集聚,形成新兴特色文化产业。这一系列利好措施的出台为文化产业迈上新台阶奠定了良好的政策基础。

(三)文化资源不断添新

扬州作为全国首批历史文化古城,拥有丰富的历史文化宝藏,其主要构成具体可分为历史文化、民俗文化、工艺文化、宗教文化、饮食文化等。这些文化背后蕴藏着有待挖掘的经济价值,文化消费的兴起也让这些"瑰宝"有着广阔的市场前景。"保护历史遗存、深挖历史积淀、打造文化之都",是扬州城市发展的重要定位。近年来,扬州市文化博览城建设推进力度越来越大,建成场馆越来越多,打造品牌越来越响。经过 10 年努力,扬州新建、复建、修缮、完善 120 个文博场馆,极大丰富了扬州城文化旅游资源。2014 年 6 月,在卡塔尔首都多哈举行的世界遗产大会上,中国大运河被列入《世界遗产名录》,共有 31 个遗产区、27 段河道、58 个遗产点被列入世界遗产,其中扬州段遗产区有 6 段河道和 10 个遗产点,扬州系中国大运河遗产点最多的城市。扬州正积极参与海上丝绸之路申遗活动。

表 7—1 扬州文化资源的类型结构

	文化内涵	代表景点或活动
历史文化	运河文化	京杭大运河扬州段、古运河风景带等
	盐商文化	古城里的盐商旧宅
	名人文化	扬州八怪纪念馆、朱自清故居、史可法纪念馆等
	园林风景	瘦西湖、个园、何园等
	特色历史街区	双东街区、宋夹城、东关古渡
	墓葬文化	天山汉墓、隋炀帝陵
民俗文化	民间演艺	扬剧、扬州木偶剧团
	地方文化	扬州三把刀
	现代节庆活动	烟花三月国际旅游经贸节、世界运河名城博览会
工艺文化	古筝工艺	古筝制作工艺(占全国三分之二)
	雕版印刷工艺	雕版印刷、广陵书社(全国唯一具有雕版全套生产工艺的古籍雕版刻印社)
	漆器工艺	2400多年的历史,木胎漆器的发源地,国家级非物质文化遗产
	扬州玉器工艺	玉器之王"大禹治水图"、"聚珍图"、奥运金镶玉奖牌等
	扬州毛绒玩具	中国毛绒玩具礼品之都
宗教文化	佛教文化	大明寺、鉴真学院、高旻寺、天宁寺、石塔寺等
	伊斯兰教文化	普哈丁墓、仙鹤寺
饮食文化	淮扬菜系	中国四大菜系之一、三头宴、大煮干丝、三丁包子等

二、扬州市文化产业发展概况

(一)产业规模逐步壮大

1.增加值总量逐年增加

2010—2014年,扬州市文化产业增加值年均增速达到19.43%,高于同期GDP年均增速5.67个百分点。文化产业占GDP比重逐年提高,到2014年,扬州市文化产业增加值占GDP的比重从2010年的3.29%提高到4.03%。2014

年，扬州市文化产业完成增加值比 2013 年净增 18.21 亿元，对扬州市 GDP 增长的贡献率为 4.1%。

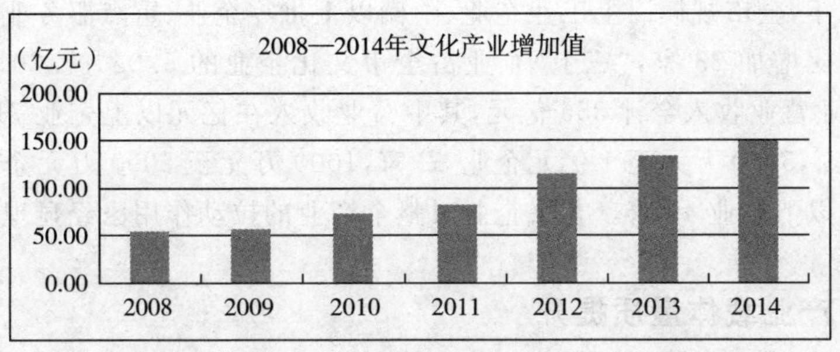

图 7—2　2008—2014 年扬州市文化产业增加值

2. 企业数量稳步提升

最新数据显示，2014 年，扬州市文化法人单位合计 5448 家，比 2013 年增长 12.35%，从业人员数超过 10 万人，实现营业收入 519.56 亿元。其中，“三上”(规模以上工业企业、限额以上批零贸易企业、重点服务业企业)文化法人单位 268 家，比 2013 年的 207 家净增长 61 家，增幅为 29.5%，超江苏省平均增幅 20 个百分点以上，占全省 541 家新增企业总量的 11.28%，实现增加值 90.62 亿元。随着产业政策的倾斜和扶持，文化产业发展环境日益优化，企业的数量仍有较大提升空间。

(二)产业结构优化升级

从文化产业生产、销售和服务三大构成来看，2014 年，扬州市文化产品制造业、批零业和服务业分别实现增加值 76.25 亿元、2.48 亿元和 11.89 亿元，三者之比为 84.1∶2.7∶13.1。其中，文化产品制造业略有下降，单位数增长 24.4%，增加值较 2013 年下降 1.8 个百分点，占比较 2013 年下降 4.7 个百分点；批零贸易稳中有升，单位数增长 20.7%，增加值较 2013 年增长 23.4%，占比较 2013 年增长 0.4 个百分点；重点服务业文化企业发展势头迅猛，单位数增长 44.1%，增加值较 2013 年增长 52.6%，占比提升 4.3 个百分点。

(三)龙头企业引领发展

2014年,全市规模以上工业企业、限额以上批零企业、重点服务业企业合计268家,同比增加23家,"三上"企业占全市文化企业的5.04%。2014年所有"三上"企业营业收入合计356亿元,其中营业收入在亿元以上企业71家,比上年增加5家,5000万元至1亿元企业52家,1000万元至5000万元企业96家,1000万元以下企业49家。龙头企业对整个产业的拉动作用已经显现。

(四)产业载体量质提升

全市拥有各级各类文化产业园、集聚区共27个,其中国家级4个,蜀冈—瘦西湖风景区成为国内首家国家级文化旅游示范区,工艺美术集聚区先后荣获国家文化产业示范基地、中国传统工艺美术特色基地等称号,扬州智谷文化创意产业园先后获得江苏省、国家文化产业示范基地。新闻出版总署批准同意扬州经济技术开发区设立国家数字出版基地,以电子图书为特色。扬州川奇光电的电子纸,在全球市场的占有率超过90%。此外,湾头玉器文化产业园、小官庄圣诞文化产业集聚区入选市级现代服务业(文化类)集聚区,宝应乱针绣文化创意园跻身"江苏省文化产业示范基地",邗江(智谷)文化创意产业园获批"江苏省文化科技产业园",江苏信息产业基地、国家数字出版基地扬州园区获得"江苏省重点文化产业园区"称号。这些园区载体的建设,为扬州市文化产业集聚发展提供了良好的平台。

(五)扬州市特色产业集群发展

文化产业集群可以分为传统优势产业和新兴产业。扬州市传统文化产业主要包括玩具制造业、工艺美术业、文化旅游业、乐器制造业等,新兴产业主要为动漫设计、影视传媒业、新闻出版等。按照产业集群的生长周期理论,可以将产业集群分为萌芽阶段、成长阶段、成熟阶段和衰退阶段。扬州市传统文化产业基本上已经处于成长阶段,正在逐步向成熟阶段发展。而新兴文化产业基本处于萌芽和形成阶段。

1.玩具制造业

扬州玩具作为一项产业从20世纪80年代初开始兴起。随着投资的加大,扬州玩具产业呈现井喷式的发展，其中占主导地位的是长毛绒玩具。业界有“世界毛绒玩具在中国、中国毛绒玩具在扬州”的说法。据统计，扬州毛绒玩具出口约占全球的1/3。2014年，扬州市规模以上玩具企业共有52家，占全市规模以上工业企业总数的1.9%。从企业规模看，全市规模以上玩具企业有25家亿元企业，其中3亿元以上企业5家。扬州玩具业已经初步形成了从面料、辅料、配件、填充料到玩具生产设备的一条较为完整的产业链，既有面料配套的制造企业，又有填充辅料的生产企业，还有制作与销售一体、旅游与购物合一、批发和零售兼营的物流配套平台，开始呈现出“企业集群、产业集聚”的成熟型产业集群特征。

2.工艺美术业

扬州的传统文化和民间工艺在全省乃至全国具有特殊地位，全市入选联合国“人类非物质文化遗产”名录项目3个，国家级非遗项目16个，有国家级代表性传承人17名，省级非遗项目40个，省级代表性传承人58名，市级非物质文化遗产项目158项，市级代表性传承人127名。扬州先后建成了工艺美术、玉器艺术馆、中国剪纸博物馆、玉石料市场等项目，工艺美术集团被文化部命名为国家文化产业示范基地。扬州工艺美术素以历史悠久、品类丰富、技艺精湛、地方特色鲜明著称于世。在江苏省政府宣布保护的45个传统工艺品中，扬州的玉器、漆器、仿古青铜器、金银制品、刺绣、绒花、灯彩、剪纸、磁刻、竹刻、苏裱、绢花、通草花、毛笔、红木雕刻等15个品种名列其中，数量占全省总数的1/3。有16种制作技艺分别列入国家级、省级和市级非物质文化遗产保护目录。扬州玉器、漆器产业的生产规模、技艺品种、品牌美誉度在全国享有很高知名度。2012年工艺美术集团公司营销总收入近10亿元，仅次于北京工美集团和南京工艺美术总公司，跃升为全国第三，吸引江苏省紫金文化产业基金投资7000万元。扬州工艺美术业已经形成一个原发型的产业集群。

3.乐器制造业

扬州乐器制造以古筝为主，古筝制造是扬州独具特色的传统产业，古筝业内素有“七成古筝扬州造”的说法，被文化部命名为古筝之乡，六次中国古筝艺术交流会先后在扬州举行。扬州早在唐代就已经成为古筝的重要产地，到清代创立了“广陵琴派”。20世纪30年代由于筝艺大师回归扬州，使得扬州筝坛欣欣向荣。随着日本侵华战争的爆发，艺人流散、筝坛衰落。扬州琴筝复兴于20

世纪80年代,1983年第一家古筝制造厂在扬州开办。扬州古筝网数据显示,目前有古筝生产厂家120多家,年产古筝20多万台,产值达2亿元,并生产其他门类的乐器产品,古筝产业的十大品牌中扬州品牌占据8个,目前产量约占全国一半以上,产品远销海外。可以说,扬州以古筝制造为代表的乐器制造业正进入繁荣时期,呈现集群发展,成为扬州特色文化产业。

4.文化旅游业

2014年,来扬州旅游人数超过4500万人次,全市旅游总收入近600亿元,旅游增加值占GDP比重达7%。2015年旅游业实现总收入增长17.7%。邗江瓜洲创成省级旅游度假区。文化旅游业以蜀冈—瘦西湖风景区为核心,以“世界公园”和“文博城”建设为抓手,瘦西湖景区各项景点进一步整合提升,文化休闲广场建成开业,温泉度假村成为休闲旅游新热点;一批历史文化街区相继复兴,东关街跻身“中国十大历史文化名街”,“双东”历史街区创成国家4A旅游景区,“双宁”历史文化艺术片区综合改造工程稳步实施;全市建成120座文博场馆,“七河八岛”水上游览线正式开通,486非遗集聚区传承历史文化。文化消费的兴起使这些“瑰宝”有着广阔的市场前景。文化旅游业已经初步显现空间集聚性和要素集聚的优势和特征。从产业链角度看,除瘦西湖外,文化旅游始终没有找到相似体量的产品,文化资源产业化转化效果不佳,文化体验游、文博会展游等业态尚未形成有效支撑,文化旅游衍生品开发存在缺口。而文化资源并不多的常州却能凭借春秋淹城、中华恐龙园等项目无中生有,打造出文化旅游示范地。

5.电子书行业

扬州经济技术开发区着力打造电子阅读器先进制作基地,川奇光电等电子书行业龙头企业成功落户扬州,在扬州生产的电子纸占据全球E-INK电子纸市场90%的份额,一批电子墨水、电子书内容生产企业也不断涌现。迄今为止入驻园区的十余家企业已基本覆盖电子书上下游产业链。扬州目前正建设电子阅读器制造基地、数字出版基地、数字内容交易基地“三位一体”的电子书城,规划5年内项目总投资约8亿元,总建筑面积20万平方米,重点打造“一园”(数字出版产业园)、“二区”(生产制造区、生活配套服务区)、“四中心”(数字内容创作中心、数字版权交易中心、数字平台运营中心、数字阅读器研发中心)。

6.动漫设计行业

扬州智谷邗江文化创意产业园集聚企业63家，营业收入近3.5亿元，其中笛莎公主文化创意产业有限公司连续三年实现100%增幅。扬州市动漫创意行业协会现有动漫企业28家，目前没有一家动漫企业获得国家动漫企业认定；全市重点动漫企业不到10家，与动漫发达城市存在明显差距。常州市动漫游戏企业100多家，拥有两家国家重点动漫企业，3个产品成为国家重点动漫产品，20家国家认定的动漫企业，5家企业和5个项目成为“国家文化出口重点企业和重点项目”。杭州市动漫产业从量的扩张向质的提升转变，助推产业转型升级，已经在全国范围内形成了良好的口碑，并成功举办第八届中国国际动漫节。相比杭州、常州等城市，扬州动漫产业起步较晚、起点较低、规模偏小，仍然处于零星点状发展状态。

7.影视传媒行业

扬州网、手机报等新兴媒体影响力和辐射面不断强化扩展，报业传媒集团实现营业收入约3亿元。广电传媒集团坚持新闻宣传和产业经营“两手抓、两手硬”，集团营业收入近8亿元。江苏(扬州)影视制作服务外包基地规划面积10平方公里，核心区域面积3.7平方公里。基地与扬州各著名景点战略合作，形成了全国最大的天然江南风格拍摄景区。先后吸引了《大清盐商》、《清江浦》、《冒牌特工》、《大红灯笼高高挂》、《江湖正道》、《市长刘伯承》等近12部影视剧组进驻拍摄，一批演艺明星工作室随剧组入驻基地。基地二期项目即将开工。目前，扬州市的影视传媒产业集聚区正在建设中，产业集群正处于企业扩张集聚阶段。

三、扬州市文化产业发展存在的问题

扬州文化产业正稳步发展中，从历史数据看，扬州市取得了显著的进步。但是从横向数据看，扬州与先进地区的差距依旧存在。当前，扬州市文化产业发展的薄弱环节主要体现在以下几个方面。

(一)文化丰富，但创意不足

扬州市文化产业缺乏创意，虽然有着丰富的文化资源，但是却没有发挥出应有的产业价值，关键的原因就是缺乏创意。江苏其他城市有着许多文化与创意经典结合案例，比如无锡的“三国城”、“水浒城”、“唐城”影视产业，还有文化创意和佛教文化旅游产业相结合的灵山大佛景区等。一个好的创意可以成为一个很好的项目，从而带动一个乃至几个产业的发展。扬州也应选择这样的路径，寻找好的创意和项目，围绕项目带动并形成产业。

(二)企业增多，但品牌较少

以扬州市毛绒玩具行业为例，在全国有一定知名度的就是“笛莎娃娃”，但是经过几年的发展，它也未能成为中国版的“芭比娃娃”。其余的毛绒玩具更多的是属于“贴牌生产”。扬州玩具属于自己的品牌少之又少。而与此同时，美国的玩具品牌诸如变形金刚、芭比娃娃、费雪、迪士尼等重量级品牌风靡世界，日本的玩具更是通过创新占领了成人玩具市场。扬州的玩具企业需要借鉴先进经验，树立品牌意识。扬州需要响亮的文化品牌作为城市名片。

(三)队伍壮大，但人才缺乏

创意和品牌的缺乏根本上是人才的缺乏。有关统计资料显示，在纽约，文化创意产业人才占所有工作人口总数的12%；伦敦为14%；东京为15%。而目前北京、上海等地的创意产业从业人员占总就业人口的比例还不到千分之一，扬州则更少，创意人才数量的差距悬殊可见一斑。以文化创意产业为例，文化创意产业目前最缺两类人才——内容创意人才及擅长将这些作品进行产业化和市场化的人才，目前创意经理人严重匮乏。以扬州玉器产业为例，扬州不缺大师，但是缺少挖掘大师背后产业价值的人才。以动漫行业为例，目前国内有大大小小400多家院校开设了动漫及相关专业，毕业生为数不少。但问题是，他们大多着眼于理论层面，实战能力有限，加上培养周期长，软件的更新速度跟不上发展，很难缓解动漫市场的真正“饥渴”。比如扬剧的作曲人才缺少，编剧人才缺乏，研究人才断档。扬州文化研究所所长退休三年，必须返聘三年，因为无人接档。

(四)政府主导，但缺少活力

扬州文化产业基本上是以政府主导，文化产业的社会投融资体制尚未形成，大规模扩张的资本条件缺乏。扬州没有上市的文化企业，也没有像浙江横店集团那样在国内外有影响的民营文化企业。文化资源多为国有，民营资本进入文化产业门槛较高，存在重复投资现象等。在扬州市五亭龙玩具城，产品雷同性高，同样的产品设计出样品后，往往会遭到风靡复制盗版。这样的竞争环境不利于产品创新。民营资本活力的缺乏，直接导致扬州市文化产业发展活力不足。

(五)贸易递增，但规模偏小

扬州市近几年重视文化贸易工作，取得了一定的进展，呈现出市场主体壮大、自主创新能力提升、多元投入格局初步形成的良好态势，但文化贸易企业数量偏少、规模偏小、产品附加值低等问题依旧存在。2014 年文化产业名录库数据显示，文化贸易企业数量仅占 13.08%，从业人员仅占 5.8%，增加值仅占 4.6%。文化贸易企业数量和从业人员整体偏少。扬州市限上贸易企业数量仅占全部规模以上文化产业单位 12.7%，低于规上工业企业数占比近 49 个百分点。其中营业收入过亿的只有 3 家，即扬州金店有限公司、扬州国泰贸易有限公司和扬州索海电子有限公司，但是这三家企业从业人员数量均低于大型贸易企业标准。所有限上文化贸易企业中，贸易大型单位数为 0，中型单位占 24.14%，其余均为小型单位。企业规模整体偏小，这将影响到文化贸易企业的市场影响力。

四、扬州市文化产业融合创新发展的主要路径

扬州作为历史文化古城，文化资源与经济发展有着天然的契合点。在建设“宜创、宜居、宜游”城市过程中，丰富的文化资源给古城扬州发展带来厚重的历史馈赠。要走特色“产城融合”之路，通过大力发展文化产业，将扬州建设成为古代文化和现代文明交相辉映的世界名城。

(一)借力“产城融合”战略，打造扬州特色文化板块

扬州市目前下辖广陵、邗江、江都、开发区、高邮、宝应和仪征。每个县市区均有自己的特色文化资源。要因地制宜，不断构建特色文化板块。

新老融合的特色板块。一方面传承老城文脉，弘扬湾头玉器文化，仁丰里、小秦淮历史街区民俗文化，“双东”街区历史文化，南河下民居客栈文化；另一方面，结合广陵新城“现代都市水城”的定位，打造京杭时尚创意水镇，进一步提升信息服务产业基地，以呼叫与信息服务外包为重点，加快发展软件与物联网、智能电网相配套的现代信息技术服务业，推动江苏省信息产业基地（扬州）建设，加快由呼叫业务向软件和技术设计、工程设计等服务外包拓展。

文化与动漫结合的创意板块。一方面打造特色集聚园区，借助“扬州文化创意产业园”优势，发挥笛莎公司等骨干文化企业的带头作用，调动园区内部资源和外部资源的有机互动，文化创意中心吸引了阿里软件、笛莎娃娃、妙吧、哆啦A梦等多家知名企业加盟。“十二五”期末，产值达10亿元以上。另一方面发挥企业联盟作用，发挥玩具动漫研发中心、蜀冈文化创意中心、文化演出中心、工艺设计中心等10个联盟作用，为文化创意主体提供项目孵化、信息交流、资源共享、成果展示、成果转化、产权保护、市场推广和人才培训的公共服务平台。

非遗传承板块。一方面利用各地文化优势打造地方特色集聚园区，例如鲁垛“乱针绣”为扬州市继玉器、漆器后的民间工艺特色产品之一，被列为扬州市非物质文化遗产和扬州市文化产业示范基地，年创产值逾亿元。“十二五”期间，还规划建设刺绣产业园和水晶工艺产业。另一方面，挖掘历史文化打造主题集聚区。以集聚68个非遗项目的486非遗集聚区为例，包括雕版印刷、古琴艺术、扬州剪纸等世界级非遗项目，扬州漆器髹饰技艺、扬州玉雕、扬州刺绣、金银细工制作技艺、毛笔制作技艺等国家级非遗项目，通草花制作技艺、扬州灯彩、装裱技艺、江都漆画等省级非遗项目，宝应乱针绣、古筝艺术、扬州面塑、扬州吹糖技艺、雀笼技艺等扬州市非遗项目。

生态与文化结合的旅游板块。重点打造高邮运河名城的新城市名片，以“古运河”历史长廊贯穿整个项目，由北至南分别规划三个功能区：杨家坞水上景区、平津堰生态公园和镇国寺文化街区。以古建风格和民俗风情为内核的全景文化空间，营造一幅清明上河图般的运河西岸风景区。

（二）依托国家发展战略，凸显文化扬州品牌特色

江苏是“一带一路”发展战略的交汇点，也是长江经济带的重要组成部分，

扬州可以说是重要参与者，也是直接受益者。随着江苏省政府明确提出“支持扬州不断提升文化旅游城市品牌”，在融入“一带一路”发展战略中，放大旅游城市品牌，对扬州来说是一个重要机遇。

1.依托历史，引进现代资源

700年前，世界著名的意大利旅行家马可·波罗从陆上丝绸之路来到中国。他与扬州有着千丝万缕的联系。马可·波罗曾在扬州为官三年，在他的游记中对扬州有详细的记载。马可·波罗是扬州与意大利文化交流的先行者。改革开放以来，扬州不断加快对外交往步伐，尤其因为马可·波罗与扬州的这段经历，先后与意大利里米尼结为友好城市，与威尼斯结为友好交往城市，并在文化、旅游、体育等多个方面开展了合作。目前，已经有不少意大利企业在扬州投资，其中最大的是从事高精度钢管制造的玛切嘉利公司，总投资达2.5亿美元。

2.依托文化，开展沿线交流

开展城市外交，推动与沿线国家、地区之间开展文化交流。利用《千古风流》、《梦里个园》、《扬州我爱你》等美术、影视、歌舞、曲艺等富有扬州特色的艺术形式，开展“一带一路”和长江经济带的主题系列展示、展览、展演活动。未来扬州以人文的交流和生态的特色作为抓手和切入点，打造扬州旅游业新优势，打造融入“一带一路”战略的新优势。开展“中外丝路城市美食文化交流活动——扬州活动周”，开展中瑞交响乐和中日水墨画交流、“世厨联亚洲主席峰会”、“百家华文媒体来扬采风”、“海外杰出青年扬州行”、京杭大运河龙舟赛、大型音乐舞蹈史诗《千古风流》演出等系列活动。

3.依托区域，扩大文化贸易

以“一带一路”建设和长江经济带战略实施为契机，依托上海自贸区文化开发平台，推动扬州更多文化产品和服务“卖出去”的同时，展现扬州在大运河非遗、古城保护等方面的正能量形象。“一带一路”两大战略给扬州带来了众多发展机遇，比如企业、城市、人才国际化的机遇，扬州要组织本地优秀文化企业和产品参加深圳文博会、苏州文创会、海峡两岸文化展等各类知名博览会。设立文化产业走出去专项资金，引导文化骨干企业到“一带一路”沿线发展中国家拓展文化贸易空间。

(三)运用资本市场化运作,实现文化与金融无缝对接

1.放宽社会资本准入门槛

打破部门、地区、行业、所有制壁垒,逐步放开社会资本进入新闻出版业、广播电影电视业、建筑设计领域外资准入限制,引导民间资本投资文化创意、设计服务领域。对于轻资产、无担保、体量小的文化企业,突破传统抵质押方式,将其"资产轻"的弱点转化为特点,尝试知识产权质押担保、应收账款质押等适合文化产业特点的融资模式。例如,针对工艺美术类文化企业,可由专业机构评估工艺品原料确定抵押价值,由第三方仓储公司对存货实行独立监管并出具仓单,企业以仓单为质押物申请银行贷款。

2.发挥专项资金引导作用

扬州市充分发挥财政资金的引导和带动作用,支持有发展前景的重大文化产业项目的建设,支持关键技术的开发,支持文化产业链的形成,支持文化产业园区和基地建设。建立市级文化产业发展专项资金,采取贷款贴息、项目补助、奖励等方式支持文化产业园区、文化产业发展。各县(市、区)财政也相应安排一定专款,建立本级文化产业发展专项资金,并制定相应的使用和管理办法。

3.吸引风投私募青睐

引导激励风投、私募基金等机构青睐优质文化企业,政府可以建立优质文化企业档案库,为风投和私募提供可靠信息,召开文化企业推介会,为企业和风投创造面对面沟通平台。鼓励风投积极进入初创阶段、成长前景广阔的扬州新兴文化产业业态。针对这些企业量身定制的综合金融扶持,让金融机构成为"融资+融智"型的企业管家,优化文化企业资产结构,提高企业盈利水平。

(四)依靠不断创新,推动文化与科技融合发展

充分利用先进技术和现代生产方式,改造传统文化生产和传播模式,培育新的文化业态,推进文化产业升级,延伸文化产业链,提高文化产业整体技术水平和核心竞争力。

1.借力"互联网+"

借助"互联网+"东风,一方面,改变传统商业模式,利用淘宝、天猫、京东等

电商平台对用户需求、市场动向、口碑评价进行大数据分析，为消费者提供更加个性化、精准化的服务。另一方面，拓宽品牌营销渠道。目前扬州漆器厂已与中国最大的海外营销整体解决方案服务商四海商舟签订了合作草案。利用互联网，扩大“烟花三月”国际经贸旅游节、世界运河名城博览会、中国扬州鉴真国际半程马拉松赛、扬州智谷笛莎动漫文化周、中国邮文化节等品牌活动影响力。借助维扬区十大创意联盟和中国古筝网品牌的资源，由中筝集团投资6000万元，在扬州北部片区，规划建设集培训、论坛、研发、演艺、生产为一体的中国琴院项目，进一步发挥扬州古筝产业优势，延伸产业链，做响扬州古筝、古琴品牌。根据华韵、金韵、天艺、琼花、思美、金艺、百家筝名等琴筝企业发展需要，加快琴筝产业基地和中国古筝网建设，打造集琴筝、漆器的研究、生产、现代化网络销售及培训为一体的文化产业基地，并借鉴西方电子乐器制作和演奏技术，逐步研发出电子琴筝制作工艺技术，力争在业内具有较大的发展优势和潜力。

2.催生“新业态”

一是新旅游。依托“智慧城市”建设，开启“私人定制”旅游线路，借助信息网络技术，实现信息数据共享平台。二是新产业。发展网络视听产业，深入推进与上海网络视听行业协会的合作，采用“园中园”的方式共建上海(扬州)网络视听产业园，构建包含内容、产品、技术、运营、市场五大要素的“网络视听产业闭环生态圈”，2016年前实现“上海(扬州)网络视听产业园”挂牌运行，首批5家企业入园办公，2020年底入园企业超过30家，带动就业1万人以上。三是新传媒。依托网络、信息技术，以“三网融合”为发展契机，瞄准全国市场，大力发展现代媒体产业。拟建扬州广电现代媒体产业园，主要从事以影视内容为主体的影视技术和产品的开发，着力打造集影视申报、拍摄、制作、发行、交易及技术研发等功能于一体，具备完善的影视人才创新创业、工作培训体系，成为融入全球影视工业产业链的知名现代媒体产业基地。

3.打造“新氛围”

近年来，扬州始终坚持实施创新驱动战略，把科技创新作为转变经济发展方式的有力支撑和提高城市核心竞争力的关键环节，先后召开全市科技创新大会、创新型城市建设推进大会，出台《关于推进科技创新工程建设创新型城市的实施意见》、《扬州市创新型城市建设推进计划》，加大抓创新、促转型的工作力度，整合和集聚各类科技创新资源，不断提升自主创新能力。从2003年至今，扬州连续5次被评为国家科技进步先进市，2013年又获批为国家创新型试点城市、国家智慧城市试点示范市，邗江区、江都区、仪征市同时获批全国科技先进县（市、区）。扬州R&D占GDP的比重从2010年的1.86%提升到了2014年的2.20%，规模工业R&D投入从39.70亿元提升到74.59亿元。

五、扬州市文化产业融合创新典型案例

（一）建设扬州市运河产业带

2014年6月，在卡塔尔首都多哈举行的世界遗产大会上，由扬州牵头的中国大运河被列入《世界遗产名录》，成为中国第46项世界遗产。中国大运河绵延3200公里，涉及八省35个城市，两岸拥有数以万计的文化遗产。扬州是名副其实的中国大运河第一城。扬州是京杭大运河的发源地、通史式的城市，是国务院首批公布的中国历史文化名城。扬州运河具有历史最为悠久、运河体系最完备、水利工程技术与管理的创造性和典型的活态遗产特征。大运河成为扬州重要的历史文化名片。扬州运河形成了一系列重要的物质和非物质文化遗产，具有全国最早、品种全、品质高、作用大的特点，成为扬州的战略资源，在全国具有领军地位。精心设计好运河旅游产品体系，以运河为载体，以丰富的遗产点为依托，形成独具个性与特色的文化遗产体验游，让大运河遗产焕发活力，让大运河文化旅游品牌为扬州旅游增光添彩。扬州运河文化产业带可以打出四张牌，分别是"生态湿地牌"、"盐运漕运牌"、"传统工艺牌"、"演艺娱乐牌"，这些都是扬州独有的资源。整合起来后，能够最大程度地发挥运河文化产业带的效能。首先是"生态湿地牌"。扬州运河风光宜人，特别是近年来打造的"七河八岛"[①]，扬州市政府制定了一系列的法规，保护这片难得的湿地资源。此外，高邮市还将恢复马饮塘湿地公园。这些生态湿地打造出来的旅游资源，串联成线，便于发挥作用。第二张牌是"盐运漕运牌"，扬州是一座命运和大运河息息相关的城市，依靠着运河的盐运漕运功能，曾经铸造了富可敌国的传奇。而在

① "七河"自西向东分别为：京杭大运河、壁虎河、新河、凤凰河、太平河、金湾河、高水河。在这七条河流的分割下，天然呈现出了八个岛屿。"八岛"自东向西分别为：聚凤岛、芒稻岛、金湾岛、自在岛、凤羽岛、山河岛、壁虎岛、新河岛。

扬州，留下了大量的盐运漕运遗迹，串联起来，可以重温扬州城的繁华旧事。第三张牌是“传统工艺牌”。扬州的传统工艺天下闻名，在全国传统工艺美术11大类主要品种类别中，扬州有6个。扬州玉雕等16个传统工艺品种分别被列入国家、省、市级非物质文化遗产保护名录，拥有230多位各级工艺美术大师及60多位各级“非遗”代表性传承人。广陵古籍刻印社签署协议合作建立中国雕版艺术数字化研究中心及国内首个雕版字库；国书公司推出原样原色原大《四库全书》；广陵书社成立雕版印刷传习所等，很有特色。此外，还有“演艺娱乐牌”。扬州是一座历史文化名城，可以借鉴挖掘的内容很多。比如“春江花月夜”大型实景演出，以及“扬州三把刀”的民俗体现，都能够成为运河文化产业带的重要组成部分。运河文化产业带是将保护与开发融合，将古代文化与现代文明融合，将城镇建设与产业发展融合，将文化产业与其他产业融合发展的典型。

（二）建设文化博览城

为把扬州建设成为古代文化和现代文明交相辉映的名城，2006年5月，市委、市政府做出了建设文化博览城的重要决定。2007年1月，市政府下发了《扬州文化博览城建设规划纲要（2006—2020）》，成立了扬州市文化博览城建设领导小组，负责文化博览城建设中的重大项目、重要事项的决策和协调。文博城建设的根本目的是让城市“文起来”。要达到这个目的，文博场馆除了在建设上要凸显文化内涵、体现城市精神外，还要能够“活起来”，让市民和外来旅游者在参观游览中，有宛如行船于扬州2500年历史长河中的感觉；更要“用起来”，让文博场馆成为城市闪亮的“名片”，成为提升市民素养、塑造城市精神的重要载体，成为教育培养下一代的重要基地。“保护历史遗存、深挖历史积淀、打造文化之都”，是扬州城市发展的定位。经过10年努力，扬州市新建、复建、修缮、完善120个文博场馆，极大丰富了扬城文化旅游资源，促进了扬州由观光旅游向文化休闲游的转变。据不完全数据统计，2013年扬州市双博馆、汉陵苑、淮扬菜博物馆等21家主要文博场馆，共接待游客336万人次，开展各类活动198个。文博城已成为文化扬州新符号，为塑造城市品质，打造城市品牌发挥了重要作用。2014年市政府常务会议审议通过了《关于进一步做好扬州文化博览城建设管理和利用工作的意见》。提出将已建成的文博场所分为非物质文化遗产类、历史和现代人文类、古宅遗址类、民族宗教文化类、民间收藏展示类五个类型，实施分类管理。将文博与旅游深度融合，百余个文博场馆串成若干主题参观线路，开辟扬州八怪文化游、扬州非物质文化遗产游、东关古巷游、扬州古宅游、运河文化游、古城遗址游、宗教文化游、曲艺文化游、扬州淘宝游等线路，以旅游带动文化遗产保护，真正让文化遗产活起来。

(三)成立扬州市文化产业商会

扬州市文化产业商会由扬州报业传媒集团、扬州广电传媒集团、扬州工美集团、扬州歌舞剧院、扬州新华书店等5家单位牵头发起，目前已有会员单位100家，汇聚了众多有影响力的企业，比如中国银行、中国移动、瘦西湖旅游发展公司、华丽集团等，基本包括了扬州主要的文化企业以及相关实力企业，这些企业之间往往业务互补，可以合作的空间很大，由商会搭建起平台，通过会员间的交流，为文化与金融牵线搭桥。商会成立以来，致力于为做大做强文化产业服务。文化产业商会发挥文化企业之间的桥梁纽带作用，做政企之间的联络员，做政府决策的参谋，同时着力引进新项目，加强自身队伍建设，提高文化从业人员素质，加强行业自律。过去，文商好像是不相干的两件事，但现在通过商会这个平台，文商融为一体，文商一家，资源整合。

(四)实施“科教合作新长征”

扬州在深化产学研协同创新，加快集聚技术、项目、人才等创新资源的创新发展之路上迈出了坚实的步伐，载体共建、联合研发、校企联盟、人才交流等科教合作不断深化。由于历史的原因，扬州的工科类教育资源较少，扬州几个高校以文、农、旅游等为主，难以支撑扬州工业经济的快速发展，扬州必须加快“走出去、请进来”步伐。搭建扬州企业与知名高校院所、创新园区和企业的高水准合作平台，加快创新资源向扬州集聚。市政府分别与清华大学、上海交大、哈工大、中关村、中科院上海分院等签订战略合作协议，又与南京大学签订全面合作协议，形成了与全国排名前十的理工科院校，中科院、中关村两大科技高地建立紧密型合作的“10＋2”模式，并引进中关村—扬州科技成果产业化基地、启迪扬州科技新城等一批标志性、实体性科技项目相继落户建设。鼓励这些高新科技型园区积极吸纳新兴文化企业，加速推进具有自主知识产权的文化科技成果产业化。

六、扬州市文化产业未来发展展望

扬州市文化产业发展的定位是：国家低碳文化产业特色区；江苏省特色文化产业发展示范地；宁镇扬都市圈文化产业增长极。“十二五”期间，全市文化产业发展速度要明显高于国内生产总值增长速度，到 2015 年实现文化产业增加值占 GDP 比重达 6%以上。一批起点较高、特色明显的产业园区形成规模，一批具有较强实力的企业集团快速成长。“十三五”期间，扬州文化产业要坚持走创新融合发展路径，将文化和旅游融合、将历史和现代文明融合、将文化与创意融合，延伸产业链，聚集要素，完善配套，将文化产业发展成为文化名城的支柱产业。

（一）积极推进区域融合

在交通全面接轨南京“半小时都市圈”和长三角“一小时经济圈”的条件下，借机“一带一路”和跨江融合发展战略，积极融入华东旅游市场，持续改善旅游体验，打造扬州城市文化旅游品牌，进一步锁定更多文化旅游消费。推进线路融入，积极跻身华东旅游主流线路，主动嫁接长途旅游线，进而覆盖更多游客和更大市场；开发宁镇扬短途旅游精品线路，进一步整合景区优质资源，吸引高端客流，打造长三角文化旅游核心区。

（二）加速发展要素融合

坚持项目为王，大力推进中国人民大学文化科技园扬州分园、现代传媒广场、中国雕版印刷文化产业园等在建重大项目建设，加快形成产业发展新增长点；多渠道开展招商引资，重点瞄准国内外知名的大型文化产业集团，努力在新增 10 亿元以上文化产业重大项目上取得突破，力争落户一批龙头带动型重大项目，培育一批补链扩链型项目，积极引进一批文化科技型项目。坚持人才为纲，健全人才引进和激励制度，大力吸引各地人才特别是海外归国创业人才和国内精英人才来扬发展文化产业；依托扬州工艺大师、文化名人和高职院校，建立完善本土人才培养机制，重点培养一批中高等技能型人才和创意设计人才。坚持政策为基，为文化产业重大项目开通“绿色通道”，不断加强土地、资金等关键要素的协调和保障力度；用好用足中央和省支持文化产业发展的优惠政策，积极服务企业争取上级专项扶持；优化市级专项政策和资金的实施效果，不断增强市级资金的示范效应和杠杆作用。

(三)延伸拓展产业融合

横向拓展文化旅游业态，在以瘦西湖“国家文化旅游示范区”为核心，巩固文化观光游的基础上，做亮文化休闲游，围绕“中国温泉之城”称号加快发展温泉经济，依托 1912 街区、个园花局里、教场秦淮坊等街区打造一批娱乐休闲好去处；打造一台体现扬州地方特色、雅俗共赏、叫好叫座的晚间文化娱乐演出，不断做亮扬州“月光”旅游市场。做强文化会展游，主动接洽、攻关国家部委和行业协会，推动更多高层次、高级别会展活动汇聚扬州，力争每年举办全国性会展 10 次以上。开发主题互动游，瞄准国内外成熟的主题公园品牌，加快引进和建设一座文化主题公园，及时填补苏中、苏北市场空白，打造扬州互动旅游新特色。纵向拉长文化旅游产业链，大力弘扬扬州美食文化，认定恢复一批淮扬菜老字号，鼓励淮扬菜名店名厨针对高端市场开发红楼宴、八怪宴等特色品牌菜单，打造名副其实的文化饕餮；加快开发一批特色文化旅游衍生品，以玉漆器为形式开发中高端系列礼品、生活用品，推动毛绒玩具的专利化开发和品牌化发展，运用速冻、真空包装等技术将扬州包子、狮子头、老鹅等美食推广到更大市场；依托“双东”等古街古巷古居资源集中发展一批民居式客栈，将更多文化旅游消费留在扬州。

（石火培，扬州市统计局；刘怀玉，扬州大学水利与能源动力工程学院；丁蕾，浙江省嘉善中等职业学校；江小栋，无锡立信学校）

第八章 杭州：跨界融合创新助力产业持续发展

一、2015 年杭州市文化创意产业发展概要

二、杭州促进创意产业融合创新的重点方向

三、创意产业融合创新在杭州市文创产业发展中的实践探索

四、创意产业融合创新在杭州市文创产业发展中的经验归纳及未来展望

2015年，杭州市深入贯彻中央和浙江省有关决策部署，充分结合自身实际，在深入推进文化体制改革的基础上，紧紧围绕建设文化名城、文化强市和打造全国文化创意中心的奋斗目标，有序推动文创产业与相关产业融合发展，有力提升了全市“文创产业化、产业文创化”和“智慧产业化、产业智慧化”水平，为杭州经济转型升级和打造“历史文化名城、创新活力之城、东方品质之城”的三型城市做出了新贡献。

一、2015年杭州市文化创意产业发展概要

回顾2015年，杭州市以统筹协调、重点突破，市场主导、创新驱动为原则，扎实推进政策扶持、资金引导、平台提升、人才建设、合作交流等各项重点工作任务。

(一)主要工作举措

1.完善政策扶持

制定出台《建设全国数字内容产业中心三年行动计划(2015—2017)》、《关于深入推进文创产业与相关产业融合发展的实施意见》、《杭州青年设计师发现计划》、《杭州市初创型文化创意企业孵化工程(展翅计划)实施意见》和《杭州市成长型文化创意企业培育工程(登高计划)实施意见》。完成“杭州市‘十三五’时期推进全国文化创意中心建设思路及对策研究”、“杭州市‘十三五’时期文创人才队伍建设”等重点课题研究。启动《杭州市文创产业发展“十三五”规划》编制工作。

2.优化资金引导

积极修订《杭州市文化创意资金管理办法(试行)》、《杭州市文化创意资金

项目库管理细则(试行)》和《杭州市文化创意资金竞争性分配管理办法(试行)》等专项资金使用管理文件,适应财政新形势要求。依托杭州银行文创支行等在杭金融机构,有序运营文创产业无形资产担保贷款风险补偿基金、文创产业转贷基金等文创金融产品。积极筹备文创产业投资引导基金和“助保贷”文创金融产品,转变资金扶持方式。积极筹建杭州联合银行文创特色支行。

3. 完善平台建设

进一步强化园区载体建设提质增效。有序推动两岸文化创意产业合作实验区建设,加快国家文化创意产业创新实验区创建工作。以中国国际动漫节和中国杭州文化创意产业博览会为重点,创新办展理念,完善运作模式,构建展会大格局。成功举办了2015中国影视艺术创新峰会暨第三届中国影视产业推介会和第三届中国(杭州)国际微电影展等活动,强化交易新载体,增强展会的产业带动性。

4. 强化人才建设

成功举办7期文创企业家孵化工程培训班、成长型文创企业家高端培训班、创意智造高级复合型人才培训班和文创企业新三板培训班,累计培训360余人。成功举办三场文创人才专场招聘会,共吸引730余家用人单位参会,近22200人次参加招聘会,达成就业意向约5400人。成功举办11期创意力量大讲堂,受众达1600余人。杭州师范大学文创学院挂牌成立。有序推进“杭州影视业国际化青年人才培养计划”、“国大师带徒学艺”等文创人才重点项目。推进杭州文化顾问清华大学教授熊澄宇在杭成立文创咨询公司。

5. 扩大合作交流

组团参展第十九届(中国)香港国际影视展,11家杭州参展企业共实现成交额907万美元。“融——Handmade in Hangzhou”参展意大利2015米兰设计周,得到国际设计界的广泛认可。以“新杭线”为代表的文创组团在英国伦敦中国设计中心精彩亮相,并先后参展第十一届深圳文博会、2015海峡两岸文化创意与传统艺术展、2015爱尔兰·美丽浙江文化节及在澳门特区举行的“诗画浙江”旅游文化主题展等,取得明显成效。

（二）主要工作成效

1. 产业实力不断壮大

“十二五”期间全市文创产业快速发展，2011－2015 年，文创产业增加值分别为 843.3 亿元、1060.7 亿元、1359.51 亿元、1607.27 亿元、2232.14 亿元，累计增长 114.4％，平均增长 16.5％。2015 年，文创产业增加值同比增长20.4％，高于 GDP 增速 10.2 个百分点，占全市 GDP 比重 22.2％。按照国家《文化及相关产业分类》统计口径测算，2015 年全市文化产业实现增加值 855 亿元，增长 22.3％，占 GDP 比重 8.5％，比 2014 年提高 1.1 个百分点。据清华大学和台湾亚太文化创意产业协会联合发布的《2015 两岸城市文化创意产业竞争力研究报告》显示，杭州文创实力居中国大陆城市第三。

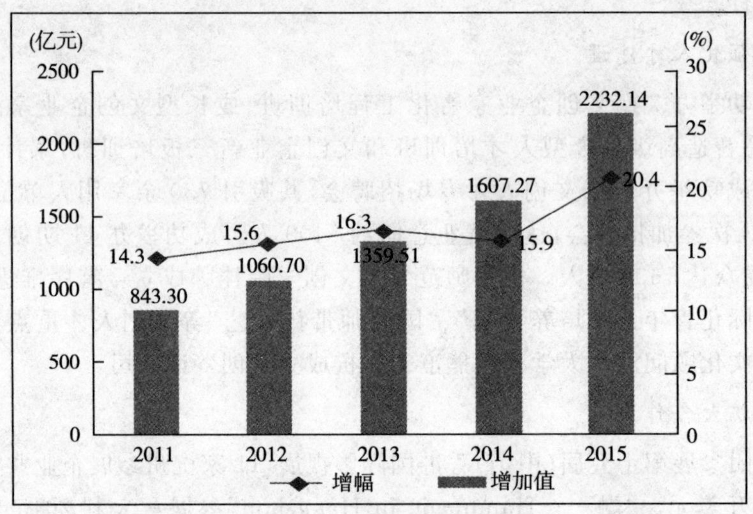

图 8－1　2011－2015 年杭州市文创产业增加值及增速

资料来源：杭州市统计局。

2. 行业优势日益突出

从核心层重点行业来看，杭州市信息服务业在阿里系龙头企业的带动下，实现增加值 1103.96 亿元，增长 27.8％，占文创核心层增加值比重 49.5％，总量位居首位。其次是设计服务业、教育培训业，实现增加值分别为 290.44 亿元和176.88亿元，分别增长11.4%和13.2%，占比分别为13%和7.9%，位居第二和第三位。现代传媒业在广电影视行业的强力拉动下，2015年实现增加值141.66亿元，增长32.1%，增幅居各行业之首。

表8—1 2015年杭州市文创产业增加值情况

	增加值(亿元)	增幅(%)	比重(%)	增长贡献率(%)
合计	2232.14	20.4	100.0	100.0
核心层	1828.30	22.8	81.9	89.8
信息服务业	1103.96	27.8	49.5	63.4
设计服务业	290.44	11.4	13.0	7.9
现代传媒业	141.66	32.1	6.3	9.1
艺术品业	28.41	7.6	1.3	0.5
教育培训业	176.88	13.2	7.9	5.4
文休旅游业	66.29	16.2	3.0	2.4
文化会展业	20.66	22.0	0.9	1.0
外围层	403.84	10.6	18.1	10.2

资料来源：杭州市统计局。

3.园区基地提质增效

2015年，两岸文化创意产业合作实验区的核心区块——杭州创意设计中心正式开园，“故宫博物院(杭州)文化创意中心”、“台湾顶级工艺创新设计中心”及洛可可等知名文创企业机构落户入驻，并与之江文化创意园和淳安县千岛湖两岸文创培育基地一起获得“两岸文创产业合作实验示范基地”称号。有序推进国家文化创意产业创新实验区创建工作。加快中国(浙江)影视产业国际合作实验区杭州总部等重点园区及市级文创小镇培育对象建设。目前，24家市级文创园区，已建成面积达1418.23万平方米，已使用面积达1363.52万平方米；共集聚文创企业4749家，从业人员约15.28万人。

4.金融服务助推有力

在有序运营无形资产担保贷款风险补偿基金的基础上，细分文创领域，推出影视产业风险池基金和动漫游戏产业非抵押类贷款风险补偿基金等多个风险池产品，完善文创产业融资风险共担机制。同时，与省建行合作推出文创产业助保贷平台，拓宽小微文创企业融资渠道。推动杭州联合银行文创金融服务中心成立，进一步提升杭州文创金融专业服务水平。杭州银行文创支行成立两年来已累计为超过200家文创企业授信达20亿元。

5.品牌培育效应凸显

成功举办第十一届中国国际动漫节和第九届杭州文博会，两大展会国际化、产业化、品牌化水平进一步提升。在第七届“全国文化企业30强”评选中，杭州的宋城演艺、华策影视再次入选，思美传媒入选提名企业名单。组团参展第十九届（中国）香港国际影视展，11家杭州参展企业共实现成交额907万美元。以传统手工艺的传承与再造为特色的重点项目“融——Handmade in Hangzhou”近年来亮相于米兰三年展中心、巴黎罗浮宫、香港设计营商周等境内外知名展会或场馆，在此基础上，参展意大利2015米兰设计周，作品曾先后被瑞士卢加诺文化博物馆、伦敦博物馆等收藏，得到国际设计界的广泛认可。以“新杭线”为代表的文创组团在英国伦敦中国设计中心精彩亮相，并先后参展第十一届深圳文博会、2015海峡两岸文化创意与传统艺术展、2015爱尔兰·美丽浙江文化节及在澳门特区举行的“诗画浙江”旅游文化主题展等，取得明显成效。

（三）主要工作亮点

1.数字内容产业中心建设成绩斐然

在杭州市大力推进“一号工程”、“智慧经济”的决策部署下，以文化和科技为特征的数字内容产业成绩尤为突出。2015年，杭州数字内容产业实现增加值1234.45亿元，增长35.5%，比上年提高0.3个百分点；规上企业主营业务收入2308.11亿元，增长57.7%，比上年提高26.7个百分点；实现利税771.5亿元，增长27.7%；利润651.14亿元，增长25%。

2.中国数字阅读大会在杭召开

4月21日，世界图书日前夕，首届中国数字阅读大会在杭州正式拉开序幕。会议以“融合·创新·梦想”为主题，研究推进数字阅读发展；全国最大的数字阅读运营企业咪咕数字传媒有限公司落户杭州，并重磅发布了2015数字阅读白皮书，启动了“2015数字阅读+”计划，推出“悦读中国”榜中榜。来自数字出版、文化产业和互联网相关企业的近700多位精英“共襄盛举”，从行业纵深、转型发展、跨界合作等方面全方位展现了数字阅读的行业潜能。

3. 入选全国影视重点资助项目名列全国同类城市第一

2015年，杭州市继续深入推进“文化精品工程”建设，电影《营救飞虎队》，电视剧《鸡毛飞上天》、《刀尖》、《山外青山楼外楼》，纪录片《话说钱塘江》等5部作品入选中宣部、财政部举行的首届全国影视重点资助项目评审，占全国入选项目总数（全国共22部）近四分之一，占全省入选项目总数（浙江共7部）的70%，名列全国同类城市第一。同时，越剧《玲珑女》、交响乐《七阙西湖》、杭州小热昏《分财产》、中国金石篆刻艺术海外推广活动、木版水印艺术传承专业人才培养等5个项目入选文化部国家艺术基金2015年度立项资助项目。

4. 杭州两民企入选全国“文化企业30强”

经多年培育，杭州民营文创企业持续保持强大活力。2015年5月14日，中宣部召开了文化产业发展座谈会，会上所公布的“文化企业30强”名单中，全国共有8家民营企业入选，其中，杭州宋城演艺发展股份有限公司和浙江华策影视股份有限公司两家杭州企业入选，占全国入选民营企业总数的四分之一。

5. 两岸文化创意产业合作实验区的核心区块——杭州创意设计中心正式开园

2015年10月15日，杭州创意设计中心正式开园。全国人大财政经济委员会副主任委员、两岸企业家峰会文创产业合作推进小组大陆方召集人吕祖善，副召集人杨建新，中国台湾方代表许耿修，故宫博物院常务副院长王亚民，以及市、区领导，有关部门（单位）、两岸知名文创企业、机构代表和媒体人士共300余人出席活动。“故宫博物院（杭州）文化创意中心”、“台湾顶级工艺创新设计中心”及洛可可等知名文创企业机构落户入驻。同年11月，杭州创意设计中心与之江文化创意园、淳安县千岛湖两岸文创培育基地一起获得了“两岸文创产业合作实验示范基地”称号。

6. 成功举办系列专业文化会展活动

第十一届中国国际动漫节以“国际动漫·美丽杭州”为年度主题，组织实施了58项活动，共吸引了78个国家和地区参与，617家中外企业、机构参展参会，参与国家和地区数再创新高。第九届杭州文博会吸引了20余个国家和地区的2000余家文创企业、机构参展，1300余位国内外业界名人、专家学者及约32.68

万人次观众参与；同时开展了20余项商务活动，完成签约项目129项，达成实际成交及意向成交（含项目融资）金额约28.82亿元。

二、杭州促进创意产业融合创新的重点方向

根据《国务院关于推进文化创意和设计服务与相关产业融合发展的若干意见》（国发〔2014〕10号）等文件精神，杭州结合自身实际，紧紧围绕建设全国文化创意中心的战略目标，出台了《关于深入推进文化创意产业与相关产业融合发展的实施意见》。2015年，杭州深入贯彻相关文件精神，进一步明确了融合发展的总体目标和基本原则，就7大融合重点领域深入推进工作开展，为文创产业与相关产业全方位、深层次、宽领域融合发展格局的基本建立奠定了良好的开端。

（一）加强文创产业和制造业融合

整合在杭企业、高校、科研院所的资源力量，大力培育专业设计研究机构，加快杭州创意设计中心建设，争创一批国家级、省级工业设计中心。以“四换三名”工程实施为契机，围绕先进装备制造、轻工业等优势行业，大力发展先进装备制造设计业、包装与模型设计业、家电轻工产品设计业、运动器材设计业等工业设计业，着力提高文创产业的渗透度和融合度，增强全市制造业的核心竞争力，推动“杭州制造”向“杭州创造”转变。创新管理经营模式，参与标准制订，鼓励知识产权保护与转化，加强广告营销策划，促进传统文化和时尚消费、电子商务相融合，促进创意和设计产品的生产、交易和成果转化，抢占“微笑曲线”两端，加速传统制造产业转型升级。

（二）加强文创产业和信息科技融合

以“一号工程”为引领，坚持“内容为王”，促进文创和智慧、文化和科技深入融合，扎实推进杭州国家级文化和科技融合示范基地建设，打造全国数字内容产业中心。围绕数字游戏、数字动漫和数字影视等行业，充分发挥龙头企业的引领带动作用，大力发展数字娱乐产业，进一步提升全市数字娱乐产业的综合竞争力和在全国的首位度。围绕数字电视、数字报业、新媒体广告、移动通信媒

体和网络视听等行业，大力促进传统媒体与新兴媒体融合，着力打造一批具有竞争力、传播力、公信力和影响力的新型传媒集团，形成立体多样、融合发展的现代传播体系，打造数字传媒业新优势。以国家数字出版基地建设为依托，围绕数字阅读业、数字印刷业等行业，实施大项目带动，形成百亿级的产业集群。加强文创元素的数字化采集、整合、加工与利用，重视文创衍生产品的创新性开发。

(三)加强文创产业和城镇建设融合

积极发挥在杭各大建筑设计企业和研究机构的引领带动作用，充分利用浙江大学、中国美术学院等在杭院校的学科优势，大力发展建筑设计、环境规划设计、园艺设计、城市色彩设计等建筑设计业，提升建筑文化品位和附加值，促进城市有机更新。结合"美丽杭州"和新型城镇化建设，加强城市建筑设计和景观风貌规划，突出地域特色，加大对文物保护单位和历史文化街区、建筑以及传统村落的保护力度，提升园林绿化、建筑设施、公共艺术的设计质量水平。结合"风情小镇"建设，附加文创内容，鼓励文化资源丰富、自然环境优美的乡镇和乡村，利用现有农居，因地制宜发展创意民宿业。贯彻节能、节地、节水、节材的建筑设计理念，推进技术传承创新，积极发展绿色建筑。

(四)加强文创产业和休闲旅游融合

依托杭州丰富的旅游资源和文化资源，积极探索旅游观光、休闲娱乐、文化体验、商务会展"四位一体"的产业发展模式，着力开发一批特色旅游休闲产品，提升旅游产品开发和旅游服务的内涵性、多样性、趣味性与互动性。以杭州成为"双世遗"城市为契机，加强对西湖、运河、良渚、西溪等文化遗产以及非物质文化遗产的保护和利用，推进文化资源向旅游产品转化，建设文化旅游精品。积极发展休闲度假旅游，大力发展乡村旅游。充分把握信息经济发展机遇，加快智慧旅游发展，促进旅游与互联网融合创新，提升旅游资源营销策划与宣传推广的能力与水平。加强旅游纪念品的设计开发，提高旅游纪念品的品质和附加值。

(五)加强文创产业和现代农业融合

以文创西进战略的实施为依托,全面挖掘农业潜能,把科技、文化、产业、市场和生态环境有机结合,探索创意农业发展新模式。挖掘杭州市农村文化资源,不断丰富农业产品、农事景观、环保包装、乡土文化等创意和设计,提升农产品附加值。打好历史牌、文化牌、生态牌,促进农耕文化、地域文化、时尚文化与农业发展相融合,建设一批集农耕体验、田园观光、教育展示、文化传承等功能于一体的休闲农业园和文化体验式博物馆,发展乡村休闲旅游、现代民宿、农村电子商务、养老养生等新业态。支持农业企业申报、推介绿色环保产品和原产地标注,鼓励农业企业利用电子商务技术和浙江农博会等平台,进一步拓宽农产品营销渠道。

(六)加强文创产业和健康产业融合

顺应居民消费结构升级趋势,积极促进文创产业与健康产业融合发展,满足人民群众多层次、多样化的健康服务需求。深度挖掘中医药文化,充分发挥中医医疗预防保健特色优势,推广科学有效的中医药医疗、养生、保健服务。鼓励发展多种形式的体育健身组织和赛事活动,以及开展运动休闲、健身培训、健身指导咨询等服务。结合"杭州市休闲基地"、"风情小镇"和"三江两岸"生态景观保护与建设,培育发展以骑行、登山、滑翔和水上运动等项目为特色的体育休闲基地。充分发挥杭州市在电子电器、信息技术等领域的产业优势,鼓励、引导企业开发移动终端、穿戴式智能设备等时尚健康终端产品。利用广播电视、平面媒体以及互联网等新兴媒体,培育和弘扬健康文化,培养健康消费习惯。

(七)加强文创产业和品质生活融合

坚持古为今用、创新发展,深度挖掘杭州市独特的文化资源,围绕女装、丝绸、茶叶、陶瓷、铜雕以及伞扇剪等传统优势行业,鼓励特色文化元素、传统手工技艺与创意设计、现代科技、时尚元素相结合,积极引导企业和广大市民设计、制作、生产创意产品,融文化创意、深度体验及生活美学于衣、食、住、行、游、购、娱等领域,大力发展创意生活业,提升居民生活文化品质。结合中国国际动漫节、中国杭州文化创意产业博览会、杭州艺术博览会、创意生活节等活动,吸引更多的市民走进文化创意展馆、会场、园区和企业,不断提高市民群众对文创产业的认识度、参与度和融入度。继续开展青少年"第二课堂"、社区民间艺术展演等活动,为广大青少年学习手工技能、体验生活美学创造条件。

三、创意产业融合创新在杭州市文创产业发展中的实践探索

跨界融合、转型升级是时下文创产业界的热门话题,是文创企业占据有利竞争格局的重要路径。近年来,杭州已有一批文创企业先后从专业化转向多元化,竞争优势横向拓展;从单一环节转向全产业链,业务垂直一体化延伸;部分上市企业更是在原本行业开展生态革命,转换主营业务,形成重大突破。

(一)万事利:传统制造业的专业坚守

杭州素有"丝绸之府"之称,成立于 1975 年的万事利前身便是这"丝绸之府"中的丝绸世家。近年来,坚持以"跨界和融合"作为企业发展理念的万事利集团将文化内涵、品牌提升和高科技核心技术注入传统丝绸生产,力推转型升级、实现华丽转身,为创造和提升企业价值带来了新的思考。目前,蜚声海内外的万事利早已脱离低端的丝绸面料加工业务,在文化创意领域,围绕传统丝绸制造业开拓了丝绸服饰产品、丝绸家装材料、丝绸文化礼品和丝绸艺术作品等创新业务。

1. 借助体育活动,以品牌提升打造丝绸"礼品经济"

以其著名的"奥运彩"为例,2003 年,怀揣着让品牌家喻户晓的万事利总裁李建华无意间看到 2008 年北京奥运会的筹备新闻,当即就预感到了其中的机会,毅然组建了一支团队主动与奥组委取得联系,并要求免费提供企业产品。由于抢占了先机,万事利顺利取得了 2008 年北京奥运会特许经营商的资格。2008 年 8 月 8 日,北京奥运会开幕式上,"青花瓷颁奖礼服"惊艳世界。该礼服在全部采用苏式缂针刺绣的基础上,专门从苏州聘请了一批技艺精湛的老绣娘,采用纯手工技法,不惜成本和时间精工细作,每一件礼服至少耗费半个多月,仅成本就数万元,总价不下 500 万元,但这一切全都是不取分文为奥运喝彩的贺礼。

随着丝绸礼服的集体亮相,万事利一夜之间名声大噪,借助北京奥运会这

一契机。万事利奠定了其丝绸文化产品的品牌形象和业务基础。此后，万事利先后与广州亚运会、世界大学生运动会、第八届残疾人运动会等全国各类体育盛会亲密接触并成功牵手，将中国丝绸的柔美与奥林匹克的阳刚之美进行完美结合，在支持体育事业的同时弘扬丝绸文化，在扩大品牌效应的同时打造“礼品经济”，被众多媒体誉为“世界顶级盛会上的万事利现象”。

2.依托房产行业，以融合科技拓展丝绸新业务

虽是丝绸行业的领军企业，但身为万事利总裁的李建华基本不参加丝绸行业的行业会议，而是喜欢与其他不同行业、不同领域的人打交道。他认为，只有跳出行业本身，才可能不被行业固有思维束缚，才可能超越狭隘的竞争视野，吸纳新的观点和灵感。在某次与房地产老总的聊天过程中，李建华萌发了把丝绸做成墙纸的新灵感，随即就决定拓展一项新业务——家装材料。2014 年夏，万事利推出的新产品“真丝凉席”一经问世，多次脱销。该产品以柔软舒适、保健养生而叫座，被多家企业争相订购。

万事利家饰材料的成功叫座不仅在于它契合了百姓对提升生活品质的需求，更不得不归功于科技研发上的坚实基础和万事利对丝绸传统艺术的潜心挖掘。丝绸装潢以丝绸的环保和生活属性为关注点，万事利利用其天然、可循环的蛋白纤维材料，大大减少装饰房间的化学污染，既环保又奢华。通过文化和科技融合的途径，万事利研发的真丝凉席、丝绸墙纸、丝绸沙发等产品已陆续进入了人们的生活。

3.深挖文化元素，以科学定位升级产品结构

从清华大学百年校庆的“清华彩”到浙江的“浙报彩”，从洛阳的“牡丹彩”到南昌的“城运彩”，从 2008 年北京奥运会上的“青花瓷颁奖礼服”再到代表奥运拼搏精神的“奥运彩”，万事利始终以把文化内涵和高科技技术注入传统丝绸为核心。在企业发展过程中，从品牌出发，以文化为内核，以科技为支撑，为丝绸注入鲜活动力，实现了丝绸在文化创意礼品、装潢装饰和艺术品等领域的延伸与拓展，为中国传统产业的转型升级提供了范本，为创新提升企业价值的实践带来新的思考。

(二)二更:打造原创精品的互联网平台

创办于 2014 年 11 月的杭州本土品牌“二更”(二更视频)，是一个以微信公

众号为载体，记录城市生活，捕捉生活美学的互联网新媒体平台。她以“新媒体＋影视传媒＋文化创意”为发展模式，以“文艺·生活·精致”为栏目定位，以微纪录片形式捕捉城市风景，记录人物生活点滴，挖掘影像背后的故事。截至2016年1月，“二更”已经拥有了400多万粉丝，每期阅读量均超过10万，能统计到的全网视频播放量近6亿次，在各种新媒体排行榜长期位居前十，迅速成为新媒体视频的主要推动者。

1. 以理念为引领，专注内容创新

二更自成立之初便始终以新产品为基础，以新理念为引领，把内容、运营、技术三驾马车视为企业发展的关键驱动力。尤其在内容上，二更视频坚持镜头刻画的自然细致，价值内核的正面深刻。她以美好的人物和事物为关注对象，既捕捉城市风景，又记录人物生活点滴，在致力于传统文化价值回归的同时，表现了当代社会背景下多元的精彩生活方式。

同时，二更在节目类型上不断创新与完善，现已建立起了完整成熟的产品线，创新打造了一系列脍炙人口的视频栏目。截至目前，除了最经典的栏目“微记录”，现已发布400余期；二更还与《中国国家地理》联手打造了发现之旅节目“地道风物”；联合国内最有影响力的时尚媒体，为二更数百万女性受众量身定制的时尚互动类节目“二更时尚”；联合腾讯公益基金会、国内优秀的NGO公益组织及媒体人启动的“二更公益”；坚持“原生营销”理念，以独特视角挖掘品牌传播点的“二更伙伴”（商业片）；以及“二更微电影”、“二更一味”、“二更MV”、“二更城市”等共九大节目产品，最大可能地覆盖各类受众群体和市场需求。

2. 以时代为脉搏，建立新媒体矩阵

二更现已拥有“二更”和“二更食堂”两大微信公众号，开辟了面向年轻女性用户的轻漫画频道“慢漫来”、发现食物之美的原创视频频道“隐藏菜单”，以及针对本地城市文化的系列视频频道“更城市”系列，建立了内容和人群细分、各频道特征鲜明、展现形式多样的二更品牌系新媒体矩阵。

以“二更”视频为例，其受众以一二线城市、25～35岁、中等及以上文化和收入水平、男性为主，受众群体对文化及生活质量有较高要求，对内容偏好新鲜有趣、有情怀并与生活方式相关的内容。“二更食堂”以图文形式为主，受众为一二线城市，22～30岁、中等及以上文化及收入水平、女性为主。二更食堂为其受众打造了围绕“关爱女生生活与情感”的一切内容，现已建立固定的栏目内容。

出版书籍《陪你说一世晚安》，成功打造品牌漫画形象“食堂君与小堂妹”。“慢漫来”栏目以漫画图文内容为主，是“二更食堂”衍生出的动漫 IP，以“食堂君”、“小堂妹”为主要形象，受众人群与二更食堂相仿。此外，二更食堂正在进行视频化尝试，未来将形成微电影、时尚专栏等固定的视频栏目。

3. 以需求为导向，实现全媒体多屏传播

成立近一年半来，二更凭借其优质的内容建立了庞大的全媒体传播矩阵，实现了全媒体合作，令其品牌得以迅速推广。目前，二更节目已全面覆盖腾讯、搜狐、优酷、乐视、爱奇艺、新浪等全国近 20 大视频新闻门户网站；获得今日头条、秒拍、美拍、天天快报、界面、开眼等热门视频资讯类 APP 的重点推荐；入驻小米、芒果 TV、华数等热门智能电视盒子频道；并覆盖东航、海航等机上媒体、地铁、公交电视等公交媒体，实现了真正意义上的全媒体多屏传播矩阵。在二更全媒体多屏传播矩阵的运营模式下，目前二更视频全网总播放量超 6 亿次，平均每部作品播放量达到 150 万次以上，单条视频最高播放数达到 500 万次。

4. 以创新为驱动，探索全面跨界合作

二更成立至今，一直致力于新模式的探索及与各领域跨界合作的可能。目前二更与媒体、政府、公益组织、知名商业品牌等均建立了良好的合作关系。

基于二更视频内容的正能量，其价值观导向得到了政府部门与百姓的认可。近年来，二更已先后为国家农业部、国家民政部、浙江省旅委、浙江省纪录片协会等政府部门项目及 G20 峰会筹备、中国国际动漫节等国家重要展会活动提供了视频内容创作，获得了广泛的肯定与好评。

在媒体方面，二更已与时尚集团、现代传播、国家地理、lens 杂志、中国新闻周刊等大型纸媒品牌建立合作关系，将自身强大的视频创作能力用于此类知名纸媒的平面内容视频化和互联网化，以运营模式的不断提升，助力传统媒体从内容到形式上的转型升级。与腾讯公益、公益邓飞、南方公益等机构合作，启动“二更公益”项目，重点关注弱势群体、环境保护、文化传承等社会问题，引导更多的个人和机构参与其中。二更拍摄的一系列公益短片，如 E 农计划、雨林保护、重庆老城纪录等，引起了社会广泛关注，多部短片先后获得国内外公益大奖。

目前，二更的商业合作伙伴已逾上百家，包括阿里巴巴、奔驰、宝马、太平鸟、CK、金龙鱼、百雀羚、银泰、老板电器、大众点评等国内外知名品牌。

(三)杭州银行文创支行:文创金融的杭州模式

自2007年杭州提出打造“全国文化创意中心”这一目标以来,经过多年的悉心培育,文创产业已成为杭州经济发展的支柱产业和重要推动力。文创产业的快速发展对金融服务提出了新的要求,同时也为银行业务的转型升级提供了重要方向,如何突破银行的“传统眼光”,寻求解决文创企业尤其是大量中小微文创企业因“轻资产”产生的“融资难”问题,成为摆在银行面前的现实课题。2013年10月,在杭州市委、市政府的大力支持下,杭州银行正式设立国内首家文创金融专营机构——杭州银行文创支行,专注服务于杭州地区八大重点文创行业中的文创企业。成立两年多以来,文创支行按照“专营机构、专业人员、专心致志”的“三专”理念,在文创金融领域内先行先试,实现了良好起步。截至2016年2月28日,支行存款余额已突破20亿元,并已为180家文创企业和120个小微创业者提供12.4亿元信贷支持,客户规模以中小微企业为主,行业分布覆盖了现代传媒业、动漫游戏业、设计服务业、教育培训业、艺术品业和信息服务业等杭州市八大文创重点产业。

1.跨界融合战略引领

杭州银行总行将发展“文创金融”视作全行调整业务结构、转变发展方式、塑造专业品牌、形成业务新增长点的重要举措。银行以文创支行为试点,以特色产品为抓手,通过专业化流程管理,在全行范围内整合资源,针对影视传媒、动漫游戏、新媒体及艺术品业等重点行业领域树立品牌亮点,为文创类企业提供一站式的投融资综合服务,在文创金融服务领域形成核心竞争力。

2.先试先行特色经营

为符合文创产业的发展特性,推进文创金融特色化经营,杭州银行按照“行内专营机构”的体制定位,通过“四项单独”+“三个特殊”政策(“四项单独”指单独的客户准入标准、单独的信贷审批流程、单独的信贷资源倾斜和单独的信贷定价机制;“三项特殊”指杭州银行总行对文创支行实行特殊的风险容忍政策、特殊的业务协同政策和特殊的绩效考核政策),为文创支行的运行建立了一整套与现行普通银行管理制度相区别的运行机制,降低了文创中小型企业银行融资的准入门槛和融资成本,提高了文创企业的融资效率。同时,杭州银行坚持客户分层管理。根据“文创金融”客户所属行业及其所处成长阶段,将现代传媒业、动漫游戏业及艺术品业，以及其他处于初创和培育期的文创类企业划入C类客户，列入重点行业研究和政策支持范围，并要求由专营机构和专营团队提供服务，做到专业专注。

3.着力推进产品创新

为了切实应对广大中小微文创企业因“轻资产”、“融资难”等问题，杭州银行与杭州市文创办联合创新推出了“杭州市文创产业无形资产担保风险补偿基金”，成为文创产业金融创新的重要举措。传统财政资金扶持企业的手段主要为设立专项扶持资金，直接奖励或者补贴企业，风险池基金模式则是将财政专项扶持资金转化为风险补偿基金，银行通过杠杆放大，以信贷方式间接支持企业发展。杭州市文创办出资2000万元设立的风险补偿基金，两年来，已经有100余家企业以版权、股权、应收账款等企业无形资产为核心质物，甚至以信用等形式，共获得杭州银行文创支行的5亿元贷款，银行信贷对风险池基金的放大比例达到25倍，凸显了财政资金的杠杆撬动效应。

此外，通过对八大重点文创行业的深入调研，对各子行业金融服务需求的规律与共性的探索，杭州银行文创支行目前已初步形成了关于动漫游戏、艺术品、现代传媒、教育培训产业和移动互联网等行业的创新金融方案。如针对游戏行业，推出游戏工厂信贷模式；针对现代传媒行业，推出影视行业夹层贷款模式；在艺术品行业融资方面，支行通过与专业第三方机构或拍卖公司合作，试水艺术品质押融资产品；针对教育培训行业和移动互联网行业，探索尝试银投联贷模式。

(四)杭州留青文化：让艺术品交易更便捷

致力于打造“互联网+艺术品”平台，实现随时随地能够自由拍卖的杭州留青文化艺术有限公司，自2005年先后开发了博艺网和艺趣网，并逐步将其打造成为国内艺术界的两大知名艺术品网上交易平台。2015年，在文创产业与相关产业跨界融合的浪潮下，根据市场需求，杭州留青文化创新开发了中国艺术品在线拍卖第一品牌——艺易拍，致力于打造中国最先进、最完善的艺术品移动电子商务平台。

1.创新实践“互联网+”，提供交易新平台

早在2005年，杭州留青文化艺术有限公司CEO杨飚就曾在某书画论坛上

尝试自主完成了一次书画作品交易,并由此获得启发,创新探索起了艺术品网络化交易的新路子。同年 9 月,杨飚创建了"博艺网",开创了艺术品网上交易的全新体验,通过对互联网技术的充分运用,加强人与人之间信息的交流和共享。博艺网在艺术品交易、艺术品拍卖预展查询、艺术人文交互社区、艺术名家博客、艺术新闻资讯中心、学术性艺术家网上展览和互联网应用、服务等技术方面,迅速跃居国内业界领先地位。近年来,该网站已成为中国颇具影响力的中文艺术门户网站之一,并为艺术家、艺术爱好者提供了强大的交流展示平台。

2. 紧跟融合浪潮,探索拍卖新模式

在创新开发了"博艺网"后,凭借其对市场的敏感性和对推动中国艺术发展的使命感,杭州留青文化又乘着"互联网+"的大潮,先后开发了艺趣网、博艺网中国书画交易中心两大艺术品电子商务交易平台,真正踏上了"互联网+艺术品"的融合之路。两大交易平台自成立以来,共推出原创艺术类相关专题近千个,不受时间和地点限制的艺术家网上艺术展 1500 余场,自主研发了为艺术家提供强大交流平台的个人授权艺术家官方网站达 2000 余个,为全国各知名拍卖机构提供网上拍卖预展达 400 余场,开通 6000 余位艺术家博客,发布艺术类咨询逾 11 万条。同时,博艺网推出了八大各具特色、涵盖万千的网上艺术类相关内容频道,成为中国艺术界网络生活应用不可或缺的部分。

3. 强化技术应用,优化交易新体验

随着移动互联网对日常生活的深度渗透,杭州留青文化在成功打造了"艺趣网"、"博艺网"之后,再次抓住了现代科技的红利,充分利用具有广泛市场基础的微信平台,建立了'留青微拍群',通过几个月的微拍活动,数个微拍群同时几百人在线的竞拍,取得了一定效益。然而,没过多久,微拍的种种限制也接踵而至,参拍人数受限、用户安全缺乏监管等弊端频现。针对这些瓶颈,"艺易拍"APP 应运而生。

2015 年 6 月 28 日,留青文化正式将经过强化技术应用、优化交易体验而研发的"艺易拍"进行了上线发布。该软件作为一款致力于网络拍卖的 APP 软件,使动动手指就能在手机客户端上完成拍卖成为可能,使艺术品交易过程更为简单、方便、快捷得以实现,传统艺术拍卖形式被彻底颠覆。"艺易拍"凭借现有成熟的网络技术,形成了一套便捷有效的"上拍—预展—拍卖—结算"流程。通过实时拍卖大厅模拟拍卖现场气氛,利用移动端的优点即拍(拍摄)既拍(拍卖)。与传统的拍卖公司相比,"艺易拍"上拍手续简单、结账周期短、佣金较低等优势明显。而相较于纯粹的互联网公司而言,艺易拍因为有着"留青艺术馆"这一实体展示区,通过展示,让网拍更具真实性。艺易拍自 2015 年 6 月 28 日上线以来,共计组织 200 余场专场拍卖,拍品涵盖古代书画、近现代书画、当代书画、文房杂件、珠宝、翡翠、文化奢侈品等。截至 2015 年底,艺易拍实现收入 2300 万元,净利润 1200 万元。

(五)淳安渔业:传统渔业、品牌渔业、文化渔业的转型升级路

说起千岛湖,除了其秀丽山水,人们不得不提到千岛湖的有机鱼。近年来,千岛湖无处不"鱼",其有机鱼已逐步融入到了当地经济、生态和文化的发展之中。2015 年,以文化休闲旅游为代表的新兴业态在淳安发展的规模和速度上持续领航。目前,淳安已显现了一批具有区域特色的文创产业业态,成功推出"富丽乡村"系列旅游产品;打造了集休闲旅游、文化经贸于一体的"中国·杭州千岛湖秀水节"、"中国杭州·千岛湖有机鱼文化节"等品牌活动;形成了以鱼文化为统领、鱼产业为核心,集创意设计、文化体验、旅游消费于一体的鱼文创产业链。

1. 以创意助力渔业转型

以千岛湖发展有限公司为代表的一些本土文创企业,通过将创意融入当地渔业的养殖、捕捞、食用、推广等系列环节,实现了传统渔业的转型升级。公司首先从统一人员着装、设计起网号子、建设捕鱼看台、导游专业讲解等环节入手突破,从改进捕鱼设施,改变捕捞方式着手提升,创新打造了被誉为"中华一绝"的千岛湖旅游观光项目——"巨网捕鱼"等项目;在增殖放流环节,通过植入生态和环保理念,形成了"千岛湖生态环保放生旅游活动";在鱼头的餐饮环节,通过创新设计"启封仪式",将普通的揭盖用餐升华为游客喜闻乐见和参与体验的"品鱼"礼仪;在营销推广环节,将盛鱼头的餐具通过创意包装设计成形象统一的"淳鱼砂锅",并获得专利,以此向国内各大城市传递"千岛湖"的山水温情。同时,千岛湖公开出版发行了《中国鱼·一个鱼头和千岛湖的故事》,用文化书籍传播"千岛湖和鱼头"的故事;连续举办 5 届"中国杭州·千岛湖有机鱼文化节",通过品牌节庆推广千岛湖。近年来,千岛湖先后被评为"全国农业旅游示范点"、"国际社会旅游访问点"、"千岛湖有机鱼休闲观光园区"等。

2.以文化提升休闲旅游

千岛湖素以旅游为支柱产业。近年来,文化创意元素的融入,使产业有了新的面貌。作为国内第一个"休闲渔业公园"——千岛湖钓鱼岛,搭建起了一个鱼文化旅游平台。该平台以"体验捕鱼"专利为核心,开展了"钓鱼、品鱼、观鱼、拓鱼、捕鱼"等系列体验旅游活动,深受游客喜爱,被评为"全国休闲渔业示范基地"、"浙江省精品休闲渔业基地";创建的鱼文化主题馆——千岛湖鱼博馆,让游客亲身领略到了千岛湖最远古、最大的鱼所带来的震撼,体验到了最原味的九姓渔民生活,欣赏到了巨网捕鱼、鱼拓艺术等旅游活动,使用到了原创的千岛湖鱼文化工艺品,把"鱼筷"带回家。

3.以专业活动带动国际交流

经过农业部、民政部的审批同意,淳安千岛湖搭建了"中国鱼拓专业委员会"这一国际鱼拓交流平台。委员会开展中国、日本、韩国、法国、奥地利等国际鱼拓交流 20 余场次,举办了四届国际鱼拓大赛、10 余场国际鱼拓作品展,共吸纳国内鱼拓会员 110 余人、评定鱼拓理事 16 人。同时,委员会以"百条鱼、百首诗、百方印"为创作主题,历时 3 年,组织创作了《千岛湖锦鳞图》巨作,成为国际鱼拓界的绝无仅有。

四、创意产业融合创新在杭州市文创产业发展中的经验归纳及未来展望

文创企业与时俱进的发展战略调整、业务方向转型和商业模式重塑是市场适应经济新常态,贯彻国家供给侧改革精神的有力体现,是产业得以跨界融合、转型升级的重要实践。通过文化创意、先进技术、金融创新等要素对传统产业的不断融合渗透,以及对以市场为导向、以品牌为灵魂、以技术为路径、以人才为核心的战略坚持,逐步优化有效和中高端的产品与服务供给,推动传统产业的创新发展和转型升级,展示了跨界融合所带来的产业新高度。

(一)以市场为导向,从 2B 到 2C

经济新常态下,市场处于完全竞争状态,消费者面临着多样化的选择,原来埋头生产的制造型企业已随着市场的变化,从之前的面对各级批发商销售产品

转而直接面对消费者，通过创新驱动，生产能够快速满足目标客户需求的产品或服务。为加快杭州市全国文化创意中心建设，促进全市经济转型升级，根据国务院《关于推进文化创意和设计服务与相关产业融合发展的若干意见》等文件精神，2015 年，杭州市出台了《关于深入推进文化创意产业与相关产业融合发展的实施意见》，提出了坚持统筹协调、重点突破，市场主导、创新驱动，文化传承、科技支撑的基本原则，突出文创产业和制造业、信息科技、城镇建设、休闲旅游、现代农业、健康产业及品质生活等七大领域融合。在市场上，客户是价值链的起点，一切产品和服务都以客户购买为最终归宿。企业通过向客户售卖商品和服务兑换自身的商业价值。客户的性质和规模，又决定了其生意的大小。

下一步，杭州将继续发挥比较优势，顺应产业融合发展趋势，扎实推进落实《关于深入推进文化创意产业与相关产业融合发展的实施意见》，重点围绕“文化＋科技”、“文创＋金融”、“文创＋制造”等领域，做强“网上文博会”、拍卖会“杭州文创馆”等交易平台，支持文创电商平台发展。研究制订培育文创“一村一品”的相关举措。继续实施文创西进战略，加快文创与旅游、农业、非遗、民宿等融合，培育区域特色文创行业。以到 2020 年基本建立起文创产业与相关产业全方位、深层次、宽领域的融合发展格局为目标，为杭州经济转型升级和社会持续健康发展发挥重要作用。

(二)以品牌为灵魂，从产品到文化

作为市场竞争中的强力武器，一个经营成功的品牌，使产品溢价销售成为可能，使企业获得高附加值得以实现。从以传统制造业成功转型升级的万事利到以大型文化旅游演艺品牌《宋城千古情》闻名的宋城集团；从“中国电视剧第一股”的华策影视到“中国民营传媒广告第一股”的思美传媒，无一不述说着杭州文创企业从产品制造转向品牌塑造，通过挖掘文化，从产业链上低附加值环节向高附加值环节转移的生动实践。近年来，通过不断探索实践，不少中小文创企业已在其各自行业领域崭露头角、形成品牌。截至 2015 年，杭州蓝狮子文化创意有限公司、杭州米奥兰特会展有限公司、浙江中南卡通股份有限公司、杭州南广影视股份有限公司、杭州新青年歌舞团有限公司等 13 家文创企业成功挂牌新三板。

下一步，杭州市将进一步落实《关于加快文化产品和服务出口的实施意

见》，认定一批市属文化出口重点企业和项目。积极组织企业参加戛纳电影节、米兰设计周、(中国)香港国际影视展、(中国)台湾文博会等重点会展，继续办好"融——Handmade In Hangzhou"系列展览。整合台、港、澳三地资源，完善机制，深化主题，提升两岸文创产业交流对接会。依托联合国教科文组织全球创意城市网络"工艺和民间艺术之都"建设，加强与网络城市间的合作交流。完善优化招商工作机制，引进一批实力强、行业首位度高、带动作用明显的企业(总部)落户杭州。

(三)以技术为路径，从转行到转型

文化创意产业的业态创新，离不开文创与科技产业的融合发展；传统企业的升级转型，离不开技术能力的不断提升。近年来，互联网等技术的出现对传统制造业和传统服务业形成了巨大冲击，它以大数据的方式对组织内部进行着不同程度的柔性改造。为顺应"互联网＋"发展趋势，2015 年，杭州市专门出台了《关于推进"互联网＋"行动的实施意见》，并重点提出了"互联网＋文化创意"领域中要着力发展数字娱乐、数字传媒和数字出版业等三大行业。

下一步，我们要坚持"开放共享、融合创新、引领跨越、安全有序"的基本原则，积极落实《加快建设全国数字内容产业中心三年行动计划(2015－2017年)》，围绕数字娱乐、数字传媒和数字出版三大行业，以项目为抓手，加快全国数字内容产业中心建设。加快中国(浙江)影视产业国际合作实验区杭州总部、两岸文创产业合作实验区以及滨江创意小镇、之江艺创小镇、余杭梦栖小镇、好竹意小镇和艺尚小镇等项目建设，优化与拓展市级文创园区功能。

(四)以人才为核心，从引智到留人

文创产业具有"人脑＋电脑"特征，是典型的知识密集型产业。近年来，杭州市深入贯彻落实《关于加快文化创意产业人才队伍建设的实施意见》，通过出台一批专项政策、建设一批创业平台、搭建一批学习载体、推出一批服务活动等举措，壮大了人才队伍，促进了社会就业，增强了发展活力，为全市文化创意产业发展和文创企业的健康成长提供了智力保障与人才支撑。

下一步，杭州将继续以"人才新政 27 条"为依托，大力实施"杭州青年文艺家发现计划"和"杭州青年设计师发现计划"，进一步加大对高层次文创人才及

团队的引进力度。办好"白马湖文创讲堂"和"创意力量大讲堂",抓好"国大师带徒"、"杭州影视业国际化青年人才培养计划"等重点项目。深化部校合作,推动杭州师范大学文创学院建设。定期举办文创产业人才专场招聘会。

2016年是"十三五"开局之年。杭州市文创产业将深入贯彻落实中央、省、市的有关决策部署,紧紧围绕建设全国文化创意中心和全国数字内容产业中心的目标,坚持以社会效益放在首位、社会效益和经济效益相统一为原则,以全面深化文化体制改革为动力,以"融合拓展、转型升级、提质增效"为主题,以数字内容产业为重点,狠抓项目推进,完善服务保障,优化发展环境,努力推动全市文创产业持续健康发展。

(郁菁,杭州市文化创意产业办公室)

第九章
青岛：城市新名片
“三创”推动创意产业发展

一、2015年青岛市创意产业发展概况及其分析

二、青岛市创意产业融合创新发展的表现

三、青岛市创意产业融合创新发展的案例

四、青岛市创意产业融合创新在创意产业发展中的经验总结及未来展望

文化创意产业是发达国家经济转型过程中的必然产物，由于高附加值和可持续的发展，同时远高于整体国民经济的增长速度，决定了其将会引领全球未来经济发展。今天的青岛正站在“十二五”与“十三五”的交接点上，回顾过去的五年，青岛市委、市政府高度重视文化产业发展，出台了一系列政策措施，有力地推动了全市创意产业快速发展。产业实力整体得到提升，创意产业已经成为青岛市国民经济的支柱性产业，蓬勃发展的创意产业反过来也促使青岛更加充分地发挥山东半岛蓝色经济区核心区、中国现代海上丝绸之路和陆路丝绸之路经济带综合枢纽城市、世界海洋经济发展领军城市的巨大功能。2015 年的青岛市创意产业发展秉承历史，将已形成的优势进一步释放，持续完善人才政策，搭建一体化人才公共服务体系，构建以企业为主导的产业技术创新战略联盟，深入实施“千帆计划”，“东亚文化之都”活动的成功举办，“三创”行动[①]等一系列创意产业融合创新方面的举措进一步加快了青岛市转变经济发展方式、推动了产业结构优化升级和保证了全市经济态势的稳中向好。

一、2015 年青岛市创意产业发展概况及其分析

根据青岛市统计局数据显示，2015 年青岛市文化创意产业增加值预计 919.56 亿元，占 GDP 的比重将会达到 9.8%，位于国家 15 个副省级城市前列；全市认定 279 家高新技术企业全部通过科技部审核，通过数量同比增长 84.8%，全市高企总数达到 964 家，净增数量达到 248 家，副省级城市排名第一；全市认定孵化器数量达 120 家，其中国家级孵化器 14 家，大学科技园 3 家，均居全国计划单列市之首；截至 2015 年 11 月 25 日，全市孵化器建设新

① “三创”行动指 2015 年青岛市政府实施的“创新之城、创业之都、创客之岛”行动。

开工213.05万平方米，竣工187.73万平方米，投入使用171.06平方米；全市现有众创空间建设项目78项，已培育创业团队和企业1525个，其中6家众创空间被纳入国家级孵化器管理服务体系；全市发明专利申请44962件，同比增长12.5%，授权达5170件，同比增长80.5%；新增专利代理机构8家，总数达29家，专利代理机构增幅和总量均居山东省首位；国家级技术转移机构14家，列副省级城市第5位；“创业青岛千帆启航工程”列入科技部“创业中国”5个示范工程之一；确定2015年全市“千万平米”文化创意产业园区工程第一批支撑项目19个，计划总投资165.92亿元，截至2015年5月底，共计完成投资23.48亿元，施工121.36万平方米，竣工11.41万平方米，建成投入运营面积为14.47万平方米；大企业科技创新继续领跑，企业国家重点实验室7家，国家工程技术研究中心10家，居计划单列市首位；完成农村公益电影放映13268场。

青岛文化创意产业的蓬勃发展，让各种文化产品和各类文化服务数量和质量均大幅提升，消费者多样化、多层次、个性化的文化需求得到了进一步满足，也成为经济升级的抓手。

(一)青岛市创意产业空间布局和建设

截至2015年底，青岛创意产业基本可以分为三个层级：第一层级是作为国家级战略区域的“一谷两区”（蓝色硅谷、西海岸新区和红岛经济区），同时其努力成为作为新的更加亮丽青岛城市名片“三创”的高地和聚集区[①]；第二层级是市南区、市北区、李沧区、崂山区、城阳区，这5个市级区依托多年发展积累作为众创空间密集区；第三层级是即墨市、胶州市、平度市、莱西市，这4个市作为创客空间拓展区[②]。

1.第一层级：“一谷两区”

青岛蓝色硅谷核心区定义为“海洋＋”创新策源地，实施产城融合发展，建设市重点众创空间，横向链接俄罗斯及欧盟等国际创新资源，形成主导海洋创新领域的一批创新集群，截至2015年底，蓝谷核心区创业中心一期——海创中

① 《青岛“三创”的内涵与关系，李群书记接受青岛媒体采访》，《青岛日报》/《青报网》，2015年6月8日。

② 《青岛市人民政府关于加快众创空间建设支持创客发展的实施意见》（青政发〔2015〕30号）。

心接洽项目 96 个，完成注册 46 个，完成在孵企业/项目备案 31 个，孵化器内海洋产业领域项目达 50%以上，主要分布在海工装备、海洋生物医药及海洋新能源领域；青岛西海岸新区定义为“海洋＋”高端产业集聚区，作为中国第 9 个国家级新区，自 2014 年 6 月 3 日经国务院批复设立，以实现“蓝色跨越”蓝色海洋经济为目标，发挥高新产业和科教资源丰富的优势，2014 年，青岛西海岸新区实现地区生产总值 2453 亿元，海洋生产总值 589.9 亿元，占生产总值比重提升到 24.1%，规模以上工业总产值 5098 亿元，公共财政预算收入 175.3 亿元，固定资产投资 1444 亿元，实际到账外资 17.1 亿美元，利用内资 291 亿元，外贸进出口 210.9 亿美元，城镇居民人均可支配收入 37704 元、农民人均纯收入 17301 元，分别增长 8.8%和 11%①；青岛红岛高新区定义为“海洋＋”新兴产业孵化区，围绕高端装备制造、生物医药等“1＋5”主导产业建设专业众创空间，同时链接美国、日本、以色列等国际创客平台，进一步加速青岛创意产业深化发展和提升青岛城市品牌影响力。

2.第二层级：市南区、市北区、李沧区、崂山区、城阳区

市南区、市北区、李沧区、崂山区、城阳区作为众创空间密集区和青岛创意产业中层力量，依托自 2006 年青岛开始提出发展文化创意产业以来，历年努力积累的成果，建设不同模式的众创空间，满足不同层次创客需求。

市南区优化创新环境增强创业动力激发创客活力，充分利用闲置楼宇资源，重点发展“互联网＋”、文化创意、新媒体等专业众创空间，探索联合办公空间、创业公寓等孵化模式，促进业态升级和更新，2015 年内使 70%的审批事项实现网上办理，审批速度再提升 30%以上，为创业者提供“一站式”服务，设立 1.5 亿元的科技信贷风险准备金和科技计划项目发展资金等创业扶持基金，2015 年内扶持创业 2600 人以上，新增市场主体 1 万户以上。

市北区设 2000 万“创”基金打造创客经济中心区，依托区域内高校、研发机构和孵化园区，重点围绕高分子材料、电子信息、功能纺织、工业设计、健康医药等领域和面向大学生、妇女创业群体，发展专业众创空间，建设天幕城“创想小镇”，建立“创意（点子）—创客（产品）—创业（项目）”的多层次创新创业体制机制，完善“创客创业＋创业苗圃＋科技孵化＋创新加速”的全链条孵化体系，力争到 2016 年底，全区建成 2 条特色创业街区，10～20 家众创空间，培育集聚创

① 《国家级新区发展报告 2015》（发布日期：2015.10.16）。

客团队千支以上，创客群体万人以上，构建“一圈两片三点泛群落”[①]的创新、创业、就业生态圈[②]。

李沧区利用旧城、旧村、旧厂房改造和商圈业态更新，重点发展先进制造、环保仪器设备、电子商务等专业众创空间，以及面向复转军人创业的军创驿站，打造大众广泛参与、互助互利的服务生态圈。

崂山区依托驻区高校院所、行业领军企业、专业园区等资源，建设以高端研发项目作支撑的滨海创新大道，建设以青岛大学为核心的青岛创客大街和株洲路金株创业大街，建设以信息通信、跨境电商、工业设计、智能硬件为特色的国际创新园，建设集创业、社交、文化创意、居住于一体的国际创客社区，打造科技与金融创新经济“双引擎”。

城阳区重点依托驻区大企业、总部园区、产业综合体等，发展新材料、文化创意、高速列车、环保及中韩国际合作等专业众创空间，培育新兴产业集群。

创客的标准定义其实是未经最终确认的，有着多元化的理解，2015 年 3 月 5 日，李克强总理在《政府工作报告》中指出，把“大众创业，万众创新”打造成推动中国经济前行的“双引擎”之一，“创客”于是与“大众创业，万众创新”联系在了一起，特指具有创新理念、自主创业的人。如果根据创业性质来划分创客空间可以分为综合型和文化型。青岛市创客空间遍布 5 区，经过青岛市瀛森创意规划创意有限公司对城区创客空间摸查，截至 2015 年底，青岛市 5 城区文化型创客空间共计 54 家，综合型创客空间共计 96 家。（图 9－1）

3. 第三层级：即墨市、胶州市、平度市、莱西市

即墨市、胶州市、平度市、莱西市作为众创空间拓展区，选择交通和生活便利、便于创业者集聚的区域建设众创空间，依托现有产业园区，向前端延伸建设孵化器、加速器、产业园一体化产业发展综合体。即墨市重点发展服装设计和电商、汽车配件、光伏农业等领域众创空间。胶州市重点发展先进装备制造、节

① “一圈”是指青岛科技大学、中航工业青岛科技园、纺织谷、新型创业公寓和创业社区等，打造橡胶化工、健康医药、纺织新材料、线上线下总部经济创新创业孵化生态圈。“两片”即在青岛理工大学周边依托青岛理工大学、青岛创意中心、工业设计产业园打造建筑创意、工业设计创新创业孵化片区；在辽宁路科技街周边依托国家高新区孵化基地、大学生创业孵化基地以及相关科技企业孵化器打造互联网＋、电子信息、电子商务创新创业孵化片区。“三点”即在市北“南北中”区域率先建成“Link 创业公社”、“胶子驿站创客空间”、“工业设计 ID 创客邦”等三个重点特色众创空间，并争取纳入国家管理体系。

② 锡复春、陈珂、刘海龙、于顺：《解读青岛三创战略：发展新引擎》，《青岛早报》，2015－06－10。

能环保、跨境电商等领域众创空间。平度市重点发展高效生态农业、绿色化工、机车配件、农村电子商务等领域众创空间。莱西市重点发展现代种业、生物医药、工业 4.0 等领域众创空间。

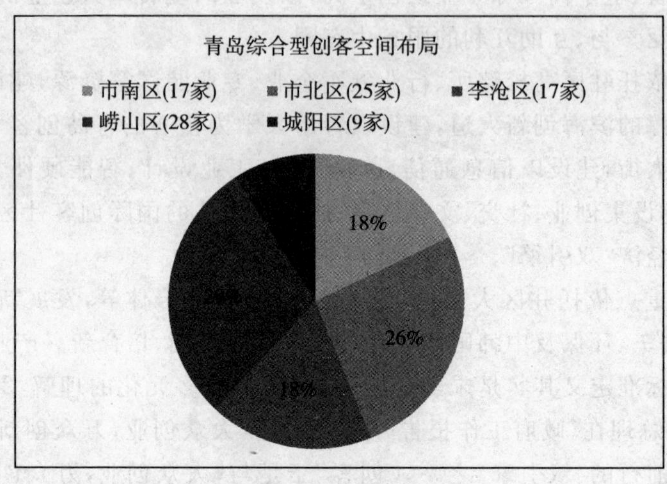

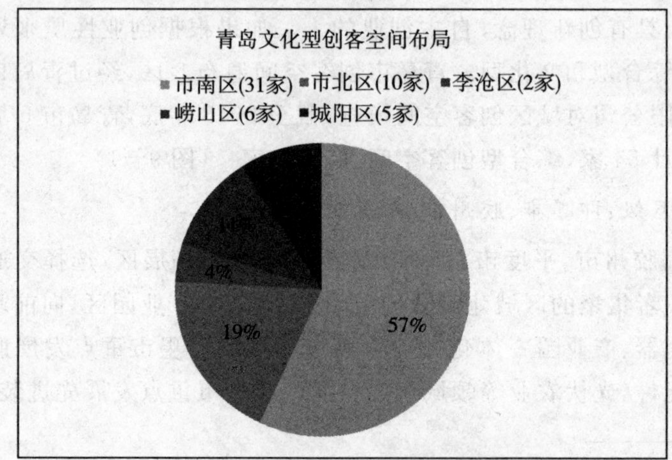

图 9—1　青岛综合型和文化型创客空间布局[①]

① 数据由青岛瀛森创意规划创意有限公司提供。

(二)2015 年青岛市颁布执行的若干政策措施

为贯彻落实国务院《关于大力推进大众创业万众创新若干政策措施的意见》(国发〔2015〕32 号)、国务院《关于加快构建大众创业万众创新支撑平台的指导意见》(国发〔2015〕53 号)和中共青岛市委青岛市人民政府《关于大力实施创新驱动发展战略的意见》(青发〔2015〕8 号),激发全社会创新创业活力,就加快青岛市众创空间建设,支持创客发展,提出以下 9 条实施意见。政策措施自 2015 年 12 月 23 日起施行,有效期至 2018 年 12 月 31 日。

(1)支持各类机构建设低成本、便利化、全要素、开放式众创空间,开展众创空间认定和管理工作,对纳入范围的众创空间给予支持。区(市)可设立专项资金,对众创空间场地租金和宽带资费予以减免,对平台建设和开展创新创业创客活动等给予资助。市财政专项资金重点用于支持创新资源开放服务、专业服务机构引进、科技创新券试点和设立孵化投资基金等,支持区(市)建设特色众创空间和平台、开展重大创新创业创客活动等。

(2)支持区(市)建设示范性强、在全国有较强影响力的特色众创空间和众创空间集聚区,在众创空间、科技企业孵化器建设专业技术服务平台和基于"互联网+"的线上虚拟孵化服务平台。根据区(市)支持众创空间、服务平台建设等情况,由市财政给予区(市)政府每年最高 500 万元的奖励补助。

(3)区(市)应在满足相关规定要求的前提下,对旧厂房、闲置房屋、商业设施等资源进行改造提升,向众创空间提供免费或低租金的场地、网络设施等,为创客提供低成本的创新创业场所和便利化服务,建设众创空间体验中心,展示创客产品,打造创客社区。

(4)支持高校院所、职业院校、企业建立仪器设备、科研设施等创新资源开放共享机制,建设创客实验室,为创客提供研发、设计、加工和培训辅导等服务。对符合条件的创客实验室运营机构,由市财政给予最高 50 万元的一次性奖补。

(5)支持引进国内外知名专业服务机构参与青岛市众创空间、科技企业孵化器建设和运营,对在本地注册并成功运营的,经认定由市财政给予运营机构最高 100 万元的一次性补助。吸引国际创客实验室落户青岛市,经认定,由市财政给予最高 100 万元的一次性资助。

(6)选择运行良好、管理规范的众创空间开展科技创新券试点,支持创客(包括创客个人、创客团队和注册时间不超过 18 个月的企业)向各类服务机构购买研发设计、检验检测、知识产权等服务。创新券由众创空间发放，每个众创空间年发放额度最高100万元。

(7)支持举办创新创业大赛，“创新、创业、创客”活动周等各类创新创业活动，对全市性或在国内外有一定影响力的重大活动，由市、区(市)财政给予适当补助，市财政最高补助200万元。

(8)将众创空间纳入“千帆计划”支持范围，享受《青岛市人民政府关于实施“千帆计划”加快科技型中小企业发展的意见》(青政发〔2014〕32号)有关孵化投资基金、科技信贷等政策支持。推进互联网股权众筹和实物众筹，在信用良好、运行规范的股权众筹平台开展创客众筹融资试点。

(9)围绕全市经济社会发展重大战略需求和政府购买实际需求，在众创空间、科技企业孵化器试行首购、订购制度，支持创业企业首台(套)装备、系统、核心部件等创新产品与服务的研发和推广应用。对技术方向先进、暂不具备市场竞争力、首次投向市场的创新产品与服务采取首购方式购买，对现有市场未能满足的产品与服务采取订购方式购买。

青岛市实施创新驱动发展战略，以营造良好创新创业生态环境为目标，以激发全社会创新创业活力为主线，分区域、分层次布局发展各具特色的众创空间，青岛市人民政府2015年还颁布了一系列《意见》和《通知》。

1.《青岛市人民政府关于进一步支持中小微企业发展的意见》

该《意见》内容主要有五个亮点：①加大融资支持力度；②推动创新转型升级发展；③拓展经营发展空间；④加大财税支持力度；⑤提高公共服务水平。

2.《青岛市人民政府关于实施大众创业工程打造创业之都的意见》

该《意见》内容主要包括七点：①目标任务：到2017年，市创业实体大幅增加，创业活力显著增强，创业服务体系更加完善，创业带动就业倍增效应充分释放，城市创业品质明显提升。全市新增创业实体100万户，带动就业100万人；新增创业孵化载体100万平方米，创业孵化10万人；集聚一批天使投资人和创业投资机构，各类创业创新投融资规模超过100亿元。②营造宽松便捷的创业环境：全面放开市场准入、深化商事制度改革和加大减税降费力度。③支持各类群体创业：支持大众创业、支持大学生创业、支持科研人员创业、支持留学回国人员创业、支持农民创业和优化创客模式。④加快构建创业孵化平台：打造众创空间、构建创业总部和壮大创业基地。⑤拓宽创业投融资渠道：提供创业担保贷款、设立大众创业投资引导基金和保障创业资金投入。⑥强化创业服务:完善创业服务体系、遴选推广创业项目、推进创业教育、强化创业培训和搭建创业云平台。⑦完善保障机制:建立大众创业工作协调机制、完善考核激励机制和加强舆论宣传。

3.《青岛市人民政府关于加快海洋休闲旅游改革创新发展的意见》

该《意见》中专门提到有关创意旅游产业发展趋势:促进“互联网+旅游”发展。促进互联网企业与传统旅游企业互动融合发展,推动旅游产品变革升级、线上线下服务流程再造,打造旅游商品在线购物平台,提升旅游服务质量,升级旅游体验,扩大旅游消费。支持打造在线旅游企业第三方支付平台。放宽在线度假租赁、旅游租车等新业态的准入和经营许可。升级完善监控调度系统、旅游数据统计分析系统、行业监管系统、旅游信用评价系统、移动执法系统和舆情监测系统,打造“互联网+旅游”行业监管平台。加快智慧旅游城市、智慧旅游景区、智慧乡村旅游试点单位建设,构建旅游信息采集、编辑、发布的互联网工作平台,提供旅游咨询、游客集散、交通换乘等公共服务的互联网解决方案和供给渠道。

4.《青岛市人民政府关于组织实施青岛市“互联网+”发展规划(2015—2020年)的通知》

该《通知》要求:青岛各区、市政府和各有关部门、单位加快制定具体落实方案,研究相关配套政策措施;按照《规划》确定的目标、任务、责任分工和重点支撑项目,扎实有效地推进相关工作,确保实现《规划》确定的各项发展指标。

青岛市“互联网+”发展规划提出青岛“十三五”期间十大重点发展领域:“互联网+”制造、“互联网+”商务、“互联网+”物流、发展“互联网+”金融、“互联网+”文化、“互联网+”农业、“互联网+”旅游、发展“互联网+”创新创业、“互联网+”民生服务和“互联网+”城市治理。

5.《青岛市人民政府关于加快众创空间建设支持创客发展的实施意见》

该《意见》要求:到2016年,青岛市众创空间超过100个,培养创业导师1000人,集聚和服务创客5万名,形成10个具有示范性的众创空间集聚区和“苗圃—孵化—加速”科技创业孵化链条。到2020年,全市基本形成开放、高效、富有活力的创新创业生态系统,有力支撑全市新兴产业集群发展。

2015年青岛市创意产业发展取得的成绩离不开各项扶持类政策,从整体数量上看，全年各政府部门、各区市与功能区出台的创业政策总数超过 40 个，通过对投融资、技术研发、创业载体、创业补贴等多个环节的资源整合和直接扶持，建立起日臻完善和成熟的创业生态环境，笔者在此对青岛 2015 年度出台的创业政策进行了统计，其中市级政策共计 20 个，包括类似《中共青岛市委青岛市人民政府关于大力实施创新驱动发展战略的意见》、《青岛市人民政府关于实施大众创业工程打造创业之都的意见》、“青岛大学生创业海鸥行动计划”等；区级政策共计 22 个，其中高新区 5 个、西海岸 3 个、市南区 3 个、市北区 2 个、崂山区 5 个、城阳区 1 个、胶州市 1 个、平度市 3 个。

（三）影视产业深化融合创新是青岛特色[①]

“全球创意城市网络”是联合国教科文组织推出的项目，目的是联合全球以文化创意作为经济发展主要元素的各个城市，形成国际城市网络联盟。有“音乐之都”、“电影之都”等 7 类。至 2014 年全世界已有 19 个国家的 31 个城市加入了该城市网络联盟，其中包括杭州“工艺与民间艺术之都”，深圳和上海“设计之都”，成都“美食之都”4 个中国城市。

2015 年，在国家“大众创业、万众创新”的大背景下，青岛市提出打造“创新之城、创业之都、创客之岛”的战略，青岛市志在打造全球投资规模最大的影视产业基地。近年来，青岛“影视之城”的建设和发展取得了丰硕的成果：发起创办了中国国产电影交易会，成功举办了中国国际儿童电影节、电影“金凤凰”颁奖典礼等具有国际影响力的大型电影活动，并先后引进了北京电影学院青岛创意媒体学院、凤凰岛影视演艺中心、凤凰岛影视传媒基地等影视文化产业项目，尤其是 2013 年“东方影都”作为当年全国最受关注的文化创意产业项目和青岛中国电影交易中心规划的推进，青岛市对于获得“电影之都”称号的时机更加成熟。

被誉为“东方好莱坞”的青岛“东方影都”位于西海岸黄岛区中央商务区内，距黄岛中心区 15 公里，距青岛市中心城区 30 公里，规划总用地面积 270 公顷，分为影视产业园、会议中心、秀场、万达茂、度假酒店群、游艇交易中心、国际医院、滨海酒吧街八个功能区，目前公布的园区项目包括拥有 20 个摄影棚和后期

① 王涛：《青岛市文化创意产业发展政策研究》，中国海洋大学，2014。

制作基地的影视产业园、1 个电影博物馆、1 个名人蜡像馆、1 个电影展览馆、1 个大型车展中心、8 家高级度假酒店、1 个游艇俱乐部、1 条海滨酒吧街以及全球 IMAX 电影研究中心。东方影都由万达集团投资 300 亿元建设，是全球投资最大的影视产业项目，也是世界唯一具有影视外景、影视制作、影视会展、影视旅游综合功能，涵盖影视全产业链、全新的文化旅游项目。青岛东方影都是落实国家文化强国战略的重大举措，也是打造中国文化世界品牌的重大努力。东方影都于 2013 年开工，2017 年全部开业。

作为青岛东方影都的主要建筑之一的影视产业园坐落在东方影都北侧，位于薛泰路以北，华山路以东，石山路以西，中间以柏果树河相隔，场地北侧与东华山路和前湾港路相邻，总占地 165 公顷，分为影视制作区和影视外景地两大部分，外景地有欧陆风情、明清古都、阿拉伯世界等多个主题拍摄景区，制作区建有 30 个摄影棚，包括世界最大 1 万平方米的摄影棚和世界唯一的固定水下摄影棚，制作区配有世界一流的音效、混录、3D 特效、动漫制作设施和服装、道具、器材加工厂；东方影都大剧院与秀场结合青岛独特的海洋文化，取意“碧海银螺”的设计理念。两座建筑在统一中又不乏变化，大剧院横向贝壳带状纹路与秀场竖向海螺纹样相映成趣，两栋建筑一动一静，临海而立。抽象而富有动感的造型，跟青岛海洋风貌、项目特质完美融合，建成后将成为青岛最璀璨的标志性建筑。万达茂是青岛东方影都八大功能区的重要组成部分，承载着室内影视旅游体验、购物、休闲等多重功能，是万达集团凭借多年在商业、文化、旅游、影视产业积累的丰富经验，创新而成的世界首个特大型影视文化旅游商业综合项目；项目总建筑面积 36 万平方米，集室内主题公园、水公园、电影主题公园、国际影城、滑冰场以及缤纷商业于一体，预计年接待游客逾千万人次，收入 60 亿元以上；青岛电影乐园是万达世界首创并拥有知识产权的顶尖高科技电影娱乐项目。

万达集团董事长王健林曾表示，东方影都的建设将提升青岛文化产业水平，提高青岛旅游档次，甚至改变青岛城市定位，使之成为世界影视文化旅游名城。据记者了解，为保证青岛东方影都建成后的运营，万达已与多家全球影视巨头和艺人经纪公司达成初步协议，每年将有 30 部左右外国电影在青岛东方影都拍摄制作。同时，东方影都还计划引进 50 家以上的国内影视制作公司，确保每年不少于 100 部国产影视作品在此拍摄制作。

除了硬件优势，青岛东方影都还获得了行业青睐，有望培养出具有国际影响力的电影文化品牌。美国奥斯卡学院,CAA、WME、UTA、ICM世界四大艺人经纪公司,中国电影家协会已与青岛东方影都签订协议,将从2016年开始,每年9月举办青岛国际电影节,目前相关手续正在报批中,不久的将来,在北京国际电影节、上海国际电影节之外,青岛国际电影节将成为中国又一影视盛会。

青岛市享有"天然摄影棚"和"影视明星摇篮"的美誉,并提出了建设"帆船之都"、"音乐之岛"、"影视之城"和"动漫之岛"四大城市文化品牌的战略,其中市域范围内散落着为数众多的历史文化街区、历史建筑、工业遗产以及自然环境遗产,历史建筑更包含了德国、意大利、西班牙、丹麦等多国风格,凡此种种,天造地设,使得青岛成为一座非常适合拍摄电影的城市,"影视之城"完全可以成为青岛城市文化的主品牌,涵盖统领其他三个子品牌,青岛也有望借助电影的力量,实现影视业的跨越发展,并以此带动音乐、动漫、旅游、设计、数字出版等多行业,促进经济结构升级,实现城市创意产业的飞跃,影视产业融合创新终会成为青岛市创意产业发展的亮点。

(四)2015年重要事件回顾

(1)组织开展"2015年东亚文化之都·中国青岛活动年"系列活动。

(2)开展2015青岛农民读书节活动。

(3)举办青岛市第三届"王邦直杯"中国声乐作品演唱比赛。

(4)举办2015青岛音乐节、2015青岛国际音乐大师班、第十一届全国青少年小提琴比赛等艺术活动和赛事,进一步打造"音乐之岛"城市文化品牌。

(5)"中日韩文化艺术教育论坛"12月在青岛举行,论坛主题:"非物质文化遗产传承与教育"。

(6)由国际电影制作协调组织策划,代表全球影视制作基地和拍摄场所最高水准的"AFCI电影拍摄场地展"在美国洛杉矶开幕。万达青岛东方影都影视产业园作为中国唯一的参展商,首次亮相于本次展览。

(7)"百年华彩——中国水彩艺术研究展"3月在青岛市美术馆开展。

(8)山东省第七届民族器乐大赛的比赛中,胶州吹打乐《欢天喜地闹秧歌》获得"一等奖"和"最佳原创乐曲"。

(9)中、韩民间文化交流演出在胶州成功举办。

(10)平度市举办第二届"中华传统文化才艺大赛"暨"金秋菊花节"活动。

(11)城阳区青岛国家广告产业园内的 WE＋文化创客空间正式启动运营，这是青岛市首家正式运营的文化创客空间。

(12)黄岛区公布第三批 19 项区级非物质文化遗产名录。

(13)山东省新闻出版广电局已批准设立西海岸新区“中国石油大学出版社黄岛数字出版园区”。

(14)编制青岛市文化创意产业创新发展规划，设立青岛市文化产业投资引导基金。

(15)设立青岛市文创支行，为中小微文化企业和文化创客提供融资服务。

(16)认定公布第二批市级文化创意产业园区和重点项目。

(17)组织实施青岛市“互联网＋”发展规划(2015—2020 年)。

(18)完成第十批市级文物保护单位遴选工作。

(19)组织 2015 年度文艺精品扶持项目征集工作，征集项目近 300 项，完成了项目初审。

(20)完成《近现代建筑保养维护工程技术规程》编制工作并报国家文物局进行论证。

(21)完成全市第一次可移动文物普查第二阶段工作。

二、青岛市创意产业融合创新发展的表现

青岛市创意产业融合创新是一种“演化”过程，具体表现是创意行业产业链不断细化，城市经济主体不断丰富。根据产业细分原理，新节点的产生意味着细分行业的产生，表现为价值链的延伸，这又必然导致经济系统内部构成元素的复杂化，在对上下游的融合辐射中，创意产业将渗透到工业、农业乃至传统产业的任何领域：创意与工业结合的结果是优化工业产品外观设计，创意与农业结合的结果是形成观光农业、体验农业，创意与房地产相结合的结果是改善人居环境、形成城市品牌。①

2015 年的青岛市创意产业发展整体稳中向好，产业融合创新是主轴线，贯穿发展始末，主要表现在：新政策的持续落地、中日韩三国多边互动的带动作用、青岛独具特色的文化创意产业发展模式和青岛当地支柱企业的引领作用。

① 张艳辉：《创意产业的融合功能研究：共生演化视角》，《社会科学》，2015 年第 5 期。

(一)新政策的持续落地

2015 年至 2016 年初,40 多项各类政策不断出台,创意产业融合创新策略上的持续完善直接带来了文化市场的蓬勃发展。

这里面有青岛市人民政府颁布的《中共青岛市委青岛市人民政府关于大力实施创新驱动发展战略的意见》、《青岛市人民政府关于加快发展科技服务业的实施意见》和《青岛市人民政府关于实施大众创业工程打造创业之都的意见》;也有青岛市科学技术局出台的一系列细则和管理办法:《青岛市科学技术局高新技术企业认定专项补助资金实施细则》、《青岛市科学技术局科技型中小微企业专利权质押贷款资助实施细则》、《青岛市科学技术局促进科技和金融结合风险补偿补贴专项资金实施细则》、《青岛市科学技术局国际科技合作专项补助资金实施细则》、《青岛市科学技术局创业孵化与投资基金管理细则》、《青岛市科学技术局科技保险专项资金管理办法》和《青岛市科学技术局科技企业孵化器管理办法》;青岛高新区作为创意产业核心集聚地也有单独颁布很多项政策:《青岛高新区主导产业发展专项资金管理暂行办法》、《青岛高新区促进产业创新创业发展股权投资引导基金管理暂行办法》、《青岛高新区科学技术奖励办法》、《青岛高新区支创新创业创客发展暂行办法实施细则》和《青岛高新区支持创新创业创客发展暂行办法》;此外,像西海岸新区、市南区和崂山区都有多项针对性很强政策出台实施。

(二)中日韩三国的多边互动

当今世界亚洲话语权主要集中在中国和日本,青岛的地理位置决定了青岛处于地缘经济、政治的前沿。中日韩经济共同体已有学者提出多年,如何带来多边共赢是一个很大的课题,青岛的区位优势决定了青岛是中国解决这个课题的“试点城市”。

中国、韩国和日本无论官方还是民间,尤其是中韩之间,基本没有间断过各类交流,类似 2015 年“东亚文化之都、青岛活动年”的多层次区域交流活动就是很有代表性事件。通过交流互动,韩国和日本文化创意产业发展经验可以学习,避免发生重复性失误,这些交流活动对于促进青岛自身创意产业发展有积极作用,同时这些活动可以盘活整个区域,让其充满活性。

文化带来机会，抓住中日韩自贸区建设机遇，构建中日韩深度合作的“青岛渠道”，这些字句都出现在青岛政府工作报告中，政府在城市漫长发展中已经意识到了合作共赢，韩国的设计、汽车、影视以及日本的漫画、机械、电子产品都处在世界领先位置，文化交流的频繁带来商机和城市发展的契机是下一步需要从战略高度统筹安排的事项。

(三)青岛独具特色的创意产业融合创新表现

青岛的影视产业和“蓝色”文化创意产业是青岛最具特色的创意产业类型。

青岛的影视产业在 2015 年已有很大的发展，类似西海岸国家新区由万达开发的“东方影都”项目和崂山区(国家)电影交易中心的实质性推进等。前者致力打造“东方好莱坞”，后者落成后中国电影审批权将会落地青岛。

青岛“蓝色”文化创意产业是青岛蓝色经济重要组成单元，2015 年规划建设了 14 个市级海洋特色产业园，现代海洋产业体系初步形成。高端涉海创新要素加速集聚，2015 年青岛承担了国家 82.4%的海洋领域重大基础性研究项目和 46%的国家“863”计划海洋领域课题。

(四)青岛地方企业的引领作用

青岛有很多“经典名片”驰名国内外，如海尔、青岛啤酒、崂山矿泉水、双星球鞋、海信等。这些企业就是青岛的符号和象征，也是青岛城市经济的支柱。

每个企业在新形势下都在转变升级，为了积极配合青岛市政府提出的“三创”行动，以海尔为代表，提出了“人人创客”模式，为企业转型提供一种参考，也为青岛其他企业发展提供一种模式。此外，像崂山矿泉水 2015 年积极拓展出口电商业务，带动青岛市电子商务领域创新发展，在电商交易规模、跨境贸易电子商务出口服务试点以及推进农村电商发展方面为青岛市其他企业做出表率和引领。

总的来说，青岛市创意产业融合创新发展最终表现会和其他城市一样，不外乎以下三种结果：第一，创意产业化。即以市场机制来促进文化、科技创意的发展，在社会经济系统中产生直接经济价值。第二，产业创意化。即在传统产业中融入创意元素，使创意成为企业附加值的一个环节，创意产品通过融合互动对传统产业进行渗透。通过创意产业价值链的对外拓展，对传统要素进行重新组合。第三，城市创意化。通过多元文化的融合提升城市的整体形象，实现创意产品与城市品牌的协同营销。①

三、青岛市创意产业融合创新发展的案例

（一）2015东亚文化之都·中国青岛活动年

“东亚文化之都”活动是为落实2012年第五次中日韩领导人会议达成的重要共识，由三个国家文化部每年协同评选，是中日韩三国重点打造的区域性文化交流活动，是国家文化发展战略的重要举措，是中日韩三国在文化领域共同推进的东亚区域文化合作品牌。

2013年开始，中日韩三国共同举办“东亚文化之都”评选活动。2014年11月5日，经评审专家委员会的审核和集中评审，山东省青岛市当选2015年“东亚文化之都”。2014年11月30日，三国评选出中国青岛、日本新潟和韩国清州为2015年东亚文化之都当选城市。

2015东亚文化之都·青岛活动年有五大板块，框架内的活动有130余项，主题是“共生、创新、和谐”，主要包括开幕式、中日韩第7次文化部长会议及中日韩艺术节、闭幕式及中日韩文化教育论坛。其中，在三国文化部长会议期间，发布了中日韩文化合作交流新一轮三年行动计划——《青岛行动计划》（2015年至2017年），同时开展丰富多彩的对外文化交流活动，涉及民间艺术、文艺演出、艺术展览、影视交流、学术论坛、文化遗产保护等六大主题活动，包括与欧洲文化之都、东盟文化城市的交流活动，在日本和韩国的新潟市、清州市分别举办的“东亚文化之都·青岛文化周”，三城市媒体互动互访活动等。

2015年3月30日，青岛活动年开幕式暨文艺演出在青岛大剧院举行，开启了中国青岛、日本新潟、韩国清州，东亚三国三城贯穿全年系列文化交流活动的序幕，呈现出一台优秀传统文化和青岛文化特质完美融合的精彩演出，开幕式专门创作活动年主题曲《爱的地址》，将青岛的城市元素、人文风貌和对美好生活的向往娓娓道来，文化部副部长丁伟认为开幕式演出“呈现了国家级的水平

① 张艳辉：《创意产业的融合功能研究：共生演化视角》，《社会科学》，2015年第5期。

和效果”。此外，开幕式期间，“东亚文化之都”发展论坛、“百年华彩”中国水彩艺术研究展、2015 年青岛交响乐团音乐季开幕音乐会等活动同步举办。

伴随东亚文化之都系列演出、讲座、展览活动全面开展，通过与欧洲文化之都、东盟文化城市的系列交流活动，青岛向世界展示了城市文化建设的成果，“2015 青岛活动年”为青岛带来了推进对外文化交流、提升公共文化服务水平的难得机遇，对青岛市创意产业发展同样具有长远意义。

1.“2015 青岛活动年”与“一带一路”国家战略的呼应

2015 年，围绕打造“一带一路”北方重要门户城市的目标，青岛市将制定实施《青岛市加快“走出去”实施国家“一带一路”战略行动计划》，青岛作为海上丝绸之路海上合作战略的支点城市，“走出去”是战略实施的重点。“2015 青岛活动年”，借助作为东亚文化之都的契机，用文化做政治经济的缓冲和桥梁，通过举行一系列官方和民间各种文化交流活动，切实落实了国家“走出去”战略。

2. 推动中日韩三边合作发展

东亚三国中国、日本和韩国因为地缘和历史渊源在今天共同构成了地图中的东亚板块，中国青岛在山东半岛拥有区位、人才和基础设施优势，是成立中日韩自贸区或者中韩自贸区的首选城市，文化创意、动漫等是韩国优势产业，通过东亚文化之都——青岛活动年，中韩之间就各自发展经验进行了充分交流，例如，韩国文化遗产保护方面专家在活动年期间在青岛参观了青岛当地的文化创意企业，经过参观、交流，可以寻求双方下一步更为广泛的交流合作，青岛将来亦可建立文化保税区，吸纳韩资文化产业，带动青岛在服务贸易领域的提升，青岛与韩国经贸关系的日益紧密也推动了青岛市的发展，“东亚文化之都”活动对带动城市文化产业、推动东亚文化交流起到了积极作用。

(二)青岛国家电影交易中心

2010 年 3 月 12 日，崂山区政府与中国电影制片人协会签订合作框架协议，电影交易中心项目落户崂山，项目拟选址于姜哥庄片区崂山路以南区域；2011 年 2 月 10 日，国家广电总局正式批复青岛(国家)电影交易中心的成立(〔2011〕广函 16 号)。

根据项目策划书，项目落成后，青岛将直接站在中国电影产业链的最高端，形成面向全国、全行业、公平开放的国际化服务平台，大力提升“影视之城”的品牌影响力，成为新的东北亚影视文化中心，同时为青岛金融改革试验区建设提供强有力的支撑。其中，重点打造电影展示交易、电影投融资、数字娱乐、衍生产品开发经营等四个核心产业，积极发展发行放映、剧本创作、电影后期制作、电影经纪、影视工业等五个支持产业，努力培育教育培训、咨询策划、创意设计等三个配套产业，持续完善电影产业链条，促进电影产业与相关产业联动发展，推动青岛电影交易市场的快速发展。

本项目位于崂山路以南至海边，通港一路以东至通港六路东侧自然山体区域。项目地块内部大部分场地较为平坦，东部及南部高差较大，东部北高南低，南部半岛中间高四周低。根据用地现状条件、相关法律文件要求以及项目规划的业态发展、功能区划分和项目建设，规划三部分用地，分别为：核心项目区、配套发展区、备用发展区，这三部分区域将保障一个电影产业园区的长期良性发展，最终形成一个集约性、专业性、综合性，功能配套完善先进，并且能够与周边社区相互融合，体现文化创意、高端服务、都市生活相互渗透的中央文化区。

青岛（国家）电影交易中心功能预计囊括全产业链的节庆、交易、金融、衍生品、孵化、培训、体验、综合服务等内容，为文化与旅游相融合的项目，与城市功能基本吻合，契合城市发展主题，落户后将成为区域发展的引爆点，推动青岛市文化旅游的发展，提升青岛市国际化程度、文化影响力和竞争力。

青岛国家电影交易中心是继青岛东方影都之后又一重要的工程，志在打造真正的影视之城，是青岛影视产业链的延伸和完善，从而形成“全产业链、全内容”的综合型发展模式。2015 年在国家大的趋势引导下，电影交易中心项目也得到各方重视，目前处在征求北海舰队意见阶段。

（三）海尔“人人创客”战略

历经 30 年的创业实践，海尔从名牌化战略阶段的全面质量管理到多元化战略阶段的 OEC 管理，从国际化战略阶段的“市场链”流程再造到全球化战略阶段的人单合一双赢模式，都体现了海尔“以人为本”的管理思想。

进入互联网时代，过去遵循专业化分工的传统线性命令式价值链被瓦解，随之形成的是一种员工、消费者和供应商互通的网状生产方式，“互联网＋”时代的临近也加速了海尔的转型，2015 年海尔发展主题是员工创客化，改变过去员工只是执行者的理念，而应该人人是创客，成为把个性化与数字化相结合的创业者，集合互联网时代的诸多资源，即“人人创客，引爆引领”。

在海尔“人人创客模式”发展过程中，最为核心的载体是2014年成立的海创汇。海创汇是海尔制造创客的创业服务平台，是一个市场化、专业化、集成化和网络化的创客孵化加速器，形成五个子平台，并在此基础上衍生出包括海立方线上平台、创客学院、创客实验室、创客空间、创客银行、创客工厂、创客市场七大模块的线上线下虚实融合的全流程创业加速生态圈，全流程帮助创业者创业。

截至2015年底，已有数百支创客团队入驻，包括雷神游戏本、Iseemini、水盒子等42个创业项目在海创汇成功孵化。例如，雷神游戏本是由三个85后发起的、海创汇上第一个融资成功的创业项目。2014年雷神游戏本创造了2.5亿元产值，跃居京东游戏本第二大品牌、单型号销量第一，天猫游戏本销量第二，聚集了超过120万元粉丝，11月完成A轮500万元融资。2015年3月，在京东股权中，1小时即募得1500万元投资。

海尔“人人创客模式”在2015年进一步承接了国家“大众创业、万众创新”的政策，通过海创汇向社会开放海尔资源，为内外创客们提供创业加速的创业平台。

通过对以上案例进行研究分析，不难看出，青岛的创意产业融合创新是国家和地区经济发展的演化。青岛创意产业的演化过程，是创意产业价值链上各个关键点的数量不断增加，创意产业系统的不断细化，经济主体的不断丰富。

四、青岛市创意产业融合创新在创意产业发展中的经验总结及未来展望

(一)2015年青岛创意产业融合创新实践中的经验积累

1.青岛创意产业快速发展的经验

在促进产业融合创新的道路上，青岛充分挖掘了创新求变的潜力，利用独一无二的自然资源发展别具匠心的创意园区基地，搭建文化和科技产业集群化平台，大力促进了文化创意产业与科技、旅游业、金融业、移动互联网、农业和制造业的融合发展。

青岛有很多国内知名企业，如青岛啤酒、崂山矿泉水、双星球鞋、海尔家电等，这些构成了青岛的一张张颇具分量的名片；青岛有独一无二的自然环境，像海洋、沙滩、山脉，带来了今天青岛的蓝色海洋文化的主旋律；青岛还有很多的历史遗迹，例如陈列在八大关的万国建筑和沿胶济铁路线的许许多多工业建筑遗址，尤其是纺织工业厂房；青岛的港口吞吐量排名世界前20，青岛独具特色的港口文化时时刻刻在影响着这个城市的发展，直接影响着这座城市的气质。

青岛创意产业的快速发展离不开历史的积淀，正是由于已拥有如上的这些城市特质，辅助政府不断出台的各项扶持政策，创意产业从无到有，从框架到细化在不断演化，结合国家和区域大环境背景，青岛的创意产业每年都在完善，尤其是最近几年。通过和国家其他城市创意产业横向比较，青岛创意产业数量已经进入良性循环，以文化、创意为主题的中小微企业近几年爆发式扩张，大型产业园区提供良好的创业平台，通过孵化，已经培育出很多国家级、省级、区域级优质企业。另外积极的人才引进政策、对文化产业的日趋重视和依赖、产业结构的整形和调整、城市周边整体环境的优化，尤其是国家最近提出的“一带一路”发展纲领，进一步强化了青岛在这个过程中的准确位置，突出了青岛作为山东半岛蓝色经济和文化的领军地位，以上要素配以青岛长久以来的城市底蕴演化成为今天青岛独具特色的“蓝色创意产业”。

2.问题和不足

创意产业发展伴随着城市发展还有很长的路要走，随着初期参考世界各地的案例搭建好的城市创意产业骨架也已形成，下一步摸索青岛独具特色的“蓝色创意产业”是任重道远的事业，不可避免会遇到各式各样的问题：

第一，企业转型浪潮过程中“正确”和“错误”难以判断。

因为面临越来越多新鲜事物，对这些新涌现出来的状况因没有“前车之鉴”而变得难以定性，“好”与“坏”变得更加难以下定义，直接带来了可能会走弯路的可能性，这就更加需要城市的引进人才力度，只有提高一个城市的科研能力才能从根本上提升城市竞争力和城市科学化的发展路线。

第二，“文化市场”的完善更新。

现阶段各种“文化”牌子的企业雨后春笋般涌现，其中不乏浑水摸鱼，借“文化”主题申请政府各项扶持资金，如何规范“文化市场”还需要相关各界共同努力，通过各种规章制度的完善，逐渐淘汰“假”的文化企业，慢慢培育精品企业，形成良性的市场秩序和企业自身的市场定位。

第三，产业融合后还需要创新。

创意产业像是“万金油”，可以将其他相关产业融合在一起共同发展，融合的过程非常重要，对于优化产业结构是一种非常高效的方式，尤其是青岛得天独厚的地理和文化环境，更是提供了实践的理想环境。融合的最终结果是要有创新。目前，青岛“三创”和各式产业园区已经融合了各种类型企业，但其中良莠不齐，需要进一步整合，形成完善的空间结构进而实现真正意义上的创新，进一步巩固文化产业作为第三产业的主体框架。

(二)青岛创意产业发展策略

1. 突出区域特色

青岛具有“蓝色”主题的区域特色，如何在“蓝色”特质下，在国家“一带一路”规划中实施“走出去”战略，从而带动一批凸显的本土品牌，继续扩大国内外城市影响力，所有这些必须结合本土特色，突出区域特色。

2. 政策扶持

创意产业蓬勃发展离不开政策支持。今后要继续推进依法治理，完善综合监管机制，全面优化文化创意市场环境；支持各类社会资本进入青岛文化创意市场；加大财政金融扶持，积极争取中央政策和资金支持，统筹市、区(市)两级资金，完善支持创意产业发展的相关政策。

3. 科学合理规划布局

在现有“一谷两区”为核心的创意产业规划布局基础上，随着经济发展、社会进步，随时对青岛市全域创意产业布局进行微观调整和完善，总体布局上实现全市的文化创意产业蓬勃发展，科学合理规划布局是对创意产业搭建骨架，只有在科学合理的骨架下，才能让整个产业变得丰满充实。

4. 多元化经营

根据国家统计局统计，文化创意产业包括上百种细微分支，不同业态自然拥有自己本身特点的经营方式，尤其是创意产业，切忌“一刀切”，需要多元化，“因材施教”，根据各自特点凸显特色，才能实现可持续性。

5. 保持市场灵敏性

青岛市的GDP逐年递增，每年都会涌入很多新鲜事物，像近些年的手机电脑、汽车、影视产业,每年都提升一个全新层级,这种发展速度要求相关部门、人员需要保持对市场的灵敏性,及时对现有政策、法规进行调整,这种敏锐性是必不可少的,保证青岛市文化产业的持续发展。

6.拓展发展空间

根据青岛市现有文化创意产业状况,分析青岛市文化创意产业发展空间,可以发现还有很多拓展空间:第一,繁荣海洋文化,例如对中山路、八大关等历史文化街区实施文化修复和业态升级,对崂山道教文化进一步挖掘等;第二,培育游轮游艇大众消费市场,青岛独一无二的沙滩近海环境,结合奥帆赛等国际交流赛事以及政策支持和引导,青岛游轮游艇的大众消费市场还需继续培育;第三,对近海海岛的再开发,建立健全海岛保护利用的法规制度,构筑岛、海、陆统筹联动发展;第四,影视产业的升级,“东方影都”和“青岛国家电影交易中心”等项目的落地,根本上提升了青岛市在中国影视产业的业内地位,各种配套设施在未来几年还会继续完善。

7.优化服务体系

青岛市创意产业发展的服务体系在笔者看来还需要从三个方面优化提升:第一,提升青岛市文化创意产业硬件环境,同步优化城市公共休闲、休憩空间,生态的城市环境带来更足的人气;第二,促进城市“互联网+”的发展,给青岛文化创意产业发展提供更为便捷可行的发展空间;第三,加强城市基础设施建设,完善公共服务体系。

综上所述,2015 年青岛市文化创意产业空间布局以“一谷两区”为核心,市中五区为基础载体,辅以周边四市,由核心向周边辐射,由中心区向市郊蔓延。2015 年青岛市出台 40 多项鼓励政策措施,主要包括投融资、技术研发、创业载体、创业补贴等环节的资源整合和直接扶持。2015 年青岛在“三创”行动和“一带一路”国家策略指引下,实现城市创意文化增值预计 900 多亿元,占 GDP 比重也将会达到 10%,相比美国、英国、日本的 15%～25%还有很大的提升空间。2015 全年青岛文化创意产业发展的整体趋势较上一年呈总体平稳增长,局部领域增幅明显。

(张啸,德国亚琛工业大学城市设计和规划研究所;王婷婷,青岛酒店管理职业技术学院;贺德坤,青岛理工大学艺术学院;任怀新,南京市东南大学建筑学院)

第十章
淄博：文化创意产业融合创新助力文化名城建设

一、淄博市文化创意产业发展概要

二、"创意淄博"与优势文化产业的融合发展

三、淄博市文化创意产业融合创新典型案例

四、淄博市文化创意产业融合创新的经验总结及未来展望

淄博市位于山东省中部，常住人口464.2万[①]，是齐文化的发祥地、历史文化名城，也是一座重工业城市，位列中国城市GDP 40强，以及社科院2014年中国城市综合经济竞争力排行榜第34名。在文化产业方面，三十多年来，淄博市紧乘时代东风，从文化体制改革到文化产业经营管理、开拓创新，从“以文养文”的探索，到“建设文化名城”目标提出与实施，取得了重大成就。目前，淄博正按照市委提出的“以走在前列为目标定位，着力建设工业强市、文化名城、生态淄博”的“一个定位，三个着力”的总体要求，实现着从文化资源大市向文化名城的跨越。

一、淄博市文化创意产业发展概要

1979年7月1日蒲松龄故居正式开放拉开了淄博市文化产业的序幕，1985年全市文化系统开始实行的“以文补文”活动敲响了文化体制改革的钟声，自此，淄博市文化产业如火如荼地发展起来。经过三十多年的发展，淄博市已从改革前的“除去人头费，无钱办文化”的困难境地，发展成拥有文化旅游、休闲娱乐、印刷发行、文化艺术、数字内容、工艺美术品生产、艺术品交易、文化用品生产等多种文化产业门类。2015年，淄博市文化产业以“项目、企业、品牌、园区（基地）”四大载体为龙头，更是呈现出蓬勃发展势头，并取得了显著的成果。

（一）项目引领及品牌成长成就显著

淄博市的文化产业项目及品牌经历了从无到有、从小到大、从肤浅到深化、从一般到重点的发展过程。

① 《2015年淄博市国民经济和社会发展统计公报》，淄博市统计信息网（淄博市统计局），2016年3月1日。

1.文化产业项目

自1985年以来，淄博市一直实行文化产业项目引领战略，到2014年12月31日，全市共有文化企业4330家，比2013年增长38.78%，从业人员达20万人。2015年，全市新开工及在建文化产业项目共90个，总投资289.1亿元，完成投资70.5亿元；已完工文化项目38个，总投资37.25亿元。淄博齐鲁欢乐世界、马踏湖生态旅游度假区、卓创科技产业园等55个文化产业项目投资过亿元，总投资296.91亿元。在全部投资中，市级文化产业发展专项资金共扶持项目35个，分配资金422万元，涉及新闻出版和印刷发行、影视(动漫)传媒、文化创意会展、文化休闲旅游、工艺美术与文博类、陶瓷琉璃丝绸传统产业等文化产业各个门类。2016年拟建项目53个，总投资203.8亿元，年内拟完成投资30.7亿元。

2.文化产业园区

文化产业项目推动了文化产业园区的建设和发展，文化产业出现了集团化和融合式发展态势。从2009年起，淄博市规划建设了齐文化生态产业园、周村古商城、牛郎织女爱情文化主题公园、中华(博山)陶琉文化城、齐赛创意动漫产业园、璀璨中华文化产业园、齐都印象创意产业园等多个附加值高、产品优势明显、行业集中度高、与城市特点和生态环境相融合的创意产业园区。截至2016年2月，全市共有47家文化产业园区(基地)。

目前，在47家文化产业园区(基地)中，淄博东夷齐文化发展有限公司、山东周村古商城旅游发展有限公司2家园区入选国家级文化产业示范园区(基地)。山东周村古商城文化产业园区、淄博开元文化大世界发展有限公司、山东美图文化传媒有限公司、山东世纪天鸿书业有限公司、淄博市电影有限公司、山东长征教育科技有限公司、淄博泰山瓷业有限公司、山东根德文化产业有限公司、淄博人立文化创意股份有限公司等9家园区入选省级文化产业示范园区(基地)。齐赛创意科技文化产业园、周村古商城文化产业园区被评为山东省重点文化产业园区。

3.文化产业企业

在项目带动下，淄博市形成了以印刷发行、文化旅游、影视传媒、工艺美术和文博、创意会展为优势，各个产业类别全面发展的产业发展格局，并且出现了系列品牌企业与产品。比如，山东世纪天鸿成为全国民营教育书业出版的“领航者”;山东鸿杰印务集团成为印刷发行的“排头兵”,2015 年度主营业务收入 103927 万元,净资产 77229 万元,净利润 9103 万元;山东卓创资讯集团有限公司成为信息资讯的“领头雁”,2015 年度主营业务收入 11620 万元,资产总额 18289 万元,净利润 618 万元;山东英科环保再生资源股份有限公司成为文化用品的“生力军”,2015 年度主营业务收入 46713 万元,资产总额 52100 万元,利润 5913 万元。此外,还出现了超越轻工、振华玻璃、大染坊、英科框业、金田轻工、人立实业、东洋泰工艺品、嘉业日用品、宏丰轻工、佳润纺织和淄博国际经济技术合作有限公司等文化产品和服务出口企业。

4. 文化产业品牌

近几年来,淄博市的文化产业品牌显著增长。2014 年,天鸿书业民营图书出版发行码洋、长征教育幼儿动漫电子教材销量、卓创化工资讯网站经营、齐峰特种纸装饰原纸产量、泰宝镭射公司全息防伪产品市场占有率、汇祥电动跑步机市场占有率和覆盖率荣获“六个全国第一”;民营发行,书刊印刷,电影单院票房收入,文博及工艺美术品销售,书画创作收藏、展示和交易,工艺美术人才建设获“六项全省领先”。2015 年,超越轻工、振华玻璃、大染坊、英科框业、金田轻工、人立实业、东洋泰工艺品、嘉业日用品、宏丰轻工、佳润纺织和淄博国际经济技术合作有限公司等 11 家文化企业被认定为 2014—2015 年度省重点文化产品和服务出口企业,入选企业数量列全省第二。2015 年 12 月,山东世纪天鸿文教科技股份有限公司、山东鸿杰印务集团有限公司、山东卓创资讯集团有限公司、山东英科环保再生资源股份有限公司等 4 家企业入选首届“山东省文化企业 30 强”。此外,淄博市重点打造了以齐文化为代表的 10 个地域文化品牌和以陶琉文化为代表的 10 个产业型文化品牌,“齐风陶韵 · 生态淄博”、“淄博陶瓷 · 当代国窑”文化品牌影响力不断扩大。

(二)投融资渠道增多,产业增加值显著提高

随着文化体制改革的深入进行,淄博市逐步实现了从国家统包统办文化事业向多种渠道筹资、政企分开、实行承包责任制的文化产业转变。

1. 文化产业投融资

在“以文补文”阶段,除国家投资外,文化企业资金主要依靠内部开辟多种渠道赚取的方法解决。自 21 世纪起,政府补贴、招商引资、上市融资等成为投

融资的重要渠道。

2008年起，为了推动文化大市向文化强市的跨越，淄博市政府通过了一系列推进文化产业发展的规划和政策措施，特别是设立了3000万元的文化产业发展专项资金，以贴息、奖励、资助等形式，支持文化产业发展。自此，政府以财政补贴方式扶持文化产业重点项目的发展，成为常态化、法规化的措施。2015年10月，全市文化名城建设工作会议召开后，市委和市政府通过系列文件，提出整合现有文化旅游方面资金，设立5000万元文化名城建设专项资金、5000万元文化旅游发展政府引导基金和4000万元市级文化旅游产业融合发展专项资金。2015年淄博市还争取到国家重点文物保护专项补助资金9460万元。

减免税和银行贷款是政府扶持的一个重要组成部分。2015年，税务部门为48家文化企业减免税7356.67万元。金融部门加大信贷扶持力度，引导金融机构创新开发金融信贷产品，拓展小微文化企业的融资渠道。2015年，市农业银行、齐商银行等十余家银行为165家文化企业提供了贷款业务，贷款金额共计20.59亿元，授信金额达28.13亿元，涉及印刷发行、影视传媒、电视网络、文化艺术等各个领域。

招商引资成为筹资中的一个重要渠道。2011年开展了长三角、珠三角文化产业招商活动，签约25个文化产业项目，合作金额达28.68亿元。2014年，淄博市编印了《2014淄博市文化产业项目推介和招商册》，宣传推介53个文化产业项目，总投资331.7亿元；在8月28—31日举行的第五届山东文化创意产业博览会上，智慧社区项目、山东天湖旅游度假园建设项目、1954陶瓷文化创意园建设项目三期、博山陶琉文化创意研发与品牌推广服务项目等4个项目参加重点项目签约仪式，总投资45.9亿元，签约金额7.4亿元，此外还以“琉光陶韵·创意淄博”为主题，展出陶琉精品1000余件，现场达成交易额100多万元、协议交易额200多万元，参观人数30多万人次，荣获“优秀组织奖”、“优秀展示奖”。2015年四五月间，淄博市先后赴上海、南京举办首届中国琉璃内画艺术大师精品展·长三角巡展活动；5月14—18日，淄博市组团参加了第十一届深圳文博会，17个文化产业招商项目在山东展区予以推介，投资总额102.46亿元，融资总额25.43亿元，淄博市荣获“山东展团优秀组织奖”；7月5—12日，赴中国台湾参加“第二十一届鲁台经贸洽谈会”。

股市融资成为筹措资金的新渠道。2015年6月16日，山东世纪天鸿文教科技有限公司、淄博人立文化创意股份有限公司先后在全国中小企业股权转让系统(新三板)成功挂牌,山东头等传媒发展有限公司在齐鲁股权交易中心成功上市。截至2016年2月底,淄博市共有12家文化企业成功在沪市、深市、新三板、齐鲁股权交易中心等资本市场挂牌上市。

2.文化产业增加值

文化体制改革和政府的大力支持,带来了文化产业增加值的显著提升。1985年,淄博市近100个“以文补文”项目,年收入仅约20万元;2010年,全市文化产业增加值达到125亿元,占全市GDP的比重达到4.37%;2014年文化产业增加值为144.47亿元,同比增长6.3%,占全市GDP比重为3.59%,增幅0.01个百分点;2015年前三季度,淄博市完成生产总值3007.7亿元,同比增长6.7%[①]。

(三)对外交流和文化市场的发展

淄博市委和市政府以构筑会展展示平台、开展文化产业项目招商活动、建设文化产业交易平台作为文化创意产业推介地域文化、招商引资、文化产品交易的三大途径,比如,从2011年开始,淄博市连续成功举办了四届中国(淄博)书画艺术品博览月活动。第四届书画博览月期间,共举办了近100项系列展览,展示推介书画作品12000余件,现场交易额达2.5亿元,累计参观人数近60万人次,培育形成了“全国书画看鲁中,淄博书画大繁荣”局面。

自1994年6月8日淄博市文化市场管理处正式成立起,全市逐步形成了演出市场、电影市场、音像制品流通市场、文物书画市场、文化娱乐市场、艺术培训市场等6大文化市场,并且市场逐步走向规范化和法制化。特别是自2005百年老字号荣宝斋在内地开设第一家分店——淄博分店以来,艺术品市场日愈红火,出现了淄博文化艺术城、齐鲁美术馆、凤凰艺斋等书画艺术品市场。2007年底,全市拥有各类文化市场1000余家,经营面积达20多万平方米,年交易额突破20多亿元。

① 《淄博启动“文化+”快车 文化名城驶向经济强市》,齐鲁网,2015-12-20。

二、"创意淄博"与优势文化产业的融合发展

淄博地处齐文化故地，自古就有变革与创新的传统。在文化产业发展道路上，淄博市创新性地实现了相关产业之间及文化产业内部的融合发展。特别是2010年11月淄博市出台《关于建设"创意淄博"加快文化产业发展的意见》后，淄博市连续举办了四届淄博文化创意大赛暨文化创意周活动，以及三届文化创意产业展览会，市经信委、市农业局、市高校工委等部门还在行业内开展了一系列"创意淄博"建设活动，这些活动将创意渗透入"文化+"产业中，推出了一大批科技含量和附加值高的创意作品，有力地推动了老工业城市的结构转型。

(一)创意与文化资源的开发利用

齐文化与陶瓷琉璃是淄博地区的特色与骄傲，依据这两种资源，淄博市重点打造了以齐文化为代表的10个地域文化品牌和以陶琉文化为代表的10个产业型文化品牌，"齐风陶韵·生态淄博"、"淄博陶瓷·当代国窑"文化品牌影响力不断扩大。2009—2015年，相继在北京、上海、广州等地举办陶瓷、琉璃等淄博工艺美术精品展，展现了淄博陶瓷琉璃文化的深厚底蕴。2015年9月，在第十五届陶博会期间，淄博市举办了"淄博地域文化风采展"，以9个展区、2000余平方米面积的展示格局，全面展示了齐文化、丝绸文化、聊斋文化、陶琉文化、渔洋文化等独具特色的地域文化，吸引观众十万余人次，备受参观者好评。9月12日至16日，在临淄区举办了第十二届齐文化节，深挖齐文化内涵，打造"探宝"、"蹴鞠"、"祭姜"、"寻古"、"闻韶"五大主题板块，开展了50多项丰富多彩、意义深刻的活动，进一步打响了齐文化节品牌。

华光陶瓷是淄博陶瓷业的领头羊，为了解决创意短缺问题，它签约国内几十位著名画家的名画作品，将瓷器本身注入了大量文化元素，从而实现了一个咖啡杯从以往平均每件出口单价价格在不足2元到现价600多元人民币的突破。2014年，华光陶瓷还作为"国瓷"登上了APEC大会；2015年，在行业低迷的情况下，其销售额仍增长了30%[①]。

① 《淄博启动"文化+"快车 文化名城驶向经济强市》，齐鲁网，2015—12—20。

(二)创意与农业资源的巧妙开发

文化产业与农业资源的结合,主要在于开发创意农业、休闲农业、现代都市农业和农村手工艺产业,拓展传统农业功能,创新农业发展方式,促进文化富民;举办农业创业大赛、农业创意设计大赛和农产品展销会,加强休闲农业与乡村旅游经营场所的创意和设计,建设集农耕体验、田园观光、教育展示、文化传承于一体的休闲农业创意园;注重农村文化资源挖掘,不断丰富农业产品、农事景观、环保包装、乡土文化等创意和设计产品产业化,提升农产品文化附加值,提高农业品牌的知名度。至 2015 年,"文化+旅游"已推出 29 条乡村旅游线路,年产值突破 70 亿元[①]。为了实现农业资源的创意开发利用,还必须提升农村的文化生活水平,为此,2015 年,淄博市文化下乡活动取得很大成就,全市共提升农村文化大院 789 个(计划提升 600 个),村居文化小广场 970 个(计划提升 100 个);为 654 个农家书屋进行了数字化升级,对 1395 个农家书屋进行了出版物更新(计划提升 500 个);还组织了三个市直文艺院团送戏下乡演出 200 余场,民间剧团送戏下乡演出 4300 余场,"爱心沂源"文化惠民志愿服务活动被文化部列为"文化志愿服务推进年"示范项目[②]。

(三)创意与数字科技的融合创新

文化产业与数字科技的结合是一种必然趋势,这一趋势突出地表现在网络软件、图书出版、广播影视等行业中。

淄博市加强文化创意策划,通过放宽市场准入,采取优惠政策,大力扶持发展信息咨询、软件开发、网络运营、动漫设计等新兴文化产业,涌现出了山东卓创资讯有限公司、山东美图文化传媒有限公司、淄博盛世天元数码动画技术有限公司等 50 余家新兴文化企业,涉及卫星 VSAT 网络、电子政务应用软件、网络数码扩展 3G 互联、三维仿真网络、商务资讯等领域,规模和竞争力列全国同行之首,发展前景十分广阔。

随着文化体制改革的进行,淄博报业传媒集团已经成为拥有"四报、一网"(淄博日报、淄博晚报、淄博财经新报、淄博手机报、淄博新闻网)5 个媒体,集采

---

① 《淄博启动"文化+"快车 文化名城驶向经济强市》,齐鲁网,2015-12-20。

② 淄博市人民政府网(http://xxgk.zibo.gov.cn/xx)。

编、出版、发行、文化产业于一体的现代化报业传媒集团。2015 年 12 月,市委和市政府还出台了《淄博市关于推进传统媒体和新兴媒体融合发展的实施意见》(淄办发〔2015〕52 号),为下一步传媒的融合创新指明了发展方向。

淄博市电影有限公司率先在全省转企改制,率先推行院线体制改革,成立了山东省第一家五星级电影城,公司旗下现已拥有 14 家连锁影城,2014 年实现电影综合收入 8486 万元,同比增长 15.2%。

图书出版发行是淄博市的优势文化产业,现拥有各类书籍报刊、电子出版物发行单位近 500 家,从业人员 3500 人,行业规模多年以来位居全省行业的前列。2014 年,全市出版发行实现销售收入 27 亿码洋,保持了全省的领先地位。

淄博市印刷业门类齐全,形成了"精、特、专、优"的庞大企业群体,拥有书刊、报纸、包装、商标防伪等各类印刷企业近 638 家,涌现出了鸿杰印务、泰宝镭射、华越彩印、奥升彩印等一大批印刷企业,2014 年,全市印刷业实现产值近 70 亿元。

大力开发推介创意文化产品及衍生品,发展以数字、网络、动漫、影视、资讯为主要内容的新兴文化业态,培育壮大了卓创资讯、长征教育等一批规模大、附加值高的创意文化企业,加快形成创意产业链,增强了城市文化产业自主创新力和核心竞争力。

开展"乡村记忆工程"建设项目。2015 年全市有 35 处镇、村和乡村记忆博物馆入选山东第一批"乡村记忆"工程文化遗产名单,位居全省前列;组织召开了全市乡村记忆工程现场推进会,全市"乡村记忆"工程建设试点工作扎实起步,目前,各试点单位已投入 1300 余万元建设资金。

(四)创意开启解决管理模式与资本来源的新时代

2015 年 9 月,经省文物局研究决定,淄博市和济宁市成为山东省博物馆理事会建设试点城市,市博物馆向社会公开发布了《关于淄博市博物馆理事会理事人选的招募公告》,筹备成立淄博市博物馆理事会,吸收社会组织或个人参加博物馆的管理。12 月 3 日,桓台县博物馆理事会率先成立,并举行第一届理事会第一次、第二次会议,表决通过了《桓台博物馆章程》、《桓台博物馆管理制度》和管理层人选,明确了各理事职责分工。

淄博市还探索出了一套破解小微文化企业资金困扰的成功方案。2015 年

1月19日，山东宣传信息刊发了《淄博市四个一破解小微文化企业成长瓶颈》一文，介绍了财政补贴一点、税收返还一点、金融借贷一点、创业者出一点“四个一”破解小微文化企业融资难、融资贵成长“瓶颈”的做法，很值得推广。

三、淄博市文化创意产业融合创新典型案例

山东世纪天鸿文教科技股份有限公司，是志鸿教育集团旗下的全资主业子公司，主要从事文教图书以及教育信息化产品的策划、研发、发行。它源于1994年山东省滨州市沾化县注册成立的一家教育书店，当时年净利润不足百万元；2004年4月注册成立，注册资本7000万元，员工1000余人，占地面积44公顷，建筑面积14000平方米。2015年度主营业务收入37805万元，资产总额44537万元，净利润3734万元。该公司是怎样在二十年的发展历程中，使资产总额和净利润分别提高了6倍和62倍多。稍加分析不难看出，成就的取得，离不开领导者敏锐的市场嗅觉和公司上下齐心协力、创新进取的精神。

(一)战略目标明确

公司创办人、董事长任志鸿，原为山东省滨州市一所中学的语文教师，在市场经济大潮下，他敏锐地抓住了高考制度下教辅材料市场中的商机，辞职办起教育书店，从销售教育书籍开始，逐步办成集策划、研究编写、销售发行于一体的大公司。他的目标非常明确，那就是专注文教图书发展，从事对教育、对广大师生有价值的事业。正是在这一目标指引下，公司已成为中国十大教育集团之一，未来三年，公司计划成为教辅领域盈利能力最强、产品最好、规模最大的公司；未来五年内，公司拟成为涵盖教辅、培训、教育信息化产品内涵式发展的最负盛名的教育科技服务机构；并且通过十年的努力，能够走出去，成为国际知名的教育公司。

(二)管理机制高效

天鸿公司的发展，经历了从家族制到规范化、科学化管理的转变。公司初创时，主要是家族成员参与工作，1995年，随着公司规模的扩大，开始实行法人制度，将激励机制、约束机制、企业文化等引入公司。1999年是公司的“规范管

理年”,公司成立了六大职能部门,组织结构趋于完善。2003年形成总裁办、人力资源部、财务管理部、教育研究院、业务运营部五大职能部门。2013年12月30日,正式创立组建公司董事会和监事会。为了解决管理人才缺乏的问题,公司采取内部培训和外出培训相结合的办法。公司成立了专门的培训部门——志鸿学院,建立起自己的内部课程和内部培训师制度,先从管理常识——管理的基本概念、理念、模式等入手,依次进行了工商管理、人力资源、素质提升等培训,为公司培养出一批管理干部和销售人才,每年用于培训的费用占营业收入的10%～15%。为了防止公司出现官僚作风,公司还导入执行力文化,进行执行力培训,要求各部门负责人对下一年的目标制定宣言并当众宣誓,并且对完不成任务者,实行降职降薪处罚。在产品质量方面,1998年导入质量系统,引进ISO9000系统,进行全员培训,并依此设定了生产部门,制定了生产流程、标准和规范。在营销业务方面,制定了严格的操作流程,比如签订销售合同、货款直接汇到公司等。在出版内容方面,秉承“受教育者至上”的服务理念,组成了一支拥有3000余名教、考、研、编为一体的综合研发团队,每年用于产品研发及人才培养与奖励的费用超过2000万元。正是这样,建立起一支高效合作的运营团队。

(三)营销渠道畅通

营销渠道是公司发展的命脉,天鸿公司经历了从初期单一的邮购直销到多元化销售渠道拓展并行,从渠道构建到渠道维护、渠道扩张等发展历程。从1997年起,逐步形成了民营代理、直接销售、新华书店征订、电子商务销售等销售渠道,探索了双赢、AC营销、专营等营销模式,建立了连锁经营系统。特别是在2003年,公司抓住新闻出版总署放开对民营图书出版发行限制的机遇,大规模扩展图书销售渠道,于2004年成为全国首家同时获得出版物国内总发行权和出版物全国连锁经营权的“双权”民营书业企业。之后逐步确立了代理经销商为中心、零售商为主体、自主推广为依托的营销模式。到2007年,公司在全国建立了20多个区域分支机构,100多家省级代理商,1500多家地市级代理商和上万家零售终端。直接营销模式保证了公司对产品负责到底的决心。随着教材和教辅出版区域化的实行,公司也相应地调整了营销策略,确定了重点市场和有效客户,对资源进行了具有针对性的优化配置。

(四)名优品牌至上

公司重视品牌建设和扩展,1999年,为高中总复习研发的"优化设计"系列丛书成为全国最知名的教辅图书品牌之一,之后出现了包括《赢在课堂》、《教材快线》《智慧背囊》和《时文选粹》等"志鸿优化"品牌图书,公司每年策划出版图书2600余种,能够满足从小学到高中12个年级同步、备考、工具参考和教研活动等各类需求。作为中国书业央视第一上线品牌,"志鸿优化"已成为我国教辅市场上的知名品牌,拥有丰富的教育内容资源。此外,公司还获得系列荣誉,1999年成为国内首家通过ISO质量体系认证的出版发行企业;2005度成为版权保护示范单位;2008年获民营书业"公益贡献奖";2010年荣获齐鲁"十大最具责任感机构"、山东省文化体制改革和文化产业先进单位、山东省文化产业十强企业、首届山东省新闻出版奖等奖励和荣誉称号;2011年获得山东省服务名牌称号;2012年获得ISO9001、ISO14001、OHSAS18001等三项认证,获评"2012年度教育出版商",成为淄博市纳税500强企业,并且入围"新闻出版业网站百强";2013年度三十强服务业企业;2014年中国版权最具影响力企业、中国驰名商标、山东省著名商标、山东省名牌产品、2014年度书业民营实力品牌机构(教育类);2015获得"全国版权示范单位"荣誉称号。2015年9月15日在新三板成功挂牌(股票代码833456),成为在新三板中规模最大的民营书业企业和山东首家民营书业企业。目前拥有1个国家级驰名商标,1个山东省著名商标。

(五)企业文化支撑

企业文化是建立凝聚高效团队、实现宏伟战略目标的保证。公司确立了"为客户提供优质产品、为社会创造精神财富"的价值观,"高效务实、精诚团结、健康愉快"的团队精神,"锐意进取、依靠规模、追求效益"等理念,不断地强调诚信文化、速度文化、创新文化、学习文化和服务文化,以保证团队的诚信务实、高效创新;公司还通过三年捐资500万元援建300个农家书屋,并且通过员工认领建设的方式,培养员工的社会服务意识。也正是在"诚立天下"思想指导下,销售人员回款率几乎接近100%,基本上没有呆坏账问题;也正是在企业文化支撑下,当2007—2008年出版行业出现退货率高、库存量大的情况时,公司创新管理机制，根据业务模式和产品结构，将业务进行剥离成立股份制公司，释放经营活力，成立的股份制公司当年业绩全线飘红。

(六)数字平台搭建

公司与时俱进，不断地将业务与现代数字技术和信息化结合。一是将商务交易和代理商库存网络化。1999 年开发出飞梭营销系统，通过互联网实行网上报单、自动统计，节省了人力，减少了差错率；2001 年飞梭系统升级为天鸿远程报单系统，2003 年请专业机构升级为电子商务平台。2015 年世纪天鸿开启电子商务 B2C 业务，陆续开设志鸿优化京东旗舰店、世纪天鸿天猫专营店、志鸿优化官方商城等渠道。电子商务平台的开发运用，实现了网络与电子商务、传统业务与现代科技的无缝对接。二是将教育内容和教育形式、出版业务数字化。2000 年，公司成立北京志鸿教育研究中心，创建中鸿网，开始涉足网络教育和数字出版；2002 年“志鸿优化”电子书(e－book)新闻发布会的召开，标志天鸿教育正式进军数字出版；2006 年与联想集团合作，联合打造互联网在线教育平台，将一些教育软件输入电脑。通过自主研发，公司实现了为不同教学内容和教学环节服务的在线教育平台和软件工具的线上产品与出版中小学助学读物的线下产品的有机结合，获得“智能测评系统”、“志鸿在线教育”等 13 个软件著作权证书。

(七)产业升级融合

从 2008 年起，公司还开发了仓储物流、印象齐都等多项产业链建设。2008 年，华鸿物流基地落成典礼隆重举行，2010 年又与中远物流有限公司签订了战略合作协议，从此实现了商流、物流、资金流、信息流“四流”的真正合一，全面提高了公司的核心竞争力。为了给淄博留下点纪念，2012 年，公司与淄博市高新区管委会共同投资建设的以“齐文化”为核心魅力元素的印象齐都文化创意产业园正式奠基，该项目立项之初便成为山东省文化产业重点项目，印象齐都由出版传媒创意园、青少年体验中心、淄博记忆展览馆组群、大家境界艺术坊、创业创智办公空间等部分组成，2013 年 12 月 28 日，产业园的标志性建筑主展览馆“淄博记忆展览馆”封顶，计划 2016 年 9 月开馆运营。2014 年 4 月 23 日，青少年体验中心仪式隆重举行，计划 2017 年竣工。

四、淄博市文化创意产业融合创新的经验总结及未来展望

淄博市文化创意产业融合创新给我们提供了不少经验，比如政府的重视、政策法规的保障、文化资源的依托、体制改革的推动、科技的作用等等。尽管目前也存在一些不足，但可以预计，淄博市文化产业的发展有很大的空间和美好的前景。

(一)淄博市文化创意产业融合创新的经验总结

淄博市文化创意产业融合创新所取得的成就，既得益于时代背景、大好的国际国内形势，又得益于淄博市独特的资源和政府的重视。

1.政府重视、政策法规出台为文化产业的发展提供了保障

为了保障文化产业健康、有序、快速地发展，自上世纪八十年代起，淄博市委、市政府相继出台了一系列政策法规或文件，比如，2003 年颁布实施了《2003—2010 年淄博市建设文化大市规划纲要》；2009 年出台了《关于实施文化品牌带动战略 推动文化产业发展的意见》(淄宣普发〔2009〕51 号)；2010 年 11 月出台了《关于建设“创意淄博”加快文化产业发展的意见》等文件；2011 年 11 月 15 日通过《中共淄博市委关于深入贯彻党的十七届六中全会精神加快建设文化强市的意见》；2015 年更是出台了系列文件，2 月出台《淄博市深化文化体制改革实施意见》、《贯彻落实〈淄博市深化文化体制改革实施意见〉的分工方案》(淄办发〔2015〕6 号)，10 月 20 日出台《中共淄博市委淄博市人民政府关于着力建设文化名城的意见》(淄发〔2015〕11 号)、《关于促进文化旅游产业融合发展的若干政策》(淄办发〔2015〕40 号)，12 月 30 日印发《淄博市关于推进传统媒体和新兴媒体融合发展的实施意见》(淄办发〔2015〕52 号)；2016 年 2 月 4 日，印发《淄博市人民政府关于进一步加快文化产业发展的实施意见》(淄政发〔2016〕1 号)。

一系列政策文件的颁布实施对于淄博市文化产业的发展来说意义重大：一是开启了淄博市文化产业发展和文化体制改革的大门，保障了文化产业和文化体制改革的深入发展。二是适时地为市文化产业的发展指明了方向，使淄博逐步从 2003 年的文化大市建设，发展到 2011 年的文化强市建设，直到 2015 年向文化名城转变。不仅如此，在 2010 年还及时提出了建设“创意淄博”的方针，开启了建设“创意淄博”的新时代，并且使印刷发行、文化旅游、工艺美术、创意产

业等逐步成为全市文化产业发展的优势产业。三是在2008年和2015年分别为文化产业、文化名城建设和文化旅游设立了专项资助基金，为了保证资金的有效利用，还详尽地规定了资金的具体用途，比如，5000万元文化名城建设专项资金，主要用于文化产业发展、公共文化产品和服务项目、公益性文化活动、文化事业发展、文化惠民、非遗保护、文物保护、历史文化展示、乡村记忆工程、文化艺术创作、送戏下乡等；5000万元文化旅游发展政府引导基金，用于撬动社会资本支持重点文化旅游项目、乡村旅游项目、工业旅游项目以及动漫等文化旅游产业和基础设施建设；4000万元市级文化旅游产业融合发展专项资金，用于城市文化旅游形象宣传、旅游发展规划编制、重点旅游项目前期引导、基础设施建设、旅游宣传促销、人才培训、产品打造等。

管理机构的设置，为文化创意产业的融合创新起到了保驾护航的作用。1994年6月8日，成立了市文化市场管理处，2004年成立了市文化体制改革工作领导小组，2015年12月，成立了淄博市文化名城建设暨文化旅游产业融合发展领导小组。

整体框架和重大战略目标的制定实施，为文化创意产业融合创新提供了指路明灯。从2009年至今，淄博市文化产业一直按"一园二带三基地十大产业"的整体发展架构，以及"231"战略和"326工程"进行建设。"一园二带三基地十大产业"即建设齐文化产业园，形成孝妇河文化产业带和胶济线文化产业带，推进现代印刷发行物流基地、工艺美术和文博基地、创意会展基地建设，加快发展印刷发行业、现代传媒业、影视剧制作业、文化演艺业等十大产业。"231"战略即"两带动"、"三推进"和"一提升"，具体来说，实施文化产业项目和文化品牌带动战略，推进现代印刷发行物流基地、工艺美术和文博基地、创意会展基地建设，全面提升淄博市文化产业的竞争力。"326工程"即培植30个重点文化产业项目，打造20个文化品牌，做大做强60家文化企业。

2.丰足的文化资源为文化产业的发展提供了依托

文化资源是文化产业发展的基础、前提和源泉，淄博市文化资源所拥有的"南山、北水、东文、西商"格局成为文化创意产业融合创新取之不尽、用之不竭的宝贵源泉。

自西周初年姜太公封齐起，淄博市便有着悠久的历史及丰富的自然和文化资源。中心区张店有投资300多亿元的省级文昌湖旅游度假区；南部的淄川区、博山区和沂源县，有清代大文学家《聊斋志异》作者蒲松龄故居和诗人、诗论家、书法家赵执信故居，有齐长城和“沂源猿人”遗址，有鲁山、原山和峨庄古村落三个国家级森林公园，以及开元溶洞、樵岭前溶洞和沂源溶洞等绵延数十里的溶洞群；北部的桓台县和高青县，有清初文坛领袖、著名诗人王士祯纪念馆，马踏湖、大芦湖等“北国江南”韵味，以及流经47公里的黄河入海口；东部的齐国故都临淄，是齐文化的发祥地，1994年成为国家历史文化名城，境内有东周殉马坑、齐国历史博物馆、中国古车博物馆、田齐王陵、“二王冢”、“四王冢”、古排水道口、孔子闻韶处、姜太公祠、管仲墓、齐长城等历史文化遗址和遗物；西部周村有清代号称为“旱码头”的古大街，民国时期曾是山东的丝织业中心。此外，淄博还有一大批国家级非物质文化遗产，如孟姜女传说、聊斋俚曲、五音戏、蹴鞠、牛郎织女传说、周村烧饼制作技艺、抬阁（阁子里芯子、周村芯子）、鹧鸪戏、元宵节（淄博花灯会）等，这些都成为淄博文化产业融合创新发展的不竭源泉。

淄博的陶瓷琉璃生产已有八千多年的历史，2009年9月6日，在第九届中国（淄博）国际陶瓷博览会开幕式上，中国陶瓷工业协会授予淄博市“淄博陶瓷当代国窑”牌匾，这进一步提升了淄博市作为“中国陶瓷名城”的形象和影响力。现大量出土的陶瓷文物、彩陶绘画、刻瓷、陶瓷雕塑、仿古陶瓷、琉璃内画等，都成为陶瓷文化的重要资源。淄博陶瓷烧制技艺、内画（鲁派内画）、琉璃烧制技艺也成为国家级非物质文化遗产。

此外，重工业城市的发展，为文化产业积累了相当的资金；四通八达的交通为文化市场的开拓、物流运输提供了方便；四百多万人口为文化产业的发展提供了相当大的内部市场；新老人才为文化产业的发展提供了不少的人力资源。

正是在充分开发利用上述文化资源的基础上，淄博市发展了文化旅游、休闲娱乐、印刷发行、文化艺术、网络传媒、机制纸及纸板制造、手工纸制造和工艺品及收藏品销售等重点行业，开拓了演出市场、电影市场、音像制品流通市场、文物书画市场、文化娱乐市场、艺术培训市场等6大文化市场，举办了系列博物馆、展览馆、纪念馆，形成了齐文化、聊斋文化、陶琉文化、商埠文化、渔洋文化、民俗文化等地域特色鲜明、优势互补的新型文化产业格局。

3.文化体制改革推动了文化创意产业的融合创新

近年来，淄博市按照中央和省有关部署，不断深入文化体制改革，2011年和2012年，淄博市连续两年被评为“全国文化体制改革先进地区”，这有力地推动了文化产业的快速发展。

(1)加速政府职能转变。坚持政事分开、管办分离，2011年1月30日，在对全市文化行政管理和文化市场执法职能剥离、归并、整合的基础上，组建成立了市文化广电新闻出版局、市文化市场执法局和市文化市场执法支队；调整精简文化行政审批事项；2015 年 2 月，出台了《淄博市深化文化体制改革实施意见》和《贯彻落实〈淄博市深化文化体制改革实施意见〉的分工方案》（淄办发〔2015〕6 号），对 86 项改革任务进行职责分工，明确牵头单位、参加单位和完成时限。

（2）完成经营性文化事业单位改革。淄博市完成 5 家非经营性文化事业单位向经营性文化事业单位转企改制工作，转企人员数 312 人。淄博市电影有限公司率先在全省转企改制和推行院线体制改革，各区县电影公司、电影院均已核销事业编制、完成工商注册登记；组建淄博广播电视报业有限公司和淄博报业传媒集团（淄博日报社）天天速递有限公司，完成非时政类报刊单位改革和党报发行机构的剥离改制；制定出台《关于淄博国有文艺院团改革发展暨组建淄博演艺集团的意见》（淄办发〔2012〕29 号），组建淄博市演艺集团，成立了淄博歌舞剧院有限公司、淄博京剧院有限公司、淄博剧院有限公司，以及淄博市五音戏艺术传承保护中心，全面完成国有文艺院团改革任务。

（3）完成新闻媒体体制改革和广电网络整合。2004 年淄博市广播电视总台（局）在全省率先退出政府序列，实行局台合一、一级法人的两级管理体制，并成立了淄博广电天网视讯有限公司。2011 年 1 月 30 日，淄博市整合广播电视、报业资源，组建了淄博市广播电视台、淄博市广播影视传媒集团、淄博报业传媒集团。2015 年 12 月，出台了《淄博市关于推进传统媒体和新兴媒体融合发展的实施意见》（淄办发〔2015〕52 号）。

4. 科学技术为文化创意产业融合创新插上了腾飞的翅膀

目前，淄博市已经完成了下辖五区三县的网络整合工作，整体划拨到省网络公司，建设了区县、乡镇、村庄全程贯通的高效网络。现代科学技术已为淄博报业传媒集团、广播电视台、广播影视传媒集团，以及图书出版和旅游等行业的发展奠定了坚实的基础。

（二）淄博市文化创意产业融合创新的未来展望

参照 2014 年《国务院关于推进文化创意和设计服务与相关产业融合发展的若干意见》，淄博市的文化创意产业正在走“统筹协调，重点突破；市场主导，创新驱动；文化传承，科技支撑”之路，不过现在明显存在着创新与融合力度不够、产业规模与集约化程度不足、层次不高等问题。今后淄博市的文化创意产业重点在于强化创新与融合，扩大产业规模，形成集群式发展模式。

1.开发、整合、保护、利用好淄博市的文化创意产业资源，发展强大的旅游规模与品牌

客观而言，淄博市丰富的旅游资源，到目前为止，并没有得到充分的开发利用，最大的问题在于没有形成规模化、集约化态势。淄博虽然有大量的人文旅游资源，但由于齐文化历史久远，当前的文化资源都呈现出规模小而分散的特点，如果不加整合，就难以形成规模和品牌，说到底，也就是难以吸引大规模的游客群体。

开发、整合淄博市的旅游资源，主要体现在工业旅游资源、人文旅游资源和农业旅游资源几个方面，在整合方式上，可采取纵向与横向两种模式。

淄博是煤炭、化工、陶瓷、纺织等行业的老工业基地，在这方面有充足的资源可用于旅游体验，如废旧的厂房设施可改观为文化博览园，集文化娱乐、制作体验、销售于一体。在人文旅游资源方面，亟须对市内旅游资源进行整体打造，强化资源之间的关联性，整合成整体化、规模化的文化旅游产业群。为了加强人文资源的整合力度，相应地，交通、餐饮住宿、娱购市场等设施应及时配备跟进，以便提供良好的服务体系。深度开发丰富的农业资源，充分发挥农业的自然生态化优势，因地制宜，建立观赏型、品尝型、购物型、娱乐型、参与体验型、疗养型、度假型等不同类型的休闲农业。

在文化创意产业资源的利用和产业规模的建立上，需要具体情况具体对待，鉴于文化资源在空间上的分散性，可发挥创新作用，将工业、人文与农业资源进行横向联合，比如，可将临淄地区的齐文化资源与当地的休闲农业资源、工业资源进行优化组合，实现文化旅游景点与工业博览园、农业休闲园的最佳搭档，建立融历史与现代、经济与文化于一体的文化创意产业群，并在规模化的状态上，提升品牌，提高知名度和美誉度。

2.整合文化产业资金，培养招聘优秀文化创意产业人才，促进文化创意产业向高大上层次发展

目前，淄博市文化创意产业还存在企业规模较小、品牌质量和层次较低、创意人才匮乏等方面的问题。淄博市至今没有出现总资产过50亿元的企业，新兴文化产业规模较小，中小型文化企业占市场主体份额，缺乏有核心竞争力的

大规模文化产业基地和产业园区；难以引进和留住文化产业方面的领军人物、复合型管理人才、新兴行业的专业人才以及擅长创意设计的高端人才。资金是导致这些问题出现的一大瓶颈。在向金融机构贷款方面，一般需要物质性财物做抵押，但创意性产业价值主要体现在智力和技术成果方面，所以，在贷款中往往受到种种限制。

在整合资金方面，可充分利用淄博市探索出的“财政补贴一点、税收返还一点、金融借贷一点、创业者出一点”的“四个一”模式，不过，在这一方面，特别需要强调的是，政府需要再加大一下重视力度。据《淄博市 2013 年国民经济社会发展统计公报》报道，2013 年淄博市城市居民人均可支配收入为 31515 元，同比增长 11.8%；农民人均纯收入 13932 元，同比增长 12.6%。城市居民人均消费支出 19282 元，同比增长 14%；恩格尔系数为 31.9%，农村居民恩格尔系数为 33.6%。根据《时事报告》杂志 2016 年第 2 期《6.9%的经济增速怎么看》提供的数据，中国 2015 年恩格尔系数已经降为 30.6%。这些数字表明，淄博市生活水平进入相对富裕阶段，消费支出迅速增长。相应地，人们对文化创意产业的发展与需求呈上升趋势。因此，市委、市政府应紧跟时代的需要，在整合资金和文化创意产业发展方面加大力度，扶持与保护文化创意产业的发展。

此外，淄博市尚需拓宽渠道，创意融合，加大招商引资和上市融资渠道，吸引更多的国内外资金，培育扶持更多的企业上市。在融资基础上，招揽人才，提升文化产业品质。在提升层次方面，以优质项目建设为纲，做好文化产业发展布局调整；扎实推进文化产业项目建设，做好文化产业“金种子”计划，培育发展文化企业“孵化器”。

3.依托创意，实现数字科技与文化创意产业的有机渗透融合

创意是文化产业发展的灵魂，数字科技是文化创意产业腾飞的翅膀。创意与数字科技可以渗透融合到文化创意产业的方方面面，现代的文化产业，缺乏了创意与数字科技的渗透融合，就会显得枯燥乏味、脱离时代。

创意与数字科技，不仅可以在影视传媒、图书刊物印刷出版发行等方面发挥巨大的作用，而且也可以在文化旅游业、工艺美术和文博业、创意会展业、节庆娱乐业、教育娱乐业等方面展现奇特魅力。

在影视及出版方面，将历史、文学创作与影视拍摄、图书出版相结合。依托周村古商城、聊斋城和齐故城遗址等载体，一方面打造功能完备的影视剧拍摄基地，加强影视制作、发行、播映和衍生产品开发，推进影视剧的数字化进程，形

成淄博广播影视产业发展新的增长点；另一方面加强数字化书刊的制作发行，推动弘扬传统文化的数字产业的发展。

在文化旅游方面，再现淄博地区古代历史的辉煌画卷，为国际齐文化旅游节、聊斋文化节、旱码头旅游文化节、饮食文化节等文化节庆活动增添氛围，为农村休闲游增加时尚创意。

在工艺美术和文博业方面，研发陶瓷琉璃、内画、刻瓷、仿古蹴鞠、淄砚、文石、砖雕、纺织等具有浓郁地方特色的文化艺术产品，以非物质文化遗产项目为核心，推动五音戏、聊斋俚曲、孟姜女传说、牛郎织女传说等相关文化衍生产品和产业的开发。

在创意会展业方面，依托高新技术优势，规划建设好创意会展基地，发挥好淄博国际会展中心龙头带动作用，进一步完善淄博高创中心、齐赛科技园等科技孵化器功能，促进数字、网络、动漫、影视、资讯等创意产业的规模化发展，实现文化与科技对接。

在动漫产业方面，实施动漫品牌建设和保护计划，鼓励引导齐文化动漫原创作品创作，开展“动漫讲述齐文化故事”、“动漫带我演绎家乡美·淄博梦”原创作品大赛，重点引导好以传承齐文化、弘扬社会主义核心价值观为内容的动漫原创作品。

将创意、数字科技与体育产业紧密融合，鼓励文化企业向体育领域拓展，支持发展体育竞赛表演、电子竞技、体育动漫等新业态；加强创意设计，提升体育用品及衍生产品附加值；丰富传统节庆活动内容，支持各地依托自然人文资源举办特色体育活动；加强以蹴鞠为核心内容的体育文化产业发展，组织举办“起源地”杯国际足球邀请赛等足球精品赛事活动。

结语：自 20 世纪 80 年代以来，淄博市文化产业的发展日新月异，文化体制改革有序进行，图书出版、信息咨询、文化旅游、工艺美术、文博会展等方面都得到了良好的发展。淄博市依次经历了从文化大市到文化强市，再到文化名城的建设历程。市委和市政府的重视、丰富的人文与自然资源为文化产业的发展提供了充足的保障和良好的基础。今后，淄博市文化创意产业势必会在融合创新的基础上，走向规模化、集约化、品牌化的道路。

（姜颖，山东理工大学文学与新闻传播学院；吕德民，淄博市文化体制改革和产业发展办公室）

第十一章 郑州:文化创意产业融合创新快速发展

一、郑州市文化创意产业发展的现状

二、郑州市文化创意产业融合发展的特色

三、典型案例:强化文化创意产业融合创新的动能

四、郑州市"十三五"文化创意产业融合发展的趋势

在城市竞争日趋激烈和经济发展新常态的背景下，文化创意产业日益成为引领经济发展、推动经济发展方式转变的重要引擎，其发展的规模、质量和水平，也成为衡量一个地区综合竞争力的重要标志。郑州作为国家区域性中心城市，一直以来高度重视文化创意产业的发展，不断推动文化体制机制创新，加大政策扶持力度，引导文化创意产业与其他领域的融合发展，文化创意产业融合创新能力、带动辐射水平不断提升，已经成为郑州市新的经济增长点。

一、郑州市文化创意产业发展的现状

郑州正处于文化创意产业发展的最佳机遇期，郑州航空经济综合实验区的批复，使得郑州上升为国家唯一的航空经济战略规划区，为郑州文化创意产业的发展提供了巨大空间。同时，郑州正在积极推进国际商都建设，文化产业是国际商都发展的重点产业之一，将会得到更多的政策支持。深圳华强文化创意产业基地、华谊建业电影文化产业项目等落地，郑州文化创意资源的流动性不断提升，文化创意创新发展的活力持续激发。

(一)文化创意产业总量不断扩大，成为新的经济增长点

2014 年以来，郑州市深入贯彻党的十八大和中共十八届三中、四中、五中全会精神，大力传承弘扬社会主义先进文化，把文化创意产业发展放在首要位置，不断深化改革、扩大开放，优化发展的内外环境，文化创意产业稳步发展，效益不断提升，规模不断扩大。2014 年，郑州市实现文化创意产业增加值 257.52 亿元，比 2010 年翻了一番；占地区生产总值的比重为 3.8%，比 2010 年提高 0.6 个百分点。“十二五”期间，文化创意产业增加值年均增长 18.7%，高于同期地区生产总值的增长速度，对经济增长的贡献率达到 5.42%，比 2010 年提高 2.6

个百分点。"十二五"期间，郑州市的文化创意产业增加值稳居全省第一位，占全省总量的1/4以上。文化产业创意经济总量的扩大，对推动郑州市经济又好又快发展起到积极作用。

(二) 文化服务业快速发展，占比逐年提高

"十二五"期间，郑州市规模以上文化服务业得到快速发展，多项指标的增长速度高于其他行业，在文化产业中的地位不断提高。2014年，郑州市共有规模以上文化服务企业251家，比2012年增加了121家，占规模以上文化产业的50.6%，比2012年提高了8个百分点；吸纳从业人员5.1万人，占比55.0%，提高了3.3个百分点；实现营业收入150.6亿元，占比22.9%，提高了1.8个百分点；创造增加值57.89亿元，占比36.5%，提高了2.8个百分点。

表11－1　2014年规模以上文化企业主要指标数据

	单位数(个)	从业人员(人)	营业收入(万元)	增加值(万元)
总　计	496	93561	656.71	158.77
文化服务企业	251	51489	150.59	57.89
文化批零企业	85	3807	117.19	5.85
文化制造企业	160	38265	388.93	95.03

(三)结构进一步优化，文化新业态发展迅速

"文化产品的生产"是文化产业的核心内容。2014年，在规模以上文化产业中，"文化产品的生产"实现增加值83.74亿元，占比52.73%，比2012年提高4.4个百分点。特别是随着"互联网＋"及推进文化创意和设计服务相关政策的出台，以互联网为主的文化新业态得到迅速发展。2014年，以"文化信息传输服务"和"文化创意和设计服务"为主的文化新业态实现增加值37.08亿元，是2012年的2倍，年均增速达到35.4%，占规模以上文化产业的23.36%，比2012年提高3.16个百分点。

(四)文化消费日益活跃，城乡差距缩小

文化消费是文化产业发展的根本动力，随着国民经济的持续快速发展，城

乡居民家庭在文化娱乐方面的支出不断增长。2014 年,郑州市城镇居民中人均用于文化娱乐的支出为 1200.46 元,比“十一五”末增长了 48.78%,年均增长 10.4%;农村居民人均用于文化娱乐支出为 269.14 元,比“十一五”末增长 4.8 倍,年均增长 55.2%。城乡居民文化消费比由 2010 年的 17.4∶1,缩小到 2014 年的 4.7∶1。

二、郑州市文化创意产业融合发展的特色

为从战略层面推动文化创意产业的融合发展,注重实施重大项目带动、业态融合发展、品牌支撑提升等战略,文化旅游、文化金融、文化科技呈现出良好的融合势态,文化创意产业融合创新能力不断提升。

(一)项目带动文化创意产业融合创新

项目是文化创意发展的重要支撑,也是集聚文化创意人才、文化资源的重要载体。郑州市高度重视项目在产业融合创新中的核心带动作用,加快推动文化创意产业重点项目方特梦幻王国、郑州海洋生物博物馆(二期)、郑州国际珠宝玉石博览园等建设,文化创意园区石佛艺术公社产业园开工建设,白鸽文化创意产业园已经立项。国家动漫产业发展基地(河南基地)、金水文化创意园等园区的建设,持续提升园区带动力、影响力,带动了文化产业的集聚发展。作为郑州创意产业典型的国家动漫产业发展基地(河南基地)入驻企业 87 余家,郑州动漫产业入驻企业 14 家。2015 年以来,郑州国际文化创意产业园加快发展,力图打造“国际化、现代化时尚文化创意旅游新城——东方奥兰多”,通过园区建设使得一批有影响力的文化创意产业项目签约落地,呈现良好的发展势头。郑州国家知识产权创意产业园,正在规划一期项目建设,努力打造中国的创意谷。同时,依托郑州航空经济综合实验区的交通、政策等优势,不断加大项目引进力度,华谊建业电影文化项目、国家地理标志博览中心项目、国际马戏演艺王国项目、智慧生活艺术公园项目、黄河湿地生态旅游文化博览园项目、荣宝斋项目、海亿汽车博览中心项目、香格里拉酒店项目等 8 个项目落地郑州,签约金额达 170 多亿元。“平安文旅荟”盛世中原项目启动,华谊兄弟、大连海昌集团、艺术北京、砂之船奥特莱斯等 7 个文化旅游项目落户中牟县。位于登封的少林·

开元盛世文化产业园先期打造的开元寺，占地约 118 亩，2016 年底将投入使用。加快推动自然文化景观的产业化发展，规划建设荥阳万山地质文化产业园，突出地域文化特色。

(二)文化创意产业发展政策扶持力度不断加强

郑州市高度重视文化政策的激励带动作用，积极推动文化创意产业发展的体制机制改革，成立了郑州市文化体制改革和发展工作领导小组，并明确了郑州市文化体制改革和发展办公室的工作职责，进一步加强了对文化产业改革发展工作的组织领导。推动一批文化产业重点单位的改革创新，如郑州歌舞剧院、郑州市豫剧院、郑州市曲剧团等转企改制，撤销了部分县级的豫剧团，分别组建豫剧艺术传承和研究单位。体制机制的改革进一步激发了文化产业发展活力，也增强了市场竞争力。文化创意产业发展的资金支持力度较强，为大力发展文化创意产业，引导支持文化产业做大做强，郑州市设立了 3000 万元文化创意产业发展专项资金，用于扶持和奖励文化企业发展。设立了 5000 万元支持动漫产业发展的专项资金，以鼓励动漫企业原创动画漫画作品的播出、演出和发行。逐步完善文化创意产业发展的数据统计机制，建设了文化创意产业统计指标体系。成立了由市委宣传部和统计局负责，相关职能部门参加的统计调研领导小组，加强对文化创意产业工作的统计和研究，统计内容涉及法人单位数量、产业增加值、从业人员规模、产业结构等，并且每年都会对创意产业发展总体情况进行深度研究，形成文化创意产业报告，不仅能够掌握文化创意产业发展总体情况，而且可以探索文化产业发展的特点、趋势，为文化政策的完善提供支撑。

(三)借助宣传推介培育本土品牌

作为城市文化标记，文化品牌的建设不仅能为城市经济的发展带来增值，还是城市综合实力、城市竞争力和文化软实力的重要体现。郑州市为提升文化品牌的影响力，借助各种节庆活动、文化博览会等宣传展示，打造了一批本土文化品牌。2015 年成功举办了“第三届郑州本土电影展映月”活动，通过活动展映本土电影 5 部，展映场次 25 场，发放免费观影券、活动海报 1 万余份，观影人数达到 6000 余人次，进一步巩固提升了本土电影品牌的影响力，丰富了群众春节文化生活，对引导健康文化消费起到了良好的推动作用。组织文化企业参加了第十一届深圳文博会、第二届中原文博会，21家文化企业的45件展品参展，展品突出“文化创意、文化科技”融合发展的特色，使得郑州文化创意产品影响力不断提升。其中，电影《念书的孩子》、动漫《龙归》、舞剧《风中少林》、演艺《禅宗少林·音乐大典》等近20件展品入选河南省主题展区。第二届中原文博会，郑州紧紧围绕“文化中原”的主题，突出“互联网+展会”的模式，充分展示了“四个中心”建设和新媒体融合发展优秀成果，充满科技感的展馆设计和众多新媒体项目集体亮相，成为此次文博会上的亮点。郑州市重大文化活动运作水平不断提升，首次采用分赛区比赛的方式，举办了“美丽郑州·炫舞世界”第三届中国郑州街舞大赛，近7000人参加了比赛。举办了“2015文化遗产保护与数字化国际论坛”、“嵩山论坛——华夏历史文明与世界文明对话”，进一步提升了郑州的文化影响力。

(四)文化产业融合发展的模式不断创新

1.文化科技融合彰显新特色

党的十八大提出，要“促进文化与科技的融合，发展新型文化业态，提高文化产业规模化、集约化、专业化水平”，这为文化产业的发展指明了方向。郑州市按照“政府引导、市场运作、科学规划、合理布局”的原则，以文化科技资源为依托，以文化科技成果产业化为方向，大力推动数字娱乐、数字出版、动漫游戏、移动多媒体等新兴产业，加强数字内容、创意设计、动漫、网络媒体等领域核心技术的研发，把实施重大文化科技产业项目与建设文化科技产业集聚区结合起来，培育科技含量高、创新能力强的特色文化产业集群，形成了集“创、研、产、销”于一体的文化科技产业链。尤其是高度重视作为优势产业的动漫产业发展，由郑州高新区、河南小樱桃动漫集团有限公司精心打造的国家动漫产业发展基地(河南基地)发展迅速，形成了集动画、漫画、游戏研发、动漫媒体运营、动漫公共技术服务于一体的国家级动漫产业集群。河南华豫兄弟动画影视制作有限公司以打造“芭迪动漫文化”的品牌形象为目标，建立了“原创动漫式服务平台、原创动漫作品研发基地、动漫爱好者聚集区、动漫科普文化旅游区、动漫衍生品开发与销售基地”等相对完整的动漫文化产业链，形成了以“动漫场馆市场化运营、动漫作品研发、动漫人才发掘培养”为一体的全新型商业化运作模式。积极建设《动漫报》数字出版平台，实现了动漫类信息交流平台，包括国内外动漫行业资讯、优秀漫画作品连载等，并初步实现了《动漫报》新闻版数字化出版。通过购置大型网站数据库服务器、视频处理器等硬件设备，引进先进编排软件，以及图像文字、声音等软件支持系统，搭建起了完善的数字化出版平台，实现了《动漫报》线上线下无缝对接。郑州华强文化科技有限公司建设的方特梦幻王国，以中国神话为背景，融入动漫卡通、电影特技等国际时尚娱乐元素，呈现出一个充满幻想和创意的神奇天地。作为国家文化产业示范基地的郑州枫华实业有限公司，积极推动文化与科技的融合发展，针对博物馆、图书馆、档案馆的文物保护和修复研发了3项发明和25项实用新型专利，这些专利产品已经被中国国家博物馆、故宫博物院、首都博物馆等300多家博物馆、档案馆所使用。

2.文化与旅游融合打造新品牌

郑州市结合地域文化特色和优势，大力扶持一批骨干文化旅游企业发展，培育一批全国知名文化品牌，推动文化创意旅游产业集聚发展，逐步形成了产业体系相对完整、结构布局日趋合理、整体技术水平先进、市场竞争规范有序、经济社会效益显著的文化创意旅游产业新格局。挖掘整合旅游资源，推动文化旅游融合发展，实施品牌引领战略，打造黄河、黄帝文化、嵩山文化等精品文化旅游线路。不断加大对郑州商城、郑韩故城、大河村、宋陵、古城寨、王城岗等国家大遗址资源保护，加大对苌家拳、超化吹歌、少林功夫、小相舞狮等非物质文化遗产的保护传承，对常香玉、杜甫、列子等文化名人资源的利用。把嵩山景区、黄帝故里、黄河生态风景区、商都文化遗址等国家级生态景区的开发作为旅游文化产业深度融合重点领域，利用文物和非物质文化遗产资源优势，开发文化旅游景区或产品，延伸文化和旅游产业的价值链。推进现代科技和文化旅游的融合，加大现代技术在文化旅游产业融合中的应用深度和广度，充分利用动漫、投影技术、电子平台、立体技术等，将少林武术、黄帝文化等静态的历史文化资源创造为满足游客体验化、参与性等多元化需求的动态文化产品，提升文化旅游产业融合的科技含量。依托中国功夫之星全球电视大赛、国际少林武术节等文化节会，建成了集武术、旅游、文化交流于一体的大型综合性节会。文化与旅游的融合发展，让各类静态文化资源的潜在经济价值得以提升，实现了形成经济发展与文化传承的良性互动，使中原文化和华夏文明在经济社会发展过程中得到传承与发扬。

3. 文化演艺传媒的融合辐射力持续强化

郑州市依据少林文化、嵩山文化制作的《水月洛神》、《风中少林》、《禅宗少林·音乐大典》等演艺节目，成为国际性的文化品牌。《风中少林》作为代表之一，曾多次在国外演出，在新加坡、中国香港、澳大利亚、中国台湾等产生了重要影响，连获多项全国文艺大奖，并得到世界的认可。《禅宗少林·音乐大典》由于其运用的独特的音乐、舞蹈，并配置了先进的声光技术，把阐释禅宗文化和少林武术的演艺节目融入旅游产业中，形成了一种新型文化产业模式，并在全国推广。中原大舞台、象剧场、德云社等演艺品牌竞相发展，其中象剧场引进了《开心麻花》等一系列经典剧目，2015 年已演出 100 场以上，并承办公益演出 20 余场，剧院上座率达到 70%以上。首届“迷途音乐节”成功在郑州举办，邀请到罗大佑、郑钧、黑豹乐队等国内音乐人及海外电音 DJ 参演，并在现场设置了冒险极限挑战、“台湾风情”特色美食、复古集市等主题活动，吸引了约 4 万名观众，在全国音乐爱好者中掀起一场音乐风暴。影视精品影响力进一步扩大，郑州影视公司制作的《念书的孩子》、《念书的孩子Ⅱ》和《自古英雄出少年之岳飞》等多部精彩电影在央视播放。第二十四届中国金鸡百花电影节上，“郑州制造”的影片《生命无价》亮相国产优秀新片展，微电影《回家》、《爱·无畏》在云南临沧举行的“第三届亚洲微电影节”上，双双获得“金海棠”优秀作品奖。郑州市举办了郑州市首届微电影节，共设置微演员海选、微电影影片、微电影剧本评选等三个单元，吸引 400 余部微电影、200 余部剧本、2000 多名微电影演员报名参赛。同时，在作品和演员的海选，以及宣传推广上，创新了组织模式和赛程体制，在全国众多微电影节中独树一帜。动漫连续剧《黄帝史诗》、《少年司马光》、《山海奇谭》等优秀传统文化动漫作品入选文化部“弘扬社会主义核心价值观动漫重点扶持计划”项目。

三、典型案例：强化文化创意产业融合创新的动能

（一）科技支撑：郑州华强文化科技产业基地示范效应突显

1. 立足文化科技融合推动产业发展

郑州华强文化科技产业基地位于郑州市白沙园区绿博组团，总投资 240 亿

元。逐步打造成为以文化产业为主导,建设国际一流的文化科技主题公园组团,打造一个拥有自主知识产权,具有国际影响力和竞争力,集创意、研究、生产、销售于一体的国际一流文化科技产业基地。项目一期由两个文化科技体验区(文化科技主题公园)、商业小镇配套、假日酒店以及其他配套项目组成。首先立足于推动文化科技的融合,建设文化科技体验区,体验区由两个文化科技体验公园组成:(1)郑州方特欢乐世界。郑州方特欢乐世界是一个以高科技为主要表现形式的文化科技主题公园。公园的内容涵盖现代科技、科学幻想、神话传说、历史文化、主题表演等多个方面,形式新颖、内容丰富,适合不同年龄层游客的需要;项目惊险刺激、富有文化内涵,参与性、体验性强;每年公园年游客接待能力达250万人次。(2)郑州方特梦幻王国。郑州方特梦幻王国是一个以中国文化为主题的文化科技主题公园,借鉴当今国际一流主题公园的设计建设理念和表现形式,将中国文化中许多脍炙人口的故事以主题项目的形式展现在游客面前,弘扬传统文化的精髓和内涵。同时,加大旅游商业小镇建设,向游客提供旅游休闲、旅游商店、餐饮等相关配套项目。华强文化科技产业基地推动历史文化资源、区域文化资源和民俗文化的数字化发展,积极研究数字文化资源运营服务、3D虚拟展示平台、动态展示体验区,走出了虚拟现实技术、体验技术与文化融合的服务新模式。

2.融合创新不断提升经济社会效益

郑州方特欢乐世界文化科技体验区2012年建成开业投入运营以来,销售收入7.8亿元,带动直接就业10118人,完成385万人次的旅游参观接待量。同时带动了全省的文化创意、文化旅游、交通运输、餐饮服务、会展博览、房地产等相关产业发展。郑州华强文化科技有限公司在2013年度省文化厅评选的"河南省文化企业50强"与第五批"河南省文化产业示范基地"中排名第一位,公司一期项目被评为"河南省重点文化产业项目",在2014年河南省人民政府评选的"河南省文化产业双十工程"项目中,被评为"河南省重点文化企业",社会影响力不断提升。这一文化科技产业建设项目,是承接关联度高、辐射力强、带动力强的龙头型、基地型项目。作为文化产业的龙头旗舰项目,与其周边的绿博园等一起组成了河南省最具特色文化创意和休闲旅游区。这一区域依托郑州新区便捷的综合交通体系,逐步形成每年超过1000万人次的游览参观接待量,对郑州新区开发建设起到巨大的推动作用,同时有力带动了郑州乃至河南全省的文化创意、文化旅游、交通运输、餐饮服务、会展博览、房地产等相关产业发展，逐步成为区域经济发展的新引擎。

3.多元融入持续提升竞争力

华强文化科技产业坚持实施文化与科技融合战略，以文化为核心、科技为依托，打造出一条“创、研、产、销”一体化的文化科技产业链，逐步走出一条规模化、多元化、国际化的发展道路，形成文化内容产品及服务和文化科技主题公园双支撑产业，其中文化内容产品及服务包括特种电影、动漫产品、主题演艺、影视出品、文化衍生品，形成了以创意设计为龙头的优势互补的全产业链，拥有大量自有知识产权，在国际市场上形成颇具竞争力的中国文化产业品牌。文化创意产业的融合能力日益提升，融合发展的趋势使它已经不再仅仅是产业现象，更是一种与时代需要和社会发展交互辉映的新生模式。尤其是文化与科技的融合，使得新兴产业的活力、价值日益提升，传统产业也彰显出新的发展动力。

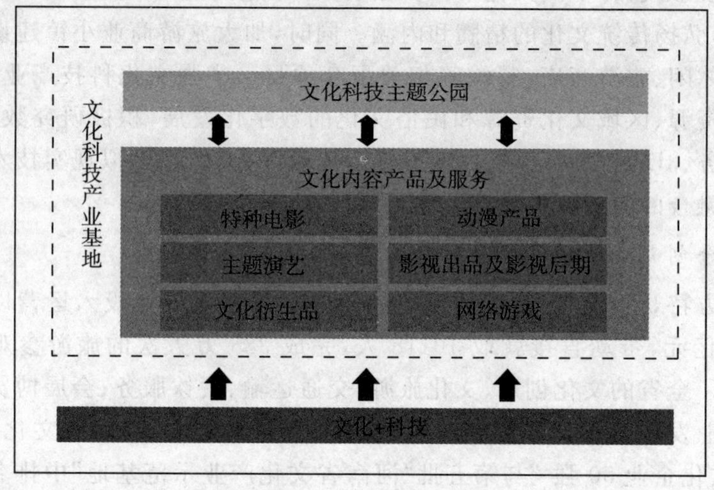

图 11-1　文化科技产业基地

(二)融入发展：卧龙公司推动文化娱乐融合创新

郑州卧龙公司是一家专业从事充气游乐设备开发、生产和销售的企业，产品主要包括动漫卡通充气形象、动漫衍生品、充气动漫玩具、动漫水上运动休闲、动漫机械游乐产品、充气动漫广告媒体等。经过近 20 年的发展，卧龙公司由原来的小作坊，通过不断的努力，规模不断壮大，产品远销欧美、韩国、日本、泰国、马来西亚、澳大利亚、中国台湾等国家和地区。卧龙公司始终坚持以市场需求为导向，已开发出大中小型充气玩具上百种，产品设计新颖、外形逼真。同时，通过对充气广告媒体中声光电技术的开发和应用，为老产品注入了新的活力。卧龙公司至今已获得水上透明滚筒、水上电动碰碰船、支架水池、滑梯泳池嬉水乐园等30余项国家专利。

1. 研发融入不断提升产品的品质

卧龙公司将研发创新作为公司发展的助推器，每年投入营业收入的6%用于科技创新，并在本地同行业中率先成立了研发部门，为该行业的发展注入了新的活力。研发部成立以来，每年研发新产品10余项，带领郑州市充气游乐设施行业走在了全国的前列。公司现有技术人员70多人，专门从事产品研发的有40人，公司还不断加强对专业人才的培养和引进，先后与郑州大学、中原工学院等国内大专院校、科研院所进行技术合作，科技创新能力不断提高。公司成立以来，先后申请国家专利30余项，通过行业标准5项，与国家标委共同编制行业国家标准1项。产品的新颖度高是客户盈利的保障，也是企业发展的基础，不断开发新产品，儿童闯关设备、新型水上乐园设备、龙宝宝大滑梯、超级玛丽大滑梯等都是近年来的热销产品，特别是公司新推出的支架水池，设备便于拆卸和移动，解决了传统水上游乐设施占地大、成本高、经营期限短的问题，为短期且无固定场地的经营者带来了新的经营模式，项目一经推出，得到了市场的广泛认可。同时，卧龙公司为解决太阳暴晒的问题，还对该产品进行了二次研发，为支架水池配置了充气遮阳棚，既美观又实用。

2. 文化融入不断提升产品的文化内涵

卧龙公司自成立以来，一直走与文化相结合的路线，由原来的充气广告媒体，到现在的儿童游乐产品及与体育教育的结合，无不体现着文化内涵。卧龙公司先后依据神话故事"西游记"、动画片"海尔兄弟"等推出了一批以传统文化为主体的充气产品，如大闹天宫、海尔兄弟、宝莲灯等。由于该类产品造型逼真，深受少年儿童的喜欢。随着国际动漫的引进，卧龙公司又推出了迪士尼城堡、奥特曼、超级宝贝等多款产品，满足了市场的需求。近年来，卧龙公司在科技创新方面狠下功夫的同时，在产品的设计中一直追赶着文化的前沿，2011年启动的"移动文化乐园"项目，是结合传统文化和现代文化及科技为一体的文化项目，主旨是加强娱乐与文化、娱乐与体育的结合，提倡人们健康生活方式。项目结合不同的文化元素，充分利用充气游乐产品形象，在体现功能、安全等特点的同时，与设备制造、机电控制等科技产品结合，能够满足不同年龄人群的娱乐体验要求。该项目通过近两年的平稳运行，取得了良好的经济效益和社会效益。2014 年，卧龙公司又推出了以文化活动策划和服务为主的“趣味运动会”、大型文化主题乐园等与文化结合的项目，企业的竞争力不断提升。

3. 网络融入不断开拓国内外市场

面对错综复杂的市场环境，卧龙公司在经营过程中，除了电话营销和外出推销产品等传统营销手段，还不断实践和探索营销工作新思路，深化市场研究，强化市场开拓，灵活应用各种营销策略，从多方面对产品营销进行有效的实践和探索。目前，卧龙公司市场已覆盖到全国各县市，国际市场有美国、英国、挪威、韩国、东南亚等 20 多个国家和地区。随着网络时代对营销的影响，卧龙公司在 2011 年又增加了电子商务渠道，利用互联网开展业务洽谈等相关服务活动，传统商业活动的各环节逐步实现电子化、网络化，有效地加大营销力度。在销售服务上，采取定期跟踪、推荐新品、来厂参观、售后服务等流程，做到一切以客户为中心，不断提高客户的满意度。针对外贸销售，在运用电子商务平台的同时，每年参加国际展会和国际技术交流活动，发掘潜在客户，加大文化产品出口，并通过交流，不断学习国际上文化产品设计、技术创新、销售管理等方面的先进经验，为企业产品的设计、制造和销售注入国际先进的技术和管理方法。

4. 产业融入不断拓展多元化发展的路子

随着国内外充气游乐设施消费市场的扩大和变化，传统的产品和经营模式也在不断地变化。卧龙公司在稳定充气游乐设施销售的基础上，目前已拓展到水上运动休闲产品、移动乐园、配套设施、文化活动策划和服务等业务，实现了从单纯充气游乐设施生产向多元化综合市场的转变。在产品结构上，不断完善文化产品类型，加快文化服务项目的开发，满足客户多方面需求，并不断开发新产品和服务项目，不断提高文化创意和服务的出口。同时为了满足销售的需求，卧龙公司通过选择新设备，提高工作效率，改善作业环境和产品质量，在不断扩大自身生产能力的同时，采取多种合作方式整合现有资源，推动行业的快速发展。以“移动文化水上乐园”为例，该项目整合了充气游乐设施、支架水池、机械结构、水循环系统和一套完整的经营方案。公司不再是单纯的生产销售产品，而是参与到了从产品量身设计、生产、安装，到后期跟踪服务的整个链条。

(三)文化旅游融合:“天地之中”项目引领产业提升发展

“天地之中”文化旅游专业园区(原“天地之中”旅游新城、登封市文化旅游产业集聚区)是打造登封国际文化旅游名城的核心区,是登封市“一城三区”组团的重要功能组成部分,位于三皇寨景区以东、207国道以西、少林景区以南、郑少洛高速以北区域,总面积18平方公里,各类建设用地1.8万亩,致力于打造“中原经济区、郑州都市区特色功能区”和“华夏民族精神家园”的目标。

1.文化项目投入力度强

坚持把招商引资和项目带动作为推动文化产业融合发展的重大战略载体,充分利用优越便捷的区位优势、无与伦比的资源优势、博大厚重的文化底蕴和初露锋芒的发展潜力,积极推动项目建设,引入国内500强和行业20强企业集团。园区共引进项目12个,总投资132.9亿元,推动文化演艺融合,投资10亿元建设禅宗少林音乐大典二期项目建设;推动武术文化遗产资源的展示,建设嵩山少林武术博物院项目,引入数字化技术,建设体验馆,推动武术文化资源的传承创新。建设了少林素食品加工观光项目、少林禅果文化生态园项目、文化创意园项目、大周封祀坛遗址保护项目等。2012年以来,成功签约引进少林建业国际足球学校、少林禅果文化生态园等5个投资超亿元的文化旅游重大产业项目。

2.文化旅游跨界发展

“天地之中”文化旅游专业园区是推动登封经济转型和引领全市、全省乃至全国文化旅游产业发展的示范区而打造的战略工程,项目建设以“少林景区配套服务区”、“国际文化旅游名城核心区”、“观光旅游向休闲生态旅游转变的示范区”为功能定位,以特色文化旅游项目建设为支撑,以“禅”、“武”、“医”、“创”、“商”、“凡”六大特色组团为架构,重点从培育文化旅游新兴产业、打造文化旅游接续产业、提升区域服务功能入手,突出发展文化、旅游、生态、休闲、健康、养生、度假等特色产业的跨界融合。支持推动以文化旅游特色产业项目为载体的全产业项目建设,涵盖了文化创意、生态度假、特色餐饮、文化演艺、文化体验等多个层面,这些产业的多元化融合、互动,带动了各类投资企业竞相向“文化旅游”高地进军,不仅为登封转型发展提供了动力支撑,也为中原文化的复兴和发展提供了良好的示范带动效应。特别是《禅宗少林·音乐大典》实景演出项目的投入运营，不仅开创了全国最大山地实景演出的先河，而且也成为全国禅文化实地体验和河南文化旅游的一张“烫金”名片，先后被评为“国家文化产业示范基地”、“中国创意城市——城市文化名片”，并在全国“最美的五大实景演出”评选活动中，获得了网络投票第一名的成绩。目前，园区已成功解决6500余人的就业再就业问题，已带动特色餐饮、农家体验等文化旅游配套服务业由少到多、由无序到规范、由零散到集中，竞相发展开来，不仅有效解决了群众就业致富缺门路、登封发展模式粗放单一的问题，也进一步触及登封旅游业链条短留不住游客、守着众多文化旅游资源缺产业的尴尬局面，为河南和全国文化旅游产业融合发展、转型发展提供了示范借鉴。创新文化创意产业与其他产业的跨界融合，有利于转变传统文化产业发展方面的模式，实现文化创意产业链的延伸，提高产品的附加值和效益，推动经济结构的优化。将文化创意产业转化为新型的产业形态，多元化的产业结构，并推动产业由要素增长、投资驱动向创新引导转型，更加适应经济发展新常态，日益成为经济发展的新增长点。

四、郑州市“十三五”文化创意产业融合发展的趋势

文化创意产业作为经济转型升级的引领产业，随着结构体系的完善和成熟，开始逐渐从文化内部转向全领域发展，文化与产业的融合、地区之间的融合、文化创意创新的强化等趋势日益凸显，文化创意产业在国民生产总值比重逐步提高，将会成为郑州城市发展的核心带动产业。

（一）业态融合水平不断提高

文化与科技融合是文化创意产业发展的重要方向，随着科技在文化产品生产、传播中的应用，文化产品的感染力、影响力和传播力会得到提升，并带动移动互联网、动漫游戏、新媒体等新型文化产品和服务业态的形成，实现文化旅游、文化服务、文化制造等多元融合发展。文化动漫产业逐步成为文化创意产业的核心产业，优秀的文化资源将会逐渐运用到动漫游戏中，具有示范和引领作用的优秀原创动漫作品脱颖而出，动漫游戏的内容不断创新、形象不断完善、音乐设计日益成熟，高清技术、动画电影研发和创新能力不断提升，动漫游戏在制造、服务、设计等产业中的融入应用力度加大。文化金融的融合成为新趋势，

文化资本在推动文化创意产业发展方向的动能强化，不断丰富文化信贷产品和服务，加大对经济效益好、经营模式先进、成熟稳定企业的信贷支持，企业并购融资力度加大，产业链条进一步整合。代表性极强的文化旅游业融合发展力度加大，参与式、体验式等新型的文化创意产业形态成为代表，尤其是集体验、运动、养生、娱乐为一体的综合性产品增多，群众的多元化需求不断得到满足。文化与制造业深入合作，尤其是大型创意文化制造业发展迅速，郑州地域特色的文化元素融入产品生产、研发设计、推广销售等环节，工业由低端加工制造，向高端的服务、设计、创意、创新转变，在文化创意产业的带动下，工业的服务模式、生产技术持续升级。文化创意产业上下游联动和不同行业之间的互动效应明显，协作发展、相互传动、融合发展的力度增强。同时，文化创意产业已经渗透到三次产业结构内部，产业之间交叉融合明显，新的业态也生发出来。

(二)区域融合发展力度不断加强

区域文化创意产业的融合发展是指不同区域范围内的文化产业资源、生产要素相互吸引、凝聚、融合，最终形成跨区域联合一体的文化产业发展系统，通俗的说就是一种广义的文化产业资源整合。随着文化创意产业在经济社会发展中价值的凸显，跨地域的融合发展逐渐显现，从协同到合作再到融合创新，构筑起合作发展的完整架构。郑州的核心地位日益突出，黄河沿岸区县内的黄河文化资源、自然资源、工农业资源持续得到整合。立足文化旅游业的融合发展，推动形成河洛文化、佛教文化、三国·宋文化、世界遗产文化、书院文化等独具特色的文化产业集群，借梯上楼，合作共赢，郑州的文化知名度和文化凝聚力不断强化，真正成为传承创新华夏历史文明的中心。不断增强郑州引领省外周边城市文化协同发展的能力和辐射带动作用，强化优势互补、开放互动，推动和形成以项目带动合作、以合作促进发展的良好合作机制和共同发展模式。建立区域文化创意产业重大项目建设、规划协同制定的决策机制，使得河南省范围内的文化创意企业、领军人才队伍、教育机构等都纳入文化创意产业的创新发展中。尤其是要建立文化产业创新联盟、技术创新平台、人才资源共享平台、成果转化基地等等，实现文化创意产业的技术的共享、成果的有效转化落地。文化创意产业的区域布局更加完善，产业板块之间错位、互补发展，形成较强的文化创意产业创新集中和合作的板块结构。

(三)创新成为产业发展的核心动力

文化创意产业作为一种智慧型产业,创新在推动产业发展中的作用非常重要。文化创意产业与科技、互联网关联非常密切,依靠创新打造品牌,推动发展的是创意产业发展的必由之路。文化创意产业的创新,要坚持以企业为主体,加强具有自主知识产权的技术研发,提高原始创新、集成创新能力。积极参与高新技术研发和标准制定,在重点领域和关键环节形成具有自主知识产权的创新技术,抢占文化产业发展制高点。突破文化科技领域共性关键技术,推动声、光、电以及网络技术、仿真技术、数字传输技术、移动终端技术、可视互动技术广泛应用到文化产品设计、生产、营销和文化服务的各个环节,提升文化产品的创作力、感染力和影响力。逐渐培育形成一批特色鲜明、创新能力强的文化创意科技企业,打造一批科技含量高的传统文化创意产业品牌和文化内涵丰富的新兴文化创意产业品牌。积极推动金融支持文化创意发展的体系创新,加强和改进对文化创意产业的金融服务,健全配套机制,加强监测和评估。郑州市每年都投入 3000 万元资金支持文化创意产业发展,对项目进行补贴和奖励。为激励文化创意产业的发展,必须进一步创新体系,加强对中小文化创意产业企业的服务力度,形成专业的创意产业的产品经理和风险管理队伍,出台相关的扶持政策,引导中小企业提升盈利能力,加大风险防范功能。不断创新产品体系,通过简化手续、加快审批、优化流程等,形成快速审批通道,退出版权质押担保、打包贷款等服务方式,为文化创意企业提供一揽子金融服务。在创新的驱动下,郑州市文化创意产业将从中期发展阶段向高水平阶段迅速转型,文化创意产业的品牌化效益突出,带动能力增强,文化创新辐射带动相关产业转型升级,成为经济结构转型的内生动力。

(四)文化创意产业优化快速发展

随着文化创意产业融合能力强化,技术创新能力不断提升,传统的劳动密集型、低附加值的企业将会退出市场,拥有多元业务、创意能力强、创新能力突出的企业逐步占领市场。文化资源的产业转化能力增强,大量的中小型文化创意企业出现,传统的文化产业向其他产业快速转型融合,尤其是动漫游戏、数字出版、文化演艺、文化旅游等产业发展迅速,规模不断扩大,效益不断提升,并逐步成为文化创意产业中的主导产业。文化创意产业的结构也在不断优化，创新、创意、内容化发展明显。“十三五”时期，郑州市文化创意产业项目相继建成，使得文化创意产业在重点领域得到突破。尤其是一批文化传承创新基地、文化创意园区、文化创意知识产权保护基地建设，将形成文化创意产业快速发展的完整载体和平台，进一步推动文化创意产业的跨界融合发展，构筑创意、创新、生产、营销一体化的区域发展高地。在郑州市航空经济综合实验区建设、国际商都发展的战略体系下，郑州市文化创意产业将会保持高速发展的势态，预期到2018年末，文化创意产业将保持20%以上的增长速度，文化创意产业增加值占国民生产总值的比重将会超过10%，真正成为国民经济的支柱型产业。

（许颖杰，郑州市社科联；刘涛，郑州市社会科学院；马志辉，郑州市委宣传部）

第十二章 武汉：融合创新引领文化创意产业“蝶变”之路

一、融合创新：推动武汉市文化创意产业转型升级

二、互联互通：促进武汉市文化创意产业跨界融合

三、创新实践：武汉市文化创意产业发展新模式

四、前景展望：互融创新开启武汉文化创意产业新篇章

全球一体化的浪潮给世界带来了巨大的变化，城市作为文化创造、科技创新、物质增长、民主建设的载体，日益被图像、声音、文本和符号充斥。同时，文化产品制造、消费和交易的整体模式正在被重塑。在信息化和数字化的大背景下，知识经济已然成为社会经济发展的主流，而创新也作为知识经济发展的核心受到重视。

经济新常态下，中国在创新方面的活跃程度已经引起了来自世界的关注，在科技、零售、金融、投资、工业、制造业等领域的创新融合已逐步与国际接轨，在工业 4.0 来临之际，融合创新俨然成为引领国家发展的潮流趋势所在。从国务院发布的《国务院关于积极推进“互联网＋”行动的指导意见》的行动视角出发，不难看出中国政府持续推进“互联网＋”的决心。融合创新、跨界平台构建已成为当前各产业寻求合作、开拓市场以及构建新业态的发展趋势。

随着我国经济逐步步入新常态，在增长速度换挡期，产业结构调整和前期刺激政策的共同作用下，武汉市顺应改革潮流，不断调整当前文化创意产业发展模式以适应新常态，在文化创意产业转型升级过程中，通过创新融合驱动，促进产业结构优化升级、发展方式转变。2015 年，围绕“融合创新”的主题，武汉市委、市政府把握时代机遇，积极推进文化产业与新兴产业间的转型升级。以提高发展质量和效益为中心，加快引领经济发展新常态的体制机制和发展方式的形成，适时调整文化创意产业的发展思路和产业布局，加快传统产业的优化升级，强化供给侧科技支撑，借新兴产业的快速发展吸收传统产业积极融合；加大对文化创意产业的政策、资金、项目、人才等多方面投入力度，实施“城市合伙人”计划、“创谷”计划等，让创新成为武汉的城市标签；探索科技与经济、文化等行业融合的“武汉模式”，加强集成创新，多元协作，促进产业链与创新链、资金链与政策链的融合，培育构建武汉新兴文化业态，进一步提升武汉市文化品牌影响力，扩大武汉城市影响力，在建设国家中心城市、复兴大武汉的伟大征途上阔步前进。

一、融合创新:推动武汉市文化创意产业转型升级

随着与相关产业的跨界融合,“文化”开始带动制造业、农业、人居环境等相关产业提升质量水平,推动中国企业从价值链的低端向高端移动,助力实现“中国制造”向“中国创造”的新跨越。

2015年,面对错综复杂、不断加大的经济下行压力,围绕“建设国家中心城市、复兴大武汉”的奋斗目标,主动适应新常态、抢抓多项国家战略机遇,武汉市政府坚定不移地稳增长、调结构、转方式,经济社会发展呈现出“总量跨越、质效提升、位次前移”的良好发展态势,圆满完成了“十二五”规划主要目标。据初步核算,全年地区生产总值(GDP)10905.60亿元,按可比价格计算,比上年增长8.8%。其中,第一产业增加值359.81亿元,增长4.8%;第二产业增加值4981.54亿元,增长8.2%;第三产业增加值5564.25亿元,增长9.6%。人均生产总值104132元,增长6.8%。

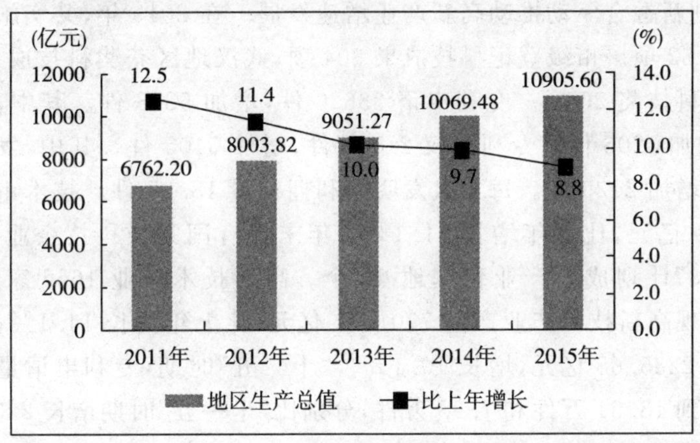

图12-1 2011-2015年武汉地区生产总值及增长速度

资料来源:武汉市统计局。

根据武汉市统计局数据显示,“十二五”时期,全市地区生产总值累计44792.37亿元,年均增长10.4%,其中第一产业、第二产业和第三产业年均分别增长4.6%、11.6%和9.8%。三次产业结构由上年的3.5∶47.5∶49.0调整为3.3∶45.7∶51.0。具体发展情况如下。

首先，工业发展稳健，产业结构调整适度。截至2015年末，年末规模以上工业企业2411户。产值过100亿元的企业17户，过10亿元的企业121户。在11大工业行业中，5个行业产值超千亿元，分别是汽车及零部件、电子信息制造、装备制造、食品烟草和能源及环保业。全年实现工业增加值4081.91亿元，增长8.4%。其中，规模以上工业增加值增长8.5%。规模以上工业总产值增长6.8%。其中，制造业增长8.3%，电力、热力、燃气及水生产和供应业增长1.7%。“十二五”时期，全市工业增加值累计17582.66亿元，是“十一五”时期的2.3倍。

受互联网思维的影响，2015年在创新融合机制下给武汉市“十二五”期间的产业结构转型与升级带来了适度调整，以适应新常态的大环境。根据武汉市统计局数据显示，“十二五”时期，全市地区生产总值累计44792.37亿元，是“十一五”时期的2.2倍；年均增长10.4%，其中第一产业、第二产业和第三产业年均分别增长4.6%、11.6%和9.8%。一、二、三产业结构比重由上年的3.5∶47.5∶49.0调整为3.3∶45.7∶51.0。第三产业占比提高2个百分点。

其次，创新融合驱动推动高新产业增速发展。在2015年，共实施市级科技计划项目2182项。市级登记科技成果304项，武汉地区获奖科技成果404项，其中获国家科技奖26项。专利申请33620件，增加5818件。其中，发明专利15077件，增加3206件。专利授权21740件，增加5405件。其中，发明专利授权6003件，增加2129件。每万人发明专利拥有量18.97件。技术市场合同成交额405.30亿元，比上年增长31.1%。年末拥有国家级科技企业孵化器22家，国家“863”计划成果产业化基地10个。高新技术企业1656家，新增335家。全年实现高新技术产业产值7701.41亿元，比上年增长14.1%；高新技术产业增加值2235.65亿元，增长10.1%。“十二五”时期，专利申请量与授权量累计分别达到13.31万件和7.93万件，分别比“十一五”时期增长2.3倍和2.8倍。高新技术产业产值年均增长25.6%。

第三，文化消费持续上涨。全年全市常住居民人均可支配收入32478元，比上年增长9.7%。其中，城镇常住居民人均可支配收入36436元，增长9.5%。人均消费支出23943元，增长8.8%。全年农村常住居民人均可支配收入17722元，比上年增长9.6%。人均消费支出12940元，增长10.9%。其中，食品烟酒支出4128元，增长11.1%。根据国家统计局数据，相比2014年，2015年武汉市娱乐教育文化用品及服务类城市居民消费增幅稳定，市民文化消费有所增加，市民生活质量得到提升。

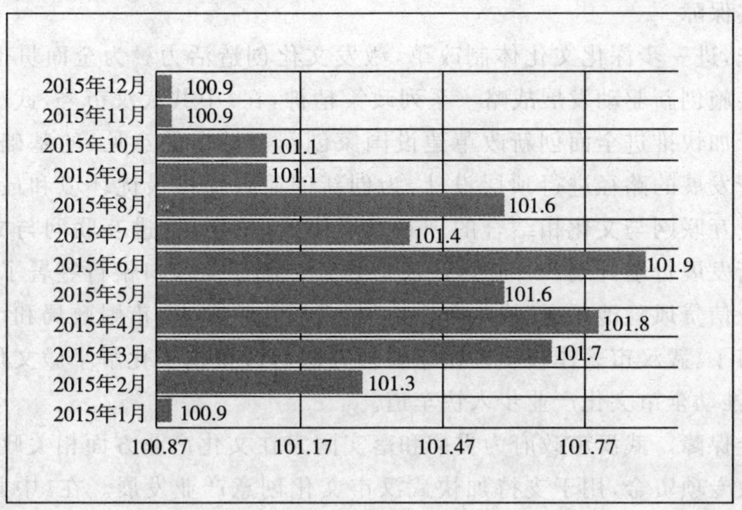

图 12—2　2015 年武汉市娱乐教育文化用品及服务类城市居民消费价格指数

资料来源：国家统计局。

(一)顶层设计推动文化创意产业融合发展

顶层设计引领城市前进，决定着城市整体发展方向。为促进互联网与经济社会各领域深度融合，武汉市委、市政府加快传统产业转型升级和提质增效，培育新兴产业、新兴业态和新的增长点，主动适应和引领经济新常态，打造武汉经济升级版。为加快实现"建成支点、走在前列"的战略目标，加强政策保障措施，武汉市充分发挥互联网的集聚效应，推动文化创意产业大发展。主要体现在如下几点：

政策引领。2015 年，在加快发展改善民生、社会建设全面加强的过程中，武汉市在动力转换中加强创新力度，逐步释放武汉市科技创新的巨大能量，推动文化创意产业融合发展。在早前颁布的《中共武汉市委、武汉市人民政府关于推进文化科技创新、加快文化与科技融合发展的意见》、《武汉市文化产业振兴规划》、《武汉市关于加快文化产业发展的若干政策》、《武汉市大数据产业发展行动计划(2014—2018 年)》等文件基础上，根据《国务院关于积极推进"互联网+"行动的指导意见》(国发〔2015〕40 号)精神，武汉市委、市政府会同各级政府部门针对武汉市文化创意产业的融合发展从政策制度上为其进一步优化发展提供切实保障。

首先，进一步深化文化体制改革，激发文化创造活力。为全面贯彻落实中央关于实施创新驱动发展战略一系列政策精神，在《中共武汉市委、武汉市人民政府关于加快推进全面创新改革建设国家创新型城市的意见》的基础上，对武汉市创新发展的路径进行顶层设计，为创新创业者提供最优环境和最优政策。探索推进互联网与文化相结合的创新发展模式，拟定《推进互联网与文化相结合的创新发展行动计划》。同时，武汉市委宣传部还与汉口银行签署了“武汉市文化企业信贷风险池基金”战略合作协议，武汉市文产办、市财政局和市文化局联合颁布了《武汉市著作权质押贴息暂行办法》，政银携手化解小微文化企业融资难题，推动全市文化产业步入快车道。

资金保障。武汉市政府为贯彻和落实国家在文化产业方面相关政策，设置安排财政专项资金，用于支持加快武汉市文化创意产业发展。在《中共武汉市委、武汉市人民政府关于加快推进全面创新改革建设国家创新型城市的意见》(武发〔2015〕7号)、《市委办公厅、市政府办公厅印发关于改革财政专项资金管理使用方法》、《市委办公厅、市政府办公厅印发关于改革财政专项资金管理使用办法支持企业创新发展的实施方案的通知》(武办发〔2015〕19号)等基础上出台的《武汉市文化产业发展专项资金管理暂行办法》中明确提出专项资金优先用于落实国家和省委、省政府确定的文化产业扶持政策，重点支持发展势头好、辐射带动作用强、经济效益和社会效益明显、有本地特色或前景广阔、新兴的文化产业项目。充分发挥专项资金的引导和带动作用，促进社会资本投入文化产业。在规范和加强武汉市文化产业发展专项资金管理方面，规范资金管理信息，发挥专项资金的引导和带动作用，促进文化产业将社会效益和经济效益实现统一。

同时，武汉市在财政科技资助资金配置方式上还将进行较大调整。武汉市财政每年安排不少于2亿元文化产业发展资金，将点对点资助项目资金比例进一步压缩比例到7%以下，并采取多种“后补助”方式，如贷款贴息、达标奖励等，以支持文化产业发展过程中核心技术攻关、创新能力提升、文化与金融对接、新兴媒体与传统媒体融合以及“互联网+”文化产业等方向的优势发展，引导鼓励传统企业重视科技投人，激发企业创新活力。还通过设立武汉市文化产业发展投资基金，积极引导社会资本以股权投资等方式扶持重点文化项目及初创、成长期的文化创意企业，以资金扶持，保障武汉市文化创意产业可持续稳定发展。

机制构建。武汉凭借深厚的文化底蕴、科技实力和人才优势，在文化与科技融合方面，已经初步形成结构合理的文化科技产业链。为进一步加强城市综合竞争力，提高城市文化软实力，推动文化产业的快速发展，在“十二五”时期，武汉市在“互联网＋”的大环境下，加大对于文化与科技融合机制的探索，着力构建产业融合机制。自 2014 年武汉市委宣传部制定《武汉市文化体制改革实践方案》及任务清单起，文化与科技融合已被纳入全市文化改革创新的总体框架中；《武汉市大数据产业发展计划（2014—2018）》（武政办〔2014〕126 号）等响应中央号召，以创新驱动开发融合的原则，对新一代信息技术产业和文化创意产业相关内容的深度融合提出指导意见。依据湖北省委出台的《省人民政府关于加快推进“互联网＋”行动的实施意见》①，武汉市着力培育文化与信息技术双向深度融合的新型业态，大力促进传统媒体和新兴媒体融合发展，推动文化产品生产传播全产业链与内容服务、应用商店模式整合发展，实现文化产品消费渠道网络化、消费体验虚拟化、消费终端集成化。同时，武汉市通过打造“工程设计之都”，鼓励工程设计企业利用互联网搭建交流合作平台，加强创新资源共享与合作。

（二）城市空间推动文化创意产业创新发展

城市文化是城市精神、城市价值观的集中体现，鲜明独特的城市文化能有效提升城市的综合实力。武汉市在打造创意之城，推进“文化五城”建设的过程中，融入互动创新平台，为武汉市文化创意产业的融合发展提供良好基础。

2015 年，武汉市进一步加强城市文化建设，在原有“文化五城”建设的基础上，打造“武汉智慧文化消费平台”。通过打造面向受众的集消费、演出、交易、技术、生产、运营、管理、预测、预警等为一体，标准化的互联网消费服务平台，以“互联网＋剧院”的形式融合发展，并通过对文化产业的内容数据、生产行为数据、消费行为大数据进行分析，探索文化市场包括演出市场大数据的建设管理，并进行有效落实，引领“互联网＋文化”消费，提升文化便民服务水平。

通过加强对文化产业园区、基地布局的统筹规划，武汉市坚持以国家级开

① 《省人民政府关于加快推进“互联网＋”行动的实施意见》，湖北省人民政府门户网站，2015 年 12 月 25 日，http://gkml.hubei.gov.cn/auto5472/auto5473/201601/t20160107_773888.html。

发区为核心，以中心城区为主体，以新城区为依托，建设集创意设计、生产配送、展示销售、培训交流、休闲娱乐等于一体的特色文化园区。支持东湖高新开发区、武汉开发区重点发展数字创意产业集群，中心城区重点发展传媒、演艺、会展、艺术品、创意设计、休闲娱乐等产业集群，新城区、风景区重点发展文化旅游、文化物流、文化产品制造产业集群，通过产业集群化发展，促使文化产业全产业链的形成，为文创产业的融合创新提供环境。

此外，武汉市在科技创新工作中也有多项新举措，其中关于“创谷”建设和创新资金投入上有重点安排。根据加大实施“创谷”计划的要求，武汉市将新建6个创新生态谷，新增众创空间50家以上，全市孵化场地总面积突破1000万平方米，新增大学生创业企业2000家。另外，武汉市还鼓励各区按照产业定位前沿、创新生态良好、创业服务完备、生活便捷宜居的要求建设创新生态谷。在推行“创谷”计划中，园区力求实现生产、生活、生态融合发展，满足创新需要。

(三)“人才＋科技”支撑文化创意产业协同发展

文化创意产业是凸显内容和载体融合的新兴业态。高新科技作为提升文化影响力、表现力、传播力的重要载体，它与文化创意融合所形成的新型产业形态，不仅能够促进文化产业调整，促使产业空间重塑，还能创新文化创意产品的设计研发乃至推广模式，同时拓展文化服务等。因此，文化科技的融合创新能力是文化产业实现跨越式发展的驱动力，也是实现城市文化创意产业全面提升的关键。可以说，在当今的社会环境下，文化创意产业的发展和传播、文化产品产业链的形成等都与文化科技融合息息相关。人才是科技发展的根本，是科技创新的关键，作为科技创新和文化创意的保障基础，科教资源和文化科技融合度在城市文化产业创意能力提升方面占有举足轻重的作用。

为加强文化科技融合，确保人力资源高效利用，近年来武汉市明确提出要依托地区高校、科研院所和文化科技龙头企业，在演艺、博览、动漫游戏、网络文化、文化资源数字化等领域，建设多个重点实验室与工程技术研究中心。建设一批示范性的文化产业公共技术服务平台，通过建设文化和科技融合专业孵化器和加速器，培育多家科技型文化企业。并通过认定市级文化与科技融合示范企业，支持产学研战略联盟的发展。依托东湖开发区，建设国家级文化和科技融合示范基地核心区；依托各区科技或文化创意园区，建设一批各具特色的文化和科技融合示范园区。实施城市文化生态协同创新计划，打造政策支撑、公共服务、投资融资、贸易合作、人才培养五大服务平台，创新文化产业发展的技术环境、政策环境和市场环境。

武汉市委、市政府还深入实施创新驱动战略，着力推动区校深度融合，以高校人力、科研资源为基础，鼓励各区按照产业定位前沿、创新生态良好、创业服务完备、生活便捷宜居的要求建设创新生态谷。支持孵化器、高校、社会资本建设众创空间和连片创业街区，推进在汉高校众创空间全覆盖。推动科技创新资源共享。推进大学之城建设，联合高校所在区，打造环武大、华中科大、武汉理工大等高校的"环高校产业带"。通过"创谷"计划的实施，推进武汉市各类创新要素聚集，从而进一步落实"城市合伙人"计划，将武汉建设成国内具有影响力的科技创新中心。着力培养、引进与战略性产业相适配的优秀人才和创新团体，并实施高新技术产业科技创新团队培养计划，培养和造就具有创新能力和发展潜力的复合型人才。①

（四）多元融合驱动产业链转型升级

随着城市更新进程的逐步加快，各地文化创意产业的发展趋势也随之发生改变，从起初的政府主导规划，向当今迎合市场需求，逐步形成自身个性化发展的方向转变。在"互联网＋产业"融合创新的大前提下，武汉市文化产业的"融合发展"也展开全新探索。

多元业态有机融合，完善创意产业消费链。在国家政策方针的指导下，武汉市明确文化产业的区位特色，结合产业发展模式和高新技术融合条件，适时将多业态运营理念融入创意产业的价值链，形成符合时代要求的文化产业链。以"江城壹号"文化创意园区为例，作为目前武汉最大体量的花园式时尚文化创意产业园，"江城壹号"集时尚餐饮、文化消费、休闲娱乐、创意办公、非物质文化遗产等业态于一体，多元业态有机融合，在保留原有历史空间记忆的同时增加时尚符号和人文元素，通过对自身价值与商家价值叠加的追求，打造创意特色文化平台，通过文化与消费的有机融合，从而形成完善的创意产业消费链。

融入产业创新理念，鼓励多产业融合发展。互联网的交互联通，信息传递

① 《今年武汉将新建 6 个"创谷" 打造环高校产业带》，腾讯网一大楚网，2016 年 2 月 27 日，http://hb.qq.com/a/20160227/013196.htm。

的即时海量，致使文化产业的多元化发展、多产业融合已成为其发展的必然趋势。随着这股发展趋势，文化创意产业已不局限于第三产业。例如，武汉市政府于2015年7月出台《关于加快推进“互联网＋农业”发展的意见》，提出着力打造“互联网＋农业”示范城市的目标，促进智慧农业的发展。

另外，武昌区的文化创意产业也开始呈现多产业跨界融合的趋势。武汉美城艺术创意有限公司的经营理念就是基于此，一方面将文化创意设计元素融入工艺品制作；另一方面将科技创新元素融入工程设施建设。这种将第一、第二、第三产业融合的创新发展模式，不仅拓宽了文化创意产业的发展方向，还为其他产业的转型升级提供了动力支持。

融入产城融合理念，创新驱动产业升级。在武汉光谷，“让创业成为一种生活方式，让创新成为一种人生追求”俨然已成为一种文化和潮流。作为国家级文化和科技融合示范基地，在过去的“十二五”时期，东湖高新区始终坚持改革创新，始终坚持发展战略性新兴产业，始终坚持光谷创新创业文化，始终坚持产城融合，将产业融合创新理念贯彻全区发展，并通过创新驱动促进产城融合，推动创意产业转型升级。

据悉，2015年，武汉东湖高新区经济实现跨越式发展，企业总收入突破万亿元大关，达10062亿元，同比增长18%。在科技部发布的115家国家级高新区综合实力排名中，2013年和2014年连续两年排名第三。知识创造和技术创新能力在全国高新区居第2位。

二、互联互通：促进武汉市文化创意产业跨界融合

在经济全球化和信息时代、数字时代的背景下，文化与科技的深度融合迫在眉睫。互联网时代的“互融互享”使得各行各业之间形成了紧密联系，大数据技术、互联网思维等新兴技术的广泛应用，催生了新业态和新模式，展现了当前创意产业传承创新、跨界融合的新趋势。武汉市作为国家重要创新基地和科技创新中心，在文化创意产业发展方向上紧跟时代步伐，积极探索新时代背景下武汉文化全产业链建设的新思路，完成了一系列具有里程碑意义的产业转型与升级。

（一）多领域跨界融合：创新发展模式

从文化产业特性及发展规律来看，其具有文化创意产权化、文化生产跨界

化、文化产品虚拟化、文化消费体验化、文化服务个性化、文化研发科技化的总体发展趋势。因此,在文化产业大融合大发展的前景下,在推动以市场为导向,建设行之有效的文化产业市场体系时,应着重推动文化资源、文化产权、文化人才、文化元素的跨领域、跨所有制、多元化的整合与重组。互联网时代的产业平台必须改变数据间、系统间、用户间的"孤岛"模式,形成互联互通、互动互融的价值链条和生态体系。武汉市顺应时代发展潮流,在创新融合道路上推动文化产业跨界融合的"武汉模式"。

1.科技+传媒:打造内容、技术双驱动

2015 年,武汉市将媒体融合列入了本年度全面深化改革工作要点,针对武汉市媒体发展环境和定位,结合新闻传播规律和新兴媒体发展规律,运用互联网思维,制定出台了《关于加快传统媒体和新兴媒体融合发展实施方案》,运用互联网思维塑造符合时代特征的媒体融合发展模式,将武汉打造成中部地区乃至全国的舆论高地,引领武汉创新驱动发展。同时,武汉市还起草出台了媒体融合发展的顶层设计实施方案,面向融合发展需求打造技术创新和创业的孵化平台体系。通过媒体科技融合,赋予媒体行业更为广阔的发展空间,从而为文化创意产业的发展提供"内容引领、科技支撑、多元互动"的互联网生态环境。

在过去的一年中,为推进媒体融合项目落地,长报集团、武汉广电、文发集团等市属媒体先后与人民网、中润普达等企业开展技术、渠道、管理和平台建设等方面的合作;长报集团成立新媒体公司。依托长江网开发的"武汉通"新媒体平台的上线,努力打造具备地区丰富元素的咨询服务产品。

2.科技+文化:融合创新新体系

文化与科技的融合创新,不仅改变了文化产业的结构,丰富和更新了文化产业的内容,同时也创造了新的文化产业形式。武汉市是中部地区中心城市、国家两型社会建设试验区,拥有国家自主创新示范区东湖高新技术开发区,可谓是发展文化产业条件优越。在《武汉市国民经济和社会发展第十二个五年规划纲要》中就明确提出要积极推进文化发展方式的转变,发展新兴文化业态,强调运用高新科技手段促进有较强竞争力的产业集群形成。《武汉市"十二五"文化发展规划》中,也将加快文化与科技融合作为文化产业结构转型升级的重点。

近年来,武汉市已将文化创意产业纳入全市高新技术产业发展布局。作为城市发展建设的战略布局和高新技术产业发展的重要任务,武汉市着力在文化内容挖掘利用和城市技术平台间的发展寻求平衡。一方面重视文化产业“内容为王”,打造武汉文化品牌;另一方面强调科技平台“融合创新”,保障技术支撑体系。

例如,由武汉市东湖高新区、华中师范大学等共建的武汉文化科技创新研究院的成立,将为文化科技融合提供战略性研究,对云教育等产业的共性核心技术进行公共研究,并为优质产品提供推广平台。此外,2015 年 8 月,湖北武汉东湖高新区及光谷创意产业基地与网络文学新霸主阅文集团签署合作,携旗下多位身价千万级的网络文学作家及版权作品,在光谷组建武汉泛娱信息技术有限公司,专事网络文学“大 V”的精品 IP 运营。武汉光谷将近五年的发展目标设定为把科技和文化很好地融合在一起,以科技激发文化产业内涵提升,转型升级。

此外,武汉市还制定了实施“互联网+”产业创新工程“11711”行动计划,即大力推进智能制造等 11 项“互联网+”产业创新工程,全面开展技术创新硬件突破行动等 7 项创新主体跨界行动,2016 年确保完成 11 个重点项目,即:

(1)全市重点区域公益免费 WIFI 全覆盖,正式推出公益 WIFI 品牌“iWuhan-free” APP。

(2)建设市政务云(数据)中心,实现政府各部门信息数据互联互通,用“数据跑腿”代替市民跑腿。

(3)成立市大数据交易一所、一中心。

(4)建设电子市民中心(市民融合服务平台),为每个有需求的市民提供一个全生命周期的专属虚拟电子空间。

(5)市民“一卡通”,构建全市“一张实名卡+一个虚拟账户”的市民卡体系,市民只需一张卡即可享受各类政务和公共服务。

(6)根据高科技产业园区、中高端商业地产、高档住宅小区等功能定位,各选择 1～2 个已建或在建项目,建设华中地区乃至全国的智慧小区。

(7)推广“智慧工地”应用,实现监管部门、公众、工地业主等对工地施工情况的 24 小时全天候在线监控。

(8)搭建智慧湖泊综合管理平台,实现全市 166 个湖泊自动远程监测和 3D 实景智能化管理。

(9)建立智慧交通诱导平台,并在全市推广智慧停车场建设和智能停车诱导。

(10)实施“企业上云计划”,2016 年重点推进 300 家中小企业上云,免费向上云企业提供全天候的云主机、云存储、云托管等基础信息服务,以及企业信息化服务、创新营销服务、政府服务等。

(11)打造国内唯一的武汉集成电路 IP 交易中心,争取年内达到千万元以上交易规模。预计到 2017 年,实现武汉市互联网与其他产业的深度融合发展与全球同步。

3. 文化+金融:推动产业发展新模式

发展文化产业是转变经济发展方式、推动产业结构升级的必然选择,也是在当前经济下行形势下改善民生扩大消费的重要手段之一。2015 年 6 月 11 日,国务院发布《关于大力推进大众创业万众创新若干政策实施的意见》,明确要求金融市场完善知识产权估值、质押和流转体系,依法推动知识产权质押融资、专利许可费收益权证券化、专利保险等服务常态化、规模化发展,知识金融产权发展。虽然文化金融已经取得长足进展,但仍存在较多发展瓶颈,与文化金融相关的法治体系不健全,文化产业与资本对接壁垒重重等一系列问题阻碍了文化产业的高速、有效、健全发展。①

早在 2014 年,湖北省文化厅与中国人民银行武汉分行和省财政厅,联合出台了《关于深入推进湖北省文化金融合作的实施意见》②21 条。武汉市也在文化产业引导资金方面进行了积极的探索。近些年,武汉市设立引导基金,该基金按市场化方式运作,由专业机构按基金运作模式管理,投资方式以阶段参股和融资担保为主,投资领域主要包括光电子与新一代信息技术、高端装备制造、新材料等 3 大优势产业技术领域,以及高新技术服务业、生物技术与新医药、节能环保、新能源与新能源汽车、文化创意、现代农业等 6 大新兴产业技术领域。计划至 2016 年,全市引导基金规模预计累计可达 102 亿元。③

为了进一步扶持推动武汉市文化产业发展,武汉市委宣传部、市文产办从文化产业发展专项资金中抽调 2000 万元资金,与汉口银行共同设立武汉市文化企业信贷风险池基金。通过文化产业服务金融体系的构建,从而培育有竞争

① 《文化产业发展步入“快车道” 对接资本仍存瓶颈》,搜狐财经,http://business.sohu.com/20151223/n432379511.shtml,2015 年 12 月 23 日。

② 《湖北出台 21 条意见支持文化金融合作 促文化产业跨越发展》,湖北省人民政府,http://www.hubei.gov.cn/zwgk/hbyw/hbywqb/201407/t20140704_508035.shtml,2014 年 7 月 4 日。

③ 《湖北探索“金融+文化”新模式》。

力的市场主体，推动武汉文化产业发展。例如，2015 年 11 月，武汉银都文化传媒股份有限公司通过与汉口银行光谷分行签署银企授信合作协议，获得武汉市首笔 200 万元风险池贷款，为公司发展注入新的活力。反之，文化创意产业的发展，也为武汉金融模式的创新提供环境。以科技金融创新为重点，创新金融产品，探索金融服务新模式和金融监管新机制，突破发展新型金融业态。

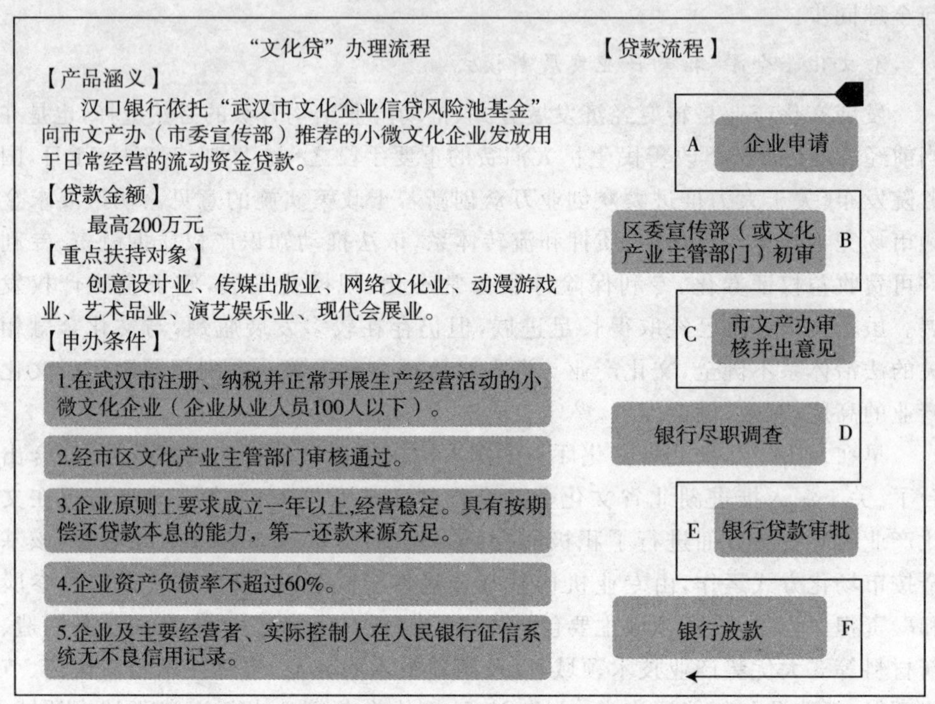

图 12－3 "文化贷"办理流程

资料来源：武汉市委宣传部"大武汉宣传"。

（二）城市、科技与文化融合：打造武汉模式

2015 年 12 月，武汉市文化和科技融合工作领导小组第四次（扩大）会议召开，根据武汉市文化产业的发展格局，研究出台了加快文化创意产业发展的若干政策以进一步加快文化产业发展速度，并提出在 2016 年武汉市将加快推进"华中智谷"、"武汉广电 CBD 演播厅"、"华中文化产业园"等重大项目建设，组

建武汉市文化科技创新联盟，支持民营骨干文化科技企业发展，引导企业跨行业、跨所有制联合实施融合发展产业项目等。

为了实现“万亿倍增”的目标，武汉市必须将以经济实力为主的硬实力与以大文化为主的软实力置于同等地位。文化科技的融合，是武汉市城市升级所必备的条件。只有面向未来，着眼经典，做好融合规划，并运用战略研究成果，推进琴台文化艺术中心的建设与升级，形成市区及全社会共同推进文化和科技融合的整体合力。加快“云端武汉”系列工程建设，推广“智慧城市”示范项目。推动移动互联网、云计算、大数据、物联网等与制造业、服务业融合发展，培育壮大工业互联网、互联网金融等新业态。

在《武汉 2049》规划中，对于武汉市的愿景定位为一个具有“活力、绿色、宜居、包容”的世界城市。在文化科技融合推动文化产业创新发展的环境下，2049年的武汉也将会是一座智慧的城市。武汉市的智慧城市建设，从定位规划之初，就将文化、科技与城市三者融合作为重要考量标准。智慧武汉的建设，强调在城市建设上的科技融合和模式创新；而在智慧武汉的全方面展现上，则强调通过智能技术结合文化来凸显和弘扬。截至 2015 年末，武汉市拥有国家级科技企业孵化器 22 家，国家“863”计划成果产业化基地 10 个。高新技术企业 1656 家，新增 335 家。全年实现高新技术产业产值 7701.41 亿元，比上年增长 14.1%；高新技术产业增加值 2235.65 亿元，增长 10.1%。这些高新技术的快速发展，不仅为文化创意产业的融合创新提供了很好的条件，还为武汉市智慧城市的打造提供了技术支撑。①

三、创新实践：武汉市文化创意产业发展新模式

“十二五”期间，武汉市围绕建设“文化五城”的任务，积极推进包括“三网融合”、“工业设计之都”建设、民族文化科技保护等融合发展工程，着力通过文化与科技、创意产业与其他产业之间的融合创新，推动武汉市的城市更新升级。在此过程中，“九派”的媒体转型模式探索和武汉光谷优势产业创新模式的打造，为今后文化创意产业乃至其相关产业的发展提供一定借鉴。

① 资料来源：武汉市统计局。

图 12－4　2011－2015 年高新技术产业产值及增长速度

资料来源:武汉市统计局。

(一)九派传媒:数据运营,探索媒体融合转型新模式

2015 年,传媒行业仍旧处于轰轰烈烈的变革之中,在融合发展浪潮开启的新时代下,地方媒体争相同互联网大佬合作,一时间“无界”、“并读”、“封面”等纷纷崛起,媒体行业瞬间进入了群雄争霸的时代。同年,武汉市将媒体融合发展纳入全面推进创新改革“1＋9”战略布局。“九派”新闻就是在这个历史节点上应势而生。①

“九派”源自“茫茫九派流中国”的词章,谐“报纸－paper”之音,寓汇聚百家之言,兼收并蓄之意。“九派”定位为全国性舆论平台,以“资讯奔流、激越中国”为口号,坚持大局意识、平民情怀。秉持传递思想、创造价值的理念,运用大数据技术构建中国最大的新媒体产业融合平台。② 作为我国媒体融合和互联网产业发展的里程碑之作,“九派”率先践行“新闻资产化运营”理念,致力于信息技术应用与资讯内容生产的深度融合,实现数据资产运营,形成跨界融合的媒体生态系统。

① 《九派新媒体平台建设的实践感悟》。

② 《“九派”新媒体平台今日上线》。

1.“九派”,用大数据发现武汉

传统媒体在新时代的转型中出现步履蹒跚的现象,往往不是因为新兴技术的缺失,而是技术与内容没有充分融合。“九派”借助国内领先的中文大数据分词矩阵、信源矩阵和规则矩阵技术,结合新媒体平台下互联网信息采集分析工具,通过数据分析和信息加工,把对信息源的解读从技术层上升到价值层,用大数据解读新闻。此外,还能借助于数据分析抓取各类信息事件的特征、趋势走向等,从而可以在以不同视角、面向不同受众全面深入报道事件的同时,反映事件背后所隐藏的价值,甚至通过数据发现新闻。

“九派”新闻2015年的一篇《武汉跃居中国城市综合竞争力前十——揭示中部“黑马”缘何异军突起》的原创稿件曾引起社会广泛关注。这篇文章是通过大数据分析手段的运用,从文化、经济、社会等角度多方面呈现武汉综合竞争力提升的原因。这些原创新闻,在切入角度上,不局限于挖掘、追踪独家的新闻事件,而是力求从宏观视野、时空维度对新闻事件的舆论反映、发展态势和未来走向进行信息收集、分析和判断;注重以技术发现新闻,用技术生产新闻,将主流资讯、权威理论和数据新闻有机结合,帮助受众解读武汉、发现武汉。

可以说,“九派”新闻,正在用其独有的大数据采集分析技术,不局限于数据分析、信息采集等技术与媒体行业的表面融合,而是以深层次的信息挖掘、态势判定为支撑,从而完成了在“互联网+”大环境下的创新融合。从线上舆情分析,到政论资讯推送,再到线下期刊杂志等产品的策划,“九派”开启了“三位一体”的内容生产模式,极大地丰富了内容产业和新型技术结合的发展模式,也因此给文化创意产业的融合发展提供了新思路。

2.打造从“数据”到“服务”的新型模式

媒体只有形成互融互通、多元共享的生态平台和价值链条,才能在互联网时代为产业平台的影响力和传播力奠定基础。在创新发展的新环境下,“九派”新闻开辟出一条不同寻常的盈利道路。不同于以往新媒体过分依赖广告收入的传统模式,“九派”新闻寻求探索一条以数据资产管理和大数据信息服务为核心的“流量变现”模式。

这种模式是从相对传统的“内容+服务”模式向符合九派模式的“数据+服务”的转变。这一转变更多的是关注用户对于数据资源、信息内容等的动态需求,注重向分众市场提供周到细化的服务;从而实现信息增值。在这个模式下,服务对象面可以扩大延伸至政府、企事业机构乃至个人，通过相关领域数据链的搭建，充分利用舆情数据、整合数据资产、开发数据产品，一方面可以提供有针对性的分析、评估乃至舆情预测的服务；另一方面可以通过数据挖掘的衍生价值，多维度地累积数据资产，让网络舆情、社交网络、自媒体、众筹、电商等多个业态相互融合渗透，从而开启“科技引领、内容支撑、产业互融”的新兴产业生态系统。

在产业链向供给侧倾斜的当下，“九派”借“互联网+”的发展热潮，让内容产业完成升级，已不单单是内容生产过程中的多元转化，还需要各个新兴产业的相互渗透融合才能真正从供给侧改善文化创意产品的设计生产乃至创造。正是这种理念上的升级转型，才促使“九派”新闻走上了全产业链合作发展的新路径，开启文化产业发展新市场。因此，“融合创新”才是使九派新闻成为中国媒体转型的里程碑之作的核心因素之一。

(二)武汉光谷:践行“互联网+经济”模式,提高整体竞争力

武汉东湖高新技术开发区是我国第二个国家自主创新示范区、国家级文化和科技融合示范基地、国家现代服务业试点区，因其优质的投资环境、巨大的发展潜力以及密集的优惠政策近年来发展成为融互联网、云计算、大数据等新一代信息技术与商务、金融、医疗、交通、制造业等产业跨界融合的聚集地，初步形成了跨境电商、互联网金融、智慧交通、智能制造等一批新兴产业。随着近年来国家和各级政府对于新兴产业扶持力度的加大，光谷的产业基础和企业也在“互联网+经济”时代迎来了发展新契机。

“互联网+经济”模式中最有价值的就是流量，而光纤光缆、光电器件等基础设施就是流量的道路。随着“互联网+经济”的蓬勃发展，对硬件和基础设施提出了更高要求，宽带扩容势在必行。在国务院办公厅印发的《关于加快高速宽带网络建设推进网络提速降费的指导意见》的指导下，加之国家“一路一带”战略的提出，光通信设施不仅被列入“一路一带”和亚投行支持的基础设施投资范围，还将宽带网络提高到国家战略性基础设施的地位。由此光纤光缆、光电器件等光通信企业迎来重大发展机遇，而光通信产业一直都是光谷的优势产业和主导产业。除光通信产业外，光谷具有在芯片、激光、智能制造等产业领域良好的产业基础。芯片是互联网产业的核心和关键部件，光谷具有较强的产业基

础和技术储备，并且在与国内激光产业、智能制造产业等产业相比较中，具备较强的竞争力。光谷的光电子产业也在“互联网＋制造业”的浪潮中迎来转型发展的历史性机遇。

在融合创新的发展契机下，光谷创意产业立足光谷制造优势，充分鼓励“互联网＋制造产业”，推动光谷制造业转型升级。一方面既要做大做强光电子信息、新型显示、芯片、智能制造等优势产业，抢占“互联网＋经济”的上游硬件市场；另一方面又要高度重视“互联网＋技术”对传统制造业的改造升级，推进两化融合、智能制造、互联网医疗等先进制造业，凭借邮科院、长飞光纤、华工科技等行业龙头企业，武汉光电国家实验室和华中科技大学光电学院具备雄厚的研发实力和人才资源优势，“硬”“软”协调发展。

此外，在鼓励发展光谷软件产业的同时，还进一步推进商贸服务业企业加速互联网转型。在充分发挥光谷科技型制造和现代服务业的产业优势基础上，鼓励发展软件信息企业，发展电子商务和跨境电商，促进“互联网＋产业”蓬勃发展。武汉光谷不仅提出关注本土龙头企业加速转型，还引进国际国内互联网巨头落户光谷，进行深度合作。一方面，本土龙头企业的发展，既有利于带动一批本土企业共同转型，又能推动企业快速发展壮大，东湖高新技术开发区在资源和政策上予以一定的倾斜支持；另一方面，借阿里巴巴、腾讯等国内互联网巨头正在加紧全国产业布局之机，倚靠其产业资本和智力资源，与光谷现有资源进行强强联合，实现光谷“互联网＋产业”的弯道超车。[①]

人才作为经济社会发展必不可少的因素之一，在提升社会整体竞争力的过程中，其作用是不容小觑的。武汉光谷在推动区内各产业融合发展的同时，也为创新创业提供资金、人才、智力服务等支持。采取“青桐汇”、创业咖啡等形式，在光谷内营造创新创业的氛围，搭建创业者和企业家交流平台，组织创业者和企业家出外考察、交流、学习，链接国内外优秀智力资源，在资金支持、3551人才等方面对“互联网＋”转型和创业的企业予以倾斜和支持，为产业的融合创新提供人才支撑。同时，光谷也为越来越多的年轻人参与“互联网＋创新创业”提供了良好的发展环境。

在以“融合创新”为主题的发展环境下，武汉光谷践行“互联网＋经济”的发

---

① 光谷创意：《光谷发展互联网＋经济的机遇与挑战、对策与思考》，http://www.ovcreative.com/content.asp? id＝1838。

展模式，推动传统产业转型升级的同时发挥新兴产业的技术优势，充分利用好区域丰富的文化创意产业资源和建设国家自主创新示范区的战略优势，大力推进现代科技（特别是信息技术）和文化创意产业的深度融合，加快发展以科技为引领的文化创意产业，开启加快培育新兴产业增长点、转变区域经济发展方式、打造“世界光谷”的前行之路。

四、前景展望：互融创新开启武汉文化创意产业新篇章

如英国学者查尔斯·兰德所言，“好奇心、想象力、创意、创新、发明这五个关键词构成了无懈可击的五重奏”。而这“五重奏”已成为城市创新文化吸引全球资源的硬通货。这在城市更新的进程中，迸发出推动城市转型的强大动力。随着当代信息技术、数字技术、网络技术的不断进步，科技与各个行业的融合日渐深化，科技与文化的关联日益紧密，它俨然已成为推动文化发展的基本动力，而文化资源又在融合过程中转化为产业发展的优势，不仅拓宽了传统产业的发展思路，还促使文化创意产业展现融合创新的新高度。而当下最受重视的“互联网思维”正是一种新技术革命与文化产业的融合创造。文化产业本身“轻资产”、“重创意”的特质，使其具有天然的产业融合属性，在发展的过程中，无论是创意对传统产业的融合渗透还是高新技术对创意产业的推动创新，由于要素流动和资源配置仍存在不确定因素，故而融合升级的品质也会受到影响。因此武汉市在发展跨界融合的过程中，还需不断探索，深入研究，以期寻求适合自身发展的“武汉模式”。

（一）新形势下武汉文化创意产业融合升级

1. 以创新互融为发展契机，重构文化创意产业价值链

在互联网思维的影响下，文化创意产业的价值链盈利模式已不仅仅局限于产业销售体系。产业物联网下的生产体系、流通体系、融资体系、交付体系等已发生转变，要想进一步提高产业价值，需要发挥产业融合中的资源优势，打通全产业链条中“创意、生产、流通”的各个环节，创新模式，保障以内容为核心，以创意为龙头，驱动创意产品的制作，推广平台的构建，保障金融资本的支撑，做到上下联动，左右衔接，内外共融，进而重新发掘盈利模式，重构完善价值产业链条。

例如，武汉银都文化传媒股份有限公司的发展模式就是以优质的IP资源为核心竞争力，在新媒体技术运用和虚拟现实VR开发、影视制作、电子商务衍生产品开发等方面，通过文化与科技融合，推进文化产业结构升级，建立集创作设计、云技术研发、授权营销推广于一体的全价值产业链模式。其中银都传媒的"云动漫"产业应用及服务系统还获国家级现代服务业综合试点。借助互联网环境下的互融互通，多元覆盖，利用产业融合优势，打造"内容创作、媒体播放、品牌授权、产业运营"全产业链结构。

2. 打造创意集群，促进跨产业链条融合互动

跨界融合是产业发展的实际需要，也是时代发展的趋势。将文化产业放入完整的产业链中考虑，文化产业和相关产业融合发展的动力就是市场。市场需求、消费需求、企业需求、资本需求、跨界需求都推动着文化产业和相关产业的融合。发挥创意产业的融合功能，需要产业链各环节的融合互动。各地区文化资源存在差异，文化发展模式也不尽相同。因此在创意产业价值链中，培育优势环节，形成符合区域优势的价值链分区。由于文化产业自身就存在着融合特性，通过体制机制的扶持，在培养融合产业链的同时，把创意和市场结合，文化因子与科技元素结合，将之融入创意产业链的各个环节中，形成新的组合。如此一来，创意园区的跨产业链融合模式形成，使得创意型企业与传统区域产业集群相结合，从而形成高效跨产业链条融合发展，互动创新。

武汉市在建设文化创意产业园区时，注重结合区域特色，建设主题产业园区，打造特色产业链条。以楚天181创意产业园区为例，在以"现代传媒为主体"的特色产业园区建设中，不仅会以城市地域文化，打造武汉特色区域，还注重园区企业选取，其入驻企业都是附着在传媒产业链条上，涵盖传媒、建筑设计、创意科技等，完善的跨产业链条融合互动，形成有效的文化相关产业集群。

3. 利用高新技术，推动文化传播多元化

文化产业发展的状况很大程度上与文化传播力的大小相关。文化产业是以文化为主体，通过生产经营和市场运作而盈利，为消费者提供精神文化产品和服务。在互联网环境下，新型城市文化产业的发展少不了数字化平台的搭建和文化产品的多元化传播。

在创意驱动融合创新的语境下，技术和内容作为文化创意产业发展的一体之两翼，驱动之双轮，相互支撑、相互融合，共同构成了产业更新的核心竞争力。

在文化科技融合的大氛围下，产业融合改变着文化传播方式，只有把握内容创造、生产、流通、传播的各个环节，才能坐享产业融合带来的价值红利。因此，武汉市需要对现有分布广且构成复杂的文化资源进行合理集聚整合，借助高新技术的技术支持，通过云计算、大数据、物联网等技术，优化资源传播。

武汉广电借助移动互联网、云计算等技术搭建了“一云多屏”的技术平台，实现广播、电视、网络、移动客户端等内容的共享与传播，通过整合资源，集合多平台载体，用多媒体手段完成多业务融合，以“三网融合”最终实现“三屏合一”。并凭借各媒介的深度融合，打造跨媒体全新空间，达到对本地文化资源的全产业拓展与推广。

（二）互融创新改善武汉文化创意产业发展模式

武汉自古以来就是各路文化源流的交汇之地，武汉人对外来文化始终保持兼收并蓄的态度。随着新型城市化进程的加速，以及武汉市建设“国家中心城市”和“世界城市”目标的确立，武汉市抓紧做大增量，加快推进战略性新兴产业成为支柱产业，加快规划布局未来产业。不断优化存量，加快推进传统制造业和服务业向中高端转型升级。在复兴大武汉的进程中，文化创意产业也应随新时期的发展趋势进行发展思路、方法、战略等方面的深入探索，完善文化创意产业的发展模式。

1.“传承、包容”——改善文化融合的“适生境”

联合国教科文组织曾指出：“发展最终应以文化概念来定义。”那么，围绕“国家中心城市”和“两型社会”的建设，面向“复兴大武汉”和“建设国际大都市”的宏伟目标，就一定要注重以文化提升城市。

一方面，在推动城市建设的过程中，文化主体的多元化需要有多层次的构造，即要有来自国内外的各类文化主体，来自科技、艺术、金融、工业、贸易、媒体等各个领域的资源和人才，以及各类文化企业、团体、基金会等机构的参与。而武汉市特殊的地理区位，造就了武汉文化资源多元化，为大武汉的复兴提供了强有力的文化加持。因此，在文化创意产业的发展中，武汉市需要在整合多层次文化资源的同时，包容各色文化因子，为文化产业创新融合提供良好的资源保障。

另一方面，文化作为在城市精神塑造和延伸中必不可少的一部分，在现代经济发展过程中可与经济融合，以文化产业的形式直接提升经济的附加值。在城市发展过程中，只有把文化和城市发展高度融合，用文化理念对城市资源实施战略性和整体性的计划和安排，实现城市文化的物质形态和观念形态的协调统一，才能使文化产业扩大经济竞争力，实现城市文化的复兴。

因此，在加快推进创意产业融合创新的发展进程中，武汉市应该以包容多元的方式改善文化产业发展的"适生境"，将城市文化传承，重塑城市精神作为城市战略性新兴产业的发展和传统产业的转型升级的文化环境保障。

2."互融、互通"——全产业链融合发展打造武汉品牌

全产业链驱动模式是"一源多用"的商业模式在文化产业中的体现，这种驱动模式推动了第六产业的复合经营。而第六产业则表达了产业融合、产业跨界的创新观念，即以文化符号为链接、文化品牌为纲领，推动现代农业、特色加工业和现代服务业的跨界共生，大力推进"文化的产业化"和"产业的文化化"的协同发展，将第一产业、第二产业和第三产业融合为第六产业[①]。全产业价值链即纵向价值链、横向价值链和协同产业链。作为同一文化资源在空间和时间维度的延伸，全产业链显示出了极强的融贯性和扩展性。

文化产业聚集发展可以根据前端创意和开发、中端生产和销售、末端衍生和推介的特点，把不同专长和优势的企业，在价值链和生产链的意义上组合起来，同时共享公共服务设施和优惠政策，降低运输和交易的成本。

武汉市文化创意产业当前的融合创新模式要以全产业链模式协调推进，需要深挖武汉现有文化资源内涵，提升文化产品的品质，以不断创新的科技手段推进产业化和专业化的发展，打通产业价值链各个环节间的联系，推动文化与科技融合，促进创意产业和其他产业集群的跨界互通，创新发展模式。文化创意的理念和思维通过全产业链文化产业园区的打造，加快武汉城市文化建设，推进文化事业和文化产业的全面发展，塑造武汉文化创意品牌。

3."和谐、共进"——创新产业"联动"模式

作为文化创意产业3.0时代的主要特征，多产业融合发展的趋势在未来还会得到加速。因此，以"融合创新"为发展路线，大力促进文化创意与传统产业、金融、城市更新等方面的融合发展，是武汉市产业发展的方向之一。

---

① 向勇：《文化产业融合战略：一源多用与全产业价值链》，《前线》，2014－06。

首先，文化创意通过对传统产业的融入、渗透，在改造和拓宽文化创意产业链条的同时，推动了传统文化产业的转型升级。文化创意可以使传统文化产业再次焕发生机以适应当前的新常态发展。创意革命引导传统产业的发展与开拓创新，通过对优势文化资源的整合向相关产业延伸，在融合的过程中主导发展方向，实现传统产业发展方式的转变。通过科技改造升级传统生产、经营和传播模式，加速文化资源优势向文化科技产品优势转变，提升城市文化软实力，提高核心竞争力。因此，武汉市可以在城市更新的过程中，深度挖掘文化资源，整合聚集各相关产业优势，在智慧武汉的发展和建设中打造城市品牌，从而形成全局效应。

其次，利用金融资本的加持保障全产业链的稳步发展。一方面，通过融资政策等为文化创意产业的发展、创新提供有力的资本保证，加强文化创意产业与金融机构之间的联系；另一方面，通过产业融合的发展模式，为产业链提供活力保证。通过文化与金融资本的对接，保证全产业链的有序发展。武汉市在发展创意产业集群时，应加大关注产业投融资问题，以华中文化产权交易所为例，在为风投在内的各类出资主体提供便捷服务的同时，连接出版社、画廊等文化艺术机构创造文化产品，通过资本与文化的对接服务平台的架构，既解决了产业链的资金问题，也使文化金融新业态呈现良好发展态势。

最后，利用创意产业的融合创新推进城市更新。城市更新的进程推动了文化创意产业的发展，而创意产业又以实际内容作用于城市更新，促进了城市的可持续发展。从经济角度看，武汉市经济的快速发展刺激了文化消费需求，产业价值链的调整促进了文化创意产业的发展，优化产业结构并带动其他产业在互联环境下的互融创新，反过来又促进了城市发展。产业链的更新换代，改变着产业结构的融合模式。作为城市更新过程中的重要一环，将文化资源转化为产业发展优势，跨界融合创造产业乃至城市发展的新高度。

4.“多元、开放”——打造武汉文化高地

随着科技与文化融合力度的加剧，文化产业要想进一步创新升级，则必须整合文化科技创新优势，把握本土文化资源和文化产业的特色，优先发展有高文化附加值、高科技性和最具发展潜力的产业，依托文化产业特色，推动整个文化产业链条的发展。在这个过程中，要以武汉市的文化资源等方面的优势为依托，挖掘潜在发展价值，提升文化资源品质，打造文化高地。

首先，加强对文化资源的整合和保护。武汉市作为九省总汇之通衢，其文化的多元性与开放性正是武汉城市文化的体现。对于武汉而言，未来应依托两江四岸核心区的文化设施建设和文化产业聚集来彰显城市魅力，通过专项规划研究，形成以文化博览、文化演艺、文化传媒等文化功能为主导，商业、休闲、娱乐等为补充的复合功能，拓展延伸文化产业链。通过对核心地区各自资源特色的侧重，建设颇具武汉特色的集群文化区。

武昌古城　以武昌千年古城历史风貌区、昙华林片历史街区、首义片、农讲所、湖北剧院、辛亥革命博物馆等公共文化设施和湖北美术学院、湖北音乐学院等艺术院校及相关艺术产业集群为依托，打造以文化旅游、文化博览、时尚商业、创意设计为主导的文化战略区。

旧租界　以大智路、六合路、中山大道及江汉路、青岛路、“八七”会址、一元路等六片历史街区和市美术馆、武汉剧院、中南剧场等公共文化设施为依托，打造以文化旅游、文化演艺、文化博览、艺术品交易、创意办公为主导的“国家历史街区”和多元文化聚集区。

汉正街　结合汉正街的改造更新，促成内城重构，打造武汉特色民俗文化体验和传统商业文化特点的重要区域。

龟北琴台　以龟山北片历史风貌街区和“龟蛇锁大江”的城市名片、琴台大剧院、琴台音乐厅等大型公共文化设施和国棉一厂工业遗产及相关设计创意产业集群为依托，打造以文化演艺、旅游休闲、创意产业、文化博览等为主导的华中演艺中心。[①]

其次，在整合文化资源的基础上，依托武汉市人才文化优势，优先培育有代表性的特色产业。通过整合各市区相关资源，加快武汉智慧城市建设，充分挖掘城市文化内涵，重塑武汉城市形象。同时，以各大科研院校和文化创意产业园区为依托，发展具有强大带动力的动漫产业、数字出版业及创意设计产业等文化产业，促进新兴产业文化科技的融合创新。并以武汉“文化五城”、“创意五谷”的建设为契机，打造武汉文化战略区，助推武汉文明城市建设。

大城筑梦，光耀未来。当前的武汉正处于工业文明和生态文明的共进期，在谋求城市未来发展的过程中，必须要处理好在知识经济社会中传统产业与新兴产业、文化与科技之间的关系，需紧跟时代步伐，让融合创新成为时代发展的主旋律。通过推动全产业链融合发展，加强创意产业集群的建设，创新文化资

① 《武汉 2049》。

源的品牌效应，实现高新科技的研究应用，带动知识经济快速提升，促进城市更新与转型升级，武汉市才能向成为一座知识引领、创新领先、经济发达、宜居宜业的融合发展的大都会迈进，引领区域一体、辐射全球，实现大武汉的全面复兴！

（李林、杨诗婕，华中师范大学国家文化产业研究中心）

第十三章
长沙：跨界融合与破界创新形成多业态产业体系

2015 年，长沙顺应“文化+”潮流，积极推动文化创意产业的联动融合与创新发展。文化创意产业与高新科技、旅游业、金融业、制造业、现代农业、体育产业、新型城镇化建设等融合日趋紧密，文化创意产业融合创新特色鲜明，在跨界中融合，在破界中创新，在融合创新中发展，形成了多业态融合的文化创意产业体系。以互联网思维促进观念变革，以 IP 为核心推动资源重组创新，以众筹众包方式推进生产模式创新，以营销一体化实现跨界经营创新等融合创新理念和手段，使文化创意产业的发展盛况空前。

一、2015 年长沙市文化创意产业发展概况

2015 年长沙文化创意产业融合创新特色鲜明，在跨界中融合，在破界中创新，在融合创新中发展，探索出了一条符合长沙实际的创新之路。“文化+科技”提升文化产业科技含量；“文化+旅游”将底蕴与蓝海相联接；“文化+金融”助力文化投融资落地；打造园区产业地标，形成园区规模集聚效应井喷现象；着眼于建设国际文化名城，大力推动文化产业走出去。随着这些战略规划的推进，长沙文化创意产业得到空前发展，长沙被评为中国最具文化软实力城市，并入选首批国家公共文化服务试点城市。

（一）2015 年长沙文化创意产业关键数据

1. 公共文化事业

2015 年，长沙市入围全国十个公共文化服务标准化试点城市。长沙文化设施日趋完善，标志性文化设施和基层公共文化设施建设取得显著成果：滨江文化园“三馆一厅”全面建成开放，9 个县（区）均建成国家二级以上图书馆、文化馆，建成 6 个文化中心；全市 180 个乡镇（街道）、1424 个村（社区）全部建有综合

文化站或文化活动室。

2.文化创意产业

至2015年末，全市预计共有规模(限额)以上文化产业法人单位990家，比上年净增31家，其中营业收入过亿的单位预计383家，占全部规模(限额)以上文化创意产业法人单位数的38.7%[①]；全市新增移动互联网企业500余家，产出突破100亿元，其中，阿里巴巴长沙产业带全面上线；实现文化产业总产出1600亿元[②]，全市文化创意产业预计实现增加值774亿元，同比增长12.4%，文化创意产业增加值占GDP的比重为9.1%[③]，较上年提高0.3个百分点。其中规模(限额)以上文化创意产业法人单位预计实现增加值544.8亿元，同比增长15.1%。成为名副其实的支柱产业。

从数据来看，长沙市文化制造业占据主导，文化服务效益较好。从占比看，以烟花爆竹、纸制品印刷等为主的规模以上文化制造企业仍是全市文化创意产业的主体。2015年全市规模以上文化制造企业预计实现增加值401.4亿元，同比增长18.1%，文化制造业增加值占全部规模(限额)以上文化产业法人单位增加值的73.7%，较上年提高1.9个百分点，且分别高于文化批零和文化服务业增加值占比70.2个和50.9个百分点。从效益来看，以湖南广播电视台、拓维信息、中清龙图及快乐阳光等影视文化企业为主的文化服务业效益相对较高。全年全市规模以上文化服务业法人单位预计实现营业收入301.1亿元，同比增长17.6%，营业利润率为21.9%，分别高于文化制造和文化批零业法人单位15.4和17.2个百分点；预计实现利润总额52.6亿元，同比增长1%，成本利润率为27.3%，分别高于文化制造和文化批零业法人单位19.4个和21.6个百分点。其中35家规模以上广播电视电影服务业法人单位预计实现营业收入123.3亿元，同比增长32.3%，营业利润率为35.8%，成本利润率为62.2%[④]。

3.文创产业园区

目前，长沙已有国家级文化创意产业园区和基地12家，省级文化创意产业园区和基地13家。同时，长沙市积极向联合国教科文组织申请加入“媒体艺术

① 数据来源：长沙市文产办。

② 数据来源：湖南省人民政府发展研究中心。

③ 数据来源：长沙市文产办。

④ 数据来源：长沙市文产办。

之都”，年底有望申请成功，这将成为长沙文化首张世界级官方名片。文化创意产业与制造业、新型城镇化建设、科技、旅游、现代农业、体育等产业融合日趋紧密，形成了多种业态融合的文化创意产业体系。

4. 文化创意企业

目前，全市高新技术产业中有规模(限额)以上文化产业法人单位102家，比上年净增26家；预计实现增加值296.3亿元，占全部规模(限额)以上文化产业法人单位增加值的54.4%，占比较上年提高2.4个百分点；预计实现营业收入791.5亿元，同比增长25.1%，增幅比全部规模(限额)以上文化产业法人单位营业收入增幅高5.5个百分点。除借助科技创新推动行业快速发展外，部分企业影响力也日益提高。如天舟文化不仅成功入选全省移动互联网重点企业和全省文化品牌40强，还作为全省唯一一家民营企业入围“世界媒体500强”；拓维信息获得2015年中国上市公司口碑榜最具成长性上市公司；华凯创意凭借作品“贵阳市城乡规划展览馆”获国家三星级绿色建筑设计标识，此外还积极参与到浏阳河文化旅游带、武汉规划展览馆、兰州新区规划展示馆等省内外重点文化项目建设之中。

5. 文化创意产业GDP贡献

2015年，全市文化创意产业呈现出总量稳增的态势。到2015年末，全市预计共有规模(限额)以上文化产业法人单位990家，比2014年净增31家，其中营业收入过亿的单位预计383家，占全部规模(限额)以上文化创意产业法人单位数的38.7%；全市文化创意产业预计实现增加值774亿元，较2014年同比增长12.4%，文化创意产业增加值占GDP的比重为9.1%，较上年提高0.3个百分点，其中规模(限额)以上文化创意产业法人单位预计实现增加值544.8亿元，同比增长15.1%[①]。

(二)2015年长沙文化创意产业发展特点

1. 文化创意产业融合联动，“文化+”助力产业崛起

随着文化创意产业的深入发展，以“文化+科技”、“文化+金融”等为代表

① 数据来源：长沙市文产办。

的“文化+”概念应运而生。特别是对一个具有悠久历史底蕴、文化元素丰富和文化基础牢固的古城，长沙“文化+”融合发展正稳步推进，先进制造、传统文化、工艺设计与现代科技等日益交融，相关产业规模不断扩大。一是“科技型”文化产品享誉海外。从2015年度全市规模（限额）以上文化与科技融合示范企业发展情况看，25家示范企业共拥有资产82.6亿元，同比增长43.7%；实现营业收入56亿元，同比增长12.3%；实现利润总额约5.8亿元，同比增长18.4%①。此外，在科技型企业总体规模不断扩大的同时，受产业融合发展影响，文化企业产品不断创新，品牌效应日益凸显。如拓维信息的《啪啪三国》不仅受到海内外好评，而且创造了中国游戏在海外销售的最好成绩；作为中国民营出版传媒第一股的天舟文化通过积极布局移动互联网游戏、数字教育等新兴业态，不断整合业务内容，成功入围2015年世界媒体500强。二是文化旅游融合发展潜力无限。作为国务院首批公布的国家历史文化名城，爱晚亭、岳麓书院和马王堆汉墓等众多的纪念地、古迹和文化景区为长沙旅游业发展增添了动力。2015年度全市共接待境内外旅游者10487.1万人次，同比增长10.6%，其中接待入境旅游者120.2万人次，同比增长2.8%；国际国内旅游总收入为1192亿元，同比增长18.5%。其中国内旅游收入1143.6亿元，同比增长19.4%；国际旅游外汇收入7.8亿美元，同比增长0.4%②。

2.文化园区与产业紧密结合，依托园区打造产业地标

建设文化创意产业园区，是长沙市发展文化创意产业的重要途径和方式。目前，长沙市已经拥有国家级文化产业园区和基地12家，升级文化产业园区和基地13家。通过文化产业园区和基地这一载体，长沙市全面启动文化创意产业倍增5年计划，铺排“美丽中国”、长沙新广电中心、书堂山欧阳询文化园、后湖国际艺术园等100个重大文化创意产业项目建设。重点推进湘台文化创意产业园、后湖文化园、天心文化产业园、长沙（国际）广告产业园、金鹰影视文化基地等园区建设，建设长沙高新区国家动漫游戏产业振兴基地、青竹湖文化创意产业基地、中南国家数字出版基地等十多个文化创意产业园区，引导产业向园区聚集，依托园区打造产业新地标，资源向园区基地集中。

在园区主导特色明确的前提下，长沙市各文化创意产业园和产业基地适时

① 数据来源：长沙市文产办。

② 数据来源：长沙市统计局。

融入多业态运营理念，进一步完善园区的产业价值链。例如，长沙天心区国家级文化产业示范园区已经聚集各类文化企业 1000 余家，形成了文化创意产品生产、演艺娱乐、文化传媒、文化金融等多种文化创意产业类别的企业聚集，确立了政府主导、多元投入、公司经营、市场运作的园区发展原则，充分发挥多种文化产业类别融合的优势，进一步扩大文化创意产业集群规模，发挥园区文化创意产业集聚效应，在此基础上，加强各园区集群之间的联动功能，推进以企业为主导的产、学、研三方联动机制，坚持“园成一体化”发展思路，做大做强长沙文化产业园区的品牌效应，实现园区整体价值的最大化。

3.政府牵头加强产业引导，对外交流促进产业“走出去”

让本土文化“走出去”是发展文化创意产业的重要途径。2015 年，长沙市采取“政府主导、市场运作”的方式搭建文化交流平台，着眼于提升城市国际化水平和促进对外文化交流，积极引导长沙市文化创意产业“走出去”。认真落实申报“媒体艺术之都”的各项工作，陆续向联合国教科文组织提交了在线申报所需的全部资料，正式成为教科文组织“创意城市网络”的候选城市。精心主办中国(长沙)国际雕塑文化艺术节、梅溪湖国际文化艺术周、橘子洲国际音乐节、长沙国际动漫游戏展等国际性节会平台，有力地向外界展示了长沙文化，提升了长沙的国际影响力。启动长沙高新区服务外包国际合作平台建设，借助平台加强境外机构与园区服务外包企业的文化交流对接活动。

大力培育外向型文化企业，支持发展对外文化贸易。2015 年，长沙市人民政府出台了《关于加快发展对外文化贸易的实施意见》等文件，加强政策引导支持，大力推进文化产品交易平台建设。先后组织和主办了中国(长沙)国际手机文化产业博览会、中国浏阳国际花炮节、长沙(中部)印刷包装博览会、长沙图书交易会等一批重量级节会。同时，组织本土文化企业参加深圳文博会，支持动漫、红瓷、湘绣、烟花等本土优势文化产品走出国门。通过涉外媒体，策划开展外宣活动，在涉外媒体上刊发“长沙专版”、组织外地媒体来长沙采访，重视对涉外经贸文化活动的宣传报道工作，制作城市形象宣传片，向外界讲好长沙故事，在国际上有力地提升了长沙的知名度和美誉度。

二、长沙文化创意产业的融合创新发展实践

2015 年，长沙在融合创新实践上进行了许多有益的探索，有不少文化创意

企业的发展可圈可点。本报告从新闻传媒、创意会展、文化园区和传统工艺等领域选取部分典型案例进行分析，试图一斑窥豹，总结长沙文化创意产业在融合创新实践中的表现，管窥长沙文化创意产业各具特色的融合创新探索之举。

(一)围绕原创 IP 推进优质资源的渗透融合，打造众筹共享平台

知识产权(即 IP)是文化创意产业的核心竞争力。长沙市在文化创意产业发展中，把握其影视传媒、数字出版、娱乐业等方面的主导产业优势，注重 IP 资源的开发、保护模式创新和跨界运用，以 IP 为核心来创新产业链聚合模式，拓展产业链，推动 IP 资源对产业上游和下游跨行业、跨地域、跨部门的渗透融合及其本身的规模化拓展，通过平台打造和流程再造等创新方式，加大本市有价值的 IP 创造力度和产业拓展强度，有效延展了山猫、蓝兔等动漫 IP 和众多广电、出版核心 IP 的产业链条，为文化创意产业价值提升奠定了良好基础。过去一年，联合利国湖南文创国际版权交易中心全年交易量高达一千多亿元，创造四千万元的税收，长沙市天心区 2014 年 8 月成立的全国第一个文化产业知识产权保护联盟，2015 年推进顺利。

以长沙广电中广天择为例。移动互联的媒体生态中，网络原创视频等新型节目对传统电视制作行业造成冲击，大多电视制作企业惨遭“滑铁卢”，中广天择却实现逆势增长，一马当先。2015 年，中广天择收入突破 3 个亿，增长幅度达到 50%；利润突破了 4000 万元关口，达到 4323 万元，较 2014 年 3595 万元增长了 728 万，增长幅度 20%。截至 2015 年 12 月底，中广天择优质节目联供网合作电视台已经突破了 500 家，比 2014 年的 185 家整整翻了一番多；其打造的“剧盟”合作电视台达 15 家省级和省会台，全年实现交割收入 5000 多万元，是 2014 年收入的 3 倍。中广天择成功的“法宝”，主要是聚合资源、围绕原创 IP 生产与运营打造平台。

1. 自主研发与联合创制相结合，着力拓展原创 IP 资源

网络为电视制作提供了一个原创 IP 收集和内容生产的巨大空间。然而，在近年 IP 热中，少量公认的优质 IP 奇货可居，作为市级电视制作机构的中广天择难以聚合足够财力和影响力，获取足够的此类 IP 改编授权。在 IP 激烈竞争语境中，中广天择牢牢秉承“创作扎根于现实土壤之中，坚持以原创纪实方式呈现中国梦”的理念，制作贴近实际生活的原创视频，通过原创来弥补优质 IP

改造的资源局限。2015 年 1 月 28 日，中广天择年度巨制《火线英雄》中有 6 期节目维持在同时段全国收视前三；3 月 11 日，其自主研发的纪实类大型季播节目《远方的爸爸》首期节目以 50 城 0.529%的高收视排名同时段全国第二，而同时段微博话题阅读量达到 2300 万，跃居疯狂综艺季话题榜及凤凰综艺话题榜第一名；4 月 26 日，该公司策划出品的全国首档追踪都市夜归人群纪实节目《今夜去你家》，仅 12 小时专辑播放量就突破 740 万，正片及花絮片播放量突破 50 万；其首档飞行梦想真人秀节目《飞向云霄》也得到了网友们的关注和好评。[①]

与其他电视台和相关机构合力创制节目是中广天择的常规做法。国内首档青春励志榜样真人秀《星动亚洲》是中广天择最有影响力的核心 IP 资源之一。中广天择提出创意，并联手好样传媒、安徽卫视、韩国 MBC 电视台和韩国顶级艺人经纪公司，将 30 名从中韩选拔出来的青少年集合于韩国，通过两年的练习生训练，他们中的佼佼者将会组成偶像团体出道。同时，《星动亚洲》还建立了一个多屏传播的封闭链条，除芒果 TV 播出外，还有唱吧 APP 和飞扬天下游戏开发持续发酵，延长产业链。在后续的开发上，《星动亚洲》计划开发节目游戏并将对其视频音频授权使用权，同时还包括电商的销售权及明星艺人的经纪权。一反过去中韩合作中韩方主导的状况，这个节目由中方全权主导，掌握节奏。

2. 制作联盟和众包定制相结合，不断创新 IP 生产方式

除了独立制作优质原创 IP，中广天择更注重盘活各台尤其是众多地面频道蕴藏的巨大制作力量和资源。长期以来，弱势媒体尤其是市级电视台因为国内电视节目市场版权意识相对淡薄，节目投入与产出难成正比，投入方面非常慎重；既有节目版权利用率偏低、节目资源囤积，价值被严重低估。在中央台和省级卫视双重挤压下，全国地面频道却需要保证巨大吞吐量，有限制作经费被打碎细分到每档节目，造成整体质量下降，优质节目难以诞生。中广天择通过制作联盟和众包定制，首次尝试电视节目生产的标准化、品质化、规模化，所生产的节目倡导“资源共享、成本分摊、模式季播、品质均衡”，创新探索全新的“跨地域、规模化、高品质”电视节目生产方式。制作联盟内节目生产的核心圈由中广天择传媒主力制作团队和各台精英力量组成，研发节目模式，制作生产标准，组

① 曾雄、谢鸿鹤、杨毅红、何超：《坚持原创 合作共赢——“中广天择”的内容制作及版权运营探索》，《中国广播电视学刊》，2016 年第 1 期。

织调动生产资源，同时还不断向外围扩大发展，孵化第二层级节目生产圈。2015年开局首推的《远方的爱》、《宝贝在路上》这两档聚焦素人的节目侧重纪实拍摄，达到高度原创，挖掘真情实感，操作也并不复杂，适合联盟台跨地域批量生产，节目效果完全可以提前预估。

可以说，制作联盟和众包定制不仅实现了项目的联盟和内容的定制化服务，还做到了人才的联盟，未来还会在广告甚至是资本上实现联盟，从而实现项目资本化，让更多的地面台参与进来。中广天择还牵头联合13家省会电视台成立"剧盟"，推出"购、编、推"一体化服务，以研发为核心，联播、联购电视剧，播出平台向产业链上游主动渗透，构建了地面频道的核心竞争力。① 剧盟提供"选购剧＋编排＋剧场包装＋数据分析"的专业全线支持服务体系，通过全媒体思维和大数据分析，根据各地具体情况和市场受众情况，全面提供电视剧类型分析、开发、量身定制、包装、宣传、推广策划等服务，并进行体现地域特性的针对性编排，帮助各台提高播出和推广的性价比与原创性，并形成特色。基于多年版权运营经验，中广天择传媒不仅为成员台先行垫资购买电视剧，电视剧研发、包装、传输成本也由天择承担，真正实现了"剧盟"成员的低成本、低风险运作。截至2015年底，"剧盟"的成员台已经达到15家省台、省会台，覆盖人群达到2.03亿人口，成员台整体购剧483部，为成员台提供的系列宣传片等剧场包装1300部。② 剧盟还通过成员联合投拍控制电视剧版权，不断在IP版权攻坚战中提升议价能力，抢占市场话语权。

中广天择还特别重视网罗优质的创意想法为其所用，官方网站首页打出"视频内容创意梦工厂"，以此为广大网络用户提供一个造梦平台。不论是大型的纪实类品牌节目，还是小型多元化的原创视频，中广天择以其众筹共享的开放思维，取得了有目共睹的成效。

3. 自有平台与共享平台相结合，充分实现IP市场价值

这几年来，中广天择一直在走"既为其他平台服务，又努力自创品牌"的发展道路，打造自有平台是其不同于很多制作公司的地方。目前，中广天择拥有了如千台一网、节目购、"剧盟"平台、制作联盟和众包定制等多个自有平台。

"节目购"是中广天择传媒核心的开放式、地面频道共享性全国节目交易平

① 崔忠芳：《"大合作时代"的进击者》，《中国广播影视》第23期。

② 《聚盟：构建地面频道核心竞争力》，《综艺报》2015年第13期。

台。互联网碎片化的海量信息导致许多优质的原创内容得不到有效利用;中广天择针对地面电视台问题,以规范的版权内容制作机制及多元化的盈利模式,对散落在各地的视频内容加以汇聚和分销。在建设中,"节目购"汇聚类型丰富的节目资源,建立了快速便捷的分类检索和高性价比的合作模式,开展频道配套的定制包装编排等一系列低成本、高品质服务。电视台或视频新媒体只要到"节目购"官方网站注册会员、通过资质审核,就可到平台上进行节目选购,享有在线片单浏览、在线样片观看、在线节目下载等权利。此外,"节目购"在线下组织了一个24小时在线的云平台客户服务体系,采用线上线下的O2O模式,随时随地为客户服务。通过线上线下相结合,"节目购"保证了版权的享有及使用,并将进一步规范版权交易市场,为促进联合生产优质节目提供有利条件。

千台一网是目前中广天择正在全力打造的原创IP生产"集装箱",它主要依托"节目购",在互联网云端构建一个平台,在地方搭建终端渠道资源,将"优质剧+节目"、纯剧、纯栏目等几种产品,以统一的标准配送到各个电视台。目前,中广天择的目标是要拓展到几千家地面频道,让千台一网成为一个有着巨大影响力的播出平台,任何地面台都能在千台一网上找到自己想要的节目。

(二)借助资本市场实现文化与科技的深度融合,培育新型文创品牌

"移动互联+"、"科技+"是我国进入经济新常态后文化产业发展的战略方向,长沙将移动互联、数字技术和高科技与文化产业的深度融合视为文化产业发展的加速器,大力推动文化产业新业态发展,强化文化对信息产业的内容支撑、创意和设计提升,加强信息技术和高科技对文化表现力和时代价值的提升作用。在过去的一年,无论是数字高清电影、数字媒体、演艺产品的创作生产,还是非物质文化遗产和古籍的数字化保护和开发等,长沙都进行了大量尝试,培育了更多高科技、高美感、微污染的烟花产品、数字出版、数字旅游、数字展览展示等新型文化创意产品,智慧文化旅游、数字资讯服务等新兴业态发展更为稳健有力。

以湖南华凯创意展览服务有限公司为例。该公司创建于2003年,企业定位于展览展示。2015年底,华凯创意经文化部获批成为国家文化产业示范基地;2016年初,中共湖南省委党校、湖南行政学校教学基地正式在华凯创意挂

牌。目前，华凯创意在中国城市规划馆综合布展行业排名第二，全国市场占有率约为30%，沙盘模型制作在湖南省市场占有率达70%以上，已经成为中国规划馆综合布展行业领军企业。在创新发展中，华凯创意以大型文化主题数字化展馆为核心业务，将展馆设计与数字多媒体有机地结合起来，秉承“创无垠、意无界”的理念，先后在全国50多个城市建设了100多个大型规划展馆，为1000家企事业单位提供了展览展示服务。①

1. 充分挖掘文化内涵，精准定位展馆文化品牌

在华凯创意公司的理念中，展馆不是简单的功能展示场所，更多的是象征一座城市、一个企业或行业的文化名片、文化品牌。华凯创意所做的每一个展馆，必须挖掘展示对象文化的深层特质，具有与展示对象和展示目标匹配的文化主题，从文化角度对城市或企业、行业等布展对象进行解读。展馆运用的所有创意与科技，均服从于展示对象的文化内涵，是对展示对象独有文化象征意义的完整诠释。

2. 注重运用高新科技和创意设计手段，培育公司核心竞争力

华凯创意拥有成熟稳定的数字多媒体技术服务团队和国内一流的多媒体创意设计经验。目前公司创意设计和技术人员占员工总人数的70%以上，90%以上员工拥有大学本科以上学历和专业技术职称，多人具有海外教育或从业经历，同时连续多年包揽各项行业奖项。经过多年积累，华凯创意已拥有了一个包括国际创意大师、知名文化学者、顶级设计团队等在内的智库资源。在科技融合上，无论是技术创新投入，还是科技成果产出，华凯创意始终保持行业领先地位。企业每年用于技术研究开发的费用占到销售收入的4%左右，目前已拥有专利17项、软件著作权36件、作品版权200余件，另有15项发明专利已进入实审中。公司拥有数字形象墙、数字沙盘、虚拟漫游、数字售楼、数字走廊、形象宣传片、4D影院、互动触摸屏、多媒体互动等多项成熟的数字化创意展示技术。

3. 巧妙借助资本市场突破行业疆界，推动企业扩张和持续发展

作为湖南省文化产业与金融业对接代表企业和省重点上市后备企业，华凯创意于2011年启动A股上市准备工作，先后获得深圳创新投资集团、湖南文旅基金的战略投资。借助资本力量和资本市场影响力，华凯创意有望实现“行业

① 李传新:《华凯创意:文化为魂 方可创意无限》,《湖南日报》,2015年5月21日。

首家A股上市企业和行业首家市值超百亿的大型高科技文化创意企业”目标。在资本的助力下，华凯创意突破会展的行业边界，深耕新兴业态市场。2012年灰汤音乐节，华凯创意曾与海外创意机构强强联手，承担节日舞美创意设计，并为晚会现场成功营造出“人造月亮”的视觉效果和氛围。目前，华凯创意正在将数字沙盘技术运用到重点景区建设，以推动传统演艺行业和旅游行业的创新发展；公司还将增强现实数字技术、特效影视动画数字内容等运用到数字化虚拟场景设计、影视数字内容创新制作等业务领域，积极与传统电视媒体联系对接。

2015年，华凯创意订单额近7亿元，营业收入4.8亿元，净利润近4000万元，净资产逾6亿元。2015年7月，华凯创意依托丰富的智库资源和良好的品牌效应，举办了“奔向品质长沙——2015中国·长沙浏阳河文化旅游产业带顶层设计座谈会”；在2015年第11届中国（深圳）国际文化产业博览会的湖南展馆上，华凯创意现场为观众演示“隔空飞屏”并吸纳观众亲身尝试，以富有科技感的动态视觉效果，凸显了数字化产品的交互体验。[①]

（三）运用“文化的N次方”进行多维度跨界融合，创新特色文化产业发展路径

文化产业园区是文化产业发展的集聚区和文化资源汇聚地，也是规模效益和集聚效益明显、产业链条完善、正向外部性彰显的发展立足点、重点和高地。围绕文化产业发展，在经济新常态和文化创意产业加速发展语境中，各地纷纷展开创新探索。长沙市现有国家级文化产业园区和基地12家，省级文化产业园区和基地13家。去年一年间，这些文化产业聚集地整体上发展速度，远远超过普遍的发展。它们在发展中，打破行业和地域局限，相互借力、跨界融合，创造了几何级的叠加效应，大大促进了文化产业的发展，并为企业间的借势联动，创造了丰富的经验。

浏阳河文化产业园作为长沙市属县浏阳发展地方特色文化产业的重要载体，即为其中的典型代表。该园区以跨界融合的平台理念和创意关联的产业思路为指导，聚合“浏阳河”、“浏阳烟花”两大重点品牌，借助互联网深度融合与产业跨界聚合延展产业链条、汇创文化价值，在资源肥沃的文化土地上，播种了一

① 田芳：《“互联网+”展示创意湖南 文化湘军展现实力》，《长沙晚报》，2015年5月15日。

棵生机蓬勃的“文化品牌树”，向人们展示了浏阳特色文化资源的N次方融创之路，为地方特色文化产业创新发展提供了一条创新路径。

1. 打破制造业疆界，实现第二产业向第三产业的品牌渗透和价值延伸

“浏阳花炮”和“浏阳河”是产业园区的两大重点品牌之一。作为国家级非物质文化遗产和浏阳市地方特色文化产业代表，“浏阳花炮”具备强大文化吸引和经济价值。园区运用创意聚合其与因《浏阳河》民歌深厚民族文化感染力而形成的“浏阳河”品牌资产，将花炮生产的品牌价值向旅游、节会等第三产业延展，打造了“焰遇浏阳河”旅游品牌和“国际花炮文化节”节会品牌，实现了浏阳花炮品牌价值跨越产业链的延伸。

园区以“焰遇浏阳河”为文化符号，用烟花语言讲述各个城市的文化内涵与地域风情，在全国50多个城市落地实施了焰火情景剧、推广城市文化体验品牌，收获了较强的传播力和感染力。① 同时，园区指导成立了焰遇浏阳河文化创意有限公司，与腾讯大数据资源平台协同合作，举办了“智慧旅游城市名片发布会”，充分借助腾讯的大数据资源，将旅游各要素资源集聚到“微旅游”平台，创新“智能集约泛旅游”模式，为旅游消费提供全套的移动互联网终端系统解决方案。全国120个城市500多个景区在移动互联网平台上实现了资源集聚，通过移动互联网终端实现市民生活、文化消费、智慧旅游和资讯宣传的全流程在线解决方案，在线统筹、在线推广、在线预定、在线交易和在线点评等功能逐步完善。

园区运用互联网、文化创意和高科技，实现了“国际花炮文化节”节会容量的创意和品牌价值的延伸。2015第十二届中国(浏阳)国际花炮文化节建立了花炮文化节专用移动网络平台，在烟花艺术汇演现场，直接引入APP和移动互联网应用，现场通过万人手机扫码来实现烟花点火，推出了智能遥控烟花的新创意，通过智能感应让烟花实现与音乐的节奏呼应。节会线上线下同步，既将晚会变为了“玩”会，也向世界展示浏阳花炮产业的最新成就和文化内涵。② 通过全民参与的方式，园区将烟花产品转化为文化创意商品，打造“永不落幕的国际花炮文化节”；通过互联网的传播优势，浏阳烟花品牌成为一个既环保又有谈论价值的话题。

---

① 宋笛：《浏阳河文化产业园：烟花新创意“焰遇浏阳河”》，《中国企业报》，2015年7月29日。

② 罗方平：《第十二届花炮文化节发布会在长沙举行 将融入“互联网+”》，红网，2015年8月25日，http://hn.rednet.cn/c/2015/08/25/3774765.htm。

2.融通不同品类及传统与现代的边界,衍生、提升和复兴地方文化品牌

园区关注不同品类文化产品的横向联合与融会。浏阳花炮、湘绣、菊花石雕和醴陵釉下五彩这全国知名的四大“最美湘工艺”中,浏阳花炮和菊花石雕均产自浏阳,“浏阳烟花”更是占有全球70%的鞭炮烟花生产份额。2012年底,园区将“浏阳花炮”与同居高知名度之位的湘绣“联姻”,创造了创意“烟花绣”这一全新文化产品,将璀璨烟花呈现在湘绣之上。2013年底,首座浏阳烟花绣艺术展示馆正式亮相“智慧浏阳河”文化创意孵化基地,成为第11届浏阳国际花炮节的亮点。目前,数十家浏阳烟花企业都订制了“烟花绣”,作为专属礼物,以湘绣展现浏阳烟花的文化内蕴和魅力神韵,实现年产值约800万元。

在传统文化产品的发展中,园区注重以创新思维引入信息科技、创意设计,推进地方特色文化品牌的现代化、时尚化与国际化。园区全面推进烟花产业科技升级和文化增值,扶持开发了创意烟花大数据库、快速智能销售系统、“烟花汇”、电子智能烟花等新兴项目。逗逗烟花根据热播剧适时推出了“爸爸去哪儿”、“北京爱情故事”主题焰火礼包;浏阳市佳辉烟花有限公司借势金熊奖电影《白日焰火》策划了特色日景烟花品牌。2014年3月,园区率先引入“众创空间”理念,打造“智慧浏阳河”创意孵化中心,引进各类移动互联网企业30多家,通过“创意格子铺”集聚了一批优秀数字创意团队,打造了省内首个县市级移动互联网创业中心,2015年实现文化产业增加值2800多万元。

园区充分整合社会资源,建设了总面积3.6万平方米的国际烟花创意梦工场,融入“互联网+”元素,面向全球打造“烟花+创意+科技+移动互联网”的集中孵化平台和产业集聚中心。通过政策引导,将与烟花产业关联的创意设计、科技研发、平台运营、品牌推广、金融服务等领域的企业集中到一个大体系平台上来,产生了更强的产业聚集裂变效应。目前,该项目已经入库国家文化部特色文化产业重点项目。

园区还通过互联网营销平台和创意设计,复兴、提升了高坪夏布、浏阳蒸菜等传统产品。作为非物质文化遗产的高坪夏布因制作工艺的复杂与传统用途的限制,知名度和商业价值都不高。园区挖掘夏布文化,讲好夏布故事,通过服饰设计、饰品设计等,抢救性复兴了夏布工艺,创意培育了“心之夏”文创品牌,研发各类夏布产品120多种,参加了第六届海峡两岸文创博览会等10多次会展和赛事,成为“情怀经济”、“乡愁经济”的时尚新宠。同时,园区与北京服装学院艺术设计系达成深度合作协议,每学期开设固定的夏布研究和创意

课程，在北京培育了“夏木”等高端设计师品牌。因为创意驱动，浏阳夏布的年产值实现了一年翻两番的高速高品成长。浏阳蒸菜一直是地方知名菜系，但未能走向全国。园区指导品牌设计、引导菜式和服务创新、鼓励全国连锁和互联网营销，“蒸浏记”通过从源头提升浏阳蒸菜的传统特质、用生活美学提质菜式创新、用互联网平台促进品牌推广，成为代表浏阳河文化的知名时尚餐饮品牌。

3. 跨越文化产业与文化事业界限，以公共文化活动提升地方文化品牌价值

园区调动整合各方面的资源，策划和组织各类特色活动，用感性的活动体验、生动的互动交流和轻松的在线传播，让“浏阳河”从单薄的品牌符号转化成丰富的品牌感觉。

“欢乐浏阳河”按照“音乐生活化、生活音乐化”的价值理念、“泛舞台、零包装、全民演员、无边界互动”的组织形式，在全国首创“没有明星的音乐节”，探索了“群众点菜单，企业当主厨，全民享盛宴”的“民星”节会新模式，为群众组织、企业单位、文艺团体提供一个享受文化、创造文化的公共平台。三届音乐节 20 个子项目吸引了 70 多万人次参与体验，完成群众文艺演出和各类文化活动 190 多场，塑造了浏阳河的音乐情感魅力和城市文化品牌，构建了立体互惠、资源共享的产业运营新格局，有效培育了潜在的文化消费动力。

“智慧浏阳河”是将互联网平台与用户思维有机结合的文化产业沙龙，致力于打造一个开放互动的思想创意交流和创意项目孵化平台。沙龙被誉为“思想的集体舞”，通过举办“智慧浏阳河”高峰论坛、产业沙龙和研讨会等，收集各类创意 450 多条，直接转化论坛和沙龙成果 130 多条，助推创意产业的项目落地和文化增值。园区依托大通时代广场的物业资源，创新建设“智慧浏阳河”文化创意孵化基地，就地实现“从思想到项目、从创意到产值”的快速转化，现有各类文化企业 120 多家，天马路美食文化街、水岸风情文化街、创意孵化中心、文化商贸中心等四个功能区初步成型，打造了大众喜欢、氛围浓厚的文化消费新地标。

4. 突破文化产业与其他产业区界，以“智慧输出”和“创意服务”实现地方文化品牌对其他产业和城市的“文化增值”与“业态增量”

在城市交通、市政设施、幸福屋场建设、农村电商等领域，园区深入推进“产业文化化”的进程，创意了“城市家具”、文化屋场”等一大批样板景观，引导园区

企业实现跨界创意增加值 15.68 亿元。

园区着眼于区域产业发展大局，主动联通湘赣，输出服务，整合湘赣边区域的文化基因和产业资源，积极推进“湘赣边文化产业外环线”的战略构想，2015 年 5 月，举办首次签约会，“湘赣无边界，这里是秋收”文化旅游合作开发、“四大最美湘工艺”跨界创意等 10 个文化产业合作项目快速成型，构建了“核心吸引、外环拉动、区域互补”的产业发展新格局。①

通过园区的努力，浏阳花炮获评“全国重点文化出口产品”；“浏阳烟花绣”获评长沙市“十大文化创意”；浏阳河文化产业园被评为长沙市首批文化产业示范园区，2015 年上榜“中国产业园区成长力百强”。在第十一届深圳国际文化产业博览会上，“浏阳河文化产业园”与快乐大本营、快乐购一起，进入全国 31 个上榜文化品牌。2015 年，长沙市实现文化产业增加值 210 亿元，占湖南省年度文化产业增加值的 11%，继续保持全省领先的优势。②

（四）通过“供给侧改革”引领融合创新，构建传统产业新格局

传统文化产业，尤其是地方特色文化产业的发展，往往容易在观念的束缚下固守传统。长沙市地方特色文化产业有创新的传统，湘绣、醴陵釉下五彩等众多地方特色产品，均有着“破茧重生”的发展史。在 2015 年国家鼓励地方特色文化产业创新发展的语境中，长沙市以“供给侧改革”的理念创新，带动地方特色文化产品设计、业态、商业模式、管理等诸多创新之举，促进了传统工艺的国际化、时尚化和生活化。

长沙府窑陶瓷艺术有限公司在“供给侧改革”的探索中具有一定的代表性。国内知名陶瓷产区经历数百年乃至上千年的发展，形成了以制造为基础的发展格局，基本属于资源消耗大、劳动密集型产业，经济新常态下，产业发展放缓，市场逐渐萎缩，发展形势严峻。长沙铜官陶瓷尽管借助文化旅游发展还有较好的市场，但多数门类仅有 1 至 2 家企业或家庭作坊式工作室，无法形成产业规模，整体呈现“散、小、低”格局。2012 年以来，长沙市望城区打造陶瓷文化与产业发

① 陈郁琳、唐小格、晏露：《浏阳：七大领域推进湘赣边区域合作》，红网，2015 年 12 月 18 日，http://hn.rednet.cn/c/2015/12/18/3866864.htm。

② 田芳：《“浏阳河文化产业园”入选 2015 中国文化品牌》，红网，2015 年 5 月 17 日，http://hn.rednet.cn/c/2015/05/17/3681232.htm。

展区，该公司率先创新发展思路，发掘传统铜官窑新的文化内涵，以市场为导引，探索传统产品转型之路，重塑时尚品牌内涵。2015 年，长沙府窑总产值近千万元，在铜官窑普遍百万级以下的作坊式主体中一枝独秀。

1."湘茶配湘器"：跨界借势打造传统陶瓷市场新疆域

产业复兴，首先面对的是从哪里入手，铜官不可能走传统产区传统发展之路。因为多年的行业积累和产业思考，府窑创始人吴琪大胆提出发展以茶器为核心的日用陶瓷，原因有三：一是长沙铜官窑历史上就以大型日用陶瓷生产著称，产品包括餐具、茶具、酒具、文房用具等方面，铜官陶土富含大量对人体有益的微量元素，适合发展健康日用陶瓷；二是近五年来湖南黑茶产业发展迅猛，省市政府出台了发展"千亿茶产业"的目标，而与茶产业交相辉映的茶器却是湖南一个完全空白的领域，具有较大的市场发展潜力；三是因具有资源占用少、产业灵活度高、产品利润较大等特点，茶器已成为近些年国内陶瓷崛起的新产业板块，伴随茶文化的发展，茶器的需求日趋旺盛。

基于对产业发展的认识，长沙府窑陶瓷率先在铜官启动了以"湘茶配湘器"为战略方向的经营思路，2012 年 7 月即投资 500 万元，在铜官创办了茶器工厂和技术中心，逐步发展成为湖南茶器的研发与产业化基地。

2."新茶饮生活"：创意点化传统产品时尚文化新内涵

长沙府窑突破陶瓷"制造业"和"传统工艺业"发展的惯性思路，给自己的产品定位为以"新茶饮生活"为文化追求的时尚生活器，并通过技术创新与模式创新，成功实现向时尚文化创意型企业转型。

(1)注重产品创意设计与技术创新。创意设计与传统产业融合发展是未来文创产业的发展趋势。长沙府窑坚持把"文创"的思想贯穿到产品设计研发之中，聚集了一批工业设计师、品牌设计师和装饰设计师，与陶瓷专业设计师联合起来，重点开发适合面向未来市场的陶瓷产品、陶瓷包装、陶瓷陈设、陶瓷体验。在产品生产中，长沙府窑将铜官陶瓷技艺传承与景德镇、醴陵、德化、潮州、佛山等产区的技术相融合，取长补短，形成自己的产品特点；将陶艺与竹艺、木艺、布艺等材质跨界融合在一起，提升陶瓷产品的整体视觉与创新运用；把日用陶瓷与空间陈设、艺术传达、景观装饰融合开发，扩展了产品的运用领域，特别适合当前个性化产品需求增长趋势。目前，长沙府窑已形成 5 大品类 20 个产品线近 300 个单品的产品体系。

(2)践行用户体验的市场营销理念。个性化、体验式消费正在成为消费趋势,产品开发更加注重生活方式。长沙府窑洞察市场的变化,以“生活的礼赞者”为核心价值观,倡导新茶饮生活方式,结合茶道、茶礼仪文化,在产品概念、功能、陈设、体验上下功夫,增强了用户体验,使广大经销商和客户消费者耳目一新。

(3)采取与同行联动的产品研发思路。任何一家企业都会注重自身优势产品的研发生产,不可能大而全。长沙府窑陶瓷以开放、包容的心态,与陶瓷行业知名品牌企业及同行保持密切的联系与交流,在技术、产品、销售上联动,做到优势互补、互利互惠、合作共赢。

3.“外行+科技+渠道”:观念变革构建传统工艺新格局

(1)完善陶瓷行业人才结构。传统的陶瓷行业对人才的理解是:“大师”、工艺及传统技术性人才。长沙府窑树立“外行改变内行”的人才观,一开始就以创意设计、营销策划、新技术型年青人才为重点,跳出陶瓷行业聚集“非陶瓷专业人士”,注重创意、创新,善于从满足消费需求和引导生活方式的角度开发产品,推动营销。

(2)推进传统产业技术革命。传统的陶瓷行业注重经验、师傅带徒弟的技术传承方式,从业人员学历不高,缺乏理论根底。长沙府窑与湖南大学陶瓷研究所、湖南农业大学茶学系、长沙源创高科技术公司等机构合作,搭建产学研平台,从材料学、热工学等专业角度入手,研究陶瓷泥釉配方、烧成等创新课题;引进3D打印技术,提升产品造型能力。与源创高科联合研制的微波窑炉,堪称陶瓷烧结技术的装备革命,大大提高了产品的生产效率,提升了产品的品质与合格率。

(3)建构可持续发展渠道模式。传统的陶瓷产业因为“制造业”特征,优势在于来样订单,产品没有品牌,没有终端市场渠道,受客户影响很大。长沙府窑定位日用陶瓷,结合茶市场、礼品市场、旅游纪念品市场、空间陈设市场、艺术品市场等,搭建“府窑陶瓷”连锁经营专柜,现已完成长沙市区包括茶馆茶楼茶店、文化会所酒店、机场高铁窗口、博物馆、岳麓书院等旅游区40多个网点的样板市场渠道布局,在湖南全省拥有50多个经销商,在北京、广州等地建立近百个经销网点。

三、长沙文化创意产业融合创新发展经验及展望

2015年,长沙文化创意产业全面践行"文化+"模式,走向了融合创新的新阶段。作为稳增长、调结构的重要力量,长沙文化创意产业不但与金融、科技等要素有机融合,而且还与现代农业、旅游业、体育业等行业跨界融合,更加有效地推动了区域融合和区域发展。

(一)融合创新经验

1.以互联网思维促进观念变革

互联网思维给文化创意产业的启示是,原先非常庞杂、分散和闲置的文化资源、创意力量、技术平台、营销传播渠道等资源和要素,通过互联互通,其商业价值可被无限激活,从而重构文化创意产业的生产方式、消费习惯、营销模式,甚至整个价值链和生态系统。2015年湖南省出台《关于推动传统媒体和新兴媒体融合发展的实施方案》,强调互联网思维,为文化插上科技的翅膀,争占新高地,长沙文化创意产业进入新一轮提质发展期。

用户思维,即注重"用户体验",用户既是受众又是消费者更是生活用者,是多种身份的合一体,不同身份有不同的需求。快乐购基于大数据挖掘的个性化服务:"现代文化创意产业科技引领工程——三网融合及电广传媒关键技术开发与创新平台建设——基于'三屏合一'的多媒体营销平台"项目,已经完成移动互联网APP应用需求分析与系统设计、消费者行为数据挖掘RFM模型系统开发与应用等技术进展,使得消费者可以得到更个性化的服务,拥有更好的用户体验。

平台思维,即要颠覆自身行业固有做法。天闻数媒依托中南传媒深厚的内容积淀、内容策划生产实力和华为雄厚的技术力量、遍布全球的运营商通道,以数字出版、数字内容全屏服务的开发与运营为主营业务,致力打造技术领先、营销导向、产品有竞争力的数字资源出版运营平台,成为面向全球华语市场、首屈一指的数字资源全屏营销传播运营服务商。

生态思维,即通过生态协同和生态跨界,与生态闭环内的业务板块及外部生态合作伙伴紧密相连,以"跳出圈子"的生态玩法。长沙各文化创意行业与第

一、二产业结合，借助互联网，以文化带动传统产业的提质发展，如休闲农业、工业设计等，实施了“文化＋互联网＋传统产业”模式。通过跨界融合，长沙在文化创意、数字出版、移动多媒体、动漫游戏等新兴文化产业的发展上，逐步建立了健全的文化产业新生态。

2.以IP为核心推动资源重组创新

文化产业项目投入多以智力投资为主，资产以版权、知识产权等轻质资产为主，缺少土地、厂房等能够抵押贷款的不动产，这既是文化创意产业的优势，又是文化创意产业的劣势。版权是文化企业的核心竞争力，可以通过作品筛选、真实性调查、履约调查、测算剩余合同价值等量化“版权价值”，并以此为基础，进行资源重组、投融资和再生产。长沙具有实施知识产权资源整合战略的优势，这是一种强调知识产权保护和应用，通过产权保护促进文化创意业发展的模式。长沙是“国家知识产权工作示范城市”，建立了数字版权的交易、托管等服务的综合公共服务平台，可促进知识产权有效流通。

湖南广电通过深耕IP资源，实现了IP资源的长尾经济效应。湖南广电的IP资源重组曾经走过很长一段弯路。之前，湖南广电的政策是出让独占性优势IP资源，曾以2亿元的代价出让了《爸爸去哪儿》第二季、《快乐大本营》、《天天向上》等多档优势节目的网络传播版权给爱奇艺，而爱奇艺仅以《爸爸去哪儿》第二季网络冠名权就收回了三分之一的成本。这不仅造成了湖南广电经济收入的流失，还加速了湖南台年轻观众向网络的流失。湖南电视台的独播战略，反转了这种双重流失现象。这种集团内部的资源共享，虽是一种狭义的共享，但较之广泛的共享，企业更有动力，因为这种资源共享能实现范围经济效应。

3.以众筹众包方式推进生产模式转型创新

文化创意，不论是总体创意，还是产品创意、营销创意等专题创意，都需要大量的创意人才、创意智慧和创意资金。如何从“公众”中筹集大量好创意、好策划是当下文化机构和创业者共同面临的难题。创意众筹则是传统文化行业和现代互联网思维融合的产物，给正处于转型期的文化企业带来了新希望。众筹作为商业模式，符合价值创造的核心逻辑，这些核心逻辑体现在：价值发现（筹资人和出资人的投融资需求）、价值匹配（与商业伙伴的合作）、价值获取（与筹资人分成获利）三大方面。从出版众筹到新闻众筹，再到广告众筹，长沙文化创意众筹形式众多，模式新颖，非常具有启发性。众包生产的创意机制是通过在线社区获得创意的内在运作模式，是连接创意来源与创意成果间的“桥梁”。网络“众创空间”具有聚集创意内容、受众、资源、平台等优势，文创“众创空间”可丰富文化创意样式，打破行业和区域界限。

长沙具备良好的“众创”土壤，各高校具有“众创”所需的各类人才和技术，优脑社等实践机构已积累了大量“众创”实践经验。未来需结合到具体文化创意行业项目，通过互联网众创平台，将文化创意创业所需的工商税务政策、文化资源、风险投资、创意人才、营销机构、消费社群等资源要素有机整合，通过O2O平台，为文化创意创业者提供一条龙服务，把作品变为商品，把创意变为生意。2015年，58众创落户长沙岳麓区大学生集聚地。58众创是一个全国性创新创业服务平台，[①]它不但可以为参与者提供文化资源融资平台，还能自主开发一系列新的文化形式，并提供体验式创意创业实训平台。大学阶段是人生最具创意的阶段，但目前大学生大多缺少把创意变成资本的意识和能力。该平台首先将在大学生中进行试验推广，号召有创意潜力的大学生参与进来，激发创意，了解市场，洞察资本，让大学生不只是成为知识的被动接受者，而且成为创造者和创新者，在体验互动过程中，得到能力的提升和价值的实现。以年轻人为主的创意生产和消费群体，他们最显著的标签是“个性”，崇尚、追求自我独特的个性。众包模式为新生代创意生产和消费合一的新群体创造了一个新型创意空间，并为个性化创意空间提供了技术支撑；与此同时，众包模式还能借此生成创意展示共享空间，为文化创意创业提供共享平台。

4. *以营销一体化实现跨界经营创新*

营销一体化的跨界经营，可以真正做到以消费者体验为中心。通过整合消费者日常接触的媒体，不仅能全覆盖消费的品牌接触点，还能提升消费体验。快乐购着力打造的汽车电商业务，打破界限，形成了跨越PC端、移动端、电视端的汽车电商O2O闭环。消费者可从电视端直观了解特价车的信息并与家人讨论，从PC端或移动端随时随地地了解竞价排名，最后通过电话预订，通过网络下单，通过体验馆购车。长沙广电全媒体平台建设，以媒体融合为主要目标，以整合优秀节目资源为基础，建立面向所有媒体的内容汇聚、生产、发布、运营的基础平台，实现了一次采集、多种生成、多元传播。其中，天择传媒的“节目购”

---

① IT168:《58同城旗下服务平台“58众创”落户长沙》，http://digital.it168.com/a2015/0928/1765/000001765999.shtml。

搭建了一个网上节目交易平台。这一全新的模式吸引了海量优质的节目资源和客户。天择传媒还构建了"全国地面频道电视剧播出联盟",其推行的"剧盟"模式获得了南昌台、长春台等地面台的积极响应与合作。"剧盟"模式的践行,使长春娱乐频道收视率达到 1.81%,跻身长春市场所有频道第一[①]。这表明"剧盟"模式有着巨大的发展空间,在全国形成规模后,既可以降低各城市台的电视剧成本,也可以拓展利润空间。"剧盟"模式在全国已初步形成双赢甚至多赢的良好局面。

(二)融合创新展望

1. 融合创新的高度将进一步提升

2015 年中央关于制定"十三五"规划的建议提出,"十三五"期间要实现"文化产业成为国民经济支柱性产业"的目标,文化产业发展的重大战略意义进一步凸显。长沙市委常委、宣传部部长张湘涛提出:作为一种更高层次的融合创新,要变传统的文化艺术、新闻出版和影视创作的"小文化"为国民经济的"大文化",统筹文化产业发展与整个国民经济发展的关系,从而实现文化经济一体化发展。[②]这要求长沙文化创意产业要加强顶层设计,提升文化创意产业融合创新的发展高度。

《长沙市"十三五"文化改革发展规划纲要》统筹部署了长沙文化创意产业各行业、各地区、各领域的重点发展方向,从城市转型升级和经济社会发展的高度强调了融合创新的重要地位。"十三五"期间,长沙将按照"大文化引领、大投入推进、大项目带动、大平台支撑、大力度创新"的思路,加快完善文化融合创新支持政策,优化文化新业态发展环境,把握科学技术发展的态势,洞察移动互联网时代的商机,抓住先机、高起点发展文化创意产业,在更高阶段推动文化创意产业创新发展、融合发展、集聚发展。

2. 融合创新的广度将进一步拓展

长沙的文化资源丰富多样、渊远流长、博大精深,具有鲜明的地域特色和很高的经济价值。长沙文化创意产业的融合不但要实现"跨要素融合",更要实现

---

① 长沙广电:《2015 工作总结与 2016 工作思路》,2016 年 1 月。

② 张湘涛 :《"文化+":产业融合发展的新形态》,《光明日报》,2015 年 12 月 25 日。

"跨行业融合"、"跨区域融合"。通过"大融合"扩展融合创新的广度,更大规模更大范围激活闲置资源,大力培育新业态和新的产业增长极与增长点,进一步推进文化创意产业与金融、科技等要素,与制造业、旅游业、体育业、设计服务业、现代农业等相关产业的融合发展。

长沙将加大"文化+"多种业态的融合模式推广力度,让融合创新惠及更多产业。比如,"文化+制造业"将主要突出传统文化与现代时尚融合,提升新产品外观功能设计和研究开发能力,不断创新管理经营、营销策划,增加消费品的文化内涵。"文化+旅游业"则将以文化内涵提升旅游项目、旅游产品、旅游节庆的吸引力,增加体验、休闲、养生、欣赏等旅游内容。"文化+农业"要求提高农业领域创意设计水平,拓展休闲观光农业发展空间,加强农产品文化宣传交流,推进农副产品品牌建设,[①]加快构建休闲农业产业体系、景观体系和活动体系。

3. 融合创新的深度将进一步开掘

科技进步是文化创意产业实现互联网思维的技术保障。科技创新是文化创意产业发展的重要引擎,为文化创意产业的发展提供了新的资源、手段和动力,推动着文化形态和产业形态的创新与变革不断向纵深发展。文化与科技的深度融合是增强和提升长沙文化创意产业核心竞争力的重要途径,也是实现长沙文化创意产业倍增计划的必由之路,推进文化科技融合发展将成为长沙文化产业转型升级的加速器。长沙将支持文化企业进行科技投入、技术创新,以技术提升文化创作、生产、销售以及传播方式,促进文化产业转型升级,扩展和延伸文化创意产业价值链。同时,长沙将加快引进知名文化科技企业,将重大文化科技项目纳入国家相关科技发展规划,促进科技成果在文化领域的转化,并进一步健全以企业为主体、市场为导向、产学研相结合的文化技术创新体系,增强文化创意产业的核心竞争力。

文化金融的融合发展亦将步入深水区,建立健全文化投融资体系势在必行。首先,长沙将着力推动文化金融的专业化发展,创新文化金融产品与服务,健全文化金融组织体系,推动银行业金融机构建立文化金融专营机构、探索并发布权威的文化产品价值评估指数。其次,长沙将创新文化资产管理方式,积极推动银行业金融机构开展艺术品托管业务,全面推进文化金融服务中心建

① 张湘涛:《"文化+":产业融合发展的新形态》,《光明日报》,2015年12月25日。

设。第三，长沙将积极发展文化互联网金融业务，规范引导互联网金融支持文化产业，进一步鼓励金融机构实施互联网金融工程，打造“网上银行/移动银行＋文化金融超市＋电子商务”平台，支持发展与文化产业相关的第三方支付。第四，长沙将加强文化企业上市的培育储备，鼓励文化企业进入中小企业板、创业板、“新三板”融资，推进重点文化企业上市融资，鼓励符合条件的文化企业通过发行企业债券、公司债券、非金融企业债务融资工具等方式扩大融资，支持具有密切业务联系的上下游文化创意企业开展并购融资，全面整合文化产业链条，鼓励引导社会资本进入文化产业，实现融资渠道多元化。

（彭祝斌、莫梅锋、梁媛、范岳鎏，湖南大学新闻传播与影视艺术学院）

注：湖南大学新闻传播专业硕士研究生欧阳一鹏、周利莎、戴葳参与了本报告部分初稿的撰写工作，彭弘烜等参与了本报告的部分资料收集工作。

第十四章 贵阳：美丽乡村与智慧城市融合创新下的文化产业发展

2015 年，贵阳市继续大力推动文化产业发展建设，坚持美丽乡村与智慧城市建设的稳步推进，坚持传统文化产业与新兴文化产业的同步发展，实现创意产业同大健康产业、大数据产业等的融合创新发展，使得贵阳市文化产业在“十二五”完美收官。贵阳文化产业不仅取得了前所未有的进步，更为未来“十三五”期间文化产业的创新发展奠定了坚实的基础。

一、2015 年贵阳市文化产业发展概况及分析

在贵阳市委、市政府的大力推动下，贵阳市在 2015 年实现了文化产业发展的既定目标，各项指标都达到了既定的增长目标。这与贵阳市坚持文化产业的融合创新发展，坚持美丽乡村建设与智慧城市建设并行有着千丝万缕联系。

2015 年全省地区生产总值达到 10502.56 亿元，占全国的比重由 2010 年的 1.13%提高到 2015 年的 1.55%。2015 年全省人均地区生产总值为 29847 元。据贵阳市统计局的精确统计，2015 年贵阳市地区生产总值(GDP)达到了前所未有的 2891.16 亿元，增速高达 12.5%，在我国 34 个省会城市中，贵阳市增速排名位列第一。[①] 贵阳市坚持智慧城市建设与美丽乡村建设同步，在文化产业方面取得了重要进展。

(一)文化产业占地区生产总值比重日益提升

随着国民经济的快速发展和经济总量的稳步扩大，贵阳市文化产业发展步伐较快，文化产业的发展速度领跑全省。2010 年贵阳市文化产业完成总产出 74.09 亿元，实现产业增加值 34.21 亿元，比上年增长 22.4%，文化产业增加值

① 《2015 年贵阳 GDP 超 2891 亿元，全国省会城市中增速排名第一》，央广网，2016 年 2 月 2 日，http://news.ifeng.com/a/20160202/47331631_0.shtml。

占全市 GDP 比重的 3.05%(全省文化产业增加值占 GDP 2.44%),对全市 GDP 增长的贡献率为 2.86%;2012 年,贵阳市文化产业增加值达到 50.99 亿元,文化产业增加值占全市 GDP 比重的 3%;2013 年,贵阳文化产业增加值达 54.49 亿元,占生产总值比重为 3.2%,文化单位增加至 3071 家,从业人员多达 58907 人;① 2014 年,贵阳文化产业增加值达到 92.72 亿元,占到全市 GDP 的 3.71%,预计 2015 年可以突破 4%,即文化产业增加值将达到 110 亿元以上。

(二)各文化行业通过创新实现快速发展

2015 年,贵阳市文化新闻出版广电局(市版权局)(以下简称“文化局”)结合贵阳市自身的特色产业优势和资源特征,大力发展传统文化产业与自身特征结合密切的新兴创意产业,取得了显著成就。

一是新闻出版业方面,收入颇丰,并受到国家表彰。据统计,2015 年全市共有新闻出版业集、个体经营户 1149 个,从业人员 3012 人;各类新闻出版产业单位 503 个,从业人员 15377 人;全市新闻出版业主营业务收入 56.9 亿元。在 2016 年的全国、全省新闻出版统计工作会议上,国家新闻出版广电总局、省新闻出版局分别对全国、全省 2015 年新闻出版统计工作先进单位和个人进行了通报表扬,贵阳市文化局荣获全国、全省 2015 年新闻出版统计工作先进单位。这得益于贵阳市文化局在 2015 年根据国家新闻出版广电总局和省新闻出版广电局关于新闻出版统计工作的部署和要求,按照属地管理与分级分则相结合的原则,提高认识,强化领导,开展培训,明确职责,做好协调,高标准、高质量圆满完成了全市新闻出版统计年报工作任务②。

二是旅游业方面,接待人数、旅游总收入持续增长。2015 年贵州省共接待游客 3.76 亿人次,比上年增长 17.1%,“十二五”时期年均增长 23.9%;实现旅游总收入 3512.82 亿元,增长 21.3%,“十二五”时期年均增长 27.0%。贵阳市旅游接待总人数则为 8471 万人次,同比增长 17%;旅游总收入达 1040.6 亿元,

① 贵阳市文广局:《贵阳市文广局 2013 年工作总结》,贵阳市文化局网站,2014 年 3 月 28 日,http://www.gygov.gov.cn/art/2014/3/28/art_10786_566194.html。

② 刘杰:《我局荣获全省 2015 年全国、全省新闻出版统计工作先进单位》,贵阳市文化局网站,2016 年 1 月 8 日,http://whj.gygov.gov.cn/whj/2234070188687360000/20160119/392290.html。

同比增长19%，旅游产业增加值占全市GDP比重达11%[①]。

表14—1　贵州省及贵阳市2013—2015年旅游业发展数据统计

年份	2013	2014	2015
贵州省入境旅游人数(万人次)	77.70	85.5	86.8(1—11月)
贵州省旅游外汇收入(亿美元)	2.01	2.17	1.83(1—11月)
贵州省旅游总人数(亿人次)	2.676128	3.21	3.76
贵州省旅游总收入(亿元)	2370.65	2895.98	3512.82
贵阳市海外旅游人数(人次)	134223	145931	—
贵阳市旅游外汇收入(万美元)	5229.79	5661.94	—
贵阳市旅游总人数(万人次)	6022.5	7240.1	8471
贵阳市旅游总收入(亿元)	728.66	874.39	1040.6

资料来源：贵州省统计局、贵阳市统计局等相关部门公布数据。

三是电影产业方面，发展势头延续迅猛，院线票房取得新突破。从2012年至2015年，贵阳市电影总票房从1.07亿元上升到2.73亿元，观众人数也从2012年的277.92万人次上升到715.75万人次。(具体见图14—1)与2014年相比，2015年贵阳市(不含三县一市)总票房环比增长42.2%；观影人次环比上升40.74%。[②] 在这些喜人的票房成绩背后，贵阳市的影院建设也如火如荼。在进入统计的19个电影院中，2015年贵阳市新开的电影院有两家，分别为中大国际万达影城和国贸逸天城保利影城。在19个影院中，被亨特国际横店电影城霸占四年之久的贵阳票房冠军易主，花果园星美国际影城以3880万元的票房收入成为贵阳“最赚钱”的电影院，亨特横店影城、中大国际万达电影城分别以3412万元、3323万元分列二、三位。

另外，贵阳市数字影院硬件发展迅猛，实现了县级数字电影全覆盖。据统计，2015年贵阳市城乡数字影院发展到25家(其中，云岩区7家，南明区7家，观山湖区2家，花溪区2家，白云区1家，乌当区1家，清镇市2家，息烽县1家，开阳县1家，修文县1家)，共有141个影厅，141张银幕，17024个座位。与

① 曾广超、柳智芳：《2015年贵阳旅游创收破千亿》，《贵州都市报》，2016年2月27日，A06版。

② 徐成：《体验消费大数据：贵阳人平均每天花52万元看电影》，赢商网贵州站，2015年3月14日，http://m.winshang.com/news455096.html。

2010 年 12 家电影院、77 个影厅、77 块银幕、8413 个座位相比，电影院增加了 13 家，影厅增加了 64 个，银幕增加了 64 张，座位增加了 8611 个。

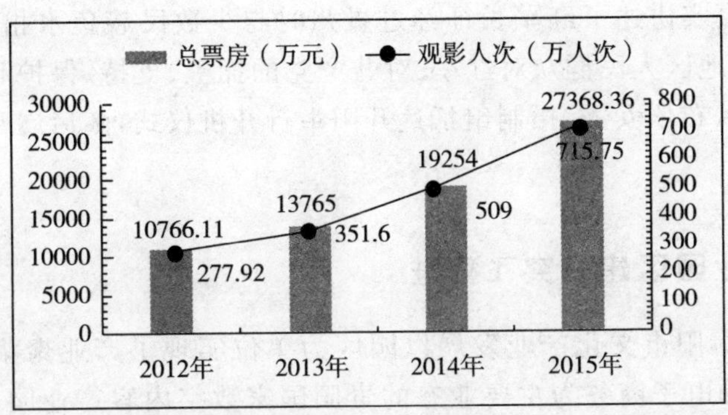

图 14－1　贵阳市 2012－2015 年电影总票房及总观影人次对比

(三)文化艺术精品不断涌现

2015 年，为全面贯彻习近平总书记在全国文艺工作座谈会上的讲话精神，贵阳市文化局通过传承创新贵州当地的传统文化资源，打造民众喜闻乐见的精神文化产品，无论是在郊区还是在市区，都取得了令人满意的效果。立足贵阳特色，2015 年贵阳市精心创作推出了一批文化精品，加强了与国内外文化市场的交流与交融，让贵阳本土文化走进全国、走进世界。

作为贵州首个演艺旗舰，贵阳先后创作排演了各类剧(节)目 30 余个，其中大型动漫童话剧《魔笛》、大型木偶神话剧《黄果树瀑布传奇》、大型神话木偶剧《水寨龙珠》等节目在国内外颇受好评，并荣获多个奖项。在积极发展国内市场的同时，大胆介入国际演出市场，先后引进俄罗斯国家芭蕾舞团、芬兰歌唱家迪理柏尔音乐会、奥地利歌舞团《世界之舞》等 20 余台国内外优秀剧目到贵阳演出，让世界艺术近距离走进贵州。社区文艺活动方面，贵阳市为创建公共文化服务体系示范区，在清镇市乌当区等地开展了丰富多样的群众文艺精品惠民活动，举办了多台文艺汇演，受到了当地民众的广泛赞同。同样，为了传承创新贵州当地的文化遗产，根据《国务院办公厅印发关于支持戏曲传承发展若干政策的通知》，在省委省政府、市委市政府的大力支持下，经贵阳市文广新局的精心筹划，中央电视台新影制作中心的邀请，由著名戏曲电影电视导演杨瑞青女士执导拍摄《布依女人》京剧电影。现代京剧《布依女人》是 2006 年贵州京剧院为纪念红军长征胜利七十周年的重点创作剧目，获得诸多国家级奖项。经过十年的打磨，数易其稿，成为京剧院的精品保留剧目。该剧由著名京剧艺术家侯丹梅领衔主演，真实讲述了红军长征经过贵州时与少数民族鱼水相依的故事，体现了少数民族地区人民群众对红军、对共产党的拥戴、支持、保护和关爱。2015年10月18日《布依女人》摄制组抵达开阳举行开机仪式，随后展开二十天实景拍摄工作。

（四）产业园区建设突飞猛进

2015年，贵阳市文化产业发展以园区为单位实现了产业聚集发展。以动漫、软件制作和电子商务为主要业态的贵阳国家数字内容产业园、贵阳青年创意产业园、贵州出版产业园，实现了白云区、高新区、观山湖区“三区三园”的发展格局。落户观山湖区的贵阳朗玛科技股份有限公司、落户花溪区的贵州可佳艺术品股份有限公司成功上市，落户云岩区的贵阳世纪恒通科技股份有限公司正筹备在新三板上市。由贵州旅游投资集团有限公司投资开发中国阳明文化园，项目占地226.53公顷，建设周期6年，总投资为67.2亿元，目前项目一期工程建设项目累计投入建设资金3亿元，已列入全省十大文化产业园，占地6500亩、总投资410亿元的“多彩贵州城”项目已完成一期工程建设。

（五）文化消费稳步增长，整体消费水平仍不高

居民收入的不断增加为文化消费的增加提供了财力支撑。2015年贵阳市居民收入继续增加，根据贵阳市统计局公布数据，2015年城镇居民人均可支配收入27241元，比上年增长9.1%，农村居民人均可支配收入11918元，比上年增长10.1%，拉动了文化消费。

在城镇文化消费总量方面，贵州省城镇文化教育消费总量从2010年的130.98亿元，上升到了2013年的228.54亿元，呈现出逐年增长趋势；然而，贵州省城镇文化教育消费总量占全国份额基本呈现出先下降后增长趋势，从2010年的2.0989%跌至2011年的1.8535%，升至2012年的1.9006%，最后达到2013年的2.3133%（具体见图14－2）。①

① 王亚南：《中国文化消费需求景气评价报告（2015）》，社会科学文献出版社，2015年，第210页。

图 14－2　贵州省 2010－2013 年城镇文化教育消费总量及占全国城镇份额

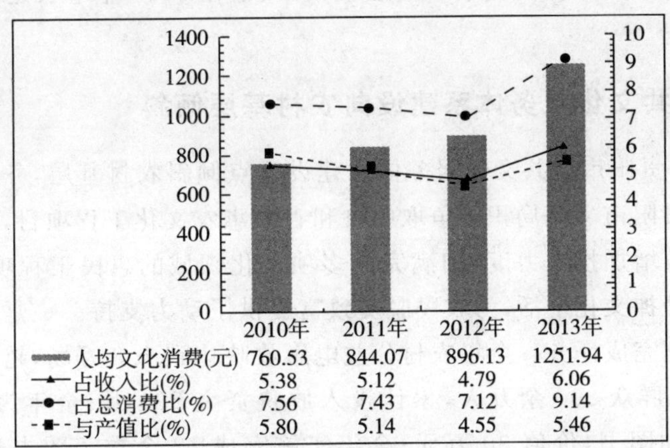

图 14－3　贵州省 2010－2013 年人均文化教育消费及文化消费占收入、总消费和产值的比重

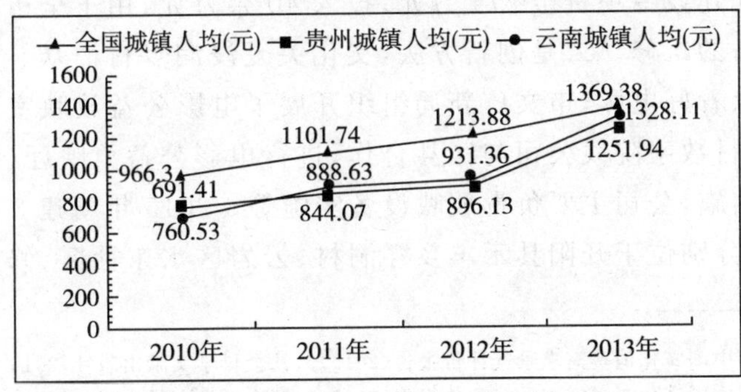

图 14－4　贵州省与云南省及全国 2010－2013 年人均文化教育消费对比

在人均文化教育消费方面，从 2010 年的 760.53 元上升到了 2013 年的 1251.94 元，主要呈现上升势头。然而从文化教育消费占收入、总体消费和产值比来看，基本上都呈现出“V”型走势，即所占比重“先下降后上升”。如文化教育消费占收入的比重，由 2010 年的 5.38％下降至 2011 年的 5.12％，再下降至 2012 年的 4.79％，又上升至 2013 年的 6.06％。[①] 这说明虽然贵州省文化消费量在增加，但是其在居民收入中比重却增长缓慢。（具体见图 14－3）

从横向上来比较，贵州人均文化消费与周边各省及全国平均水平的对比中也处于下风。与贵州紧邻的云南省，虽然在 2010 年贵州城镇人均文化消费高于云南的 691.41 元，但之后 2011 年至 2013 年都低于云南省。[②] 在全国层面，贵州省的城镇人均文化消费水平差距较大，只是在 2013 年增长迅猛[③]。（具体见图 14－4）

（六）公共文化服务体系建设向农村基层倾斜

2015 年，贵阳市公共文化服务体系建设重点倾斜农村基层，务实实施文化惠民工程。贵阳市文化局积极争取中央和省级惠农文化工程项目，并加大力度协调市级财政增加投入力度，圆满完成多项文化领域的惠民工程项目，进一步丰富了农民精神文化生活，为农民脱贫致富提供了动力支持。一是农村公益电影的放映超额完成任务。全年农村公益电影放映达到 1.3 万场，超目标任务数近 20％，观影群众 200 余万人，累计投入放映资金 260 万；全年为 50 个村级农家书屋增加图书，价值 30 万元；全年实施完成 72 个数字图书进农家项目建设；累计下拨 2015 年“两馆一站”免费开放资金 1024 万元；下拨 912 个行政村农村文化建设专项资金 574 万元；投入 40 余万元，用于全市农村广播电视村村通设备的维修。二是创新方法，文化关爱浸润乡村群众。为让农民群众和社区群众看好电影，市文广新局组织开展了电影公益放映室外转室内的工作，指导农村数字院线公司与区县合作，进行电影公益放映厅（室）建设，区县负责硬件实施，公司主要负责放映设备实施等。2015 年新建 3 个农村社区公益电影院，分别位于开阳县禾丰乡穿洞村、云岩区水东社区、修文县龙场镇

① 王亚南：《中国文化消费需求景气评价报告（2015）》，社会科学文献出版社，2015 年，第 184 页。
② 王亚南：《中国文化消费需求景气评价报告（2015）》，社会科学文献出版社，2015 年，第 219 页。
③ 王亚南：《中国文化消费需求景气评价报告（2015）》，社会科学文献出版社，2015 年，第 13 页。

阳明村，让村民在家门口享受到电影院的服务。三是将农村公共图书服务和农村扶贫结合起来，取得了不错的效果。为保障和维护流动儿童、留守儿童文化权益，市图书馆在调查研究的基础上，结合省内外其他公共图书馆的先进工作经验，同各区（县、市）图书馆、社区积极配合，针对目前文化服务工作存在的问题做了大量工作。打造“贵阳市社区图书音乐节”和“书香伴我成长”两大文化品牌活动，走进了社区，走进了乡村、商场，走进了流动、留守儿童学校，走到了流动、留守儿童身边。“书香伴我成长”活动已惠及贵阳市流动儿童学校和乡村留守儿童学校25所。在流动、留守儿童学校建立图书馆流通点。让批量送图书可以便捷地送达到流动、留守儿童身边，并大大简化了借还程序。还积极开展了“春雨工程”全国文化志愿者边疆行——北京朝阳区“爱心邮包”贵阳捐赠活动，北京市朝阳区李洋书记一行将100份装满课外书籍和学习用具的“爱心邮包”送到贵阳市，分别捐赠给花溪区燕楼乡嘎多小学、清镇市新店镇大寨村小学、修文县龙场镇阳明小学、息烽县养龙司中学、清镇市暗流镇韩家坝小学、开阳县南龙乡中桥小学、开阳县南江乡龙广小学、开阳县高寨乡平寨民族小学。

二、2015年贵阳市文化产业发展的融合创新

2015年贵阳市文化产业的快速发展，得益于自身文化产业的融合创新发展，得益于自身丰富多彩的城乡文化资源，得益于在走现代化发展道路时坚持生态文化的底线，从而将美丽乡村的建设和智慧城市的建设都作为目前工作的重点，因此实现了自身文化旅游产业和大数据产业等多个产业的融合创新发展。

（一）发展特色创意旅游

借助贵阳美丽乡村及智慧城市的特色，实现了自身创意旅游产业发展的特色定位，有力地促进了近年来贵阳乃至贵州旅游的全面进步。首先，利用美丽乡村等生态文化资源，其特色的旅游定位使旅游产业的省外拉动消费能力明显提升。2015年接待省外游客1.66亿人次，占全省接待总人数的44.2%，实现了年均23.6%的增长，旅游收入1850.51亿元。其中，75%以上的外省入黔游

客以生态休闲、文化体验、康体度假及避暑为主。[①] 其次,“高铁时代”的到来,城市自身基础设施建设和旅游接待能力的提升,使入黔消费强劲提升。随着贵广高铁、沪昆铁路贵阳至长沙段的先后开通,贵阳市旅游接待量逐步提升,并直接倒逼着贵阳等城市启动旅游接待能力的提升工程。“十二五”以来,贵州过夜游客接待能力稳步提高,贵州省旅游住宿设施床位数由 2010 年的 29.6 万张增加到 2015 年的 74.5 万张,床位数以每年平均 10 万张左右的速度增长。其中,五星级标准的 15 家、四星级 65 家、三星级 150 家。接待能力的提升实现了旅游产业的大发展。这表现在人均停留时间由 2010 年的 1.11 天增加到 2015 年的 1.52 天,人均花费由 821.8 元增加到 933.5 元。2015 年珠三角、长三角、环渤海占入黔游客的三分之一,成为贵州省稳定的客源市场。其中,入黔游客超过 1000 万人次的 5 个地方,依次是重庆、四川、云南、广东、湖南。贵州省过夜旅游者接待量也由 2010 年的 4385.83 万人增加到 2015 年的 12069.58 万人,占全省游客接待人次的 32.1%。从而实现了 2015 年入黔旅游收入 1850.51 亿元的骄人成绩,同比增长 21.2%,占全省旅游总收入的 52.7%。

(二)开发特色文化产品

利用多元化的多彩贵州文化资源,包含城市文化资源和乡村文化资源,开发了多样化的具有贵州特色的文化产品。如融合了传统元素与现代色彩的《布依女人》京剧电影,就彰显了多彩贵州的文化特色。为实现京剧电影的别开生面的拍摄效果,电影摄制组先后辗转兴义市万峰林、双乳峰,安顺镇宁高荡村,开阳禾丰乡、水头寨村等地,融入了八音坐唱、布依舞蹈等独具布依族特色的文化元素。据了解,《布依女人》京剧电影是我国首次将布依文化以戏曲电影的形式在银幕上展示,其拍摄手法由内景转为外景拍摄,打破了传统戏曲电影的拍摄方式,展现贵州美丽的山水、朴实的布依风情,对唱响贵州、宣传贵州能起到积极的推广作用。

(三)传承创新文化资源

坚持文化资源的传承创新发展策略,将城市文化资源和乡村文化资源都作

① 曾广超、柳智芳:《2015 年贵阳旅游创收破千亿》,《贵州都市报》,2016 年 2 月 27 日,A06 版。

为重要的保护对象进行保护。2015 年是实施红色文化遗址保护利用工作的关键之年，贵阳市委、市政府进行了周密安排部署，使位于贵阳市区和周边郊区和县市的红色文化资源得到了良好保护。在贵阳市红色文化的保护利用工作上，贵阳市多措并举力推，保护工作取得阶段性成果。第一，启动了立法工作。为了给红色文化遗迹保护工作提供制度上的保障。贵阳市多次赴外省和相关区县考察调研、召开立法调研工作座谈会，完成了立法调研工作，起草的《贵阳市红色文化遗址保护管理办法》已被市法制局列入明年立法计划。第二，建立了工作协调对接机制。明确由市文物局作为市直相关部门和有关区的工作协调机构，并联同市督办督查局对各部门的工作推进情况进行督查，督查结果每周报市政府。第三，修缮工程和改陈布展取得进展。八路军驻贵阳办事处旧址、新华日报贵阳分销处和国际援华医疗队旧址 3D 成像制作工作已完成。八路军驻贵阳办事处旧址、新华日报贵阳分销处和达德学校旧址展览陈列大纲已完成，并启动陈列所需相关展品的征集、复制工作。新华日报分销处施工队伍已进场。达德学校旧址修缮已完成招标，并拆除了保护区内非文物建筑。[①]

(四)统筹城乡文化产业发展

坚持城乡文化产业同步发展，着力构建城乡一体化的公共文化服务体系，重点解决乡村文化基础设施不足的问题。2015 年，在贵阳市电影院线行业高速发展的同时，农村电影放映也取得了重要成果，不但实现了数字电影的全覆盖，更是从制度层面解决了农村观影难的问题，真正实现了文化发展果实为全民共享的目标。2015 年，贵阳市委、市政府将农村电影公益放映作为民生工程重点项目，市文化局坚持“服务基层、服务群众”的理念，坚持惠民利民、为民办实事的目标，加强领导，加大力度，狠抓落实，扎实推进，超额提前完成放映任务，在放映技术和放映监管等方面也实现新升级。在农村电影播放场次方面，2015 年贵阳市的农村电影放映任务为 11388 场，未到 2015 年底，农村电影公益放映就已经达到 13180 场，超额完成 1792 场，超额完成 15.7%。在农村电影硬件设施建设方面，实现了县级数字电影院覆盖。县城数字影院全覆盖建设工程是深入

① 刘杰：《红色文化遗址保护利用工作取得阶段性成果》，贵阳市文化局网站，2015 年 12 月 31 日，http://whj.gygov.gov.cn/whj/2234070188687360000/20160119/392284.html。

贯彻落实党的十八大、十八届三中全会有关精神的重要举措，是公共文化服务体系建设的重要内容。为全面实现县级数字电影院全覆盖，贵阳市将修文县县城数字影院建设纳入2015年工作计划，作为文化惠民重要工程、作为深化文化体制改革重要任务来抓；与各县签订了县城数字影院全覆盖建设目标任务责任书，纳入目标管理，明确责任，狠抓落实；市、县两级则成立了相应的组织机构，对县城数字影院建设进行全程跟踪指导、督促检查、协调服务。从影院的规划设计、建设装修、设备采购、手续办理等，全程参与服务。在农村电影放映制度方面则实现了升级，建立了《贵阳市农村电影公益放映管理办法》、《业务部门管理制度》、《技术部门管理制度》、《财务管理制度》、《片区人员管理制度》、《放映队管理制度》、《商业广告管理制度》、《电影公益放映公示制度》、《奖惩制度》等，同时，完善了督促检查制度，每月通报一次任务完成情况，每季度进行一次定期督促检查，年终组织考核验收，有效地监督管理促进了任务的完成。同时，贵阳农村电影放映监督和放映场地也实现了升级。贵阳市建立农村电影公益放映照片回传监控系统。为加强对民生项目的监管，确保把民生工程做实做好，贵阳农村数字院线公司与中国移动合作，建立农村电影公益放映照片回传监控系统。并根据《电影产业促进法》和国家总局关于电影公益放映室外转室内的有关精神，为让农民群众和社区群众看好电影，院线公司与有关区县合作进行电影公益放映厅（室）建设，区县负责硬件实施，公司主要负责放映设备实施等。

三、文化产业融合创新在贵阳市文化产业发展中的具体体现

通过文化产业与创意、大数据、大健康、多彩贵州文化品牌等的融合创新发展，贵阳市文化产业正一步步由单一的传统文化产业走向多元化的“文化+”发展之路。多彩贵州文化创意园的建成并投入使用，是贵阳市文化产业迈向集群式发展的重要例证。

（一）文化产业融合创新下的多彩贵州文化创意园

举全省之力，贵州花了十年的时间认认真真打造多彩贵州品牌，多彩贵州风刮遍全球。多彩贵州品牌已经成为贵州发展最大的驱动力量。同时，贵州有着丰富的民族文化资源，但民族文化资源需要转化为经济优势，在贵州文创企

业小散弱的背景下，需要文化创意园区来集聚发展。于是，投资4.9亿多元的多彩贵州文化创意园应运而生。项目位于南明区小碧乡，周围青山围绕，距龙洞堡机场仅3公里，是贵州文化会展和创意的平台和窗口。

如多彩贵州文化创意园中的餐饮产业，已经发展成为多彩贵州文化中的一个重要品牌。经历多年的运作和经营，一锅酸汤鱼，凭借其美妙绝伦的美味，加上贵州苗族非遗文化的叠加与助推，目前已经突破十亿产值。醉苗乡、亮欢寨、老凯里、新凯里……有关酸汤鱼的餐饮企业，从黔东南起航，贵阳壮大，如今正在全国铺开。以苗族文化为底色的酸汤鱼，已经形成贵州餐饮的品牌集群，成为黔菜出山的领头集团。

实际上，除餐饮之外，贵州文化产业正在逐渐发力，电影、奇石、苗族刺绣银饰等，逐渐在全国版图上形成贵州力量。贵州的文化元素，以及文化元素带动的民间自发形成的产业，让贵州看到了文化带来的力量。在首届文化产业博览会期间，200多家文化企业参展，贵州将以“非遗”金、木、石、纸、布、土为主线，重点展示银饰、蜡染、刺绣、服饰、箫笛、陶瓷、奇石等地区文化创意作品。来自北京、深圳、苏州、台湾等地区文创企业，展示3D打印、包装设计、礼品设计、文物衍生品等。在多彩贵州文化创意园举办的产业文化博览会为省内外企业搭建了一个交流和合作的平台。①

（二）多彩贵州文化创意园发展的案例分析

1. 利用文化品牌打造新的文化产业品牌

利用多元化的多彩贵州文化资源，尤其是丰富的自然生态资源和社会人文资源，贵阳市文化产业不但在“文化＋餐饮”发展方面成效显著，在“文化＋创意”、“文化＋大数据”、“文化＋会展”、“文化＋大健康”、“文化＋工艺品”等领域近年来也取得了令人艳羡的成果。这不仅是贵阳人民的智慧和贵州资源的丰富共同融合创新结果，更是贵阳市人民对多彩贵州这个文化品牌的利用和塑造的结果。多彩贵州文化创意园依托这个知名的文化品牌，建构贵州省具有开创性意义的文化创意孵化基地，更为贵阳市文化产业发展发挥集聚优势提供了可能。入驻多彩贵州文化创意园的文化公司将初级的多彩贵州文化资源的保护

① 苏江元：《多彩贵州文化创意园：三轮驱动构建文化产业高地》，《贵州日报》，2015年7月23日。

与传承、展示与研究，升级为多样化的开发与利用，从而形成自身的文化产业品牌，推动了贵阳文化创意产业的发展升级。

2. 利用产业园平台促进行业内部融合发展

多彩贵州文化创意园飞速发展，在贵阳市乃至贵州省文化产业的发展中都起到了榜样作用。这得益于文化企业利用产业园这个高端的文化交流平台和协作平台，完成了政产学研用一体化的协同创新体的打造。多彩贵州文化创意园通过多元化的驱动力，构筑了贵阳市文化产业的发展高地。政府为文化产业和企业构建了一系列平台，推动了资源的产业转化；文化企业利用这些高端的平台，提升了自身的核心竞争力；贵阳市相关高校和研究院所通过与政府与文化企业的合作，一方面为文化产业的融合创新发展提供了有力的人才支撑，又将自身的科研成果较为顺畅地转化为社会效益和经济效益；创意园通过园区旅游、博览会等形式吸引的专业观众与游客，又为文化产品的营销提供了良好渠道。

3. 上下游产业链发展形成合力

贵阳从全省层面搭建文化产业发展平台，有利于整合各种资源，形成合力。针对文化产业的一系列组合拳，让贵阳包括贵州文化产业看到了曙光。贵阳占据了全国大数据运营中心的制高点，通过将“稀奇古怪”与“土得掉渣”的人文资源与自然生态资源进行融合创新，为多彩贵州文化创意产业的发展塑造了一个美好的发展前景。通过产业链驱动力，贵阳文化产业整合市场要素，围绕上下游产业链，将一些知名的文化企业吸引进了园区，形成了发展文化产业的合力，更利用贵州文化产业“走出去”。

四、贵阳市文化产业发展经验分析及未来发展展望

（一）贵阳市文化产业发展的经验分析

贵阳以市场为导向，创新思路，加强文化创意、设计服务以及新闻出版发行服务等文化产业发展，全市文化产业增加值占 GDP 比重逐年提升，得益于各类促进文化产业发展的有力措施的施行。

1. 明确了“三足鼎筑”的文化定位，实现多元文化融合创新

城市文化定位是构建城市文化资本的基础，一切文化建设都必须围绕城市

的核心文化定位来进行，从而城市自身的文化事业和文化产业共同发展。为此，贵阳市市委九届五次全会充分总结并肯定了市委九届四次全会以来的工作成绩，并提出要带领全市广大党员干部群众，守底线、走新路、打造升级版，奋力将贵阳建成创新型中心城市。其中，以打造创新型中心城市为统揽，推进"三足鼎筑"为重点，将贵阳打造成为有文化厚度、人文温度的城市，全力熔铸贵阳文化发展的新辉煌，是贵阳市"十三五"及更长时期要深入探索并积极推动的重要工作。这就明确了贵阳市要以"三足鼎筑"重要任务，就是把贵阳的"阳明文化"、"生态文化"、"民族文化"结合起来，实现贵阳市全部的文化系统要坚定不移"守底线、走新路、打造升级版"，为熔铸贵阳文化新辉煌，将贵阳建成创新型中心城市而不懈努力。一是要把阳明文化打造成贵阳的文化品牌，进一步保护好以修文阳明洞和云岩阳明祠为代表的九处"阳明文化"遗迹，并充分挖掘各处"阳明遗址"的特点、功能与作用，保护与利用并举，加强阳明遗址的文化内涵挖掘和社会经济综合效益开发，推动遗址保护利用可持续发展。传统与创新结合，既要保持阳明遗址学术研究的严谨性，又要在传统研究的基础上寻找突破点。唱响阳明文化品牌，打造能引起社会反响的"阳明文化"精品，放大阳明文化软实力的时代价值。二是要利用好爽爽贵阳的品牌优势，以"天人合一、知行合一"的理念打造好生态文化。要将流行文化与生态文化紧密结合，不断丰富生态文化的内涵和外延。贵阳市文化局将于 2016 年在生态文明会议国际论坛期间全力推出"夏季音乐节"。同时要多设立一些接地气的小剧场，目前云岩区已着手实施，并于 2016 年逐步推广至其他区县。打造更多具有贵阳特色的公共文化和时尚文化项目，增强广大市民的城市自信心、自豪感和归属感，让更多的年轻人爱上贵阳、留在贵阳、融入贵阳。三是要把民族文化打造成贵阳的文化亮点。贵阳是黔中地区，是贵州各民族聚集地。要积极发掘贵阳特色民族民间文化，加大对民族村寨和传统村落的保护力度，充分利用大数据平台，把现代手法与民族传统文化相结合，推进民族文化内容创新，不断提升贵阳民族文化的影响力和创新力。[①]

2.实现文化产业与大数据等行业的融合创新

利用大数据产业、商业等产业发展优势，贵阳文化产业形成了融合创新发

① 刘杰:《建设有文化厚度和人文温度的创新型中心城市》，贵阳市文化局网站，2015 年 12 月 31 日，http://whj.gygov.gov.cn/whj/2234070188687360000/20160119/392285.html。

展的新局面。贵阳院线行业的飞速发展，与贵阳市大力推动“院线＋商业地产”模式发展息息相关。贵阳电影和商业地产的紧密结合从 2011 年亨特国际购物中心开业引入横店院线开始，这同样也是贵阳电影市场狂飙的五年。2012 年至 2015 年(2011 年数据缺失)，贵阳市电影票房从 10766 万元上涨到 27368 万元，涨幅达到 154.2%，年均涨幅 38.55%。2012 年至 2015 年(2011 年数据缺失)贵阳市全年观影人次从 277.9 万人次上升到 715.75 万人次，涨幅达到 157.55%，年均涨幅达 39.38%，如果继续保持这个涨幅，2016 年贵阳市电影市场的观影总人次将超过 1000 万人次。在旅游大数据建设方面，贵阳市即将推进以贵阳为中心辐射全省的旅游电子商务平台建设工作，力争 2015 年至 2020 年，旅游电商交易量突破 80 亿元。

3.创新工作理念与方法，实现大文化建设与大扶贫战略融合

贵阳市把推进大扶贫战略行动作为重要工作任务，深刻理解习近平总书记指出的“扶贫先要扶志”的工作要求，强化担当，主动作为，着力开展好精神扶贫和文化扶贫。通过把加强农村文化建设、精准帮扶贫困村目标化。通过班子成员以身作则深入农村基层慰问、调研、专题走访和送文化下乡等行动为引领，全局系统用“扣扣子”、“担担子”、“钉钉子”的精神，把精神扶贫和文化扶贫当作头等大事和第一民生工程抓牢抓实。在充分挖掘文化工作服务大扶贫战略行动的潜力的基础上，聚合各方资源形成推进大扶贫战略行动的合力。2015 年，在落实行业扶贫任务、开展贫困村对口帮扶、同步小康驻村等方面成效明显。

首先，推动传统文化生产性保护，开发扶贫助力小康建设。一是在深入调查研究的基础上，贵阳市文化局下拨专项资金 20 万元，支持国家级非物质文化遗产项目香纸沟古法造纸进行技术改良，取得阶段性成功，生产出的书画纸得到书画家的认同。二是选推了 2 名骨干赴苏州工艺职业技术美术学院研修学习，提升传统文化生产支撑力。三是引入有实力的企业与开阳县高寨乡平寨村苗绣传承人合作，支持“清镇市腰岩苗族刺绣农民专业合作社”等非遗生产性基地建设发展，形成了传统文化资源生产性保护的良好格局和模式，有力地推动了非遗文化村寨小康建设进程。其次，聚合多方资源，抓紧抓实同步小康驻村和其他帮扶点的帮扶工作。贵阳市文化局积极协调其他部门和社会力量的支持，送去资金和项目，送去关怀和慰问，聚合各方资源对文化局同步小康驻村和其他帮扶点进行帮扶。如协调体育部门对大寨村农村体育健身工程进行扶持，

文化局系统还配套资金 3 万元，健身路径器材 1 套，文化局派驻该村的驻村干部积极协调社会资金 10 万元用于该村民生基础设施建设。“十三五”已经开局，贵阳市文化系统将按照实施文化惠民工程，打造人文化贵阳升级版的要求，把“大文化”建设与“大扶贫”战略行动结合起来，以精神扶贫、文化扶贫为重点，为贵阳市提前全面建成小康社会的战略目标出好力、服好务。①

4. 重招商促项目落地，实现文化产业集群发展

贵阳市将招商引资作为文化产业发展的一个突破口，突出本地特色，积极做好文化产业项目对外推介，在 2015 年吸引国内外一批文化产业投资者和企业来促发展，并利用部分文化产业园实现了文化产业的集群发展。一是重视各方的协调对话，吸引各方资本入驻贵阳。如经过多次协调对接，北京 798 艺术区入驻贵阳中天未来方舟文化旅游综合体项目已于 2015 年 6 月 12 日举行挂牌仪式。贵州可佳艺术品股份有限公司出资 3000 万元启动了《贵阳网上数字博物馆》项目；与花溪区进行多轮谈判启动占地 30 亩、预计投资 2 亿元的“云上添锦——贵州云上添锦文化产业园”项目。二是精心建设“贵阳市文化产业项目库”，编制招商投资指南。2015 年，共筛选 89 个项目编印“贵阳市 2015 年招商投资指南”，并在深圳文博会上共吸引项目招商签约金额达 2.2 亿元。三是依托已经建设运营的文化产业园区，根据市场需求，创新建立文化产业园区，实现文化产业的集群发展，凸显集群效应。如由贵州旅游投资集团有限公司投资开发的中国阳明文化园被列入全省十大文化产业园，目前已建设一期工程建设项目，累计投入建设资金 3 亿元。占地 6500 亩、总投资 410 亿元的“多彩贵州城”项目已完成一期工程建设。贵阳国际会议展览中心自投入运营以来，承办了各类展会 200 余次，累计布展面积 244.23 万平方米，累计参展参观人员 417.11 万人次，直接收益 7504 万元，已列入全省十大文化产业基地。

5. 做好顶层设计，实现部分文化行业的优先发展

贵阳市文化产业的发展与贵州省文化产业的发展繁荣息息相关，因此贵州省在通盘考虑文化产业的顶层设计时通常将贵阳市放置重要地位。长时间以来，政府的顶层设计切合贵阳市文化产业发展的需求，为部分文化行业

① 刘杰：《多措并举，聚合资源，全面推进大扶贫战略行动》，贵阳市文化局网站，2015 年 12 月 29 日，http://whj.gygov.gov.cn/whj/2234070188687360000/20160119/392283.html。

的优先发展提供了极大的动力。如在旅游业发展方面，贵州省委、省政府对贵阳提出了新希望和要求：在“十三五”期间，把贵阳建设成为世界旅游名城。为此，贵阳进一步完善“吃、住、行、游、购、娱、厕”等配套设施，加快打造贵阳成为“主题形象鲜明、旅游产品突出、旅游基础设施完善、旅游服务质量优良的国际知名旅游目的地、西南地区和全省旅游集散中心及全国有影响力的国际休闲度假旅游名城”，并力争3年内成功创建1至2家国家5A级旅游景区，推动多彩贵州城、时光贵州等景点入选“全省100个旅游景区”项目规划建设，差异化、个性化发展山地、漂流、森林、体育、康体健身等避暑休闲度假旅游产品，打造5至6个具有示范带动作用的美丽乡村旅游度假区。同时，还要加快旅游配套体系建设，投资新建、改扩建100至120家避暑度假精品酒店，引进1至2家国际知名度假酒店品牌，培育20家以上具有一定知名度的本土避暑度假精品酒店和20家以上个性化特色乡村酒店等。贵阳市在旅游产业的宏伟目标的设定，促进了当地旅游基础设施建设，激发了当地旅游配套体系建设，为2015年旅游产业取得辉煌成就贡献了重要的物质支撑。

6.准确定位文化消费群体，实现院线行业的迅猛发展

2015年，贵阳市院线行业实现了重大突破，总票房和总观影人数都达到了历史最高水平。虽然在我国电影产业飞速发展的大背景下，贵阳市院线行业的发展理所当然也应该实现大发展。然而与中东部发达地区的一线城市相比，贵阳市的文化消费水平并不高，但2015年的总票房和总观影人数的增长率却达到了40%以上。自然地，这与贵阳市大力发展院线行业，建设观影院线基础设施不无关系，但同时也与院线行业准确定位了贵阳市的消费群体相关。贵阳市院线行业走的是“院线＋商业地产”模式，因而众多院线位于闹市区，定位于以青少年为主导的消费群体，摸准了贵阳高中生乃至大学生等群体敢于消费、有能力消费的行为习惯，从而实现了贵阳院线行业空前的成就。据统计，贵阳市票房成绩在2015年位列全国城市第37位，远远超过了贵阳市在全国城市地区生产总值的排名。另根据民政部网站最新数据，贵阳市（不含三县一市）人口总数为224万人，2015年平均每个贵阳人进入电影院观影为3.19次，每天贵阳人会花近75元进行电影消费。2015年，贵阳市售出的全部715万张电影票，平均票价为38.27元/张，在西南地区四个省会城市成都、重庆、昆明、贵阳中排名第

一，高出全国平均价格约10%。[①] 这与准确定位了消费群体及其消费习惯密切相关。

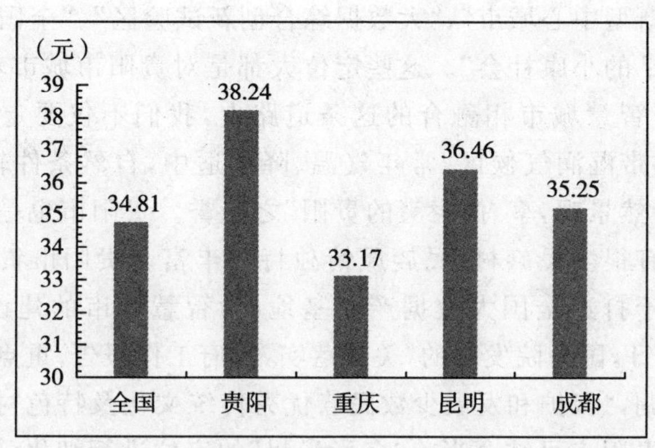

图 14－5　贵阳及其周边城市与全国 2015 年平均电影票价对比

(二)贵阳文化创意产业发展的未来展望

1. 明确城市形象定位，打造城市新名片

城市定位是根据自身具备的条件、应对周边竞争与自身更好发展的需求，政府部门在全面而深刻地分析城市发展的基础上，确定城市发展方向及塑造个性化城市形象，以增强城市竞争力的过程。城市定位是城市今后发展参与城市竞争的核心要素。科学合理、个性鲜明的城市定位，有利于打造城市特色鲜明的文化名片，形成城市品牌，增强城市营销的品牌竞争力，使城市在激烈的城市竞争中能够脱颖而出。城市定位的一大重要环节就是“定形”，即确定城市形象。城市形象既包括城市外在的景观形象，也包括城市内在的文化涵养。城市形象的定位一般遵从三个方面的原则：独特性原则，即城市应该有独一无二的形象与其他城市相区分，展现城市的独特创意；美誉性原则，即城市使市民及游人对城市给出的赞美，以及使人流连忘返的程度；连续性原则，即城市的形象定位一旦确定，城市管理者就应当持续性地贯彻下去，保证目标的实现。

① 徐成：《贵阳 2015 年电影大数据：贵阳商业地产最“亲密”的“同盟者”》，新浪网，2016 年 1 月 18 日，http://guizhou.house.sina.com.cn/news/2016－01－18/15006094744860160753321.shtml。

贵阳市近几年提出了不少城市定位，如“中国避暑之都”、“生态文明城市”等。2015 年底，贵阳市市委在九届五次全会上提出，贵阳市在“十三五”时期的发展定位为“创新型中心城市”、“大数据综合创新试验区”、“全国生态文明示范城市”、“更高水平的小康社会”。这些定位大都是对贵阳市城市功能的定性，在建设美丽乡村与智慧城市相融合的这条道路上，我们不仅要定性，还要定形。贵阳市地处亚热带湿润气候区，常年气温、降水适中，自然条件较为优越，拥有丰富而独特的自然景观，享有“爽爽的贵阳”之美誉。贵阳市也是少数民族聚居区，所辖乡镇上有很多民族村，民族风情独特而丰富。贵阳市贵安新区作为国家级新区，致力于打造全国大数据产业基地，为智慧城市的建设提供了基础。2016 年 3 月 30 日，国务院发布的《关于落实〈政府工作报告〉重点工作部门分工的意见》中也强调，“保护和发展少数民族优秀传统文化及特色村镇”。因此，在新的历史时期，贵阳市可结合当前“多彩贵州”的定位进行细化，围绕着“美丽乡村与智慧城市融合发展”这一主题来进行城市形象定位。这既符合政府的工作重点，又能体现贵阳市的城市特色促进城市新形象的塑造，从而打造成为城市品牌，增强城市的竞争力。

2. 制定科学合理的发展规划，指导城市建设

城市发展规划是在充分了解城市当前的实际发展状况的前提下，对城市未来发展的一段时期内做出的科学、合理、适合城市发展的指导性蓝图。城市发展规划一旦制定，就需要城市管理者及建设者持续贯彻下去，否则会导致城市建设陷入混乱状态。当然，城市发展规划一经制定也并非一成不变，而是应该根据城市发展及运行的现实状况及时做出调整，以更好地适应城市的发展和建设。

为了实现贵阳市美丽乡村与智慧城市融合发展的美好蓝图，贵阳市政府可以成立一个专门的负责机构，着手进行贵阳市城市发展规划的设计。该机构可利用政府部门的便利条件，更加便捷地对贵阳市当前美丽乡村及智慧城市的建设情况进行具体分析，根据实际情况制定发展规划。此外，也可与全国范围内及贵阳市内相关高校及科研机构进行合作，集聚专业研究人员的智慧与力量，从而制定出适合城市发展的科学规划。在制定城市发展规划前，一定要深入而全面地对贵阳市当前的发展情况做出详细分析；在制定规划时，充分考虑贵阳市当前的发展情况并在此基础上制定出全面而合理的发展规划；在制定规划完毕后，还要进行科学的论证，如征求省政府的意见、组织相关专家做进一步的研

讨等。这样制定出来的美丽乡村与智慧城市融合发展的城市规划更具科学性、合理性,以便指导城市未来几年或十几年的建设。贵阳市拥有丰富的特色村镇资源及走在全国前列的大数据产业,在科学合理的城市发展规划的指导下,便可早日实现智慧管理、智慧旅游、智慧教育文化服务、智慧交通等美丽乡村与智慧城市的融合体,为贵阳市的形象塑造再添新翼。

3. 构建创意型城市,焕发城市发展活力

随着社会的发展,当前城市功能也在发生着一些变化,即制造型城市—消费型城市—创意型城市转变。在当前激烈的城市竞争中,地理位置、基础设施等基础条件的优越性已然不足,而城市独特的文化特色、文化创意正在成为城市竞争的重要手段。创意型城市围绕着城市的文化特色而设计,在城市的各个角落都能鲜明地体现城市的独一无二性。2004 年,联合国教科文组织推出构建"全球城市创意网络"(Creative Cities Network)的项目,目的在于促进成员城市之间的文化发展的经验交流与合作,维护全球文化的多样性。创意城市网络共分七大类,分别有文学之都、音乐之都、设计之都、电影之都、民间手工艺之都、美食之都、媒体艺术之都等。当前我国各大省会城市中,深圳、北京、上海已迈入"设计之都"的行列,北邻省会城市成都成为"美食之都"。因此,创意型城市的构建迫在眉睫。

贵阳市自然条件优越,历史底蕴深厚,民族风情众多,有着相当丰富的文化资源,为创意型城市的构建提供了资源基础及创意源泉。贵阳市既有观山湖、花溪十里河滩、开阳十里画廊等自然风景区,也有阳明文化、夜郎文化、红色文化等历史文化资源,又有苗族、侗族、彝族、布依族、水族、回族等众多少数民族创造的民族文化资源,享有"多彩贵州"的美誉。当前,全省范围内,凯里西江千户苗寨最负盛名;贵阳市内也有蓬莱村、贵安新区车田村、息烽县小寨坝镇红岩村等"美丽乡村"的代表。贵阳市在今后的发展中,应当结合各乡镇、各乡村的文化特色来构建各具特色的美丽乡村,并且与大数据产业相结合,为美丽乡村搭建智慧管理平台、智慧旅游平台、智慧交通平台、智慧公共信息服务平台等,为当地村民的生活及游客的出行提供便利。贵阳市在城市建设过程中,也应当通过城市公共空间来展现贵阳市的各种特色文化,真正地将特色文化资源融入城市空间的各个角落,使城市中处处洋溢着创意文化的气息,使人流连忘返。

4.重视文化与科技的融合,助推城市建设

当前创意产业的发展过程中,文化与科技的融合力度越来越强,文化为创意产业提供创意源泉,而科技则可助力文化资源的开发,为创意产业插上腾飞的翅膀。国家对此也十分重视,专门实施了“国家文化科技创新工程”。因此,贵阳市在促进美丽乡村与智慧城市融合发展的道路上,也应当注重文化与科技的深度融合,助推美丽乡村与智慧城市的建设。

贵阳市有着丰富的历史文化资源、红色文化资源、民族文化资源,还有知名的酒文化、茶文化、药文化等资源,也有大数据产业中心,文化资源与科学技术的深度融合具有良好的基础和条件。贵阳市可抓住该优势条件,建立“文化+创意+科技”融合发展的道路。贵阳市拥有的丰富的文化资源在乡村中大都有分布,利用大数据技术合理地进行开发与建设,使乡村中不仅有美丽的环境及民俗风情,也能处处体现着现代科技的气息,便可早日实现美丽乡村与智慧城市的融合发展。

5.制定人才激励机制,形成城市智库

享有“美国创意产业之父”美誉的理查德·弗罗里达(Richard Florida)教授在创意城市的研究中,曾提出过著名的“创意阶级”(Creative Class)理论及“3T理论”(Talent,Technology,Tolerance)。“创意阶级”指具备“创造新想法、新技术或新创意内容”的一类社会群体,包括科学、设计、教育、建筑、艺术、娱乐、音乐、商业、金融等领域的创意人员。“3T理论”则具体指人才、科技及宽容三大要素,这里的人才指创意阶级,科技即城市的创新程度及高科技的发展情况,宽容则指城市对各民族、种族及生活态度的包容程度。由此可见,构建创意城市离不开创意阶级的智慧,吸引创意人才是建设创意型城市的重要工作。

大学是高层次人才的聚居地,也是创意阶级的主要来源地。目前,贵阳市内开设文化产业管理专业或方向的高校有贵州大学、贵州师范大学、贵州民族大学(含贵州民族大学人文科技学院)等,这些高校中有的只开设了本科专业、有的高校除培养本科生外还设有研究生培养方向。高校应当自觉肩负起为社会服务、为城市服务的重任,对开设专业及时进行优化与调整,为贵阳市的美丽乡村、智慧城市的建设培养更多的专业人才。当然,在全国范围内引进优秀人才也是必不可少的。贵阳市为了更好地吸引外来创意人才及本市人才,为贵阳市美丽乡村与智慧城市这一创意的发展出谋划策,除了提供良好的经济条件外，还应当进一步提升生态环境质量、注重创意社区的构建、打造宽松自由的社会文化环境，为创意提供场地。由此，尽快建立产、学、研联动的有效机制，使文化创意企业、大学及科研院所与政府之间形成良好的互动。

6. 拓宽投资融资渠道，支撑城市建设

城市建设是一项大工程，需要耗费巨大的人力、物力、财力才能够得以顺利完成，单靠中央政府、贵州省政府、贵阳市政府的财政拨款还是不够的。因此，贵阳市美丽乡村与智慧城市的建设不仅要依靠政府资金，还要多方面地筹集资金。

为了进一步促进贵阳市美丽乡村与智慧城市的融合发展，贵阳市政府首先应当成立专项小组、设立专项资金，为美丽乡村与智慧城市的建设提供财政政策扶持。其次，贵阳市政府应当制定相应的税收优惠政策及其他支持政策，鼓励那些致力于美丽乡村、智慧城市建设的文化企业的发展，为美丽乡村与智慧城市融合发展提供更加便利的服务、生产更多独具特色的文化产品。近年来，全国各大城市的文化创意产业发展迅速，吸引了很多大型文化企业对创意城市的建设进行投资。贵阳市作为全国大数据产业发展的领头羊，加上丰富而独特的民族风情人文资源，在政府的正确财政政策的引导下，会吸引越来越多的国内外各类文化巨头企业投资贵阳市的城市建设。最后，政府还应当出台相关政策措施，吸引民间资本参与投资，通过扩大公民的参与力度促进美丽乡村与智慧城市的建设与发展。

7. 利用新媒体多方位宣传，提高城市知名度

吸引人才、促进投资、提高知名度，都离不开宣传。贵阳市美丽乡村与智慧城市的融合建设宣传到位，能够促进贵阳市吸引越来越多的创意人才、吸引更多的投资，从而提高城市的知名度。

政府的官方网站是对外宣传的重要喉舌，因此，贵阳市政府可通过官方网站发布贵阳市美丽乡村与智慧城市融合发展的相关信息，使社会上越来越多的优秀人才、文化企业知晓。当今社会，新媒体技术日新月异，贵阳市可利用大数据产业的技术优势充分开发利用新媒体进行全方位的宣传。如政府可在官方网站开辟美丽乡村与智慧城市建设的专栏及时向社会发布动态消息，通过微博、微信、APP 等新媒体形式进行宣传，提高贵阳市在国际国内的知名度。当然，民间公民的自发宣传也是必不可少的。作为公民，不仅有城市建设的知情

权，还应尽到维护城市发展的义务。公民可通过转发政府部门公布的动态或自发成立社会组织对城市建设的动态进行宣传，为提高贵阳市的知名度贡献力量。

（王伟杰、王月月，贵州民族大学）

注：本文系贵州民族大学科研院（所）、基地（中心）基金资助项目“文化科技融合视阈下的贵州文化产业发展战略研究”（项目编号：校科 KYJG〔2014〕32）的阶段性研究成果。

第十五章
西安:创新引领推动文化产业业态融合发展

一、2015 年西安市文化产业发展整体概况

二、西安市文化产业融合发展的具体表现

三、西安文化产业融合创新存在的问题

四、西安文化产业融合创新发展的典型案例

五、融合创新背景下西安文化产业发展建议及趋势展望

大众创业、万众创新是新常态下中国经济增长的新动力和社会繁荣的源泉。创新驱动符合发展中国家产业转型升级的要求，已经成为发展中国家和地区必然选择，是经济发展客观规律的必然要求和重要途径。中国经济面临着改革创新发展的重大历史机遇，只有通过深入改革、谋求创新才是中国经济发展的根本出路。伴随着文化产业的发展进程，“文化＋”已经渗入经济社会的每个毛孔，融合发展成为势不可当的发展大势。改革创新也是新常态下的西安经济社会发展的重要抓手，对于依靠创新驱动的文化产业来说更是如此。美国2014年将创意产业和创意经济提升至国家创新竞争力的战略高度，并宣布每年6月18日为国家创客日。而在我国发达地区，“文化＋城市”、“文化＋产业”、“文化＋物流”等行业也风起云涌，取得巨大的经济效益和社会效益。在这样的时代背景下，西安文化产业更应主动融合、融入市场、融入产业，探索文化产业发展的新型模式，实现产业价值链整体提升的发展目标。

一、2015年西安市文化产业发展整体概况

“十二五”时期，西安将文化产业作为全市率先发展的五大主导产业之一，积极贯彻落实省委、省政府确立的“重点在影视、突破在动漫、创新在戏剧、做大在板块”的文化产业发展思路，坚持以市场为导向，以资本为纽带，以项目为载体，大力实施资本推动、板块推动、项目推动战略，文化产业蓬勃发展。

2013年西安文化产业实现增加值为436.95亿元，占GDP的比重为8.9%，增速为27.3%，占全省文化产业增加值的2/3以上，产业支柱作用日益显现。全市文化产业单位达到6560个，从业人员达到22万人。由于受到国际国内经济下行的影响，2014年西安文化产业增加值约为410.04亿元，增速为7.5%。西安市文化产业增加值占陕西省文化产业增加值的70%以上。《西安市“十二五”时期文化体制改革和发展规划》提出，“十二五”末，文化产业总量达到600亿

元，年均可比价增长23.7%以上，占全市GDP比重约8.8%，成为西安重要的支柱产业，居全国副省级城市前列。目前，西安文化产业在拉动经济增长、调整产业结构和转变增长方式中发挥了重要作用。

(一)紧密出台文化发展政策，进一步明晰文化产业发展路线

2013年以来，为深入推进文化与金融、科技、旅游融合发展，陕西省出台了《关于加快推进文化与科技旅游金融融合发展的意见》，分别规划了文化与科技、旅游、金融融合发展的总体思路和主要目标，提出了推动融合发展的重点任务和工作机制。其中，文化与科技融合围绕文化科技创新攻关、文化科技领军企业和产业集群培养、文化科技服务创新体系构建等方面确定了12项重点任务。文化与旅游融合围绕打造特色文化旅游产品、节庆文化品牌、园区项目建设等方面确定了11项重点任务。文化与金融融合围绕财政投入方式创新、文化基金效能发挥、信用担保机制建设等方面确定了28项重点任务。

2015年9月，为提高文化创意和设计服务整体水平，加快文化强省和创新型省份建设步伐，陕西出台《关于推进文化创意和设计服务与相关产业融合发展的实施意见》。实施意见提出充分发挥西安等城市的科技、人才、文化等方面的优势，辐射并带动建设一批特色鲜明的文化创意和设计服务与相关产业融合发展城市、设计中心和产业聚集区。到2020年，基本形成全省文化创意和设计服务与相关产业全方位、深层次、宽领域的融合发展格局，装备制造业、消费品工业、建筑业、信息业、旅游业、农业和体育产业等相关产业文化内涵显著提升，文化创意和设计服务增加值占文化产业增加值的比重以及相关产业产品和服务的附加值明显提高，对推动文化产业成为支柱性产业和促进创新型省份建设的贡献显著提升。

随着新型工业化、信息化进程的加快，文化创意和设计服务已贯穿到西安经济社会各领域各行业，呈现出多向交互融合态势。为了更好地促进文化产业的发展，西安市先后出台了《西安市"十二五"时期文化体制改革和发展规划》、《西安市关于加快推进文化与科技旅游金融融合发展的措施》、《西安市文化产业发展专项资金管理实施意见》等政策措施，为文化产业发展提供了重要的政策依据。《西安市国民经济和社会发展第十三个五年规划纲要》提出，深度挖掘、整合西安丰富的历史文化和宗教文化资源，打造特色文化产业。深化文化

科技融合，促进文化产业转型升级。积极发展“互联网＋文化”，培育文化产业新形态。促进文化旅游、出版传媒、影视产业、文体休闲、动漫创意、文化演艺等传统文化产业从产业链低端向高端转移，推进文化创意和设计服务与相关产业融合发展，促进产品和服务创新，促进文化与金融融合。到2020年，西安市文化产业增加值占GDP比重达到8%以上。

（二）利用创新改革试验区发展契机，以创新驱动加快国际化大都市建设

陕西科教资源丰富，潜力巨大。2008－2013年，无论从研究机构数量、R&D活动人员数量及其分布、科研仪器设备投入，还是从R&D经费支出、政府科技创新驱动扶持政策看，陕西省科技资源实力都得到快速发展，其中，制造业、科学研究/技术服务和地质勘查业、教育是R&D投入强度最高的三大产业。西安是国家实施西部大开发战略的前沿阵地和“一带一路”战略的重要节点，具有战略地位突出、科技资源丰富、创新实力雄厚的基础和优势。改革开放以来，特别是近十几年来，西安经济社会实现了跨越式发展，年均经济增速达12%以上。2014年，经济总量为5474亿元，增速9.9%，部分主要经济指标增速位居全国15个副省级城市前列，进入追赶超越阶段。2014年，西安全社会研发（R&D）支出285亿元，占GDP比重为5.2%，发明专利授权4379件，科技创新对经济增长的贡献率达到58.3%，引领、支撑经济社会发展的作用不断增强。

2015年9月，西安列入国家八个全面创新改革试验区域之一，西安高新区获批建设国家自主创新示范区。作为西部地区列入国家推进全面创新改革试验的核心城市，这不仅对于西安打造内陆型改革开放新高地、建设丝绸之路经济带新起点、推进西安国际化大都市建设具有划时代的历史意义，也对西安市发挥优势、创新驱动、结构优化和转型升级具有决定性作用，将带动全社会改革创新事业的快速发展。西安市委、市政府主要领导高度重视，提出明确要求，亲自部署研究制定《西安系统推进全面创新改革试验实施方案》，初步提出重点围绕科技创新、军民融合、产业创新发展和“一带一路”合作创新四个方面开展改革创新。西安面对经济发展新常态，明确了以创新驱动实现产业优化升级，以创新驱动促进城市转型发展，以创新驱动加快国际化大都市建设的发展思路。科技资源、创新资源是城市实力的重要组成，以实现创新驱动发展转型为目标，

以推动科技创新为核心，发挥创新资源优势，统筹推进科技与金融、科技与文化的融合创新，统筹推进军民融合创新，统筹推进丝绸之路国际合作创新，营造大众创业、万众创新的政策和制度环境，强化全面创新驱动和全面深化改革"双引擎"，而进一步发挥创新资源优势，将成为西安今后的努力方向。《关于加快建设西安国家自主创新示范区的若干意见》提出到"十三五"末，西安自创区实现全口径营业收入 2.5 万亿元；到 2025 年，实现全口径营业收入 5 万亿元，成为全国一流的创新中心，对于加快西安改革创新具有深远的意义。

(三)着重扶持融合创新项目，稳步推进文化产业的发展

西安市充分发挥文化产业发展专项资金和重点项目的示范带动作用，加大对扶持重点项目的考核力度，进行跟踪问效检查，责任落实到人，有力推动了文化产业快速健康持续发展。2007—2014 年，西安市文化产业发展专项扶持资金共扶持重点项目 174 个，扶持金额共计 40425.89 元。西安文化产业发展专项资金主要投向文化和科技、旅游融合项目，文化创意、数字出版、数字内容、动漫网络游戏等新兴业态项目，印刷包装产业项目，电视剧电影及纪录片摄制项目、会展业项目、民俗文化及非遗项目、文化阵地建设项目等。

按照"大集团引领、大项目带动、园区化承载、集群化发展"的原则，西安依托现有高新技术产业开发区和文化产业示范园区等，通过高新技术改造传统文化产业，推动文化产业链从低端向高端转换，组织实施了陕西省科技与文化融合示范工程，孵化和培育了自主创新能力强的文化领军型企业，全省重大文化建设如期顺利进行。西安曲江新区实施了"文化科技融合项目带动"战略，加快推进了一批重大文化旅游科技提升项目，包括超越时空的中华文化云推广平台、穿越时空的曲江文化之旅、曲江博物馆群数字化旅游服务平台、数字曲江视窗项目、虚拟网上展会综合服务平台等项目在提升文化表现力方面迈入新高度。2015 年，西安曲江新区启动的国家级文化科技创业园区"西安文化科技创业城"项目是加速推进文化科技融合的重要承载体。"西安文化科技创业城"项目重点发展文化科技创新领域，推动科技服务与新兴产业融合发展，数字出版、移动互联、虚拟会展、电子商务等文化科技企业聚集，形成良性发展的文化科技融合产业生态圈。目前，大唐电信移动互联(西安)孵化基地已正式开园启用，标志着曲江新区以"文化＋互联网＋无限可能"为核心的"一城一带四集群"建

设取得了更进一步的发展。

作为全国第八个数字出版基地，西安高新区将重点发展手机出版、电子书、动漫与网络游戏等板块，建设海量内容投送平台、数字出版人才培训平台、投融资服务平台等六大综合服务发展平台。2015 年 9 月，由陕西动漫产业平台管理中心有限责任公司报送的《大秦五行少年传》系列漫画书项目、西安艾派信息技术有限公司报送的动漫游戏“丝绸之路”以及西安纷腾互动数码科技有限公司报送的动漫游戏“铁血忠魂戚继光”入选 2015“原动力”中国原创动漫出版扶持计划。《大秦五行少年传》已入选“文化部 2013 国家动漫品牌建设和保护计划”，为西北首家，同名漫画作品入围“第六届中国国际漫画节——第 10 届中国动漫金龙奖”。

二、西安市文化产业融合发展的具体表现

在经济进入新常态、省经济增速放缓背景下，西安文化产业在加快转型升级，寻求适合西安创新型经济发展道路上努力探求，逐步取得了良好的发展成绩，文化和科技、旅游、金融以及新型媒体的融合展现了西安文化产业的新风尚，对实现西安文化产业升级目标、充分发挥西安资源优势具有重要的意义。

（一）文化与科技融合——着力突出文化科技资源优势

文化与科技融合创新发展是西安建设具有历史文化特色的国际化大都市的战略选择，更是西安促进文化大发展大繁荣的迫切需要。2011 年底，西安市启动文化科技创新工程；2012 年 5 月，西安市被授予首批“国家级文化和科技融合示范基地”。2012 年 ，西安市制定《西安市推进文化与科技融合的五年工作方案（2012－2016）》，制定并实施了《关于加强文化科技创新，建设国家级文化和科技融合示范基地建设的意见》以及《西安市国家级文化和科技融合示范基地建设实施方案》，在制度上对文化与科技融合工作予以保障和加强。2012 年“西安文化和科技融合创新工程”在“陕西省科技统筹创新工程计划”中获得专项经费 940 万元的立项支持。西安市科技局科技计划连续三年设立“文化和科技融合”专项，每年支持科技资金 1000 万元，重点支持文化企业科技创新。在各项政策和优惠措施的支持下，2013 年，西安文化和科技融合示范基地已获得

了较大的收获，全年专利申请 47500 项，著作权超过 10698 项。

“十二五”以来，西安通过整合先进科技技术，推进发展了数字出版、移动互联网、动漫游戏等文化新兴业态，使现有文化产业链由低向高转移。同时，以建设西安高新区、西安曲江新区国家级文化和科技融合示范基地为契机，利用高新技术优势，形成了独具特色的文化科技融合发展范式，取得了全新的发展成果。目前，西安国家级文化和科技融合示范基地已聚集了 3000 多家文化科技企业，初步形成了以数字文化内容为代表的中小企业集群，以陕西出版集团、曲江出版传媒、华商报为代表的图书、新闻出版发行企业集群，以雄峰印务、秦源软塑科技等为代表的印刷包装企业集群，范围覆盖西安高新区、曲江新区、经济开发区、浐灞新区和碑林区等热点区域，产业业态涵盖数字内容、动漫游戏等新兴产业，形成了强大产业规模和企业聚集效应。西安在推动文化和科技融合园区建设上措施得当，发展目标明确，载体特色鲜明，集合了省内的优质资源和典型代表，已初步形成了产业布局合理、配套措施完备的新局面。

表 15－1　西安市认定的两批次国家级文化和科技融合示范基地名单

序　号	基地名称	产业范畴
1	西安国家数字出版基地示范区	新闻出版、动漫游戏、科技创新、文化园区
2	西安曲江新区文化创意产业园区	创意设计、广告会展、科技创新
3	西安碑林动漫产业基地	动漫游戏、文化园区
4	西安浐灞总部科研创意基地	文化艺术、新闻出版、动漫游戏、创意设计、网络文化、文化旅游、科技创新、文化园区、文化公共服务
5	西安印刷包装产业基地中小企业工业园	创意设计、文化园区
6	碑林环大学创新产业带	文化艺术、广播影视、新闻出版、动漫游戏、创意设计、文化旅游
7	西安服务外包产业园	新闻出版、动漫游戏、创意设计、网络文化、科技创新

(二)文化与旅游融合——着力展现山水人文风采

2016 年 1 月 24 日，陕西省十二届人大四次会议开幕，省长娄勤俭在会上作政府工作报告，报告中提到，2016 年陕西要发挥 30 个重大文化产业项目引领作用，推动国有单位和社会资本联手开发多元化文化产品、打造旅游精品景区与线路，启动实施优秀中青年作家“百优计划”，推广《长恨歌》演艺模式，鼓励文艺团体固定景点开发精品剧目，结合文化旅游名镇和美丽乡村建设发展乡村游和城郊休闲游，让中外游客在休闲娱乐中留下对陕西的美好记忆。“文旅融合发展”，第一次在省政府工作报告中提出，用意深远。

文化和旅游具有天然的融合性，文化是旅游的内涵和灵魂，旅游是文化的重要载体和表现形式。旅游产业和文化产业相互融合，相得益彰，共同繁荣。因此，西安发展旅游必须与文化深度融合，才会催生强大生命力和竞争力。西安是华夏文明的重要发祥地，具备发展文化和旅游业得天独厚的资源禀赋和无与伦比的产业发展基础。近年来，陕西、西安两级政府高度重视文化和旅游业的发展，出台了多项利好政策，拓展了文化旅游业深度融合的发展空间，着力提升了旅游业的文化内涵和品位，最大化地实现了文化旅游业的经济价值。

20 世纪 80 年代初，西安开始探索文化与旅游融合发展，并以一部《仿唐乐舞》拉开了全国旅游演出市场的序幕。1983 年，西安着手推出一台展现唐代多姿多彩乐舞艺术的舞剧——《仿唐乐舞》。该剧作为一部集中展现唐代歌舞、音乐、服饰的歌舞剧，实现了常态化演出，一演就是 25 年，迄今共计演出 7700 余场。随着国内游井喷式发展，2005 年，陕西旅游集团推出一台以华清池为背景的实景演出《长恨歌》，选择了骊山脚下、华清池畔最具吸引力的历史片段——唐明皇与杨贵妃的爱情故事，同时运用高科技手段营造氛围，坚持原创音乐，并植入陕西地方戏曲元素。由于定位于新兴的国内游，《长恨歌》获得前所未有的好评，共接待中外观众逾百万人，实现经济收入过亿元。2012 年，全年演出 300 场，接待观众 40 余万人次，收入 7000 余万元；2013 年，接待观众逾 60 万人次，收入 8500 万元，创历史新高。[①] 陕西先后打造的《长恨歌》和《延安保育院》两部剧目，更赢得了各方好评。30 年里三部经典，西安旅游演艺不断改革创新，走出了以“深挖自身资源，创新驱动原创”为特色的发展之路。

除此以外，西安还打造了国内首家区域性综合旅游电子商旅平台——骏途旅游网，在旅游电子商务板块抢占先机。骏途旅游网创立于 2013 年 10 月，是陕西旅游集团公司斥资 5000 万元倾力打造的中国首家区域综合旅游电子商务平台，致力于成为中西部地区最具影响力的专业旅游电商网站。骏途旅游网以

① 郭青：《〈长恨歌〉2013 年演出季辉煌落幕》，《陕西日报》，2013 年 11 月 1 日。

“陕西人自己的旅游网站”定位市场，以景区门票、度假酒店、自由行、自驾游为主体，同时兼顾国内游、出境游、公司家庭小团体订制旅行、轻探险特种旅游等业务，为陕西游客出行提供一站式旅游服务。骏途旅游网推出的“1元游陕西”采用线上提前订购，线下消费体验的O2O模式，让游客体验了一把本地电商“旅游惠民”带来的实惠，让游客享受到方便、快捷、优质的智慧旅游服务。

文化与旅游产业的融合，已成为提升文化与旅游业吸引力、凝聚力的重要路径，有力地提升了全省经济社会发展的实力。2015年全年，陕西接待境内外游客3.86亿人次，同比增长16.1%；旅游总收入3005.8亿元，同比增长19.2%。“十二五”期间，预计全省接待境内外游客14.14亿人次，旅游业总收入1.07万亿元，分别比“十一五”期间增长了180%和226%。全省接待境内外游客和旅游业总收入年均分别增长21%和25%。游客人均花费753.6元，比“十一五”期间增长16%。旅游成为拉动陕西省经济发展的重要力量。一是在稳增长方面，旅游成为全省投资的重要增长点。“十二五”期间陕西全省实施旅游项目2100余个，完成投资1721.04亿元，比“十一五”期间分别增加69.5%、222%。招商引资项目656个，两届丝绸之路国际旅游博览会签约项目58个，涉及资金451.62亿元，累计完成投资1689.54亿元。二是在调结构方面，旅游带动了相关行业转型发展。2014年国家旅游局统计，旅游业对住宿业的贡献率超过90%，对民航和铁路客运业的贡献率超过80%，对文化娱乐业的贡献率超过50%，对餐饮业和商业的贡献率超过40%。陕西不会低于全国平均水平。三是在惠民生方面，积极推动旅游扶贫和就业。2016年预计乡村旅游接待1.4亿人次，旅游总收入158.9亿元。“十二五”期间，全省乡村旅游共接待4.71亿人次，年均增长30.3%；乡村旅游总收入500.8亿元，年均增长30.8%。农家乐经营户达到2万户，乡村旅游从业人数达24万人。推进151个国家首批乡村旅游扶贫重点村建设，遴选10个县区开展省级旅游扶贫试点示范，旅游示范县人均年收入增加1000元左右，带动60万人脱贫。全省旅游业累计直接就业703万人。①

① 《2015陕西全年接待游客3.86亿人次 旅游总收入超三千亿》，人民网，最后访问时间：2016年2月10日。

(三)文化与金融融合——着力打造西部特色金融范式

文化产业的发展离不开金融资本和社会资本的强力支撑,文化金融融合已经成为文化产业创新发展的动力源泉。在国家、省一系列政策的引导下,金融机构纷纷看好文化产业的发展前景,参与热情高涨,不断创新产品和服务方式,对文化企业的授信额度不断加大。

西安文化与金融的合作开始于 2009 年,中国银行陕西省分行通过集团客户综合授信方式,向曲江文化产业投资(集团)有限公司提供了 66 亿元的融资服务。2012 年 6 月,陕西省委宣传部、省文化厅、部分省属文化企业分别与国家开发银行陕西省分行、中国工商银行陕西省分行、浦发银行西安分行等金融机构,签订了推进陕西文化产业发展合作备忘录、文化产业开发性金融合作等 7 项战略合作协议。国家开发银行陕西省分行累计投放 146 亿元贷款用于西安文化产业园区建设,并与曲江新区管委会合作发起设立了为期五年的"国开·曲江之星"文化产业创业集合贷款计划,每年可提供总规模 10 亿元的贷款资金,用于解决文化创意类中小企业融资难困境。[①] 陕西进出口银行、开发银行、工商银行、农业银行等相继制定支持文化产业发展的相关政策,将文化产业作为信贷投入的重要方向,陕西人保财险公司成立了专门的文化保险机构,民生银行针对文化企业设计专用信用评级模式,首创"电视剧导演融资"新模式,推进新型业务模式与陕西文化资源结合,长安银行在曲江新设分支机构,开展针对文化企业的特色服务。与此同时,以陕西文化产权交易所、西安文化产权交易中心为主的文化金融产业市场,文化担保公司、文化投资公司为主的第三方服务机构不断壮大,金融服务体系日趋完善。文化企业融资渠道多样化,以影视版权质押艺术品质押融资为代表的新型金融产品不断涌现,文化旅游、广播影视、文化创意产业融资规模、数量突出,西安曲江新区和西安高新区已成为文化金融创新实践的引领区和核心区。

2015 年 5 月 20 日下午,"立足陕西、面向丝路"的西部首家文化金融服务机构——陕西文化金融服务中心在西安正式揭牌成立。该中心由陕文投集团将自身构建起的文化金融产业链相关业务整合成立,重点服务中小微文化企业的融资需求。通过项目对接、信息服务、业务培训、信用增进、资金支持、行业交

① 《国开行陕西分行以金融创新拓宽融资渠道》,人民网,最后访问时间:2016 年 2 月 15 日。

流、定制服务等方式，陕西文化金融服务中心为文化企业和各类金融机构牵线搭桥，快速收集和对接文化类投融资信息，发挥服务平台作用，其搭建的陕西首家文化债权的网络交易平台（P2P 平台），实现了“互联网＋文化＋金融”，让传统文化产业得以与市场快速接轨，打造文化与金融资本、社会资本相互融合的对接平台，推动陕西文化贸易的发展，成为激发文化产业发展的活力源泉。

“一带一路”建设将西安推向了国家向西开放的前沿位置，作为“一带一路”战略建设的中枢，西安正在加快推进区域性金融中心建设，以西安金融商务区为核心，以西安科技金融服务示范区和曲江文化金融示范区为侧翼的“一区两园”格局已初具雏形。随着丝绸之路经济带新起点的建设，西安区域性金融中心的辐射范围将会延伸到丝绸之路经济带沿线国家。金融是现代经济的血液循环系统，文化产业是极具潜力的国民经济新型支柱产业，推动文化金融合作发展是实现文化产业快速发展的必然要求。

（四）传统媒体与新媒体融合——着力构建创新发展空间

2014 年 8 月，中央印发了《关于推动传统媒体和新兴媒体融合发展的指导意见》，将媒体融合发展上升为国家战略。2015 年 3 月，陕西省委全面深化改革领导小组审议通过了陕西的实施意见，对全省媒体融合发展做出全面部署。推动传统媒体与新兴媒体融合发展，既是党中央着眼巩固宣传思想文化阵地、维护意识形态安全做出的重大战略部署，也是传媒领域无法回避的一场重大而又深刻的变革。

互联网技术的裂变式发展，带来了传播格局的深刻调整。西安传统媒体立足转型，在报道理念、内容生产、传播形态等方面进行了大量有益尝试，新型主流媒体建设已初见端倪。在移动互联网日益普及的今天，西安纸质媒体也在探索转型升级的有效路径，纸媒大体都实现了从“翻阅时代（纸质媒体）”到“点击时代（电脑媒体）”再到“触摸时代（移动媒体）”的跨越，如陕西日报传媒集团推出的“掌中陕西”APP 客户端、三秦都市报的“云报纸”、西安晚报的“微报”以及华商报的“华商播报”、“华商头条”等。[①] 作为全国创刊最早的省级党报之一，陕西日报始终对新媒体和新技术保持密切的关注。1998 年，陕西日报就建立了电

① 薛耀晗：《深度推动传统媒体创新融合发展》，《陕西日报》，2015 年 10 月 13 日。

子版网站、上线数字报，并形成了党报、门户网站、社交平台、手机客户端等多元渠道和平台，涵盖了文字、图片、视频等全媒体传播形态。2014 年 10 月，在首届中国报业新媒体发展大会上，陕西日报传媒集团获“2013－2014 中国报业融合发展十大领军人物”、优秀案例论文奖二等奖、中国报业新媒体项目创新 50 强提名奖三项殊荣。2014 年 4 月至 12 月，陕西传媒网综合性收入达到 1200 多万元。2015 年上半年，经营收入达到 600 多万元。2014 年 10 月 8 日，由陕西日报传媒集团倾力打造的手机新闻客户端“掌中陕西”上线公测。“掌中陕西”涵盖新闻、专题、问政、陕西日报数字报四大板块，为用户提供本地化、人性化的新闻资讯。

为顺应互联网迅猛发展，进一步凝聚社会力量，促进行业发展，加强行业自律，壮大主流舆论，清朗网络空间，适应未来新媒体行业发展的必然趋势和要求，2015 年 12 月 9 日，陕西成立了陕西省新媒体联合会。该会结合陕西新媒体发展的现状，由陕西省委网信办指导，新华网陕西频道、人民网陕西频道、西部网、陕西传媒网、华商网、西安新闻网、宝鸡新闻网、咸阳新闻网、阳光网、新浪陕西等 10 家网站发起，吸纳陕西 37 家互联网单位和 30 余名业界人士共同成立，是推动陕互联网行业蓬勃发展的重要举措。

目前，西安传统媒体与新媒体的融合还处于探索阶段。传统媒体与新媒体的融合还处于“两张皮”的状态，实现赢利的更是凤毛麟角，日常运营仍靠传统模式在支撑。新媒体融合是传统媒体自身生存发展的需要，需要更多地面向市场，引入市场资本，通过多元渠道融资、跨界经营实现迅速壮大，从而有力推动产业融合发展。

三、西安文化产业融合创新存在的问题

“十二五”时期，西安坚持用科学布局来引导资源有效配置，注重遵循经济规律和文化发展规律，文化与旅游、文化与科技、文化与金融等的融合已经有了一个亮丽的开局。当前的文化产业融合创新工作还存在着一些需要解决的问题，主要表现在以下几个方面：

从融合的深度来说。现阶段，西安文化与旅游、文化与科技、文化与金融的契合度依旧不够，其主要表现是：一方面，文化产业在发展的过程中需要不断注入新鲜思维、观念，文化与旅游、文化与科技、文化与金融的融合并不是简单的

叠加，而是“文化+”与各种业态、要素的多重互动。西安文化产业创新发展的科技含量依旧欠缺、旅游融入文化产业的深度依旧不足、文化金融的创新性还很低，“文化+”的应用领域和范围还较为狭窄。文化与旅游、文化与科技、文化与金融等的融合发展还存在“两张皮”的现象。

从融合产生的实际效果来说。新型文化业态发育不成熟，科技、旅游、金融等要素对于文化发展还需进一步的配套。现阶段西安文化创新能力和水平虽然不断提高，但文化产业的创新功能有待进一步加强，现有政策对文化产业新兴融合创新的业态引导和支持力度有待加强，文化产业与其他要素融合发展的生态环境系统还有待进一步健全。同时，西安在运用新兴技术、金融产品及旅游资源建设公共文化设施建设、现代文化传播体系构建以及非物质文化遗产保护与古籍保护上力度不够，公共文化事业发展凸显不足，新兴要素和工具对于文化发展还需要进一步的配套和融合。现有的文化产业税收激励政策还比较零散，扶持激励力度不大，文化与科技融合、文化与旅游融合、文化与金融融合方面的优惠政策还不健全，文化产业融合创新的政策环境尚须优化。

造成上述问题的原因是多方面的，具体来说：首先，在政策层面，文化与旅游、科技、金融等要素融合的长远规划不够完善，支持文化融合创新政策的系统性、专业性、差异性不足，文化产业政策落地环节的设计与企业的实际需求之间存在不小的差异。其二，在文化要素和文化市场方面，文化要素不完备、文化市场主体不健全、文化产品流通市场不发达，导致文化产业供需不平衡；文化产权交易中心和文博会的作用发挥不够全面，西安文化产品的知名度和美誉度还很低。其三，在文化产业方面，文化企业轻资产、抗风险能力弱、产品结构单一等特点，以及企业经营意识不强，是文化产业融合创新发展的主要障碍。

四、西安文化产业融合创新发展的典型案例

（一）长恨歌：整合盛唐文化资源，彰显长安旅游魅力

大型实景历史舞剧《长恨歌》是陕西旅游集团公司斥资亿元打造的一台旅游演艺产品。该剧以唐代诗人白居易的同名叙事长诗《长恨歌》为蓝本，以真山、真水、真景物为舞台背景，通过舞剧的艺术形式，运用现代科技手段，演绎了

李隆基和杨玉环的爱情故事，再现了大唐盛世的恢宏气象，在旅游界和文化界产生了巨大反响，被誉为“中国首部大型实景历史舞剧”。

近年来，陕西旅游集团在“创新驱动、转型升级、全面发展”战略指引下，开创新一轮整合创新之路，建设城市旅游文化中心区，整合旅游文化产业板块，使陕旅集团走上了规模化、效益化扩张的快车道。本着“开掘唐华清池独特文化旅游价值内涵”的创作目标，《长恨歌》在策划过程中充分挖掘了华清池千年厚重的文化积淀，将山水文化、历史文化、古典诗歌、唐代建筑、音乐、舞蹈、服饰等文化资源进行整合，运用现代科技手段对传统文化元素进行包装。《长恨歌》以“斯山为大幕、斯水作舞台、斯地真历史、借我入戏来”的策划理念，力求在传统园林景区的文化产品形态、实景演出方式和内容、演出场景气氛营造和运作模式等方面实现了较大的创新。同时，融入陕西民间秦腔、碗碗腔等戏曲元素，使演出既有浓郁的盛唐丰源又具有现代化的时尚气息，既具有国际化视野又有本土化特色，成为文化内涵丰富、表现力强的旅游演艺精品，为人文景区的产业升级做了有益探索，打造了一台文化旅游的饕餮盛宴。①

《长恨歌》的成功运作，使得华清池、西安、陕西的影响力和知名度都得到了极大的提升。作为“中国文化创意产业的典范之作”，《长恨歌》入选《国家文化旅游重点项目名录》，并代表陕西荣获了中韩文化交流功勋奖、中国舞蹈荷花奖，并获得陕西省精神文明建设“五个一”工程奖，被亿万网民评为中国最美实景演出，成为西安旅游的新名片。

《长恨歌》之所以在演出市场经久不衰，就在于其立足陕西自身的文化资源、人才优势，充分发掘、打造出了符合现代观众审美口味，根据观众的反馈、评价不断进行打磨、调整的旅游演艺作品，由此获得市场的持续接受。《长恨歌》重视文化和旅游的结合，在二者融合中达到相互提升和共赢，产生了1＋1＞2放大式的“蝴蝶效应”。文化旅游紧密结合、互通互补，才能赢得更广的市场，创造更大的价值。

① 王颖：《旅游演艺：以大型实景历史舞剧〈长恨歌〉为例》，《陕西文化发展报告2015》，2015年，第163—164页。

(二)西安文化科技创业城:筑梦空间,追求卓越[①]

西安文化科技创业城是西安市执行国家大力发展文化科技融合以及鼓励微小企业创业政策的重要运行载体之一。依托曲江 4500 家文化企业,抢抓"大众创业、万众创新"和"互联网+"新机遇,进一步发挥文化资源优势,通过文化创意和模式创新,建设西安小微企业创业创新孵化器集群。未来十年,曲江将以西安文化科技创业城为支点,探索"文化+科技+无限可能"的发展模式,抢抓"双创"和"互联网+"的发展红利。

西安文化科技创业城于 2015 年 5 月正式挂牌运营,作为西安创建国家级现代服务业综合试点城市"一城一带"的支撑项目,获得了 3 亿元的现代服务业专项资金支持。目前,西安文化科技创业城已形成以曲江文化大厦和拿铁城产业孵化苗圃为核心的 60 万平方米文化产业园区,并参照国际成功范例,打造满足小微企业和创业团队全方位需求的环境,完善办公和食住行条件,建立共享公共资源体系,降低企业成本,实现资源利用集约化。至 2020 年,将形成 200 万平方米以上创业产业园区,模式和品牌在丝路沿线复制。

创业城正在迅速形成企业创新创业孵化器集群。2015 年已经入驻专业孵化器近十家,包括北大科技园、大唐电信、西安优创孵化器等等,创业企业和孵化项目 200 余个。至 2018 年,不同领域的专业孵化器入驻将超过 20 个,分别涵盖移动互联网创业、网络教育、数字出版、电子商务、虚拟现实、资本众筹、信息服务等产业门类,为 500 个以上企业或团队提供孵化服务,所有孵化器集中运营,将形成聚合效应,资源、业务的相互交集,形成广袤的良性产业生态。从 2015 年开始三年内,曲江新区预计投入资金 8 亿元以上用于基础环境建设和改善。

与此同时,金融资本体系开始迅速聚集,2015 年已聚集各类创投资本近 10 亿元,已引进德同资本、和君资本等金融机构,和德同资本合作的西安文化科技创业城引导基金总额 2.55 亿元即将挂牌,合作的总金融资本超过 10 亿元。至 2018 年,配套成立的天使基金和风险投资基金超过 10 支,总额超过 50 亿元,在资本聚集初具规模的同时,还将在北上广深等资本最为活跃的城市设立机构,建立战略投资联盟,在全社会更广阔的领域整合资本,预计至 2018 年,为创业

① 《筑梦空间:西安文化科技创业城》,《陕西日报》,最后访问日期 2016 年 2 月 16 日。

城配套的资金规模将达到200亿元。

作为国内首创的文化科技孵化器集群，西安文化科技创业城将以强大的品牌传播优势、完善的配套服务、庞大的资本体系，与全领域的专业孵化器、金融投资机构携手，进一步推动文化科技产业的融合。

(三)曲江新区:以金融创新服务中小文化企业①

中小文化企业因核心产品或资产价值难以评估、投资风险较高等原因，往往难以获得银行信贷支持。“融资难”困扰着中小文化企业的发展，曲江新区鼓励文化企业相互持股，联合经营，开辟多种融资渠道；而风险投资公司、基金等创新类金融形式的出现，与企业投入、政府资金、银行贷款、文化基金、证券融资等相结合的多元化文化产业投入机制，为一些中小文化企业扩容发展资金提供了新的途径。

1.“股权＋项目”模式助力影视拍摄

曲江风投成立于2009年，是一家专注于文化产业风险投资的企业，以曲江文化产业优势平台为基础，搭建文化产业和金融资本桥梁，利用“文化资金＋风险投资＋货款担保＋财税补贴＋房屋补贴”模式，整合了影视、演出、动漫等文化产业各领域资源，为文化企业做好资金支持、管理咨询等创投服务工作。相比其他文化产品，影视产品能够获得更多的资金青睐。影视剧项目投资巨大、资金回笼慢，曲江风投创新发展了“股权投资＋项目投资”的影视产业的投资模式。丫丫影视就是这种投资模式的成功案例。2011年曲江风投注资2920万元，帮助丫丫影视进行股改并实施项目投资。丫丫影视每投拍一部电视剧，曲江风投都会投入1000万元项目资金，双方按10%的固定回报分红。

2.专项基金分类帮扶

除了风投，西安曲江还成立专业基金支持文化产业。以曲江美霖基金为例，这是我国西部首只影视类专业投资基金，以有限合伙形式运作，专注于精品影视剧的制作与发行，首期投资规模为2亿元。美霖影视基金正在积极募集1亿元的二期基金，计划投资6部影视剧和2家影视企业。

① 《西安曲江新区:以金融创新服务中小文化企业》,《中国文化报》,2015年2月27日。

3. 互联网金融带来快捷便利

互联网金融的兴起和融资租赁的灵活性等特点，也使得文化产业投融资有了新的形态。曲江风投正在尝试文化产业投融资与互联网金融、融资租赁业务的结合。通过互联网、移动互联网等新媒体工具，将使传统金融业务具备透明度更强、参与度更高、中间成本更低、操作更便捷等特征，为中小文化企业带来更便利快捷的服务。

五、融合创新背景下西安文化产业发展建议及趋势展望

随着经济社会的快速发展，文化已贯穿于各领域各行业，成为提升产业核心竞争力的重要支柱。文化发展也呈现出多向交互融合态势，文化与旅游、科技、金融等领域已实现双向深度融合，并在农业、制造业等传统领域也开始体现价值。推动文化产业与其他产业融合发展，有助于推动产业结构创新，催生出新技术、新工艺和新产品，缔造出新的消费需求，丰富和发展了各行各业的文化内涵。“十三五”时期，西安要重点做好“互联网＋”、文化创意、动漫网络游戏、数字出版、设计服务业、新媒体等新业态的发展工作，促进文化创意和设计服务与装备制造业、消费品工业、建筑业、信息业、旅游业、农业和体育产业等重点领域融合发展。

（一）完善规划、拓展服务，着力优化文化产业发展环境

加强产业融合系统布局和顶层设计，降低产业融合壁垒。立足西安经济布局、地理因素和文化特色，树立城市文化理想，以大文化观统筹文化、旅游、科技、金融等要素，协调产业、园区、板块发展。做好文化产业融合的前瞻性研究，包括业态、技术、产品、品牌、融合体系、战略性企业的研究和规划、产业结构的规划、市场网络的规划、政策法规的规划、评估体系的设计，等等。加强政策引导，完善平台功能，制定文化产业战略发展规划及近中期行动计划，有针对性、策略性地发展文化产业。积极营造产业融合环境，创设宽松自由的产业融合社会环境，打造开放包容、充满活力的创意城市和创意社区。优化公共信息服务平台和投融资平台，引导产业融合向纵深推进。整合不同渠道扶持政策和资金，改革现有财政资金扶持方式，探索积极合理的股权投资引导机制，推动股权

投资机构加大对文化企业直接投资。大力发展股权投资基金和创业投资基金，鼓励各类资本采取私募等方式发起设立主要投资于公共文化服务、文化产业等领域的投资基金。搭建高效的政府公共信息服务平台，促进文化、旅游、创意与互联网的融合创新，运用最新数字技术改造提升文化传播方式。深入实施知识产权战略，加强文化创意知识产权保护力度，为文化产业与其他产业的渗透、交叉和融合提供法律保障。加快培育服务型社会组织，支持行业协会加强行业规范、标准建设与权利救济，发展文化创意知识产权评估交易中心等面向文化新业态的评估、咨询、知识产权服务的中介机构。

(二)坚持创新引领，重视文化业态和产品形态的培育和提升

以实施创新型省份、西安全面创新改革试验区、西安高新区自主创新示范区建设三大国家战略任务为契机，发挥西安科技创新引领作用。全面推进制度创新、科技创新、产品创新、管理创新、市场创新和金融创新，让创新成为驱动发展的新引擎。降低投资创业门槛，促进大众创业、万众创新和增加公共文化产品，加大科技进步和自主创新的投入，实现经济的转型升级。发挥文化企业创新主体作用，提升文化科技企业自主创新能力，加强培育和认定文化新业态、新领域企业，重点培育具有自主知识产权和市场竞争力强的骨干企业。支持文化企业创建国家实验室，加强知识产权保护和应用，推动企业、高校、科研院所协同创新。加强西安文化创意开发与转化，鼓励文化企业构建文化创意研发中心，建立完善创意与研发对接机制，充分发挥文化创意与科技创新的互动作用。推动文化产品和服务的生产、传播、消费的数字化进程，加快商业营销模式创新，强化文化对信息产业的内容支撑和创意设计提升，加快培育双向深度融合的新型业态。推动文化资产评估和交易体系建设，为知识产权、人才、信息、技术等文化要素合理流动奠定基础。加快文化投融资体系建设，丰富资本市场交易渠道，建立起金融资本、社会资本与文化资源有效对接的便捷通道。

(三)积极促进“文化＋”的深度融合，构建协同发展的产业格局

一是促进文化旅游产业融合发展。创新体制机制，着力改善供给侧结构，深入发掘历史人文资源，系统打造红色文化、历史文化和大遗址保护、自然山

水、丝路文化、文艺陕军等文化品牌。发挥30个重大文化产业项目引领作用，推动国有单位和社会资本联手开发多元化文化产品、打造旅游精品景区与线路；推广《长恨歌》演艺模式，鼓励文艺团体固定景点开发精品剧目，结合文化旅游名镇和美丽乡村建设发展乡村游和城郊休闲游，让中外游客在休闲娱乐中留下对西安的美好记忆。二是促进文化科技产业融合发展。坚持以需求为导向，以文化产品研发设计为主，加快文化数字内容产品的开发和服务的提升。搭建数字内容产业链的综合服务平台，着力解决文化产业关键技术、共性技术。全面推动三网融合以及传统媒体和新兴媒体融合发展。大力支持西安国家数字出版基地、印刷包装产业基地和陕西动漫创意产业基地建设，发挥其示范引领作用，打造具有竞争力的品牌。持续增强企业文化与科技融合的自主创新能力，提升文化产品的科技含量。三是围绕“文化+”发展新型业态。通过实施“互联网+”行动计划，推动文化与制造、物流、金融等产业深度融合，推动互联网金融规范发展，打造新的增长点，使转型升级跟上时代步伐，着力构建具有西安特色、体现创新引领的现代文化产业体系。

(四)完善人才培养、引进和扶持等机制，打造文化人才队伍

实施文化产业人才培养工程，建立和壮大西安文化产业人才队伍。发挥高校院所、文化企业、园区基地、创业创意孵化器等各自优势，推进产学研用合作培养人才。充分利用西安高校众多、科研实力雄厚的优势，加大文化产业人力资源开发力度，支持本地高等院校、职业院校与文化企业联合建设文化产业人才培养基地，加快培养、培训文化创意研发设计、经营管理、营销经纪人才。同时，推动文化人才扶持计划，打破体制壁垒，扫清身份障碍，积极培育创意阶层。实施海外高端文化人才引智计划，鼓励文化创意和设计人才来陕投资兴业，为文化产业与其他产业的深度融合提供智力支持。健全符合创意和设计人才特点的使用、流动、评价和激励体系，破解人才难题。鼓励用人单位对创意和设计人才的创作活动、学习深造、国际交流等进行奖励和资助，支持文化新业态企业实施创意创新骨干人才持股、参股、配股等政策。推进职业技能鉴定和职称评定工作，探索建立文化新业态人才职称评定和职业资格认证机制。

未来几年，西安将以实现创新驱动发展转型为目标，以推动科技创新为核

心，发挥创新资源优势，统筹推进科技与金融、科技与文化的融合创新，统筹推进军民融合创新，统筹推进丝绸之路国际合作创新，营造大众创业、万众创新的政策和制度环境，强化全面创新驱动和全面深化改革“双引擎”，努力建成国家创新型示范城市，打造内陆型改革开放新高地。

（马鸿斌，西安市文化体制改革和文化产业发展领导小组办公室；颜鹏，陕西省社会科学院文化产业与现代传播研究所）

第十六章
评析:跨界融合创新的创意产业新模式

一、产业运行的基本态势分析

二、年度融合创新主题点评

三、主要问题及对策

2015年，在经济新常态、供给侧改革以及“三新经济”涌起的背景下，创意产业越来越成为许多城市经济发展的重要引擎。其规模、质量和水平日益成为衡量一个城市综合竞争力的重要标志。通览本年度报告精心选取的14个城市，兼顾了东中西部的地域分布和大中小型的规模差异，充分考虑了当地创意产业所处的不同发展阶段，旨在从截面和典型的角度，反映中国创意产业在2015年的发展情况，并就重点城市和典型案例进行分析与点评。

一、产业运行的基本态势分析

(一)宏观运行态势:产业实力整体增强

1. 产业规模普遍扩大

2015年，虽然中国经济的整体发展减速爬坡，但许多地方的创意产业增加值不断提高，占地区生产总值比重普遍提升，在拉动地方经济增长、调整产业结构和转变增长方式中发挥了重要作用。多数城市创意产业的发展速度非常之快，成为所属省级行政区的领头羊。2015年，北京市文化创意产业再上新台阶，全年实现增加值3072亿元，同比增长8.7%，占地区生产总值的13.4%，比上年提高0.2个百分点。除去长期领先的北京、天津等直辖市，较为突出的还有青岛、杭州和长沙三地。例如，青岛2015年文化创意产业增加值预计919.56亿元，占GDP的比重将会达到9.8%；杭州2015年全市文化产业实现增加值855亿元，占GDP比重为8.5%；长沙2015年文化创意产业预计实现增加值774亿元，占GDP的比重为9.1%。贵阳、石家庄等其他城市的创意产业规模，虽然整体规模尚有不足，但也都有一定程度的扩大。

2. 市场主体力量增强

分析报告中的各地材料可见，多地创意产业整体实力的提升都与各类创意企业数量的增加呈现正相关关系，且企业特色各有侧重。例如，2015 年，北京文化与科技创新资源嵌合互动，文化科技企业发展强劲，有效带动产业快速发展。1—11 月，全市规模以上软件互联网企业实现收入 4143.1 亿元，同比增长 10.1%，成为带动文创产业发展的核心支撑。青岛市以高新技术企业为主，2015 年，高企总数已达到近千家，在副省级城市排名第一。长沙则以文化企业为多，至 2015 年末已拥有规模（限额）以上文化产业法人单位近千家，其中营业收入过亿者占 1/3 强。杭州创意产业的支撑力量则主要表现为民营文创企业的强大活力，在中宣部公布的 2015 年"文化企业 30 强"名单中，全国共有 8 家民营企业入选，其中四分之一属于杭州。

3. 双创成为全新动力

"大众创业，万众创新"是 2015 年中国经济领域的主题之一，被提升到中国经济转型和保增长"双引擎"之一的高度，自然也成为许多地方创意产业发展的新工具。根据国务院办公厅印发的《关于发展众创空间推进大众创新创业的指导意见》，众创空间具备低成本、便利化、开放式等特点，具有较强专业化服务能力，为创意阶层提供了创业培训、投融资对接、政策申请、工商注册、法律财务、媒体资讯等全方位的发展服务。较具代表性的如常州首家以工业设计为特色的众创空间——N 立方（N3）创意工坊，全流程提供苗立方（孵化区域）、脑立方（分享区域）、助立方（增值区域）、咖立方（休闲区域）、厨立方（生活区域）等一站式服务，形成了创意与创业珠联璧合的青年创业社群。落户长沙岳麓区的 58 众创不但可以为参与者提供文化资源融资平台，还能自主开发一系列新的文化形式，并提供体验式创意创业实训平台，帮助大学生把创意变成资本的意识和能力。青岛创意产业领域更是形成了体系化的双创格局，上至国家级战略区域的"一谷两区"（蓝色硅谷、西海岸新区和红岛经济区），中至市南区、市北区、李沧区、崂山区、城阳区等众创空间密集区，下至即墨市、胶州市、平度市、莱西市等创客空间拓展区。杭州则以政策配套见长，《杭州市初创型文化创意企业孵化工程（展翅计划）实施意见》和《杭州市成长型文化创意企业培育工程（登高计划）实施意见》等政策内容都表现出了相当的突破性。

(二)中观运行态势:园区基地各领风骚

纵观各创意城市,发展创意产业的重要途径和方式都离不开园区的支撑。不少城市都以创意产业园区为载体,支撑创意产业发展规划,建设重大创意产业项目,引导产业资源向园区聚集。总体看来,各地的园区发展主要呈现如下几种模式。

1. 链条式发展

不少城市的创意产业园区都积极融通自身价值与驻区企业价值,成功打造了当地的特色创意产业平台。例如,武汉最大体量的"江城壹号"文化创意园区,通过文化与消费的有机融合,形成了完善的创意产业价值链。园区集时尚餐饮、文化消费、休闲娱乐、创意办公、非物质文化遗产等链性业态于一体,有机融合多元企业,在保留原有历史空间记忆的同时,增加了时尚符号和人文元素。又如,聚集了千余家各类创意企业的长沙天心区国家级文化产业示范园区,链式牵连了创意产品生产、演义娱乐、文化传媒、文化金融等多种文化创意产业类别的企业,进一步扩大文化创意产业集群规模,发挥园区文化创意产业集聚效应。

2. 连片式发展

这是近年来一些城市创意产业园区发展呈现的新趋势。例如,2015 年正式开园的杭州创意设计中心,作为两岸文化创意产业合作实验区的核心区块,与之江文化创意园和淳安县千岛湖两岸文创培育基地一起获得"两岸文创产业合作实验示范基地"称号。地处西部的贵州,也通过后发优势搭上了连片式发展的快车。又如,以动漫、软件制作和电子商务为主要业态的贵阳国家数字内容产业园、贵阳青年创意产业园、贵州出版产业园,实现了白云区、高新区、观山湖区"三区三园"的连片式发展格局。

3. 焦点式发展

这是创意产业园区发展的一种重点式思路。典型代表如郑州国际文化创意产业园正在打造的"东方奥兰多",完全是一个国际化、现代化的时尚文化创意旅游新城。通过园区建设,一批有影响力的创意产业项目纷纷签约落地,引领了郑州创意产业的良好发展势头。此外,被誉为"东方好莱坞"的青岛"东方影都"也是焦点式发展模式的典型代表。项目聚焦了众多影视文化产业项目,有力增添了青岛获得"电影之都"称号的资本。

4.分层式发展

纵观各创意城市,无论大小,截至2015年,基本都形成了国家级和地方级园区的分层布局。例如,处于起步期的淄博,47家文化产业园区(基地)中,2家园区入选国家级文化产业示范园区(基地)。9家园区入选省级文化产业示范园区(基地)。处于发展期的如哈尔滨市建成国家级示范基地5个、省级示范园区基地19个,完成省"十二五"重点文化产业项目23个。处于成熟期的城市如长沙,已有国家级文化创意产业园区和基地12家,省级文化创意产业园区和基地13家。中心城区重点发展传媒、演艺、会展、艺术品、创意设计、休闲娱乐等产业集群,新城区、风景区重点发展文化旅游、文化物流、文化产品制造产业集群,通过产业集群化发展,促使文化产业全产业链的形成,为文创产业的融合创新提供环境。

(三)微观运行态势:各类创意企业如鱼得水

1."新三板"激活中小创意企业的源头活水

全国中小企业股权转让系统的推出,迎合了中国创意企业对融资的需求特点。各创意城市中,已有多地的创意小企业进行了成功尝试。例如,截至2015年底,杭州已有13家文创企业成功挂牌"新三板"。淄博市共有12家文化企业成功在沪市、深市、新三板、齐鲁股权交易中心等资本市场挂牌上市。常州的灵通展览也于2015年尾声在新三板挂牌上市,成为全国展览器材行业首家上市企业。海润国际文化传播股份有限公司也因成功挂牌"新三板",成为黑龙江省文化产业首家登陆资本市场的上市公司。哈尔滨鑫时空科技股份有限公司则成为东北三省首家、全国第三家"新三板"挂牌的动漫企业。

2.融合业务大幅提升创意企业影响力

跨界类文创企业正在提升多地创意产业的效益。例如,北京市互联网金融企业发展迅速,市场份额占全国的40%以上。据"网贷之家"统计,截至2015年12月末,全市正常运营的P2P平台数达302家,占全国的比重达11.6%,贷款余额达1717.4亿元,领先全国。众筹筹资总额占全国总数的33.1%,位居全国首位。大数据金融率先布局,中金数据、百分点、九次方、拓尔思等引领互联网金融发展。获得 2015 年中国上市公司口碑榜最具成长性上市公司的长沙拓维信息、中清龙图、快乐阳光等影视企业，以及入围“世界媒体 500 强”的中国民营出版传媒第一股——天舟文化，通过积极布局移动互联网游戏、数字教育等新兴科技领域，不断整合文创业务内容。西安则形成了以数字文化内容为代表的中小文化企业集群，以陕西出版集团、曲江出版传媒、华商报为代表的图书、新闻出版发行企业集群，以雄峰印务、秦源软塑科技等为代表的印刷包装企业集群，业态横跨数字内容、动漫游戏等新兴产业，形成了强大产业规模和企业聚集效应。

3. 非公有制企业成为创意产业生力军

2015 年，主要创意城市的创意产业发展都呈现出非公有制企业异军突起的局面。北京作为全国创意产业的领头羊，其非公有制企业的作用最具代表性，业务增速明显高于公有经济。一方面，全市规模以上文化创意产业非公及混合所有制经济法人单位实现收入 6748.7 亿元，同比增长 8%，高于公有经济收入增速 4.7 个百分点，占文化创意产业收入的比重达到 66.2%。大幅激发了市场活力。另一方面，非公有制企业的利润增长显著，2015 年实现利润总额 489.2 亿元，同比增长 12.2%，占文化创意产业利润总额的比重达到 69.1%。

（四）环境影响因素：政府支持引导得力

2015 年是中央几大利好创意产业发展的政策落实年，《国务院关于推进文化创意和设计服务与相关产业融合发展的若干意见》等文件的效力逐步显现，《关于发展众创空间推进大众创新创业的指导意见》、《国务院关于大力推进大众创业万众创新若干政策措施的意见》、《国务院关于加快构建大众创业万众创新支撑平台的指导意见》、《国务院关于积极推进“互联网＋”行动的指导意见》等文件纷纷出台。在宏观政策的指引下，各地纷纷出台当地配套政策，有力保障了创意产业发展总体向好，较为突出的包括以下几方面：

资金支持已经成为许多地方的必选动作。但在一般的规定套路当中，淄博市的做法非常有特色，可以概括为“财政补贴一点、税收返还一点、金融借贷一点、创业者出一点”。“四个一点”有效破解了小微创意企业融资难、融资贵的“瓶颈”。此外，杭州的财政支持手段更为完善，为了适应财政新形势要求，修订了《杭州市文化创意资金管理办法（试行）》、《杭州市文化创意资金项目库管理细则(试行)》和《杭州市文化创意资金竞争性分配管理办法(试行)》等专项资金使用管理文件。

金融服务则成为较发达城市的特色领域。多地政府都利用金融机构，加大信贷扶持力度，引导金融机构创新开发金融信贷产品，拓展小微文化企业的融资渠道。北京云集了IDG、红杉资本、联想投资等境外风险投资、境内创业投资机构吸引的境内外创业投资额占全国的1/3，成为受国际资本青睐、国内创业孵化发展的首选区域。以北京软件信息服务业投融资为例，2014年，北京软件和信息服务业投融资规模达到213亿美元，较2013年上涨139%，其中，投融资金额103亿美元，企业并购融资金额75亿美元，企业上市融资金额35亿美元，从投融资的领域来看，互联网教育、互联网游戏、文化数字创意、系统软件、云计算服务融资成为新的市场增长点。杭州、武汉和西安分别代表东中西部地区探索了转变资金扶持方式，并走在了全国前列。

如杭州银行文创支行等在杭金融机构，有序运营文创产业无形资产担保贷款风险补偿基金、文创产业转贷基金等文创金融产品，积极筹备文创产业投资引导基金和"助保贷"文创金融产品，积极筹建杭州联合银行文创特色支行。杭州银行文创支行成立两年来已累计为超过200家文创企业授信达20亿元。武汉市委宣传部与汉口银行签署了"武汉市文化企业信贷风险池基金"战略合作协议，武汉市文产办、市财政局和市文化局联合颁布了《武汉市著作权质押贴息暂行办法》，政银携手化解小微文化企业融资难题，推动全市文化产业步入快车道。在西安正式揭牌成立的陕西文化金融服务中心，通过项目对接、信息服务、业务培训、信用增进、资金支持、行业交流、定制服务等方式，重点服务中小微文化企业的融资需求，实现了"互联网+文化+金融"，成为激发当地创意产业发展的活力源泉。此外，常州市委宣传部、市财政局2015年与江南农村商业银行合作设立的"常州市文化产业引导资金支持媒体融合专项贷款"也较为引人注目，有力支持了报业、广电传媒产业开展的媒体融合项目，促进了地方创意产业的内容集成、平台建设、技术研发和业态创新等业务。

在政府服务方面，各地都有明显举措、特色各异。较为细致的是石家庄明确县(区)两级常委宣传部长和分管副县(市)区长每人牵头分包一个辖区内大项目、好项目，协调解决项目建设发展中遇到的各种困难和问题，提供"点对点"、"一对一"和"保姆式"的服务，让项目单位少走弯路，确保项目落地实施。中部的长沙市人民政府在政策支持方面屡出奇招，出台了《关于加快发展对外文化贸易的实施意见》等文件,加强政策引导支持,大力推进文化产品交易平台建设。青岛市则以当选 2015 年"东亚文化之都"为特色,带动了当地创意产业发展,扩大了自身在东亚文化圈中的影响力。

此外,文化与科技融合继续在 2015 年深入推动多个城市的创意产业发展。北京引领全国数字内容业态发展,以动漫、网络游戏、数字音视频等业态形式为特征,在数字内容的制作、出版、传输等关键环节集聚了一批国内优势企业,处于国内领先地位。据统计,北京拥有近 1/4 的全国网络出版单位、国内半数以上的数字游戏开发商及国家广电总局批准的 10 多家动画节目制作单位。集聚了以完美时空、中文在线、搜狐畅游等为代表的一批国内领军的数字内容制作、运营服务企业。尤为突出的是西安曲江新区。通过"西安文化科技创业城"项目是加速推进文化科技融合的这一重要承载体,重点发展文化科技创新领域,推动科技服务与新兴产业融合发展,数字出版、移动互联、虚拟会展、电子商务等文化科技企业聚集,形成良性发展的文化科技融合产业生态圈。大唐电信移动互联(西安)孵化基地已正式开园启用,标志着曲江新区以"文化+互联网+无限可能"为核心的"一城一带四集群"建设取得了更进一步的发展。

二、年度融合创新主题点评

2015 年,随着中国经济进入新常态,创意产业孤军奋战的难度加大,诸多产业自然而然地需要抱团取暖。在市场引导下,许多城市的经济开始了发展战略调整、业务方向转型和商业模式重塑的过程。国务院《关于推进文化创意和设计服务与相关产业融合发展的若干意见》和文化部《关于贯彻落实〈国务院关于推进文化创意和设计服务与相关产业融合发展的若干意见〉的实施意见》表明,创意产业只有跨界融合才能转型升级,以发展文化创意产业和设计服务业为引信,引爆创意产业的周边产业爆发强大的融合效应。这也充分体现了国家的供给侧改革精神。在政策融合导向作用下,多地创意产业在 2015 年通过文化创意、先进技术等要素对传统产业不断融合渗透,优化了创意产品与服务的供给,推动传统产业的创新发展和转型升级,催生了新业态和新模式,创造了创意产业全方位、深层次、宽领域融合发展的新气象。随着与相关产业的跨界融合,创意开始带动农业、制造业、高科技产业、旅游业等提升质量水平,推动中国企业向"微笑曲线"两端移动,实现"中国制造"向"中国创造"的跨越。

(一)创意农业旅游异军突起

在2015年的创意产业发展中,不少城市都充分挖掘农业潜能和农村的文化资源,把科技、文化、产业、市场和生态环境有机结合,促进农耕文化、地域文化、时尚文化与农业发展相融合,不断丰富农业产品、农耕景观,提升农产品附加值,探索农业休闲旅游等创意农业发展新模式,带动了乡村休闲旅游、现代民宿、农村电子商务、养老养生等新业态。

北京农业GDP比重已不足1%,囿于北京的城市功能,农业的发展已较早地和文化创意实现了融合。2015年,北京市积极推进农业调结构、转方式、发展高效节水农业,传统农业规模进一步收缩,产量下降,但全市以农业技术为支撑的设施农业收入仍有大幅增长,以文化与融合特征较为鲜明的景观农业加快发展。设施农业收入增长,初步统计显示,2015年,全市实现农林牧渔业总产值368.2亿元,同比下降12.3%。在传统农业增收乏力的前提下,设施农业收入不断增长,全市设施类型结构、种植结构不断调整。设施实际利用占地面积有所下降,但播种面积达到了61.6万亩,同比增长7.8%,实际利用率大幅提高,实现收入55.5亿元,同比增长8.2%,设施农业实现提质增效。景观农业加快发展。2015年,北京按大田景观、园区景观、沟域景观三大景观类型,分别设立美丽田园创建示范点,率先在延庆、顺义、房山、密云、大兴和海淀建立10个景观农业示范点,使大田功能向生态休闲观光方面转变。

从总量上看,淄博、石家庄等地都形成了相当规模的创意农业旅游业态。如淄博至2015年已推出29条"文化+旅游"的乡村旅游线路,年产值突破70亿元。石家庄市具有一定规模的文化休闲农业园区已达26个,总资产达9.8亿元,经营面积2.1万亩,带动农户4.1万户,年营业收入2.4亿元。其中特色文化产品和农副产品收入1.6亿元,门票收入1000多万元,年接待游客150多万次。哈尔滨根据自身的大城市大农村特点,积极推进十县(市)的特色农业发展,推进各县(市)根据自身发展实际,培育特色农业品牌,正在形成哈尔滨市主城区近郊特色农业观光旅游带,如哈尔滨市道外区重点建设民主镇大庄园现代农牧业旅游观光基地、现代农业科技示范园、滨江湿地旅游风景区、民主镇胜利村都市村庄等。

从业态个案分析,杭州的淳安已通过将创意融入当地渔业的养殖、捕鱼、食用、推广等系列环节,实现了传统渔业的转型升级,成功推出了"富丽乡村"系列旅游产品;打造了集休闲旅游、文化经贸于一体的“中国·杭州千岛湖秀水节”、“中国杭州·千岛湖有机鱼文化节”等品牌活动;形成了以鱼文化为统领、鱼产业为核心,集创意设计、文化体验、旅游消费于一体的鱼文创产业链。贵州则利用多元化的乡村文化资源,开发了《布依女人》京剧电影这种具有贵州农村特色的文化产品,收录了安顺镇宁高荡村,开阳禾丰乡、水头寨村等地的农业风情,融入了八音坐唱、布依舞蹈等独具布依族特色的文化元素,成为我国展示首部布依农业文化的戏曲电影,展现了贵州美丽的山水、朴实的布依风情。此外,在政策支持方面,武汉市政府动作最大,于 2015 年 7 月明确出台《关于加快推进“互联网＋农业”发展的意见》,提出着力打造“互联网＋农业”示范城市的目标,促进智慧农业的发展。

(二)高科技产业让创意产业如虎添翼

党的十八大提出“促进文化与科技的融合,发展新型文化业态,提高文化产业规模化、集约化、专业化水平”以来,创意产业的融合发展思路基本明确。2015 年,许多地区的高科技产业都有效提升了文化创意产品的影响力、表现力、传播力。比较各创意城市的情况可以看出,越是科教水平发达的地区,创意产业与高技术产业的融合程度越深。特别是中西部地区的几座城市,在这一融合领域优势突出,有望成为区域崛起的重要着力点。

例如,北京的软件信息业国内领先。2014 年全市软件著作权登记量为近 5 万件,产业收入约占全国的 1/5。产业发展的质量和效益进一步提升,2014 年全行业人均营业收入 86.9 万元,同比增长 5.5%,规上企业平均收入达到 2.1 亿元,同比增长 16.7%。2014 年,规划布局内重点软件企业、软件百强企业等均约占全国的 1/3,拥有 73 家国家规划布局内重点软件企业,占全国 28%,拥有 32 家中国软件业务收入前百家企业,占全国 32%,拥有 6 家国家安全可靠计算机信息系统集成重点企业。滴滴出行、小米科技、美团网、今日头条、口袋购物等 20 家企业入榜“2015 年福布斯中国最快成长科技公司 50 强”,占入选企业总数的四成。

例如,作为中部地区的科教高地,武汉市明确提出要依托地区高校、科研院所和文化科技龙头企业,在演艺、博览、动漫游戏、网络文化、文化资源数字化等领域,建设多个重点实验室与工程技术研究中心,通过打造标准化的“武汉智慧文化消费平台”,集消费、演出、交易、技术、生产、运营、管理、预测、预警等能力为一体,具备了对创意产业的内容、生产行为、消费行为的大数据分析条件。

同处中部的长沙则在传统文化生产领域形成了与高科技产业融合的特色,突出表现在两个行业。一是烟花行业,2015 年的第十二届中国(浏阳)国际花炮文化节建立了花炮文化节专用移动网络平台,在烟花艺术汇演现场,直接引入 APP 和移动互联网应用,通过万人手机扫码来实现烟花点火,增加了烟花项目的体验感,并推出了智能遥控烟花的新创意,通过智能感应让烟花实现与音乐的节奏呼应,增强了互动感。通过文化与科技的融合,传统的烟花成为高科技产品,提升了浏阳烟花的品牌意蕴。

作为西部科教高地的西安,在推动文化和科技融合园区建设上可圈可点,截至 2015 年,西安国家级文化和科技融合示范基地已经聚集了 3000 多家文化科技企业,初步形成了以数字文化内容为代表的中小企业集群,产业业态涵盖数字内容、动漫游戏等新兴产业,形成了强大的产业规模和企业聚集效应。2015 年 5 月正式挂牌运营的西安文化科技创业城尤其引人注目。作为国内首创的文化科技孵化器集群,该项目正在形成强大的品牌传播优势、完善的配套服务、庞大的资本体系,与全领域的专业孵化器、金融投资机构携手,进一步推动了文化科技产业的融合。

除了中西部的三大城市之外,东北大城市的代表哈尔滨也通过融合高科技产业提升着自身的创意产业发展水平。2015 年,哈尔滨市积极抓结合“中国云谷”、黑龙江省老工业城市转型发展试点地区和哈尔滨国家现代服务业新媒体产业化基地建设,打造云计算等现代高端服务产业,推动了新型创意产业业态的不断进展,在动漫游戏、数字出版、移动多媒体广播电视、物联网、云计算、文化博览、多媒体技术等领域都形成了一定的优势。

(三)运动健康产业为创意产业注入新活力

2015 年,随着人均 GDP 的增长,运动健康产业越来越成为人们关注的焦点。一些城市的创意产业顺应居民消费结构升级趋势,积极与健康产业融合发展,满足消费者多层次、多样化的健康需求。二者的融合发展为许多城市转变经济增长方式、调整产业结构、扩大社会就业和改善民生等方面注入了全新活力。2014 年,北京发布了《北京市人民政府关于加快发展体育产业促进体育消费的实施意见》,制定了《北京市体育新兴服务业发展规划(2015—2020年)》,加快体育产业发展,促进文化与体育的融合发展。2014年,北京市体育产业实现增加值178亿元,同比增长9.3%,实现收入958.6亿元,同比增长11%。2014年,北京成功举办了一届精彩的田径世锦赛;全年共举办北京国际长跑节、世界田径挑战赛、中网公开赛、北京马拉松、北京世界单板滑雪赛、电动方程式锦标赛北京站、世界女子冰球锦标赛、世界花样滑冰大奖赛等国际体育赛事25项,国家体育总局体育赛事23项,市级竞技系列赛事27项,群体系列赛事385项。体育赛事是充分体现文化与体育融合的主要业态,成为首都文化消费的一大热点。

产业宏观方面,最具代表性的经验来自哈尔滨和天津。哈尔滨的特色在于冰雪。该市根据冰雪自然人文资源特色举办冰雪体育活动,策划打造影响力大、参与度高的精品赛事,推动体育竞赛表演业全面发展。异军突起的哈尔滨市冰雪运动产业,在雪场数量、规模、设备设施、接待能力、滑雪收入等方面都名列前茅。全市共有滑雪场50个、雪道77条、雪道总长度60442米,从业人员近5000人,年接待滑雪人数超过200万,总收入20亿元。哈尔滨市体育产业增加值的70%来自冰雪运动产业。冰雪运动产业与创意产业的融合发展,还带动了体育用品生产、健身娱乐、竞赛表演、零售、培训、中介、保健等众多行业的联动,催生了一大批富有创意的体育俱乐部。

天津的特色在于体育休闲产业。该市坚持体育场馆设施建设与综合开发利用一体化,全市公共体育设施具有开放条件的已全部向市民开放。最具代表性的是全市拥有15个标准高尔夫球场、8个高尔夫练习场和马球场等时尚体育休闲场所。截至2015年底,天津已建成5323个健身园、92个体育公园、63个全新的乡镇文体中心,遍布城乡、免费使用的健身设施已初具规模。全市经营性体育活动场所400多家,以经营体育健身为主的服务场所1100多家;体育传媒200多家,体育经纪人400多名,健全发达的体育市场体系基本形成。

企业微观层面,较具代表性的案例如杭州万事利公司,巧妙借助体育活动,以品牌提升打造丝绸"礼品经济"。以其著名的"奥运彩"声名鹊起之后,万事利先后与广州亚运会、世界大学生运动会、第八届残疾人运动会等全国各类体育盛会对接,在支持体育事业的同时弘扬丝绸文化,形成了"世界顶级盛会上的万事利现象"。郑州的卧龙公司也从单纯的充气广告媒体扩展至体育教育领域。其正在平稳运行的"趣味运动会"、"移动文化乐园"项目,就定位于加强娱乐与体育的融合，提倡人们健康生活方式，取得了良好的经济效益和社会效益。企业结合不同的文化元素，充分利用充气游乐产品形象，在体现功能、安全等特点的同时，与设备制造、机电控制等科技产品结合，能够满足不同年龄人群的娱乐体验要求，企业的竞争力不断提升。

（四）“互联网＋”推动创意产业驶上高速路

“互联互通·共享共治——共建网络空间命运共同体”已经成为互联网时代的主题与共鸣。中国在互联网世界已经占据了举足轻重的地位，“互联网＋”的经济发展新模式也已经上升到国家发展战略的高度。2015年，“互联网＋”继续推动中国创意产业高速发展。随着移动互联网、大数据和云计算的能量迅速释放，Wi－Fi、4G快速普及，手机、平板等智能终端和各种穿戴式智能设备的推陈出新，让中国消费者与互联网的联系如胶似漆。“互联网＋”日益成为中国创意产业发展的先导力量，有力地推动着经济和社会的发展。

北京作为全国各类企业、科研院所、高校的精英荟萃之地，在这方面仍然发挥着表率作用。在互联网企业方面，北京集聚了以百度、奇虎360、人人网、暴风网际、乐视网、优酷网为代表的一批全国顶尖的网络新媒体，人人网、优视科技、网秦天下等一批处于国内行业领先地位的移动服务供应商，12家网站进入全球100家知名网站，国内百强网站的1/5位于北京；北京的水晶石、麦肯光明、航美传媒等一批国内外领先的广告会展服务商也纷纷把互联网广告推向主要业务阵地，导致北京新媒体广告会展服务业态形成迅猛发展态势。北京还在数字内容的制作、出版、传输等关键环节集聚了一批国内优势企业，处于国内领先地位。例如，近1/4的国内网络出版单位和半数以上的数字游戏开发商都汇集于北京；以完美时空、中文在线、搜狐畅游等为代表的一批国内领军的数字内容制作、运营服务企业也选择驻京发展。

如果说北京是“互联网＋”助推中国北方创意产业的聚焦之地，那么在南方，“互联网＋”对创意产业的发展成效则主要展现在2015第三届文化创意项目（常州）对接会暨首届长三角互联网＋产业对接会上。本次展会吸引了长三角地区近200家企事业单位参展，涵盖了“互联网＋文化”、“互联网＋硬件”、“互联网＋服务”等多个领域及其上下游产业链。而第二届常州移动互联网大会更是秉承了2015年第二届世界互联网大会的“乌镇精神”，围绕“互联网＋”，汇聚了近500名互联网创业者、传统企业家、网络广告商、手机应用开发商、服务提供商，开展了一场互联网主题的常州论剑。而常州自身也已拥有了10家“2015年度常州市互联网风云企业”、15家“2015年度常州市互联网最具潜力企业”及12位“2015年度常州互联网风云人物”。常州经验已经开始为不少地方所效仿。

在具体的企业案例层面，最引人注目的当属杭州留青文化旗下的艺趣网、博艺网，堪称当今中国书画交易领域的两大艺术品电子商务交易平台，探索出了一条“互联网+艺术品”的融合之路，成为中国艺术界网络生活应用不可或缺的部分。截至2015年底，两大交易平台共推出原创艺术类相关专题近千个，不受时间和地点限制的艺术家网上艺术展1500余场，自主研发了为艺术家提供强大交流平台的个人授权艺术家官方网站达2000余个，为全国各知名拍卖机构提供网上拍卖预展达400余场，开通6000余位艺术家博客，发布艺术类咨询逾11万条。杭州留青文化还于2015年开发出了一款网络拍卖的APP软件，消费者动动手指就能在手机客户端上完成拍卖，使艺术品交易过程更为简单、方便、快捷得以实现，传统艺术拍卖形式被彻底颠覆。

三、主要问题及对策

纵览各创意城市的创意产业在2016年的发展情况，除了前述一路向好的基本态势和可圈可点的融合创新主题，还有不少问题亟待解决。

(一)中小城市的创意产业还需全面推进

中小城市创意产业的文化资源丰富，但创意实现能力不足，创新能力有待提高。首先，在产业主体方面，扬州、淄博等中小城市创意产业还存在企业规模较小、品牌质量和层次较低、创意人才匮乏等方面的问题。中小城市普遍有着丰富的文化资源，但是却没有发挥出应有的产业价值，往往是中小型的创意企业在台前跑龙套，缺乏有综合竞争力的大型创意产业基地和产业园区作为主角。企业的创新研发能力有限，创新意识薄弱，大多数企业停留在模仿阶段，普遍缺乏自我造血功能。

其次，中小城市难以引进和留住创意产业方面的领军人物、复合型人才，基于融合业态的新兴行业的专业人才以及高端人才更是少有愿意扎根中小城市的。人才瓶颈已经成为中小城市发展创意产业的严重障碍，而中小城市出台的一些人才扶持政策恰恰缺乏针对性，尚没有把创意类人才列入其中。这方面中小城市可借鉴"杭州青年文艺家发现计划"和"杭州青年设计师发现计划"等先进城市的经验，加大对高层次文创人才及团队的引进力度。

此外，中小城市的创意产业基本上是以政府扶持为主，产业的社会投融资体制尚未形成，缺乏大规模扩张的资本后盾。上市的创意企业仍然不多，在国内外有影响的民营文化企业少。特别是民营资本活力的缺乏，导致当地创意产业发展资源不足。同时，政府的扶持政策不够健全完善。

最后，从创意产业融合发展的情况分析，现阶段，中小城市的旅游、高新科技、金融等业态的融合仍显得生硬，基本处于简单的叠加。而创意产业在发展的过程中需要真正融入新鲜思维、观念，与各种业态、要素的多重化合反应、持续互动。特别是中小城市创意产业创新发展的科技含量依旧欠缺、金融介入的深度依旧不足，缺乏创新性，融合的领域和范围还较为狭窄。

因此，对于中小城市创意产业的发展，政府还应把精力放在引导科技、旅游、金融等要素的配套方面。这些地区创意产业创新功能的进一步加强，还需要从人才、资本等方面着力完善现有政策，进一步健全创意产业与其他要素融合的环境系统。当地政府在运用高新技术、金融资本及旅游资源建设方面，可以从供给侧提高公共文化设施建设水平，抓住时机构建现代文化传播体系，在非物质文化遗产保护与古籍保护上加大力度，与创意产业形成进一步的配套和融合。

(二)地方政府的宏观管理有待不断完善

融合发展凸显了创意产业门类多、跨度大的特点，特别是牵涉了一些传统行业，涉及制造业、农业以及服务业。如此复杂的产业发展趋势对政府管理和服务水平提出了新的挑战。目前，许多地方领导小组式的协调机构已经显得捉襟见肘，力度不够，具体表现为协调联动不力、目标散乱、运行不规范、责任主体不明以及九龙治水等弊端，难以从宏观上、整体上规划、推动创意产业融合发展。

尤其是在政策规划层面，文化与农业、制造业、体育、旅游、科技、金融等要素融合的长远规划不够系统和完善，甚至互相冲突，支持创意产业融合创新发展的政策专业性不足，层次较低，执行力差，创意产业政策的落地与企业的实际需求之间存在较大差异。业态、技术、产品、品牌、融合体系等方面都还有很大的政策规划设计空间，具体如产业结构的规划、市场网络的规划、政策法规的规划、评估体系的设计等等，都需要搞好顶层设计，统一思想明确目标。“因地制宜、合力布局、突出特色”应成为各地制定创意产业发展规划的基本原则。唯有如此，才能合理布局产业分区、调整产业结构、依次有序推进，有计划地推进产业发展。

总体看来，各地创意产业的融合发展趋势有待一个类似北京市国有文化资产管理办公室的政府强力实体部门出来独当一面，整合归并同质行业的管理职能，以“文化科技融合”的理念统筹文化、旅游、科技、金融等要素，理顺融合各方相关管理机构间的关系，制定创意产业战略发展规划及中短期行动计划，有针对性、策略性地发展创意产业。同时，这类的政府部门，在加强产业融合系统布局和顶层设计，降低产业融合壁垒的同时，又要特别区分直接供给和扶持管理两种职能，对于自己实际控制的创意企业，站清立场，摆明关系，避免既扮演裁判员又扮演运动员的尴尬局面，在经济性政策工具的实施过程对民营企业一视同仁，维护公平竞争的市场原则，鼓励全部市场主体的积极性。

(三)创意产业发展的环境需要综合提升

环境是创意产业融合发展的重要条件。顺应融合趋势，自然离不开对产业宽松自由融合环境的积极营造。具体而言，包括如下几个方面：

一是科学技术环境。新科技代表新经济，未来以互联网、量子通信为标志的信息通讯技术必将大行其道，改造甚至颠覆创意产业的既有范式。随着互联网与传统产业的融合更加深化，云计算和大数据等科技成果的不断转化，创意产业必将向其他相关产业深度渗透。跨地域、无边界、分布式的互联网已经打通了诸多产业壁垒，使创意的实现如探囊取物，给创意产业的发展带来了无限可能。科技进步将加快创意产品的生产、传播和消费效率。如果一个城市不能把科技环境放在首位发展创意产业，其可持续性将不容乐观。

二是金融资本环境。创意产业的发展尤其需要金融资本的输血。良好的金融资本环境将推动创意产业的经济效应更快显现。创意企业的融资环境将成为一个城市创意产业环境要素的重要指标。发达的金融资本能够有效配置创意产业资源,增强产业发展活力和竞争力,是创意产业实现规模发展和可持续发展的重要支撑。杭州、常州、武汉等地在创意企业直接融资、上市融资等方面鼓励和引导金融机构建立专门服务创意产业的环境建设值得向全国推广。

三是文化消费环境。创意产业本质是一种文化消费。在国家外贸经济整体不容乐观的今天,通过创意产业拉动文化内需、激活文化消费成为各地稳增长的重要手段。文化消费不能片面依赖公众,政府还要加大政府采购、消费补贴等政策支持力度,引导创意企业提供更多优质产品和服务,生产适应消费者需求的创意产品,不断拓展市场空间。各地政府可以通过文化消费信息资源共享服务平台和欣赏、体验、阅读等多种形式的活动,引导消费者旺盛的文化消费需求。创意企业应努力创新,丰富文化消费业态,展电子商务营销模式,方便文化消费行为,丰富消费者的文化消费选择,仿效北京通过举办文化消费季、发放文化消费卡等做法,有效引导文化消费意愿,激发文化消费潜力。

四是法制环境。市场经济是法治经济,创意产业对法制环境的要求尤其苛刻。相对于法律的刚性,我国许多城市现有的创意产业规划、政策、意见等有着效力层次低、作用机制单一、适时性和实效性不足的缺陷。专门的产业促进法能够促进和保障创意产业的良好运行和融合发展。按照宪法规定,较大城市的人大及其常委会有权制定地方性法规。在这方面,北京、天津、武汉、杭州、哈尔滨等较大的省会城市都有天然的优势,且不乏雄厚的创意产业基础,可以率先尝试地方立法先行,最终促成全国统一的创意产业促进法。

五是人才环境。不同的地区在高校、科研院所、文化企业、园区基地、双创等方面都具备比较优势。各地应因地制宜,加大创意产业的人力资源开发力度,支持本地高校、院所与创意企业联合培养创意产业人才,全面覆盖研发设计、经营管理、营销经纪等专业领域。通过打破体制壁垒,扫清身份障碍,培育创意阶层成长壮大,为创意产业与其他产业的深度融合提供源头活水破解人才难题。

(四)创意融合的深度和广度仍有提升空间

纵览 2015 年各城市的融合发展情况,可以从中发现一个共性问题,即多数城市创意融合的深度和广度还远远不够。有些城市片面于文化与科技融合,有些城市则偏颇于文化与金融融合。总体而言，融合的主题还局限于旅游、农业、运动健康等具体领域，融合的手段还主要依靠金融的创新和科技的发展。要解决这一现状，有待从以下几个方面着手：

一是促进创意产业的宽口径融合发展。各城市应创新创意产业运行的体制机制，着力改善供给侧结构，深入发掘各个地区的历史人文资源，系统打造特色历史文化和文物保护、自然景观、人文景观等文化品牌。发挥各地重大创意产业项目的引领作用，推动国有单位和非国有企业联手开发多元化文化产品、打造旅游创意精品；推广西安、贵州、哈尔滨等地的模式，鼓励文化生产单位开发精品创意产品，让文化消费者在休闲娱乐中感受对当地的美好体验。

二是继续下大力促进文化科技产业融合发展。对于任何产业来说，科学技术都是第一生产力。各地应坚持以消费者需求为导向，以创意产品的研发设计为主，加快文化数字内容产品的开发和服务的提升。搭建数字内容产业链的综合服务平台，着力解决创意产业的关键技术、共性技术。依托三网融合以及传统媒体和新兴媒体融合发展的良好机遇，大力支持地方文化科技融合型的产业基地建设，发挥其示范引领作用，打造具有竞争力的文化科技品牌。持续增强企业文化与科技融合的自主创新能力，不断提升创意产品的科技含量。

三是继续围绕“文化＋”和“互联网＋”发展新型业态。通过持续实施“文化＋”、“互联网＋”行动计划，推动各地创意产业与传统制造、高端制造、现代服务业、金融等产业的不断融合，推动互联网金融规范发展，打造新的增长点，使转型升级与时俱进，着力构建具有地方特色、体现创新引领的现代创意产业体系。

（孙天垚，中国创意产业研究中心）

附录一：《中国创意产业发展报告》十年概览

一、《中国创意产业发展报告(2006)》——初步研究与认识

二、《中国创意产业发展报告(2007)》——理论与数据分析

三、《中国创意产业发展报告(2008)》——集聚区建设与集群发展

四、《中国创意产业发展报告(2009)》—— 政策推动创意产业发展

五、《中国创意产业发展报告(2010)》—— 创意产业的投融资实践

六、《中国创意产业发展报告(2011)》——创意城市发展与评价

七、《中国创意产业发展报告(2012)》——科技与文化融合发展

八、《中国创意产业发展报告(2013)》——建设示范基地推动文化和科技融合

九、《中国创意产业发展报告(2014)》——文化消费拉动创意产业发展

十、《中国创意产业发展报告(2015)》——创意产业发展中的互联网思维

一、《中国创意产业发展报告(2006)》——初步研究与认识

从2005年起,中国创意产业研究中心开始关注创意产业的发展,在梳理大量研究成果的基础上进行研究分析,逐渐形成了对我国创意产业发展的总体判断——创意将引领中国新经济。在此基础上,编辑出版了《中国创意产业发展报告2006》(创意产业蓝皮书)。

报告研究提出了符合我国当时发展实际的创意产业概念内涵及外延界定,阐述了我国发展创意产业的现实意义,分析了发展中存在的问题以及影响中国创意产业发展的关键性因素。报告认为,我国的创意产业才刚刚起步,虽然一些地区已经取得了一定的成绩,但是总体水平还有待进一步提高。创意产业在全球蓬勃兴起,成为国际化城市产业发展的新趋势,创意产业必将发展成为引领经济腾飞和社会进步的支柱型产业。

全书共分为九大部分:发展研究篇——通过分析研究,比较各国(地区)的界定范围,给出了中国创意产业的初步分类,对产业发展中的问题、动力、模式及市场规范等进行深入探讨;理论探索篇——选编部分有代表性的学术性文章来对我国当时创意产业的理论和观点进行阐述;政策规划篇——着重介绍分析了中国香港、台湾、北京、上海、杭州等地为发展创意产业而制定的相关政策,这些政策对其他地区发展创意产业具有一定的借鉴意义;行业领域篇——分别选取工业设计、创意设计、传媒、电影等四个行业,分析其2005年的整体表现;城市地域篇——分析了中国北京、上海、青岛、深圳、香港、台湾六个城市和地区创意产业的发展历程、发展现状及趋势;交流活动篇——记录了2004年首届中国创意产业发展论坛(上海)、2005年首届中国创意产业国际论坛(北京)、2005年上海国际创意产业活动周、香港文化产业透视研讨会、海峡两岸文化产业发展论坛等交流活动。它们围绕不同的主题就我国创意产业未来的发展出谋划策,

提供交流平台;国际借鉴篇——研究英国、美国、澳大利亚、韩国、新加坡和日本等国家的创意产业发展过程,从政策推动、知识产权保护、国家战略、重点行业带动等方面分析提炼其发展经验;园区基地篇——对环渤海、长三角、珠三角等地创意产业园区深入剖析,显现其先行示范作用;案例分析篇——研究分析了“超级女声”、春节联欢晚会的创意产业化、人文奥运的创意和华硕设计创意等创意产业案例。

作为国内第一本创意产业研究专业出版物,《中国创意产业发展报告(2006)》在国内外形成了广泛影响,为创意产业理论研究和各级政府部门产业发展规划提供了有益借鉴,也为国际社会了解中国创意产业发展情况提供了蓝本。

二、《中国创意产业发展报告(2007)》——理论与数据分析

2007 报告在继承上年报告研究成果的基础上,继续跟踪全国创意产业的发展,研究创意产业发展理论,了解现状,并依据 2006 年正式发布的第一次全国经济普查数据,从多个层面分析研究创意产业发展情况。报告认为,**2006 是中国创意产业发展的元年。**众多省市都提出要大力发展创意产业,建立并认定了一批创意产业集聚区,出台了一系列政策规划。创意产业唤醒了古老中国文化的产业化开发。

全书由总报告、理论篇、数据篇、行业篇、政策篇和观察篇等六部分组成。总报告对上年我国创意产业的整体发展环境、理论、规模、政策进行了综合研究,提出了我国创意产业发展的六个基本判断:一是发展环境进一步优化,创意产业发展进入提速期;二是创意产业已具备较大规模,但产业结构有待调整;三是理论滞后问题继续存在,理论研究有待进一步深入;四是国家政策有望出台,地方政策制定趋于理性;五是区域创意产业发展特色鲜明,亮点纷呈;六是动漫、网游和软件行业将成为发展热点。

理论篇首先梳理了文化产业、文化创意产业、版权产业、内容产业、体验经济等与创意产业相关的各种概念;同时结合创意产业兴起的知识经济、消费社会和创新理论背景,对其进行了产业经济学意义上的分析,归纳了创意产业的生产性、商品性、求利性、组织性等特点;提出了“创意贡献率”的概念,以此来表示创意产业向传统产业渗透的程度;从创意产业的总体特点、产品和服务特点、

从业者特点、生产过程特点入手,提出了关于创意产业产生和发展的全新理论——“截层理论”和“引信理论”,丰富了创意产业的理论研究成果。

数据篇借鉴了世界及我国各地对于创意产业范围的界定情况,从产业发展的现实需求出发,结合我国国情和现行《国民经济行业分类标准》,从国家层面确立了创意产业分类体系,分为8个大类、21个中类,共包含80个国民经济行业小类。由此出发,根据第一次全国经济普查数据,选取了创意型企业的法人单位数、就业人数、资产总额及全年营业收入等四项指标,分析我国创意产业的规模、结构及行业发展情况,并给出了我国创意产业发展的基本定位。同时选取15个城市创意产业发展的数据进行分析,并尝试就这些城市创意产业发展状况进行总体评价与排序,依次是:北京、上海、广州、深圳、杭州、成都、南京、天津、重庆、青岛、长沙、苏州、西安、昆明、大连。

行业篇根据有关部门发布的数据对旅游、广播影视、出版和动漫等4个行业进行了分析比较。政策篇从国家和区域层面盘点了我国创意产业相关政策和规划,并进行深入分析研究,从政府功能定位的角度对健全和完善政策体系给出了建议。观察篇探讨了几个问题。另外,附录列出了2006年全国若干创意产业发展论坛和主要城市创意产业集聚区概况的资料。

三、《中国创意产业发展报告(2008)》——集聚区建设与集群发展

2008报告以集聚区建设与集群发展为主题,全书共分为三大部分:总报告统领,分城市叙述,最后是入选城市总结评析。由此确立了创意产业蓝皮书独特的三段论式体系框架,重点是通过主要城市(城市出现顺序按地域国标排序)创意产业发展状况反映全国的进展与趋势,这一创新模式固定为以后每年的报告框架结构,而不采用通常的论文集模式。

报告认为,中国各地在发展创意产业方面已经有了实质性的作为,并且取得了一定的成绩,产业集聚已经成为2007年中国创意产业发展的主旋律。支持产业发展的政策体系逐步建立,政府导向作用加强。四个直辖市已全部发布政策推行,而省会城市发展创意产业势头略逊于直辖市,特别行政区和少数发达地级市在创意产业发展中独树一帜。十六个主要城市的创意产业发展各具特色、各有所长,产业交流活动更加深入和频繁。

报告选取了北京、天津、大连、上海、南京、杭州、厦门、青岛、武汉、长沙、广州、深圳、重庆、成都、台湾、香港等十六个城市和地区，分章介绍其年度创意产业发展情况，并重点阐述集聚区建设和产业集群发展态势。从各城市发展特点看，北京创意产业发展呈现出产业集聚、政策推动和创新发展的特点，天津实质性举措推动创意产业全面提速，大连正着力打造北方文化创意名城，上海的创意产业成为推动先进制造业和现代服务业融合发展的新动力，南京创意产业正在彰显古城魅力，杭州正式提出打造“全国文化创意产业中心”，厦门努力建设海峡西岸经济区具有重要影响的文化创意之都，青岛立足齐鲁文明扎实推进创意产业发展，武汉以工业设计领跑创意产业，长沙倾力打造中西部区域创意产业中心，广州形成了以网游动漫产业为优势的聚集发展态势，深圳创意产业集聚区在产业转型中快速成长，重庆十年直辖发展未来创意之城，成都已成为领航西部创意产业的重点城市，台湾五大园区建设成效显著，香港回归十年粤港文化融合。

总结评析部分对各个城市创意产业发展的状况作了比较分析，认为：2007年创意产业受到了城市的普遍重视，各个城市依据自身的发展环境、产业基础和城市功能定位，在创意产业选择上各有侧重，形成自己的发展优势与特色。为促进创意产业的发展，各城市纷纷出台相关政策法规。同时，各城市普遍重视创意产业集聚区的建设，这些集聚区在形成模式和建设方式上存在一些共性，以企业自发形成模式和政府规划模式为主，也有个别政府政策引导形成的集聚等。

最后整理资料形成三个比较实用的附录：2007 年部分省市创意产业集聚区列表、创意产业相关政策列表和创意产业相关交流活动列表。

四、《中国创意产业发展报告（2009）》——政策推动创意产业发展

政策支持是创意产业发展的有力保障。报告认为，受雪灾和地震特大自然灾害以及世界范围金融危机蔓延的影响，我国宏观经济受到不利因素的干扰。但 2008 年中国经济总体发展态势仍然良好，创意产业的发展环境没有改变，并呈现出政策导向逐渐明确、人才建设更加系统、产业交流持续繁荣、重点行业逆势增长等特点。报告预测 2009 年中国创意产业将呈现七大发展趋势：创意产

业的发展环境有望进一步改善;"创意"将成为促进传统产业变革的"催化剂";潜在的闲置资金会在创意产业良性的发展机制中寻求高回报,创意企业融资问题或可因此得到一定程度缓解;政府"4万亿"资金拉动内需政策将使创意产业的市场进一步扩大;3G业务的推广为创意产业市场的开拓提供了崭新平台;各地创意产业将呈现差别化定位、特色化发展的格局;地方性创意产业政策及其配套措施将更注重操作性,业界对国家宏观政策和相关标准需求迫切。报告选取了十五个城市作为年度重点研究对象,除继续跟踪北京、天津、上海、南京等主要城市外,又将石家庄、哈尔滨、苏州、宁波、济南、南宁、昆明、西安等九个创意产业已有一定基础并呈现良好发展势头的城市列为新的研究对象,还首次聚齐了港澳台地区,详细阐述了这些城市2008年创意产业的发展情况,重点研究政策对创意产业发展的推动作用。

第三部分对各城市创意产业发展作了总结和比较分析,并研究了创意产业发展的政策需求与推动作用。2008年中国多数城市对文化创意产业发展都给予了比较有力的政策支持,已编制创意产业发展中长期规划的城市继续研究制定细化的政策措施;一些城市新出台了针对创意产业的总体指导政策;部分城市先行编制行业规划和区县规划;仍有个别城市亟待研究制定创意产业促进政策。提出国家和地方两个层面对创意产业的政策需求:国家层面应尽快研究编制创意产业统计指标体系、制定中长期发展规划,地方层面则需要落实投融资政策、细化人才培养政策等。

最后的"探索与思考"一章是报告最新的研究成果。从全新的视角分析创意产业相关概念,提出"创意产业的本质是提供差异化的精神体验";针对创意产业对经济增长的作用问题,从经典的经济增长理论出发,沿"索洛余值"思路,提出"创意是促进经济增长的全新生产要素"论断;以深圳成为"设计之都"为例,剖析了"全球创意城市网络与创意产业发展的'台一塔'模式"。此外在"创意农业"的专题研究中,探讨了"中国创意农业产业化发展战略及模式",论述了"创意农业是新农村建设的有效途径"。最后指出"金融危机背景下创意产业应扩大国内市场,促进居民文化消费"。

三个附录提供实用参考:部分省市2008年创意产业政策列表、创意产业交流活动列表、主要省市创意产业规模数据列表。

五、《中国创意产业发展报告(2010)》——创意产业的投融资实践

2009年7月,“文化产业振兴规划”正式发布,我国创意产业进入国家宏观视野,上升为国家战略;各地纷纷将创意产业提升到战略性新兴产业的高度加快发展,呈现逆势上扬的发展态势;科技对创意产业的支撑作用加强;融资难问题也得到部分缓解,金融机构开始介入整个创意产业链条中,投融资渠道和模式更加丰富;国家和地方对创意产业的关注度仍在不断升温。从总体上看,随着我国经济回升向好的势头在逐步增强,国民经济实现保持平稳较快发展,创意产业发展的经济基础和社会环境进一步转好。

十五个城市依然是重点研究对象,一些中小城市凭借特色资源和准确定位也探索出了一条发展创意产业的路子,丽江、桂林、芜湖、唐山进入了本年度报告的视野。北京激发文化创新活力,促进城市经济持续增长;天津创意产业投融资服务体系逐步完善,滨海新区更是加大了“先行先试“的力度;上海从创意企业到创意社群,迈向创意之都;重庆“十二五”规划布局创意产业发展;深圳以“文化+科技”模式铸造城市创意魅力;南京文化体制改革推动创意产业稳步发展;杭州出台财政金融政策缓解创意产业融资难题;太原由新型工业基地转型特色文化名城;郑州创意产业崛起中原大地;西安渐成西北文化创意中心;青岛打造现代蓝色滨海文化新城;唐山整体布局生态创意之城;芜湖则成为泛长三角创意产业后起之秀;丽江已成为创意产业的国际性展台;桂林通过发挥地域资源优势,打造创意新城。

总结评析部分对2009年各个城市创意产业发展作了比较分析,提出城市化和创意产业融合发展的四种类型:一是城市高速发展推动创意产业模式转变;二是城市化与创意产业相互促进,共同发展;三是城市化推动创意产业发展;四是创意产业加快城市化进程。此外,分析了我国创意企业投融资的新变化和新成果,指出创意企业融资难的具体原因,分析了我国创意产业投融资实践经验。最后提出了后金融危机时代我国创意产业的应对策略,包括发挥政府的产业引导作用,大力推动集聚区建设,使产业走上集群化发展道路,化金融危机为发展机遇等。

在“探索与思考”部分发布了创意产业研究的最新成果,特别是厉无畏分析

了“2010 年世博会促进上海创意产业发展的路径”，说明科技、文化和人才是创意产业发展的三大基石；金元浦引入“数字港、物联网、云计算”的概念，论述了文化创意产业集聚区与国际贸易的高端融合。

最后是五个附录：部分城市创意产业规模数据表、部分城市创意产业领导机构、部分省市创意产业行业协会、部分省市动漫影视行业协会、部分省市文化创意产业扶持基金。

六、《中国创意产业发展报告(2011)》——创意城市发展与评价

2011 报告分为上、下两册出版。上册延续三段论模式的框架体系，通过若干城市创意产业的发展来反映全国的情况；下册利用 2008 年第二次全国经济普查资料，沿用 2007 报告的分类界定和评价方法，用大量的数据图表展示中国创意产业的整体发展情况，并与 2004 年第一次全国经济普查数据进行了对比分析，展示五年间中国创意产业的变化。

报告认为，2010 年经济回升向好、改革深入推进、政府支持强劲和国际大势所趋等条件都为我国创意产业提供了切实的保障，以城市为主力带动创意产业全面崛起，中国创意产业已步入快速发展期。报告指出，虽然我国创意产业既面临宏观经济转型、扩大内需战略、政策导向鼓励和文化软实力提升等因素带来的有利条件，也面临着通胀预期因素和世界经济复苏缓慢的压力，但从创意产业本身的强劲增长实力和外部有利环境看，创意产业将会在各种压力因素中寻找机遇获得突破，释放巨大的潜力。

报告上册选取了北京、天津、秦皇岛、长春、上海、无锡、杭州、厦门、济宁、长沙、成都、大理、西安、澳门等 14 个城市作为重点研究对象，系统梳理这些城市创意产业的最新进展，总结经验，分析问题，探索解决之道，最后对 14 个城市的发展情况进行了综合比较评析，认为我国各主要城市充分利用和挖掘资源，形成了各具特色的创意产业发展格局。

三个附录分别是：部分城市创意产业数据列表；创意产业相关政策法规列表；文化部命名的国家级文化产业试验园区、示范园区和示范基地列表。

报告下册共分八章，数据分析表明，2004 年以来，我国创意产业的整体规模持续增长，创意型企业数量在国民经济全部企业中占比较高，能够大量吸纳就

业人员，中小企业以及私营企业是创意产业发展的中坚力量，从业人员的高智力特征明显。通过两次经普数据比较可以看出，创意产业各项指标的增长速度明显高于国民经济其他行业。

报告下册选取了 60 个城市，涵盖了全国所有的直辖市、省会城市、副省级城市以及部分中小城市，比 2007 报告的 15 个城市扩大了范围。为了增强不同城市间的可比性，根据各城市经济社会发展体量和行政级别，分为四个层次分别加以分析和比较。其中，北京、上海在 4 个直辖市中绝对领先，广州、深圳、杭州位居 15 个副省级城市前三，福州名列 17 个非副省级省会城市之冠，苏州在 24 个其他类城市中遥遥领先，高居榜首。

报告通过对我国创意城市综合分析与对比，提出我国创意城市的分布总体呈"金字塔结构"，可以明显划分为四个集团。其中，北京和上海以绝对领先优势占据第一集团，继续领跑我国创意产业的发展，而广州、大连和石家庄则分处第二、三、四集团的首位，我国创意产业已经形成了以龙头城市为先锋、大中城市为主力、带动中小城市快速崛起的新局面。

七、《中国创意产业发展报告(2012)》——科技与文化融合发展

报告认为，2011 年中国创意产业的发展实现了风格转换，在延续了往年规模增长的基础上，凸显出规范和有序的年度特征。伴随文化与科技融合战略的实施，为创意产业注入强劲动力，创意产业整体规模连年增长，逐步成为城市经济支柱。

报告选取了北京、天津、呼和浩特、哈尔滨、上海、常州、苏州、扬州、杭州、绍兴、临沂、洛阳、深圳、昆明、西安 15 个城市作为重点研究对象。北京文化创意产业继续领跑全国，科技创新促进了创意产业的高端化进程。天津原创动漫产业在科技的助推下成为创意产业排头兵。呼和浩特打造了一批独具地域和民族特色的文化品牌。哈尔滨数字内容和动漫及新媒体等新兴文化业态发展迅速，园区基地的集聚效应逐渐显现。近年来长江三角洲地区城市创意产业发展成为热点，报告特别关注了长三角城市群，据此分析创意产业在推动区域联动发展方面所发挥的作用。上海世博经济拉动创意产业迅速发展，工业设计、建筑设计、网络信息业等均实现两位数的增长。常州以城市转型升级和"历史文

化名城”建设为契机，初步形成以动漫网游、创意设计、主题旅游为主要内容的新兴产业。苏州在促进传统文化资源与创意产业结合方面取得了显著的成效。扬州基本形成广陵、维扬和邗江三区联动、科文联姻、园区集聚发展的创意格局，运河文化创意产业带已成为扬州特色名片。杭州注重文化与科技等产业融合，培养了一批特色鲜明、竞争力强的品牌园区和龙头企业。绍兴发展文化创意产业突出与旅游、工业和科技的融合，促进文化资源优势向产业优势转化。临沂抢抓转方式、调结构机遇，大力弘扬沂蒙精神，加快发展文化产业。洛阳立足于传承弘扬河洛文化，将历史文化资源优势变为特色产业发展优势。深圳坚持内容导向与市场需求相结合、科技创新与体制改革相结合、立足国内开发与“走出去”相结合，推进文化与科技融合发展。昆明则走上了着力打造中国面向西南开放的区域性国际城市，全面推进泛亚文化名城建设的文化创意发展战略之路。

报告对过去一年国内创意产业研究的一些新观点、新思考予以发布：2011年，作为创意双翼的文化与科技融合发展成为创意产业研究的新热点，从融合科技的文化创意产业定义，探讨文化与科技之间的关系，对文化产业、创意产业和创意经济概念的重新审视，到云文化、微创新与社会网络市场对未来创意的影响，文化资源的市场创意开发模式等，无不透露着业内学者对创意产业前沿命题的深入思考，也为我们在创意社会中前行带来启迪。

最后是三个附录：部分省市2011年创意产业与文化产业数据列表、部分省市2011年创意产业政策列表、中国创意产业相关展会列表，方便读者查阅相关资料。

八、《中国创意产业发展报告(2013)》——建设示范基地推动文化和科技融合

2012年，中国共产党第十八次全国代表大会将文化产业作为国民经济支柱性产业发展正式列入十八大报告，创意产业已经成为国民经济发展格局中一个不可或缺的组成部分，创意产业保持持续高增长态势，成为引领地方经济发展的新引擎。文化和科技融合战略持续推进，成立了一批国家级示范基地，为全国大范围、高起点推动文化与科技融合发展提供了重要的载体和抓手。动漫网游、新媒体、新闻出版等一批新业态增长迅猛，创意产业也在加速向制造业、农

业、房地产等传统产业渗透。创意产业国际竞争力提升，文化“走出去”取得新突破。支撑创意产业发展的保障体系逐步健全，制约性障碍得到逐渐缓解。

报告系统总结了北京、上海、深圳等16个首批国家级文化和科技融合示范基地及其所在城市的创意产业发展情况。北京文化与科技创新要素密集，产业业态持续创新，文化附加值极大提升；天津通过将文化创意产业纳入科技发展规划扶持范畴，利用金融创新支持产业发展等手段，文化创意产业与科技融合的速度明显加快；沈阳重点发展五大产业集群和二十个创意产业园区，文化和科技体系不断健全；哈尔滨以国家级文化和科技融合示范基地为支撑平台，积极推进实现文化产业的跨越式发展；上海以“创新驱动，转型发展”为目标，创意产业得到了长足进展；常州以创新理念为引导，以科技创新为支撑，以创意设计为驱动，以品牌竞争力打造为核心，不断提升文化产业内涵；杭州在推动文化创意产业发展和打造全国文创中心过程中取得了新成效；合肥着力培育动漫游戏、数字影视、网络文化服务等新型文化业态，加快推进文化与科技融合发展；青岛将基地建设作为加快推进文化和科技融合的良好契机，产业发展面临着更好的环境；武汉构建以东湖国家自主创新示范区为核心的“一区多园”示范体系，形成文化和科技融合的倍增效应；长沙以独特的“文化湘军”现象引领创意产业发展；深圳将文化创意和科技创新相结合，进一步提升了文化创意产业的核心竞争力；重庆重点突出工业设计和研发设计产业的优势地位，努力强化文化与科技的产业融合；成都以基地建设为突破口，在多个领域促进文化科技创新；西安大力推进文化与科技深度融合，文化创意产业得到全面提升；兰州充分利用融汇黄河文化、丝路文化、龙文化、山水文化等于一体的独特文化资源，大力发展文化产业。

报告最后对所选16个城市文化和科技融合基地的发展进行比较与评析，认为城市地域、科技、人才、资源等综合优势为创意产业和基地建设奠定发展基础，16个城市积极出台文化和科技融合政策、制定基地建设方案和中长期规划，配备专业的配套服务体系以及公共技术服务平台等措施，为文化创意产业发展营造良好的政策环境。

九、《中国创意产业发展报告(2014)》——文化消费拉动创意产业发展

报告认为，我国文化创意产业已经从起步阶段进入快速成长阶段，无论是

要素市场还是产品市场，都在逐步发展完善。文化创意产业发展的关键定位在于提供更好的文化产品和服务。在文化消费与文化创意产业发展的互动关系上，产业发展从初期的主导地位变为成长期的服务地位，文化消费逐步发挥更主要的作用。在文化消费的拉动下，2013 年我国创意产业持续向好发展，在电影、电视、新闻出版、动漫游戏、互联网服务、文化演出、艺术品交易、旅游休闲等诸多领域亮点频现，创意产业的文化消费环境更加成熟，文化消费释放的巨大动能拉动了中国创意产业的强劲发展，而创意产业的新发展也需要文化消费的进一步释放。

报告选取了北京、天津、大连、哈尔滨、上海、南京、常州、扬州、杭州、青岛、武汉、长沙、深圳、江门、成都、西安、兰州 17 个城市作为研究对象。北京不断完善文化创意产业布局，创新文化创意产品体系，全面提升文化市场规模与文化消费质量；哈尔滨注重文化消费中的城市特色表达；上海具有国际化时尚色彩和引领全国时尚消费的特征，时尚创意业引领中国城市发展；南京注重文化消费和科技产业集群化建设，促进文化消费与科技、旅游、百姓生活的融合；杭州着力打造“全国文化创意中心”，创新体制机制，扩大文化消费；武汉进一步释放文化消费能力，推动文化产业向“超倍增”目标迈进；长沙以高新技术为重要支撑，以文化消费与文化贸易为拉动，在广播电视、出版发行、演艺娱乐、动漫游戏等领域形成全国优势；成都不断优化文化消费驱动文化创意产业发展的模式，进一步提升文化创意产业竞争力；兰州将数字媒体产业作为文化消费的新亮点，旅游消费逐步成为文化消费增长的支撑点。

总结评析部分对 2013 年各个城市创意产业发展作了总结和比较分析，认为我国文化消费的增长逐步成为拉动文化创意产业发展的主要动力，展现出文化消费多元化、文化消费需求层次逐渐向高层次递推的特征。各城市文化消费迎来新一轮的增长，尤其是新业态文化需求十分强劲，有力地促进了我国文化创意产业的全面发展。

附录部分梳理了 2006 年以来中央及地方层面的创意产业主要相关研究项目，为读者提供相关项目申报及研究的信息参考。

十、《中国创意产业发展报告(2015)》——创意产业发展中的互联网思维

报告认为，伴随着中国整体经济运行进入“新常态”，创意产业呈现出不同

以往的发展态势：一是保持继续增长，但增速适当减缓；二是优化结构，创意产业内部各领域在新陈代谢、优胜劣汰中实现优化再平衡；三是转换动力，创意产业中的创意贡献率不断提升，资本、土地等其他要素驱动力相对下降。2014年，国务院发文推进文化创意和设计服务与相关产业融合发展，"互联网＋"风生水起。由此，创意产业发展步入了一个全新阶段，催生出了许多新兴文化业态和发展模式，互联网思维对创意产业的未来发展有着不可忽视的渗透作用和积极影响。

报告系统分析了北京、天津、大连、上海、常州、杭州、武汉、长沙、深圳、重庆、成都、贵阳、昆明、拉萨、西安、台北16个城市创意产业发展情况。北京继续将文化科技融合作为文化创意产业发展新动力；上海以互联网思维促进文化创意产业融合发展，国际影响力进一步提升；天津文化创意产业加快与制造业、旅游业等相关产业融合，成为文化创意成果的转化应用中心；重庆通过制定各项政策和开展各种活动使得创意产业有了长足的发展；深圳凭借完善的信息技术设施和雄厚的产业基础，在网游、数字音乐和网络视频方面走在全国前列；杭州以稳中求进、提质增效、融合发展为主线推动文化创意产业平稳较快发展；常州积极寻找文化创意产业与"互联网＋"的嫁接领域和契合方向，以求实现"风口"上的飞翔；大连文化创意产业的互联网思维，广泛融入了商业、金融、服务业等，涌现出一批典型案例；西安以数字传输、移动通讯为代表的新技术对产业经济和大众生活领域产生巨大的变革；贵阳文化产业迎来了大数据时代、高铁时代和轻轨时代，开始经历一场旷日持久的发展变革；互联网思维加速了成都经济活动创新，文化产业突破自我发展的传统路径融入城市经济大循环；昆明在"藏羌彝文化产业走廊"与"一带一路"战略的背景下，提出建设民族文化创意之都的目标；拉萨适时融入互联网思维拉动传统文化产业的转型和跨界，为新兴文化产业的改造升级注入新鲜活力；武汉在"三网融合"和"智慧城市"建设方面取得显著成效，推进文化创意产业的转型与升级；长沙通过互联网打造新兴文化创意产业，培育产业新的增长点；随着资金支持力度的加大，台北文创产业的价值链更加完善，互联网产业特色成为贯穿台北文化创意产业年度发展的主轴。

报告最后围绕互联网思维进行比较评析，认为文化创意产业用互联网思维和产业链、服务链、供应链管理思维重构文化价值链，走上了新型产业化道路。在互联网思维的影响下，城市文化创意产业经历了嬗变和转型，塑造了新的产业形态，实现了跨越式发展。

附录二：

中国创意产业研究中心《创意书系》出版书目

2006 年

《中国创意产业发展报告(2006)》,中国经济出版社

2007 年

《中国创意产业发展报告(2007)》,中国经济出版社

《创意为王——中国创意产业案例典藏》,科学出版社

“奥运·创意”丛书之《科技奥运》,科学出版社

2008 年

“奥运·创意”丛书之《绿色奥运》,科学出版社

“奥运·创意”丛书之《人文奥运》,科学出版社

“奥运·创意”丛书之《和谐奥运》,科学出版社

“奥运·创意”丛书之《安全奥运》,科学出版社

“奥运·创意”丛书之《财富奥运》,科学出版社

“奥运·创意”丛书之《创意奥运》,科学出版社

《北京——创新之都》,科学出版社

《中国创意产业发展报告(2008)》,中国经济出版社

2009 年

《中国创意产业发展报告(2009)》,中国经济出版社

《思想力》,中国人民大学出版社

2010 年

《中国创意产业发展报告(2010)》,中国经济出版社

《首都文化创意产业标准化》,科学出版社

《创意起步——中小型创意企业创业指导》,中国经济出版社,

《注意力——创意产业案例之影视戏剧篇》,中国城市出版社

2011 年

《中国创意产业发展报告(2011)》(上、下),中国经济出版社

《文化创意产业集群发展理论与实践》,科学出版社

“创意城市蓝皮书”之《北京文化创意产业发展报告 2011》,社科文献出版社

“创意城市蓝皮书”之《青岛文化创意产业发展报告 2011》,社科文献出版社

2012 年

《中国创意产业发展报告(2012)》,中国经济出版社

“创意城市蓝皮书”之《北京文化创意产业发展报告 2012》,社科文献出版社

“创意城市蓝皮书”之《青岛文化创意产业发展报告 2012》,社科文献出版社

2013 年

《中国创意产业发展报告(2013)》,中国经济出版社

《工业遗产的保护与利用——创意经济时代的视角》,北京大学出版社

《中外文化创意产业政策研究》，科学出版社

《中国创意产业发展战略》，中国计划出版社

“创意城市蓝皮书”之《北京文化创意产业发展报告 2013》，社科文献出版社

“创意城市蓝皮书”之《无锡文化创意产业发展报告 2013》，社科文献出版社

“创意城市蓝皮书”之《武汉文化创意产业发展报告 2013》，社科文献出版社

2014 年

《中国创意产业发展报告（2014）》，中国经济出版社

《北京文化创意产业功能区发展研究》，中国经济出版社

“创意城市蓝皮书”之《北京文化创意产业发展报告 2014》，社科文献出版社

“创意城市蓝皮书”之《武汉文化创意产业发展报告 2014》，社科文献出版社

“创意城市蓝皮书”之《无锡文化创意产业发展报告 2014》，社科文献出版社

“创意城市蓝皮书”之《台北文化创意产业发展报告 2014》，社科文献出版社

“创意城市蓝皮书”之《青岛文化创意产业发展报告 2013—2014》，社科文献出版社

“创意城市蓝皮书”之《重庆创意产业发展报告 2014》，社科文献出版社

2015 年

《中国创意产业发展报告（2015）》，中国经济出版社

“创意城市蓝皮书”之《北京文化创意产业发展报告 2015》，社科文献出版社

“创意城市蓝皮书”之《武汉文化创意产业发展报告 2015》，社科文献出版社

《北京文化创意产业功能区发展报告 2014》，中国经济出版社

《中国创意城市指数评价体系研究》，中国城市出版社

《首都文化产业（文化企业）案例分析》，经济日报出版社

2016 年

《中国创意产业发展报告(2016)》,中国经济出版社

“创意城市蓝皮书”之《北京文化创意产业发展报告 2016》,社科文献出版社

“创意城市蓝皮书”之《天津文化创意产业发展报告 2016》,社科文献出版社

“创意城市蓝皮书”之《武汉文化创意产业发展报告 2016》,社科文献出版社

参考文献

1.《“文化+”战略助推石家庄文化产业集成创新加快发展》，石家庄宣传网，2015 年 10 月 8 日。

2.《2015 年贵阳 GDP 超 2891 亿元，全国省会城市中增速排名第一》，央广网，2016 年 2 月 2 日。

3.《2015 年淄博市国民经济和社会发展统计公报》，淄博市统计信息网（淄博市统计局），2016 年 3 月 1 日。

4.《2015 陕西全年接待游客 3.86 亿人次 旅游总收入超三千亿》，人民网，2016 年 2 月 10 日。

5.《高天同志在全市文化产业发展工作经验交流会上的讲话》，中共石家庄市委宣传部网，2015 年 11 月 1 日。

6.《关于印发〈石家庄市推进文化创意和设计服务与相关产业融合发展行动计划（2014—2020 年）〉的通知》，石家庄市人民政府网站，2014 年 6 月 27 日。

7.《国开行陕西分行以金融创新拓宽融资渠道》，人民网，2016 年 2 月 15 日。

8.《加强和延伸文化与农业产业的融合发展》，中共石家庄市委宣传部网，2015 年 8 月 17 日。

9.《今年武汉将新建 6 个“创谷” 打造环高校产业带》，腾讯网，2016 年 2 月 27 日。

10.《聚盟:构建地面频道核心竞争力》,《综艺报》,2015 年第 13 期。

11.《青岛“三创”的内涵与关系,李群书记接受青岛媒体采访》,《青岛日报》,2015 年 6 月 8 日。

12.《省人民政府关于加快推进“互联网+”行动的实施意见》,湖北省人民政府门户网站,2015 年 12 月 25 日。

13.《石家庄全媒体运营指挥中心启动媒体间实现融合互通》,中国新闻网,2016 年 1 月 11 日。

14.《文化产业发展步入“快车道” 对接资本仍存瓶颈》,搜狐财经,2015 年 12 月 23 日。

15.《西安曲江新区:以金融创新服务中小文化企业》,《中国文化报》,2015 年 2 月 27 日。

16.《央视网海外社交平台总粉丝量突破 3000 万》,央视网,2016 年 3 月 23 日。

17.《筑梦空间:西安文化科技创业城》,《陕西日报》, 2016 年 2 月 16 日。

18.《淄博启动“文化+”快车 文化名城驶向经济强市》,齐鲁网,2015 年 12 月 20 日。

19.IT168:《58 同城旗下服务平台“58 众创”落户长沙》,IT168 网站,2015 年 9 月 28 日。

20.曹雅欣:《文以载道 文化健康 ——论习近平总书记主持召开文艺工作座谈会》,《光明日报》,2015 年 10 月 15 日。

21.曾广超、柳智芳:《2015 年贵阳旅游创收破千亿》,《贵州都市报》,2016 年 2 月 27 日,A06 版。

22.曾雄、谢鸿鹤、杨毅红、何超:《坚持原创 合作共赢——“中广天择”的内容制作及版权运营探索》,《中国广播电视学刊》,2016 年第 1 期。

23.陈晓华:《推进龙头企业转型升级,促进农村一二三产业融合发展》,《农村经营管理》,2015 年第 12 期。

24.陈雪柠:《老字号融入“互联网+”上半年京城批发零售业网售增四成》,《北京日报》,2015 年 8 月 6 日。

25.陈郁琳、唐小格、晏露:《浏阳:七大领域推进湘赣边区域合作》,红网,2015 年 12 月 18 日。

26.陈原:《剧院,如何走出困境和误区》,《人民日报》,2016 年 3 月 31 日。

27.陈苑:《专家解读:“十三五”规划建议中文化建设的 6 大要点》,人民网,2015 年 11 月 5 日。

28.崔忠芳:《“大合作时代”的进击者》,《中国广播影视》,第 23 期。

29.段卓杉、崔斌:《2015 年文化金融创新助力文化企业发展》,《中国文化报》,2015 年 12 月 26 日。

30.光谷创意:《光谷发展互联网+经济的机遇与挑战、对策与思考》,2015 年 7 月 9 日。

31.贵阳市文广局:《贵阳市文广局 2013 年工作总结》,贵阳市文化局网站,2014 年 3 月 28 日。

32.郭际、张扎根、刘慧:《制造业与文化产业高质快速发展的可行路径》,《文化产业研究》,2015 年第 2 期。

33.郭青:《〈长恨歌〉2013 年演出季辉煌落幕》,《陕西日报》,2013 年 11 月 1 日

34.湖北省人民政府:《湖北出台 21 条意见支持文化金融合作 促文化产业跨越发展》,2014 年 7 月 4 日。

35.贾梦雨:《文化创意,如何走向跨界与融合》,《新华日报》,2015 年 5 月 14 日。

36.李传新:《华凯创意:文化为魂 方可创意无限》,《湖南日报》,2015 年 5 月 21 日。

37.李婧:《回望 2015:"文化+"成为经济新引擎》,《中国文化报》,2015 年 12 月 26 日。

38.李美云:《国外产业融合研究新进展》,《外国经济与管理》,2005 年第 12 期。

39.李佩森:《2015 文化金融政策凸显五大特色:国企混改引关注》,《中国文化报》,2015 年 12 月 26 日。

40.梁学成、廉月娟:《探索文化旅游产业融合发展的实现路径》,《中国旅游报》,2015 年 3 月 11 日。

41.刘杰:《多措并举,聚合资源,全面推进大扶贫战略行动》,贵阳市文化局网站,2015 年 12 月 29 日。

42.刘杰:《红色文化遗址保护利用工作取得阶段性成果》,贵阳市文化局网站,2015 年 12 月 31 日。

43.刘杰:《建设有文化厚度和人文温度的创新型中心城市》,贵阳市文化局网站,2015 年 12 月 31 日。

44.刘杰:《我局荣获全省 2015 年全国、全省新闻出版统计工作先进单位》,贵阳市文化局网站,2016 年 1 月 8 日。

45.刘奇葆:《加快推动传统媒体和新兴媒体融合发展》,人民网,2014 年 8 月 19 日。

46.卢扬、徐芝蕙:《故宫文创产品欲打开大众消费市场》,《北京商报》,2016 年 5 月 20 日。

47.罗方平:《第十二届花炮文化节发布会在长沙举行 将融入"互联网+"》,红网,2015 年 8 月 25 日。

48.荣跃明:《文化产业:形态演变、产业基础和时代特征》,《社会科学》,2005年第9期。

49.阮伟、钟秉枢:《中国体育产业发展报告(2015)》,社科文献出版社,2015年12月。

50.石家庄市人民政府:《关于印发《石家庄市推进文化创意和设计服务与相关产业融合发展行动计划(2014—2020年)》的通知》,石家庄政府网,2014年6月27日。

51.石家庄统计局:《石家庄市2015年国民经济和社会发展统计公报》,石家庄政府网,2016年4月11日。

52.石家庄统计局:《石家庄市2015年国民经济和社会发展统计公报》,石家庄政府网,2016年4月11日。

53.宋笛:《浏阳河文化产业园:烟花新创意“焰遇浏阳河”》,《中国企业报》,2015年7月29日。

54.苏江元:《多彩贵州文化创意园:三轮驱动构建文化产业高地》,《贵州日报》,2015年7月23日。

55.孙诗雨:《天津文化产业发展现状及问题研究》,《商场现代化》,2013年第30期。

56.田芳:《“互联网+”展示创意湖南 文化湘军展现实力》,《长沙晚报》,2015年5月15日。

57.田芳:《“浏阳河文化产业园”入选2015中国文化品牌》,红网,2015年5月17日。

58.田牧:《田妈妈农乐园——根植大地的爱心创意》,《农民日报》,2014年8月30日。

59.王涛:《青岛市文化创意产业发展政策研究》,中国海洋大学,2014年。

60. 王亚南:《中国文化消费需求景气评价报告(2015)》,社会科学文献出版社,2015 年。

61. 王颖:《旅游演艺:以大型实景历史舞剧〈长恨歌〉为例》,《陕西文化发展报告 2015》,2015 年,第 163—164 页。

62. 王永颜等:《古城文化与新区建设的对接与融合研究》,河北工业大学学报(社会科学版),2014 年 6 月。

63. 王志刚:《推进文化科技创新 加强文化与科技融合》,《求是》,2012 年第 2 期。

64. 吴明来、李碧珍、张菊伟:《制造业和文化产业的融合:我国制造业升级的路径选择》,《福建农林大学学报》,2013 年第 16 期。

65. 吴声:《场景革命》,机械工业出版社,2015 年第 1 版。

66. 锡复春、陈珂、刘海龙、于顺:《解读青岛三创战略:发展新引擎》,《青岛早报》,2015 年 6 月 10 日。

67. 向勇:《文化产业融合战略:一源多用与全产业价值链》,《前线》,2014 年 6 月。

68. 徐晨:《解读对外文化贸易统计体系(2015)》,中国文化报,2015 年 8 月 8 日。

69. 徐成:《贵阳 2015 年电影大数据:贵阳商业地产最“亲密”的“同盟者”》,新浪网,2016 年 1 月 18 日。

70. 徐成:《体验消费大数据:贵阳人平均每天花 52 万元看电影》,赢商网贵州站,2015 年 3 月 14 日。

71. 徐亚群:《各地推进政府向社会力量购买公共文化服务工作》,《中国文化报》,2016 年 5 月 23 日。

72. 薛耀晗:《深度推动传统媒体创新融合发展》,《陕西日报》,2015 年 10 月

13日。

73. 尹浩:《正定古城文化创意产业发展的路径探索》,《河北省社会主义学院学报》,2015年4月。

74. 张湘涛:《"文化+":产业融合发展的新形态》,《光明日报》,2015年12月25日。

75. 张艳辉:《创意产业的融合功能研究:共生演化视角》,《社会科学》,2015年第5期。

76. 张正道:《钱程的"优雅野心":让天津变成有歌剧的城市》,中国新闻网,2014年3月11日。

77. 长沙广电:《2015工作总结与2016工作思路》,2016年1月。

78. 舟子:《开辟文化金融创新之路助推文化产业大发展大繁荣》,《华夏时报》,2015年1月30日。